탈식민지 시대 지식인의
글 읽기와 삶 읽기 3

하노이에서 신촌까지

탈식민지 시대 지식인의
글 읽기와 삶 읽기 3
하노이에서 신촌까지

조혜정 지음

도서출판
또 하나의 문화

지금 우리에게 필요한 것은
대단한 발명가나 혁명가나 사상가가 아니다.
인류 보편의 문제를 해결해줄 위대한 이론가는
물론 아니다. 전통 문화적 실재와
보편적 코스모폴리탄 실재 사이에서 긴장하면서도
여유 있게 자신의 삶의 터전을 지켜 가는
자기 성찰적 주민들의 꼬물거리는,
작은 움직임들이다. 갖가지의 작은 실천을 통하여
새로운 언어를 만들어 가는 것이다.

책 머리에

1.

내게는 문학하는 한 친구가 있는데, 그는 종종 현장 조사를 함께 해보자고 말했었다. 인류학적 현장 조사의 유용성을 알게 되었기에 같이 작업을 하면서 배우고 싶다는 것이었다. 그런데 몇 년이 지나고서도 나는 그를 현장 조사에 초대하지 못했다. 생각해 보니 나는 더 이상 현장에 나가지 않고 있었다. 나는 그냥 현장에 늘 살고 있었다. 그래서 딱히 그를 현장에 초대할 수 없었던 것이다.

전에도 그랬지만 최근 들어 내게 있어 삶과 학문은 더욱 밀접하게 엉겨 있다. 내 일상에 벌여 놓은 모두가 조사 거리이며, 나와 관계하는 많은 사람들은 내가 쳐 놓은 그물망에 걸려든 조사 대상자이자 정보 제공자들이다. 교실에서의 토론, 여성 운동을 하는 벗들과 벌이는 여러 가지 일, 학교에서 돌아온 아이의 멍든 종아리, 남편이 던진 한마디, 우연히 들른 카페 주인과의 대화, 이 모두가 내게는 현장이고 텍스트이다. 내 삶을 불편하게 하는 것, 내가 관련을 맺고, 또 좋아하는 사람들을 불행하게 하는 현상에 대해 생각하지 않을 수 없었고 쓰지 않을 수 없었다. 내 머리 속에 남아 있는 문제를 풀기 위해 많은 곳에 덫을 놓았고, 그 덫 속에 걸려 드는 말들, 일상적 대화와 한숨과 눈물과 속삭임을 읽으려 했다. 문제의 현상을 좀더 잘 알아 가기 위해 소설도, 시도, 신문 광고도, 또 필요하다면 이론 서적도 읽었고, 텔레비전 광고도 열심히 보았다. 일상 생활 속에 늘 촉각을 세우고 사는 '스파이'처럼 지내면서 — 인류학자는, 문화 비평가는 얼마나 늘 긴장된 삶을 사는가? 그런데 지금 시대에 긴장하지 않고 산다는 것은 또 어떤 삶인가? — 학생들과 집의 아이들에게까지도 늘 촉각을 세우고 살기를 '강요'했다. 애정과 관심이 이끄는 대로, 읽고 보고 듣다 보면 그곳에 '우리'가 있었고, '우리에 대한 이론'은 참으로 사방에 숨겨져 있었다. 읽어내 주기를 기다리면서 숨어 있었다.

'문화 비평문'이라고 불릴 수 있는 이 글들은 딱히 어떤 이론적 지주나 방법론적 지침을 가지고 있지 않다. 사실은 그런 이론적 / 방법론적 논의를 할 수 있지만 지금 시점에서는 전략적으로 그런 작업을 피하는 것이 낫다는 생각이다. 각자 삶에서 이야기를 만들어 내고 자체 내 담론을 형성해 가는 마땅한 장이 마련되어 있지 않은 상황에서 '탈식민 담론'을 열심히 읽어 봐야 그것은 여전히 '식민 담론'으로 남을 뿐이기 때문이다. 여기서 나는 이론의 무용성을 말하는 것이 아니다. 상황을 설명해 주는 적절한 이론을 가지기 위해서 잠시 동안이나마 기존의 '이론적 틀'과 단절을 하는 것, 이론에 집착하는 성향을 버리는 것이 더 필요한 때가 있다는, 구체적 상황에서의 전략을 이야기하고자 할 뿐이다. 대신 자신의 체험을 신뢰하는 것, 자신의 '경험 세계'를 들여다보는 훈련이 좀더 비중을 갖게 되었으면 한다. 여기에 실린 글들은 그러한 '이론관'에서 쓰여진 글들이다.

"전체는 부분의 합보다 크다"는 명제를 가진 구조 기능주의적 전제의 유용성을 나는 알고 있다. 그러나 "부분을 깊이 파고들면 그곳에 전체가 있다"는 프랙탈 이론이 지금의 우리 상황을 분석해 내는 데는 더 유용하다는 생각을 한다. 기존 체제에 안주하지 않기, 자신의 삶을 낯설게 하여 자세히 들여다보기. 그곳에서 '진행중인 전체'를 보기.

이 책에 실린 글들은 실은 《글 읽기와 삶 읽기》 시리즈로 싣기 위해서 따로 준비한 글이 아니다. 책을 구상하고 써 가면서 책과는 좀 다른 목적과 계기로 쓴 것들이다. 시기적으로는 1991년부터 1993년 10월까지 2년 정도에 걸쳐 쓴 것이다. 쓰고 나니 모두가 '삶 읽기'를 한 글들이었고, 《글 읽기와 삶 읽기》 2권에서 나 스스로를 드러내는 방식으로 전개해 간 이야기들이 다른 장소를 통해 다른 식으로 풀어지고 있다는 것을 알았다. 2권을 쓰고 나서 어딘지 잘 풀리지 않은 부분들이 남아 있다는 느낌이 들어 출판을 망설였는데, 이 글들을 3권으로 묶어 냄으로 그 미진한 부분이 채워질 수 있겠다는 생각이 들어서 함께 묶어 내기로 했다. 서로 보완하는 글로 읽어 주었으면 한다.

2.

이 책을 구상하는 동안 나는 여러 차례 아시아 지방으로 여행을 다녔었다. 말레이시아, 대만, 일본, 베트남, 타일란드, 네팔 등. 그 중에서도 일본 지역과 베트남 하노이 여행이 인상 깊었다.

일본에 가면 후기 산업 사회적 징후가 뚜렷하게 보인다. 안정된 사회, 무풍지대에서 자란 청소년들, 거리에는 노년층 인파로 가득하고 청년들은 자기들의 별개의 공간 속에 모여 있어서 좀체 여행객들에게는 보이지 않는다. 국민 복지 제도가 잘 이루어진 가운데 노인들은 버스에서, 기차에서 끼리끼리 한담을 나누며 서로를 방문하고 온천에 가서 한나절을 보내면서 주어진 삶의 시간을 평온하게 갉아 먹으며 살아가고 있는 듯했다. 밤 열시가 넘은 공중 목욕탕에는 야간 일을 끝낸 아주머니들이 몰려오고, 일할 수 있는 나이까지 그들은, 특히 여자들은 열심히 일을 한다. 텔레비전 광고에 나오는 얼굴을 그대로 베낀 듯한 젊은 여성들, 모조품과 오리지널을 구분하기 힘든 기표의 시대, 머리 염색과 화장을 한 교복 차림의 여고생이 또한 지하철을 메우고 있다. 그리고 전통 보존으로 지방의 관광 도시화를 꿈꾸는 오이따 현에는 옛것들이 쌓여 있다. 새로운 의미로 부활될 날을 기다리며 …… 국제화와 지방 자치화가 함께 가는 곳. 이곳에서 나는 '풍요'롭지는 않지만 고루 만족하게 사는 '안정'된 사회를 본다. 생존의 의지가 약해진 사회의 '기' 빠짐을 느낀다. 소비 사회의 아이들을 본다. 그 가운데 또 한번의 파시즘의 폭풍이 일까 두렵기도 하고, 또 한편 21세기의 문턱에서는 잠시 판단을 유보하는 것이 정확한 상황 판단을 하기 위해 필요한 자세일 것이라는 생각을 한다.

하노이는 보다 나은 삶을 얻기 위한 '기'가 충천하였다. 거리에는 젊은이들이 넘쳐나고 먹이를 찾아 번뜩이는 눈들은 '하면 된다'고 말하고 있었다. 인구 7천만의 베트남과 남북 통일이 되면 같은 규모가 될 코리아는 서로 많이 비슷하다면서 그들은 '한국 모델'을 따르고 싶다고 했다. 근대성에 대한 논의는 새롭게 시작될 수밖에 없다. 우리는 제대로 길을 들어섰는가? 우리의 여행은 이제 시작이다.

부제를 '신촌에서 하노이까지'가 아니라 '하노이에서 신촌까지'로 한 것에 주목해 주기 바란다. 이제 우리는 밖으로 탈출하지 않는다. 그냥 안 / 퓨을 넘나들며 삶을 읽어 내고, 또 적극적으로 만들어 간다. 밖을 봄으로 우리를 본다. 우리 속의 허함을, 그들 속의 허함을, 그리고 채워져야 할 빈 공간을 본다.

끝으로 감사하다는 한마디, 내 앞에 살아 있는 텍스트로 나타나 끊임없이 질문을 던지는 학생들에게 감사한다. 자주 만날 수 없더라도 우리는, 자신의 삶을 내팽개치지 않기 위해서 여러 가지 일들을 '멀리서 함께' '따로 또 같이' 각자의 선 자리에서 열심히 해나가자.

1994년 봄 신촌에서 지은이

감사의 글

늘 가깝게 경험과 생각을 나누어 온 연세대 사회학과 학생들과 원고를 매번 빈틈없이 읽고 정리해 준 김경미에게 감사한다. 1993년 봄학기에 〈신촌, 도시 읽기와 도시 만들기〉 과목을 이끌어 간 건축 공학과 김성우 교수와 학생들, 지역 운동과 학생 운동에 깊은 관심을 가지고 여러 가지 활동을 벌여 온 김찬호, 이기호 씨, 크리스챤 아카데미 장우주, 안영노, 문효은 간사와 이상화, 김영민, 강대인 선생, 또 대구에서 상경하여 '신세대'에 대해 글을 쓰지 않을 수 없게 한 계명대 대학원 학생회의 임원들, 연세대 교지 편집부, 《진리·자유》 편집인, 〈또 하나의 문화〉 편집 동인들, 〈현실 문화 연구〉 편집진, 〈한국 청소년 연구〉 편집진, 노르웨이 어린이 연구 센터의 샤론 스티븐스 Sharon Stephens 모두 감사해야 할 이들이다.

일본 여행에 훌륭한 안내자로서 통역을 맡아 준 유리꼬 이이다 씨, 여행을 위한 모든 편의를 제공해 준 〈일본 재단〉, 그리고 하노이 여행을 권유하고 동행했던 전길남 씨에게 감사한다.

작품과 사진을 쓰도록 해준 김인순, 박영숙, 박은국, 엄혁, 이인철 선생, 그리고 지금은 다시 교단에 복귀했을 전국 교직원 노동 조합 문화국 원들에게도 감사한다.

글쓰기에 집중할 수 있는 공간을 제공해 준 연산 삼동원 예타원 님과 구훈모 씨, 그리고 삼시 밥을 해준 명인 교무와 찬희 교무에게도 인사를 전해야 할 것 같다. 서울에 와서도 생각이 풀리지 않을 때면 그 들꽃 가득 핀 산책길을 떠올린다.

차례

탈식민지 시대 지식인의
글 읽기와 삶 읽기 3
하노이에서 신촌까지

책 머리에 —————————————————— 6
1장 탈식민지 시대 지식인의 자기 성찰 ——————— 13
2장 자본주의 사회의 성과 사랑 —————————— 33
  결혼, 사랑 그리고 성 · 35
  자본주의와 성문화 · 59
3장 입시 문화의 정치 경제학 ——————————— 79
  교육 개혁은 과연 가능한가? · 81
  가정과 학교의 유착 관계를 통해 본 교육 현장 · 111
4장 문화적 자생력 기르기 ———————————— 139
  90년대 사회 운동에 대하여 · 141
  '반문화' 운동과 '신세대' · 179
5장 공간 읽기와 문화 만들기 ——————————— 205
  압구정 '공간'을 바라보는 시선들 · 207
  '우리' 일상의 공간, 신촌 속으로 · 233
함께 읽기 ————————————————————— 265
  일본 기행 · 267
  하노이 기행 · 321
찾아보기 ————————————————————— 367

1장
탈식민지 시대 지식인의 자기 성찰

엄혁, 〈압구정동: 유토피아 디스토피아〉 중에서

탈식민지 시대 지식인의 자기 성찰

■《글 읽기와 삶 읽기》 2권 구상이 끝났을 즈음에
연세대학교에서 출간하는 계간지《진리·자유》
편집실에서 원고 청탁이 왔다.
일년 정도 미루어 온 터이라
더 이상 미룰 수도 없어서
방학을 이용해서 이 원고를 썼다.
책에서 쓰려고 했던 내용을 윤곽이 잡힌 대로,
〈탈식민지 시대 지식인의 자기 성찰〉이라는
제목 아래 정리해 보았다.
이 글은《진리·자유》1992년 가을호에 실렸고,
실제《글 읽기와 삶 읽기》 2권은 이 글과
내용이나 형식 면에서 많이 달라졌으나
기본적 인식은 그대로이다.
《글 읽기와 삶 읽기》세 권의 책을 연결시키는
다리 역할을 적절하게 할 것 같아서
3권 첫머리에 싣기로 했다.

전환기일수록 자신을 돌아보는 작업이 중요해진다. 온 세계가 전환기의 위기 타령으로 가득한 지금, 이 작업을 가장 진지하고 열성적으로 하고 있는 것이 사회적 혼란이 극에 달해 있는 제3세계가 아니라 오히려 서구 사회라는 사실은 눈여겨볼 점이다. 서구는 산업 자본주의의 본산지이며 이것을 세계적인 프로젝트로 만든 장본인이었다. 지금 이들 사회의 지성인들은 뼈아픈 각성의 시대로 들어가고 있다.

　최근에 서구에서 인문 사회 과학의 교재로 많이 활용되고 있다는 로버트 영의《백인의 신화들 — 역사 쓰기와 서구》는 바로 그러한 비판과 반성의 담론을 정리한 책이다. 로버트 영은 이 책에서 헤겔적인 변증법에 바탕을 둔 갖가지의 '보편적' 역사 쓰기가 사실은 제국주의의 대상인 주변 사회들의 존재를 '보이지 않고 들리지 않게' 하는 방식으로 이루어져 왔다면서, '보편성'을 가장해 온 유럽 중심사의 허울을 자신들의 지성사적 논의를 통해 벗겨 내고 있다. 그는 "아프리카에는 역사가 없다"고 말한 헤겔이나, 인도의 식민화가 계급 투쟁의 조건을 마련하게 된다는 점에서 보다 더 수준 높은 진화론적 과정에 들어서게 되는 과정이라고 평가한 맑스에 이르기까지 이들이 쓴 세계사에는 유럽 중심적 전제가 고스란히 담겨 있음을 밝혀 내면서 '보편적 역사'라고 불려져 온 백인들의 역사 역시 서구 사회가 자신들의 구체적 생존 과정에서 꾸며 낸 신화에 불과하다고 말한다.

　이제 서구의 자성적 지성인들에게 근대화의 기치였던 '휴머니즘'이란 단어는 억압과 추함의 표상으로 전락했다. '자유와 평등을 향한 투쟁사'로서의 인류 보편사라든가 그것을 뒷받침해 온 휴머니즘이란 것이 실은 유럽 열강이 만들어 내고 예속시키고 착취해 온 무수한 사회들을 '타자화'한 오만한 역사임을 알았기 때문이며, 그것의 결과가 파괴적 경쟁과 인류의 종말에 가 닿아 있음을 알게 되었기 때문이다. 따라서 이들에게 '해방을 약속하는 유토피안적 역사'는 억압의 이야기를 상기시키는 위선의 텍스트인 것이며 이들은 이 위선의 텍스트를 새로 쓰는 작업을 자신의 세대가 해야 할 일로 삼고 있다.

탈구조주의 담론, 포스트 모더니즘(탈근대주의), 그리고 포스트 콜로니얼리즘(탈식민 담론)은 바로 이 영역의 문제를 다루고 있는 일련의 논의들이다. 다국적 기업과 전자 매체를 통해서 급격히 증대되고 있는 세계 차원의 경제, 사회, 문화적 상호 작용들, 본격적인 소비와 광고 시대가 창출해 낸 이미지 중독증, 안정된 고도 관리 사회에 사는 주민들의 무기력화, 도구로서의 기술 문명이 순식간에 지구를 멸망시킬 수 있는 무기가 되었고 소수 독재의 철저한 정보 관리 사회로 돌입할 위험성이 더욱 농후해지고 있는 종말론적 위기, 그 가운데서도 계급과 성, 인종 등 주변의 저항적 움직임이 다양하게 전개되면서 그 나름대로 개혁의 노력을 전개하고 있는 상황이 바로 이 새로운 논의들을 일으키고 있는 사회적 배경이다. 이들이 공통적으로 부각시키고 있는 것은 기존 질서의 전복을 위한 구체적 방법론이 아니라 현상태를 '이해'하기 위한 새로운 언어의 탐색이며 새로운 질문이다. 완벽한 답을 주는 '위대한 저자(著者)'가 아니라 올바른 화두를 던지는 '선사(禪師)'들이 대거 등장하고 있는 것이다.

백인들의 역사 백인들의 신화

탈근대 논의의 중심 주자인 료따르는 서구의 담론적 특성에서 근대적 특성을 찾고자 하였다. 그에 따르면 근대는 과학적 지식과 서사적 지식의 통일을 이루려 한다는 점에서 다른 시대와 구별된다. 그런데 이 두 서사는 근본적으로 다른 규칙을 가진 언어 게임임을 그는 지적한다. 그는 "과학적 지식에 근거하여 서사적 지식의 타당성 여부를 판단할 수도 없고 그 역도 마찬가지"임을 강조하면서 그 동안 서구가 써 온 잘못된 통합적 서사, 곧 '대서사(grand narrative)'를 해체한다. 그는 근대적 글쓰기의 형태인 대서사에 대한 불신을 노골적으로 드러내는데, 여기서 그가 말하는 대서사는 도구적 이성에 입각한 과학주의, 세계 어디서나 받아들여지는 보편 원리라는 식의 주장, 특정 이해 관계나 목적에 지배되지 않는 객관성과 자율성을 전제로 하는 전형적인 권위적 언술 등의 특성을 지닌다. 료따르는, 서구가 만들어 냈고 지금 세계의 헤게모니를 쥐고 있는 이러한 대서사는 총체성과 정당성에 집착함으로써 전체주의적 테러리즘을 초래했다고 보고, 그러한 전체주의적 테러를 막기 위해서는 먼저 총체적 논의인 대서사의 바탕을 뒤집으면서 동시에 구체적 삶의 영역에서 일어나는 작은 이야기들, 곧 소서사를 살려 내야 한다고 말하고 있다. 사회 과학계나 문학계에서 일고 있는 '중심'의 해체와 '주변'의 발견, 일상성과 차이성에 대한 강조, 학제간 변경의 무너짐, 탈식민주의 담론, 반프로페셔널리즘, 독자 중심 독서 이론 등은 모두 총체론을 가장한 대서사의 틀을 벗어나 현장을 살려 내려는 작업과 연관되는 논의들이다.

 자기들의 '중심'을 보다 더 근원적으로 성찰하고 이제는 돌이킬 수 없게 된 자신들의 운명에 대해 새롭게 생각을 하려는 몸짓을 시작한 서구는 반성적 자료로 자신들의 고대사나 그 동안 '보이지 않고 들리지 않는 존재'로 감추어 두었던 '주변'에 주목한다. '그들'과 '우리'를 구별하는 이원주의를 극복하고 단순한 판단을 유보하면서 그 동안 자신들이 '타자화'시켜 온 대상을 진지한 반성의 소재이자 대안의 대상으로 삼기 시작한 것이다. 주변 사회와의 평등한 담화 관계를 맺기 원하는 탈식민주의 담론이 활발하게 일고 있다.

 탈식민주의 담론이란, 식민주의적 과거를 가진 사회들이 식민주의에 대한 현실 인식을 기초로 새로운 상황에 들어가기 위해 만들어 가는 새로운 언술 행위를 말한다. 그것은 단순한 언어 행위가 아니라 사회 구조, 논리 체계, 그리고 저항의 방법을 담고 있다. 탈식민 담론은 크게 두 가지 면에서 이루어지고 있는데 하나는 그 동안 피지배 지역 주민들이 정치 경제적인 면에서만이 아니라 아주 근원적인 문화 심리 차원에 걸쳐 철저하게 타자화되어 왔다는 인식에 근거하여 그 '타자성'의 의미를 풀어 내 가는 것이고, 다른 하나는 제국주의 시대의 절대적 변경이었던 국가 변경이 허물어지고 문화적 충동과 간섭이 증가한 시대에서 탈식민화의 방향과 전략을 모색하는 작업이다. 단절적 자아, 파편화된 문화, 문화의 양식적 혼합과 다원화, 그리고 전통주의적 근본주의자들의 재등장이 이들이 다루어 가는 주요 현상이다.

　탈식민 담론의 대표 주자격인 아파두라이는 이질적인 문화들이 마구 뒤섞여 있는 다국적 공간의 문제를 풀어 나가기 위해서 전혀 새로운 문화 이론이 필요함을 강조하고 있다. 탈문화적 상황에서 자기 성찰의 작업은 '서구적 주체'와 '타자' 사이의 평등한 교류를 목표로 동질화와 개성화의 두 갈래 흐름 아래 풀어 가야 할 것이라는 것이다. 이러한 논의는 사실상 서구의 직접적 식민지 통치를 오랫동안 받았던 인도나 아랍 계열의 지식인들과 서구에 살고 있는 제3세계 출신 지식인들의 주도 아래 이루어지고 있다.

　서구 지성계에서 상당한 비중을 가지고 일고 있는 탈식민 담론의 주류에 비서구 사회 출신의 학자들이 많이 참여하고 있다는 것은 무엇을 의미하는가? 학문에서만이 아니라, 예술 분야에서 음식 문화에 이르기까지, 그 동안 주변적인 것이기 때문에 저급한 것으로 치부당해 온 것들이 이제 당당하게 그 모습을 드러내거나 추앙을 받는 것을 우리는 종종 목격하게 된다. '사시미'처럼 주변적이고 이색적인 것이 더 '문화적'인 것으로 평가되기 시작한 것도 이미 상당히 오래 전 일이고 음악계에서는 서양의 고전은 완전히 퇴장을 한 느낌이 들 정도다. 이제 서양 고전 음악의 팬들은 제3세계나 동유럽 정도에 몰려 있을 뿐이다. 서울에서 열린 세계 음악제에서는 우리 나라 궁중 음악이 널리 퍼졌고 사물놀이와 판소리, 대만 고산족의 리듬, 서양 고전과 '수준 높은' 대중 음악이 모두 한자리에서 연주되었다. 이제 '문화적' 세련성은 다양한 맛을 소화해 낼 수 있는 포용력을 의미한다.

　'보편적 자아'이기를 포기하고 '개관적 이성'이기를 포기하며 문화적 헤게모니를 내놓겠다는 서구의 몸짓에 우리는 안도의 숨을 쉰다. 보편적 자아가 되지 못해 주변에서 콤플렉스에 시달리던 우리들은 뒤늦은 감이 있으나마 서구의 자성을 환영한다. 동시에 토속적인 것을 재평가하고 주변적인 것과 다양한 전통을 실어 내는, 세계 화합의 축제가 열리는 듯한 분위기에 우리는 가슴이 부푼다. 정말 그런가? 아니다. 제3세계 지식인 중에는 이제 겨우 힘을 모을 수 있게 되자, 병약해진 서구가 그런 상대주의를 가장한 유언비어를 퍼뜨려 제3세계 주민들의 힘을 빼려 한다고 흥분하는 이들이 없지 않다. 인류학자 중에서도 포스트 모더니즘에서 가정하는 주변과 중심의 평등한 논의란 서구의 또 다른 '전형적인 위선'에 지나지 않는다는 신랄한 비판을 던지는 이들이 없지 않다.

나는 그런 '음모론'에 동의하지 않는다. 그러나 적어도 서구의 자성적 담론을 읽으면서 '문화적 힘'에 대해 다시 한번 깊은 성찰의 필요성을 느낀다. 사회적 진화의 과정에서 중요한 것은 무엇인가? 그것은 문화적 잠재력이다. 한 사회가 가진 자기 성찰의 능력과 위기 상황에서 선택할 수 있는 다양한 문화적 자원들이다. 지금 서구에서 일고 있는 자기 성찰과 주변을 돌아보는 일련의 작업들은 궁극적으로 자신들의 위기를 극복하려는 그들의 몸짓이다. 자유와 평등의 역사가 자기 문명 밖의 문명을 대상화하고 억압하고 착취함으로써 가능했음을 깨달은 것은 그러한 공격성이 더 나아갈 데가 없어졌기 때문이고, 그러한 공격이 결국 자신까지를 포함한 대상을 향해 날아올 것이라는 것을 알게 되었기 때문이지, 서구가 더 현명해지고 양심적이 되어서가 아니다. 한 존재가 자유롭기 위해 다른 존재가 이중의 질곡을 안아야 했던 시대를 볼 수 있게 된 것은 다행이다. 그러나 그 '보편적 자아'가 반성을 했다고 해서 우리의 삶이 제대로 될 것이라는 보장은 없다. 그들은 자신들이 늘 해온 것처럼 스스로를 되돌아보면서 새로운 실험을 통해 대안을 모색하고 살길을 찾아갈 것이다. 그들은 그런 과정에서 인식론적 단절이 불가피함을 알게 되었고 제국주의적인 존재론과 기계론적 세계관이 걸림돌이 된다는 것을 알아챘으며, 그래서 그들은 동양 의학에서 아프리카 음악에 이르기까지 다양한 문화적 자원을 받아들여 그들의 문화 영역을 넓히고자 노력하고 있다. 자신들의 포스트 모던한 현재의 상황이 유클리드적 확률론과 결정론으로 설명하기에는 너무나 다원적인 중층성을 띠고 있으며 그 경계나 구조가 규칙성을 띠고 있지 않다는 것을 알고, 전혀 새로운 인식론의 근거를 찾아 나서기도 한다.

그러나 근대 초기에 이들은 경제적 팽창을 필수적 조건으로 하는 산업화 과정에서 '지성과 양심의 소리'들을 앞세워 자신들의 생존,

곧 제국주의적 확장을 이루어 왔다. 이 점을 상기할 때 후기 자본주의 시대에 일고 있는 그들의 반성의 소리가 문화적 팽창주의의 함정을 안고 있을 가능성은 충분히 있다. 생존의 게임은 냉혹한 것이며 앞으로 오는 시대가 아무리 지금 시대와 단절적일 것이라 해도 그 점에서는 달라지지 않을 것이다. 문제의 핵심은 우리의 문화적 잠재력에 있다. 우리의 자기 성찰 능력과 문화적 자원이 중요하다는 것이다.

만병 통치약을 바라는 안일한 자기 찾기

지금 우리들은 위기 상황에서 어떤 담론을 펼치고 있는가? 올림픽에서 금메달을 딸 때마다 환호하며 그 수를 열심히 외고 있는 우리, 금메달을 딴 선수의 집을 '높은 어른'이 방문하는 것이며, 그가 돈봉투를 동네 사람 모두가 보는 앞에서 건네 주는 화면이 텔레비전을 통해 방영되는 것에서 우리는 후진국을 면하려고 안간힘을 쓰는 중진국의 전형을 본다. 리우 환경 회의에서 '지구를 망친' 정도대로 벌금을 내기로 할 때 우리는 분명 후진국이다가, 국제 회의를 유치할 때는 선진국 쪽에 서둘러 붙는 박쥐다. 거대한 빌딩이나 기념물을 지으면 자신의 위치가 격상된다고 생각하고 기존의 위계 서열을 벗어나 스스로를 규정하기보다 자신들을 규정해 줄 '큰 자아'를 여전히 필요로 한다는 점에서 영락없는 중진국이다.

자기 성찰적 논의의 깊이를 보자. 그 동안 민족 민중 운동을 중심으로 일어 온 변혁적 논의는 그 나름대로 우리의 삶을 돌아보게 하였지만 문화적 자기 성찰의 작업은 아직 축적된 것이 없다. 최근에 일고 있는 탈식민주의를 향한 함성은 최근 《한겨레신문》에 실린 정규화의 〈미국이 있으니까〉라는 시에 잘 드러나 있다.

저수지가 아니라
섬진강 강물이 다 마른다 해도
뭣이 답답하다고 앙가슴 태우느냐
벼 한 포기 살아남지 못해도
걱정할 것 없다. 우리 뒤에는 언제나

미국이 있으니까

이 땅의 모든 강에서
물고기가 떼지어 죽는다 해도
우리는 열심히 고스톱이나 치고
밤낮으로 술만 마시면 된다. 늘 그랬듯이
미국이 알아서 할테니까

이 시는 우리가 그 동안 자포 자기한 상황에서 고스톱이나 치고 술이나 마시고 있었음을 자인하면서, 그럴 수밖에 없었던 상황과 또 이제는 그래서는 안된다는 것도 말하고 있다. 그래서 어떤 실천들을 하고 있는가?
  아래의 글은 학교 주변에서 쉽게 읽을 수 있는 글이다. 우리 사회의 가장 진보적 집단으로 불리는 학생들이 생각하는 위기 극복의 대안을 담고 있는 슬로건이다.

"진보적 학문 공동체의 건설의 기수 그대 원우여! 과학적 이론과 애국적 실천으로 거듭나라 !!!"
— 연세대 32대 대학원 총학생회 선거문안 중에서

또한 나는 최근에 아래와 같은 말을 자주 듣는다. "포스트 모더니즘이라는 것이 서양이 자신들의 몰락을 자인한 것이라지? 이제 다시 동양으로 기운이 돌아오고 있어. 유교 국가의 부흥은 결코 우연이 아니야."
  위에 인용한 글은 진보와 보수라는 성향에서 차이가 있지만 분명 같은 언어적 지평에 머무르고 있다. 본질론, 보편론, 규범론, 정전(正典)주의, 획일주의, 그리고 질서와 총체성에 대한 향수를 담고 있는 것이다. 나는 서양과 비교해 더욱 복잡한 위기 상황에 처해 있는 — 나는 우리의 현재 상황을 '합병증'의 상태로 본다 — 우리 가운데서 일고 있는 담론이 이렇게 안이한 것이 안타깝다. 서양에 비해 더욱 근원적인 회의를 하면서 우리를 억압하는 텍스트를 해체하기 위해 선(禪)적인 질문을 던져 가야 할 지경인데, 오히려 거대한 구호, 권력형 언설, 기성 질서에의 강한 집착이 우리의 시야를 가로막고 있는 것이 몹시 불안하다.

이러한 진보적 구호와 전통 고수적 구호들 틈새에서 기승을 부리며 터져 나오는 소리는 파행적 자본주의가 불러오는 소리들이다. 서구를 흉내내는, 패러디로 흉내내는 것이 아니라 진정으로 흉내내는 담론이 무성하게 들려 온다. 올림픽 이후 부쩍 늘어난 이러한 담론은 '한민족' 문화 운동이라고 불릴 성격의 논의들인데 대중적인 인기를 모으고 있다. 이는 대중 매체가 앞장을 서서 주도하는 움직임이며 요즘 텔레비전 다큐멘터리에서 자주 읽게 되는 것들이다. 한국인의 정체성 찾기, 오리진, 그리고 뿌리의 논의가 그것이다. "몽고반점을 기억하는가?" 하는 질문으로 시작하여, 우리의 뿌리를 찾아 멀리 아시아의 변방인 중앙 아시아로부터 북방 몽골에 이르기까지 세계 사방을 찾아 나선 제작진들이 진작에 하고 싶은 말은 무엇이며, 또 시청자들이 듣고 싶은 말은 무엇인가?

다큐멘터리를 분석하고 있는 인류학자 김성례는 그의 논문에서 이런 현상을 '제국주의적 향수'와 관련하여 푼 적이 있다. 제국주의 열강이 될 힘을 가져 보지 못한 우리로서 그것은 '향수'일 수는 없지만 분명 '제국주의적 모방'임에는 틀림없다. 서구가 그려 낸 자본주의적 — 제국주의적 '세계 보편사'에 고스란히 편입되고 있는 과정을 여실하게 보게 된다. 이제는 먹고 살기에 걱정이 없어졌다면서, 새로운 시장을 개척해야겠다면서 다른 곳을 찾아 어슬렁거리기 시작한 것이다. 해외에 거주하는 한인들의 삶을 소개하는 프로그램에서 우리가 읽을 수 있는 것 역시 그들의 삶이 아니라 자기 상실을 애도하며 단일 민족적 신화에 매달려 온 우리 자신들의 감상이다. '부시먼'이나 '아마존'이나 '티벳'에 관한 다큐멘터리에서 우리가 보는 것 역시 우리들 삶에 대한 통찰을 얻기 위한 소재로서의 그들의 삶이 아니라 물질적으로는 부족했으나 인정만은 풍부했던 과거에 대한 향수가 아닌가? 이 여러 편의 다큐멘터리의 바닥에는 우리도 서구처럼 근대화를 성취했다는 안도감이 깔려 있다. 드디어 성취했다는 자의식에서 출발하여, 이미 '우리'이기도 한 '서구'의 척도로 '낙후된' 중국이나 '변하지 않는 원시 사회'를 타자화하고 있는 것이다. 전형적인 제국주의의 수법을 그대로 답습하고 있는 것이다. 아직도 히말라야를 '정복'하고 그곳의 원주민들을 '계몽'하고자 하면서 우월감을 느끼는 우리는 분명 자기 성찰적이기보다는 제국주의적이다.

이러한 일련의 움직임은 물론 탈식민화 과정에서 자기를 찾아가는 한 단계로 보아야 한다. 자기 상실을 강요당했던 한 사회가 재정치화해 가는 과정에서 자기 문화 중심주의, 문화적 본질주의와 신민족주의적 움직임이 일어나는 것은 당연한 현상일 것이다. 그것은 그 동안 타자화되어 왔던 자신을 역사의 주체로 새롭게 세우고 피해 의식에서 벗어나 '외세'가 부여해 준 역사적 기억을 지우면서 자신의 독립된 역사를 기억해 내기 위해 거쳐야 할 재정치화의 한 단계라는 것이다. 그러나 이 단계가 너무 길어지고 있지는 않은가? 이 단계에 우리는 너무 안일하게 안주하고 있지는 않은가? 본질주의적 담론에 근거를 둔 재정치화의 기간이 길어지는 것은 위험하다. 그것은 현실을 보지 않게 하는 교조성을 안고 있기 때문이다. 그 와중에 우리들 삶의 파편화는 급속도로 일어나고 위기의 상처는 덧난다. 만병 통치약을 파는 사이비 처방가들만 속출해 낸다. 그리고 기성 세대의 안일한 '자기 찾기'를 비웃는 젊은이들의 방황의 몸짓은 더욱 흐트러진다.

합병증 앓는 탈식민지 시대의 젊은이들

"여긴(종로통에는) 기존이라는 게 없어요. 배출구가 필요하니까요. 혼돈이지만 숨통이예요." — 강석경의 《숲속의 방》 중에서

"고향에서는 혼전 정사도 문제적이지만 압구정동에서는 근친 상간도 문제될 것이 없다. 절대로, 우리들은 살아서 고향에 내려갈 수 없는 존재들이다." — 이인화의 《내가 누구인지 말할 수 있는 자는 누구인가》 광고문 중에서

얼마 전까지만 해도 맑스주의적 단어로 세상을 이해하려는 학생

들이 교실을 주도했다. 이들은 최근에 새로운 세대로 대체되고 있다. 진리가 있다고 믿는 집단과 믿음을 포기한 집단은 매우 다른 삶의 문법을 가진다. '과학적'이고 '객관적'이기를 원하고 미래를 위해 저축하고 이웃과 자신을 연결시키고 때론 그들의 아픔을 더불어 하고자 하는 세대, 괴로운 방황 끝에 찾은 '진리'에 단단히 매달리는 세대가 캠퍼스의 담론을 주도해 왔다. 그러나 이제 대학에서도 파편화 현상은 두드러지게 나타나고 있다. 강의의 내용과 방식을 크게 바꾸지 않으면 안되겠다는 위기감을 느낀 지 오래이지만, 서로 공유하는 것도 없고 때로는 대립적이기도 한, 파편화된 집단들을 놓고 그들 다수를 만족시키는 강의를 해간다는 것은 불가능하다. 그 동안 가중된 혼란과 모순이 터져 나와 합병증을 앓던 징후를 한꺼번에 생산해 내고 있는 걸까? 이 징후는 흥미롭게도 서구에서 말하고 있는 포스트 모던한 징후와 매우 유사하다. 생각해 보면 당연한 일이다. 모더니티의 특징이 대량 생산과 거대 조직과 구체적 목적 달성을 위한 도구적 합리성이라면, 근대 기획의 주변부가 제일 먼저 '도구적 합리성'의 희생물이 되기 마련이다.

포스트 모더니티는 소비의 욕망을 부추기는 이미지 시대이며 감각 시대라 하지 않는가? 진정한 부모도 친구도 빼앗긴 채 — 누구에게? — 입시 전쟁터에서, 텔레비전과 벗하며 자랄 수밖에 없었던 새세대는 그들을 방치해 두거나 자신의 욕심 속에 가두어 온 어른 세대와 결별하고 싶어한다. '진보'라든가 '상류층'이라는 등의 허상에 매여 살아온 부모 세대의 가난과 자기 희생과 허영과 위선과는 무관하고 싶어한다. 그들은 지금 "실제는 무엇이며 진리는 어디에 있는가?"라고 빈문하며 자기들끼리의 속삭임과 언어밍 속에 머무르고 싶어한다. 배신을 할 가능성이 있는 사람보다는 강아지가 더 믿음직스럽고 장기적 관계에서 받을 억압과 상처를 피해 일시적 만남이 오히려 더 편하다고 느낀다. 인간의 삶이 끝이 없다는 듯 욕심을 부리면서 살아온, 어떤 면에서 '파행적 자본주의'에 놀아나면서도 절망을 모르는 부모 세대를 이들은 한껏 비웃고 싶다.

베아뜨리체의 순정이란 무엇이며 부모의 사랑이란 왜 그리 억압적인가? 무언가 완벽한 행복의 순간이 있으리라는 막연한 꿈은 죽을 때까지 일만 하다 죽어 갈 '근대적 인간'들에게나 속하는 각본이다. 내일에 대한 신뢰를 상실한 이들은 지금 당장 듣고 싶은 목소리를 들어야 하며 외로움을 달래 주는 손길이 필요하고 자신들을 편안하게 해주는 이미지가 필요할 뿐이다. 이미지가 중요한 세대, '실제'라고 말해진 것이 거짓으로 보이고 끈질긴 생명력이 오히려 추하게만 느껴지는 것을 이들 자신도 어쩌지 못한다. 이것은 그 동안 우리 역사가 만들어 낸 산물이며 시각이다. 예술가들은 이런 징후를 다투어 그려 낸다. 《진리·자유》봄호에 실린 마광수의 〈서울의 우울〉이라는 시에도 그런 감성이 축축이 배어 있다.

　　살아 있는 독수리는 무섭지만
　　박제된 독수리는 멋있다.

　　살아 있는 호랑이는 무섭지만
　　박제된 호랑이는 멋있다.

　　살아 있는 사랑은 무섭지만
　　박제된 사랑은 멋있다.

　　우리들의 삶은 '죽고 싶다'와 '죽기는 싫다' 사이에 있다.
　　우리들의 사랑은 '자유롭고 싶다'와 '자유가 두렵다' 사이에 있다.

　　그러므로

　　우리가 바라는 삶은, 또는 사랑은
　　마치 박제된 독수리와도 같은
　　감미로운 가사 상태이다.

　　죽어 가는 생명은 애처롭지만
　　박제된 생명은
　　멋이 있다.

가장된 질서가 새로운 사회 심리적 실재로 자리잡아 가고 미래의 불투명성과 불가시성 앞에서 이들은 모든 살아 있는 것, 확신을 가지고 돌진하는 것이 무섭기만 하다. 이 사회에서 자신들이 무엇을 할 수 있단 말인가? 자신이 연출해 낼 수 있는 영역은 얼마 남아 있지 않다. 서서히 죽어 가는 것이 남아 있는 일이라면 감미롭게나마 살아야 하지 않는가? 강의하기가 어려워진 것은 바로 이렇게 "재미로 ……" 사는 말세적(?) 세대가 등장하고 있기 때문이다. 구세대의 눈에는 "재미로 ……" 사는 것이지만 이들에게는 참으로 힘겨운 삶이다. 정신없이 추구해 갈 목표도 없고 사랑을 확인할 대상도 없다. 탈근대의 양상이 두드러지고 있는 것이다. 이들의 삶을 더욱 어렵게 하는 것은 이들이 딱히 구세대와 결별을 하고 있지도 못하다는 데 있다. 이는 강요된 근대화로 인한 엄청난 역사적 단절을 경험한 사회의 구성원들이 피할 수 없이 갖게 되는 문제이다. 그래서 더욱 급속히 '뽕 갈 수밖에' 없다. 이 세대는 기성 세대에 대한 엄청난 불신과 시대적 종말론을 품고 태어난 것이다.

그러면 자라고 있는 이 새로운 세대의 첨병들은 구체적으로 누구인가? 70년대 경제 성장의 산물, 확대된 전자 매체의 산물인 학생 세대가 이제 교실을 메워 가고 있다. 가난을 모르고 태어나 텔레비전 광고를 통해 글자를 익혔으며 소비의 재미를 일찍이 알았고, 죽어라 일하는 부모 세대를 우습게 본다. 신분 상승 욕구가 강한 부모를 따라 '8학군'에 전학을 가서 '동류' 의식을 공고히 하며 자란 새로운 세대가 서서히 그 목소리를 내며 대중 문화뿐만 아니라 대학 문화의 중심에 들어서기 시작한 것이다. 기성 세대나 학생 운동권 세대는 이들을 '전망 없는 세대'라 부르지만, 그 자신들이 전망을 갖고자 하지 않으므로 그런 별명은 자신들에게 무의미하다. 사실상 이 범주에 정확히 맞아드는 젊은이 수는 그리 많지 않다. 그러나 그들이 내는 소리와 빛깔은 많은 젊은이들을 유혹하는 마력을 가지고 있고, 그들이 창조한 이른바 '입구정식 스다일'은 이제 대중 매체와 결합하여 단단히 그 자리를 구축해 가고 있다. 최근에 방영이 끝난 TV 드라마 〈질투〉에서 그려진 '아이들', 청소년들의 우상으로 들어서고 있는 보컬 그룹인 〈서태지와 아이들〉을 생각해 보면 그림이 쉽게 그려질 것이다. 이들은 '아이'라고 불리고 싶어하고 영원한 사춘기 속에 어른들의 간섭이 없는 곳에서 자기들끼리, 자기들만의 언어로 놀면서 살고 싶어한다. 이들은 팽창하는 자본주의 사회의 산물이면서 다른 한편으로는 여전히 억압적인 부모와 제도 교육의 산물 — 순응적이면서 저항적인 — 이다. 대학에 들어와서 이들은 '억압적' 학생 운동권과 만나면서 다시 한번 자신들의 색깔을 '가볍게' 한다. 이 신세대 젊은이들은 대학에도 있고 종로통에도 있고 신촌에도 있고 압구정동에도 있다. '종로통'의 혼돈과 배출, 그리고 '압구정식'의 문화적 단절과 이미지 생산이 기성 세대의 눈을 찌푸리게 하지만 그들은 이곳에서 크게 번성할 것이다.

역사적인 것, 또는 거대한 사회학적 사실에 관심을 갖기에 상황은 너무 복잡하고 혼란스럽다. 이상과 사상에 기대를 걸기에는 너무나 많은 반증의 경우들을 보아 버렸다. 그리고 이들은 지쳐 있다. 피나는 경쟁을 하거나 아니면 지루함과 덧없음만 안겨지는 '잔망'에 눌려 있다. 이들이 필연성보다는 우연성에, 통합적이고 질서 정연한 것보다는 무질서에 더욱 친근감을 느끼는 것은 그런 면에서 자연스럽다. 이들은 말한다. "우리는 게으르지만, 그래서 사회를 더 이상 망쳐 놓지는 않겠죠." 자기들은 게을러서 '영남,' '호남' 하면서 싸우는 일도 없을 거라 한다. 게으름과 판단 유보가 이들이 가진 미덕이다. 자신 속에 집을 짓는다는 면에서, 주관주의를 중시하는 면에서 이들은 국경을 넘어선다. 이들은 초현대적이고 세계 시민적인 '감수성'을 덧칠하며 끝없이 부유하는 존재가 될 수도 있고, 단단히 삶에 뿌리를 내린 지역 주민으로 세계사를 새로 쓰는 주체가 될 수도 있다. 그러나 이들의 미래는 아직은 열려 있고 기성 세대는 판단을 유보해야 한다.

"넌 대체 누굴 보고 있는 거야?"

나는 이 글에서 전환기의 자기 성찰과 문화적 자원의 의미에 대해 이야기했다. 서구의 탈식민, 탈근대 논의를 소개하면서 그들이 어떻게 자신들 문화에 대한 성찰을 하고 있는지를 보았고 또 그 논의를 보면서 우리 나름대로 생각해 볼 부분을 생각해 보고자 하였다. 서구는 이제 스스로의 중심을 해체하고 싶어한다. 스스로 중심이기를 포기함으로써 지구상에 살아 남아 보려고 한다. 그들이 상정하는 중심의 해체나 주변부의 발견이라는 것은 또 하나의 속임수일 가능성이 충분히 있다. 그러나 앞에서 이야기한 대로 그것은 의도적인 음모라기보다는 결과적으로 드러난 음모일 것이다. 우리 자신들이 충분한 자기 성찰을 회피하는 데서 오는 결과 말이다.

앞에서 이야기하였지만 불변의 문화라든가 불변의 진리란 없다. 절대적 상대주의는 허무주의로 귀결되지만 격변기의 인식론은 상대주의일 수밖에 없다. 상대주의적 방법론을 익혀야 하는 것은 서구나 우리나 마찬가지일 것인데 우리는 그 점에서 매우 불리한 역사를 지니고 있다. 우리는 합병증에 걸려 있기 때문이다. 그래서 차분히 병을 치료해 갈 여유를 갖기 어렵기 때문이다. 자기 치유를 위한 자기 관찰과 자기 사랑이 부족하기 때문이다.

나는 여성이 인류 역사를 통해 억압당해 온 역사를 보면서 남성 중심성의 해체를 자주 거론해 왔다. 그리고 주변국의 주민으로서 서구적 중심이 해체되기를 또한 원하고 있다. 서구는 그들 나름대로 자신들이 벌여 놓은 지저분한 것들을 추스르고 자기 나름대로 살아 남기 위해 그들이 해가야 할, 그리고 해가고 있는 작업이다. 그런데 우리들의 중심은 어디에 있는가? 나는 한국 가부장제의 중심을 찾은 듯했는데 종이 호랑이였다. '벼 한 포기 살아 남지 못해도 걱정할 것 없다면서 고스톱이나 치고 있는 남성들'이 거기에 있을 뿐이었다. 그렇다고 그 중심이 서구인가? 서구만 몰락하면 우리 문제가 해결되는가? 물론 그렇지 않다. '국경 없는 지구촌 경제'라는 슬로건 뒤에는 블록 경제가 강화되고 있고 새로운 지리 정치학에 따라 새우등이 터지는 일은 여전히 일어날 것이다. 우리가 엉거주춤한 가운데서 우리의 삶은 날로 피폐해 가고 있다.

그런데 우리는 안일히게 피져 있다. 서상 의학은 그들의 기본적 전제까지 뜯어 바꾸며 동양적 철학과 지식을 받아들이려고 하는 마당에 우리의 의료계는 여전히 굳건한 믿음을, 수입된 서양 의학, 그것도 유행이 지난 것들을 받아들이고 팔다 남은 기계를 사들이느라고 법석들이다. 나는 우리나라 의료계의 선두를 달려 왔다는 연세 대학에서 전통 의학을 포용하려는 움직임을 찾아 볼 수 없어서 절망한다. 선배들이 써 놓은 텍스트를 읽지 않고 서구 지성들이 해체 하느라고 바쁜 서구의 텍스트를 경전 읽듯 읽으며 현실에 눈감으려는 지성들에 절망한다. 패러디할 대상도 없으면서 패러디시를 써 내는 시인들에게 실망한다. '한국 사람'은 단일 민족, 그래서 동일한 집단이라는 전제 아래 프로그램을 기획하는 대중 매체의 '핵심 멤버들'에게 실망한다.

이런 상황에서 서구에서 일고 있는 포스트 모던적 문화와 철학은 우리 젊은이들에게 매력적인 상품으로 급속히 다가가고 있다. 혼란이 가중되는 상황에 있는 이들에게 중심의 해체와 '계몽주의'의 파기란 얼마나 매력적인 말인가? 잔소리들이 없어질 것이 아닌가? 이들은 지금 방영되고 있는 영화 제목처럼 외치고 싶어한다. "오라 그대여! 꿈꾸듯 오라!," "오직! 단 한 번뿐인 내 인생인데!" 좀 마음대로 살아 보겠다는데 말리지 말라는 것이다. 인기를 누리고 있는 소설의 제목처럼 "내가 누구인지 말할 수 있는 자는 누구인가"라고 그들은 외치고 있다.

이 시점에서 거둘 말을 찾아본다. 보편사에 대한 집착을 버리고 서구의 특수성을 알아 갈 것, 그들의 담론의 틀을 비판적으로 수용하되 그들의 담론을 익히기에 생애를 보내지 말 것, 대신 우리의 일상을 들여다보며 자기 성찰을 게을리하지 말 것이다. 완결적 텍스트에 대한 집착은 제3세계적인 혼란을 외면하려는 도피 행위일 뿐이다. 포스트 모던적인 모방 속에 자기를 찾겠다는 것 역시 그러하다. 이제 우리들 자신이 직면한 위기를 놓고 우리들 피부에 와 닿는 작은 이야기들을, 각론을 써 가야 한다. 우리말로 쉽게 쓴 글은 학문적이지 않으며, 내용이 노골적이기라도 하면 '사문난적'으로 몰리는 일은 이제 없어야 할 것이다. 외부의 권위를 업은 권위주의적 언술, 권력형 언어와 우리들 삶을 풀어 내려는 대화적 언어를 구별해 갈 수 있어야 한다. "넌 대체 누굴 보고 있는 거야. 내가 지금 여기 눈앞에 서 있는데 ……" 젊은이들이 좋아하는 유행가 가사에서도 '우리'를 외면해 온 역사의 아픔을 읽는다면 그것은 단순히 공동체주의적 향수에서 나온 나만의 오독일까?

지금 우리가 신경써야 할 부분은 두 가지이다. 하나는 지금은 새로운 전망을 찾아가는 시대인 만큼 우선 우리 속에 있는 '다름'을 인정하고 그 '다름'을 문화적 자원으로 살려 갈 방안을 마련하는 것이다. 거센 물결에 실려 온 우리는 지금 얼마나 서로 다른 모습으로 서로의 앞에 서 있는가? 기성 세대와 젊은이, 전문 직업인과 노동 계급, 여자와 남자, 그 각각의 범주에 들면서 또 갖가지 다른 단절되고 분열된 모습으로 서 있는 자아들, 감성들, 이런 상황에서 '다름'에 대해 적개심을 갖는 획일주의는 '악덕' 중의 악덕이다.

우리가 관심을 쏟아야 할 또 다른 하나는 '지금, 여기'를 찾는 일이다. 저기 위에서 일어나는 큰 것이 아니라 지금 여기서 일어나는 작은 몸짓들의 소중함을 인식하는 것이다. "세계적 관점을 지니되 지역 주민으로서 살라(Think Globally, Act Locally)"는 카프라의 말은 여전히 명언이다. 그러나 '지역'을 잃은 사람들에게 그 말은 너무 멀리 있다. 분열과 방황과 흐느낌과 자신 없음을 어루만지며 바로 여기에서 조그만 공동체적 공간을 만들어 가는 일, 너무 늦었을까? 자기의 주변성과 타자화됨을 알아챈 후 비탄과 피해 의식에 젖기보다 제3의 시각, 제3의 주체를 만들어 가는 일, 불가능할까? 식민지 지식인의 언어로 식민지를 고발하는 것의 한계를 넘어설 수 있을까? 거대한 근대화 과정의 안도 아니도 바깥도 아닌 지점에서 글쓰기 그것이 가능할까?

지금 우리에게 필요한 것은 대단한 발명가나 혁명가나 저자가 아니다. 인류 보편의 문제를 해결할 이론가는 물론 아니다. 구체적 삶의 현장에서, 성, 계급, 지방 등으로 다변화된 경험과 국가 경계를 초월한 지구촌을 잇는 경험 사이에서, 무수한 전자 통신으로 이어지는 가상적 실재와 피부 접촉이 가능한 실재 사이에서, 전통(토착) 문화적 실재와 보편적 코스모폴리탄 실재 사이에서 긴장하면서도 여유 있게 자신의 삶의 터전을 지켜 가는 사기 성찰적 주민들의 꼬물거리는, 작은 움직임들이다. 갖가지의 작은 실천을 통하여 새로운 언어를 만들어 가는 것이다. ■

2장
자본주의 사회의 성과 사랑

김인순, 〈현모양처〉, 1985

결혼, 사랑, 그리고 성
우리 시대의 문화적 각본들

■ 여성 운동을 열심히 해왔는데, 적어도 대학 캠퍼스 안에서는,
갑자기 에너지가 움직이고 있지 않다는 느낌이 들었다.
강단에 섰을 때 보이는 눈빛들도 많이 달라져 있었다. 왤까?
어디서 오는 가부장제의 바람이 이렇게 센 걸까? 나는 그 이유를
여러모로 찾아 보았는데, 그 센 가부장적 바람의 실체는
예상 외로 '사랑'이라는 부드러운 이미지를 가진 것, 인간 관계와 관련된 것이었다.
갑자기 캠퍼스 안에는 하얀 얼굴과 똑같은 눈썹을 가진 여학생들의 수가 늘었고,
표정들도 많이 변해 가고 있었다. 무엇인가를 갈망하는 듯한 표정들,
계산된 몸짓들 …… 이것들은 무엇을 말하고 있는가?
■ 〈성과 사회〉라든가 〈남녀 평등과 인간화〉라는 여성학 관련 수업 시간에
학생들과 토론을 벌이고, 더 많은 심층적인 이야기를 〈또 하나의 문화〉 후배들과
나누었다. 성과 사랑, 그리고 결혼에 대하여 ……
이 글은 많은 토론을 거친 후에 쓴 글이며, 이 글을 쓰는 동안
〈경고! 사랑을 죽이는 바이러스 X가 돌고 있다〉는
제목의 시나리오를 공동으로 써 보기도 했고,
〈사랑은 지구인의 약점인가?〉라는 제목의 연극 공연도 있었다.
'사랑' 문제는 여전히 어려운 문제다.
그리고 갈수록 더 어려워지고 있는 주제이다.
건강한 인간 관계가 드물수록 '관계'에 대한 집착은 심해지고,
그것은 반작용으로 상황을 더욱 악화시킨다.
게다가 머리로는 알아도 마음이 움직이지 않기 때문에 사랑이라는 것은
말로 풀기는 쉬워도 실제로 풀기는 쉽지 않다.
■ 이 글은 '성과 사랑'을 특집으로 다룬 〈또 하나의 문화〉 동인지 7호
《새로 쓰는 사랑 이야기》 (1991, 도서출판 또 하나의 문화)에 논설문으로 실렸다.

머리말

"결혼을 왜 하느냐구요? 사랑하기 때문이죠."

"남녀간의 열렬한 사랑이 없이 이루어지는 결혼은 타락한 결혼이지요. 정상적인 결혼은 연애 결혼뿐입니다."

"결혼은 성문제를 해결해 주기 위한 중요한 기능을 갖습니다. 최근에 강간이 늘어나는 것은 결혼 연령이 높아졌기 때문이지요. 부부 관계의 핵심은 성관계에 있지 않습니까? 한쪽이 외도를 하는 경우, 그 부부 관계는 이미 깨어진 관계입니다."

위의 대화는 우리가 주변에서 흔히 듣게 되는 말들이다. 연애와 결혼 간의 필연성, 성관계와 부부 관계의 필연성에 대한 언설인 것이다. 실제 생활에서 이 필연의 법칙은 자주 깨진다. 많은 사람들은 물건을 사고 파는 것과 별다름 없는 흥정 끝에 결혼을 하고 또 많은 기혼자들은 혼외 정사를 갖는다. 혼전 성관계는 이제 많은 사람들이 거리낌없이 맺고 있는 공인된 관계가 되어가고 있다. 이런 현상적인 이탈에도 불구하고 결혼을 중심으로 한 우리 시대의 지배적인 도식, 즉 결혼은 연애를 전제로 이루어져야 하고 부부 관계는 배타적인 성관계를 그 핵심으로 한다는 생각이 아직은 상당히 끈질기게 고수되고 있다. 그 이유는 무엇일까? 그런가 하면 우리는 깔끔하게 맵시를 내고 생을 무척 즐기는 인상을 주는 요즘 젊은이들로부터 다음과 같은 말을 종종 듣는다. "결혼요? 그런 걸 왜 하죠? 서로 부담스럽기만 한 것을 …… 난 혼자서 얼마든지 즐겁게 살 수 있어요."

나는 이 글에서 결혼, 성, 연애의 삼각 관계에 대한 우리들의 기본 전제에 대해 근원적인 질문을 던짐으로써 인간 관계의 건강성을 회복하기 위한 새로운 토론의 장을 열어 가고자 한다. 결혼과 이성간의 사랑과 성은 엄밀히 별개의 영역들이다. 그러나 인류사를 통해 볼 때 흥미롭게도 이들이 둘씩, 또는 셋씩 마치 서로 필연적인

William Bouguereau
〈비너스의 탄생〉

철저하게 남녀가 격리된 사회에서도 사랑에 빠지는 사람들은 있었다. 그러나 그것은 어디까지나 지엽적이고 개인적인 현상으로 간주되어 가볍게 처리되었다. 이 사회에서 생식의 수단으로서의 성은 철저히 관리해야 할 대상이었으나 구태여 개인의 감정이나 출산의 가능성이 배제된 성을 제도화할 필요까지는 없었던 것이다.

관계가 있는 것처럼 짝지워 있는 경우를 종종 보게 된다. 이 글에서 우리는 먼저 그러한 짝지움의 다양한 형태를 살펴보겠다. 그런 짝지움이 왜 이루어져 왔으며 또 그러한 짝지움이 필연적이고 자연적인 것처럼 보이게 하기 위해 어떤 사회 문화적 기재들이 사용되어 왔는지 더 나아가 우리 시대의 짝지움은 어떤 형태로 나타나 우리의 삶을 구성, 구속해 가고 있는지를 살펴보려는 것이다.

먼저 산업화의 진행에 따른 현대적 사회 생활의 기본틀을 만들어 온 서구의 경우를 살펴보고, 그 이해를 바탕으로 서구적 각본을 수입해서 사회 생활을 꾸려 가는 제3세계적 상황을 그려 보자.

중매혼, 연애혼과 성해방으로 이어지는 서구의 각본들

서구 사회에서 결혼과 사랑, 그리고 성에 따른 문화적 각본은 크게 봉건, 근대, 탈근대의 시기로 나누어 단절적으로 나타난다. 봉건 시대에는 결혼과 생식의 수단으로서의 성이 짝지워졌고, 근대에는 낭만적 사랑과 결혼이, 이제 탈근대로 넘어오면서는 결혼에 대한 거부와 함께 성과 낭만적 사랑이 묘한 결합을 이루게 된다. 이러한 변화 양태를 사회 경제적 변화와 관련하여 구체적으로 살펴보자.

1) 중매 결혼과 생식의 도구로서의 성이 짝지워지는 '봉건적' 각본

농업이 생산의 기초인 봉건 사회에서 결혼과 사랑은 별개의 것이었다. 오히려 결혼과 출산을 위한 성이 사회 생활의 기초가 되었다. 이 사회의 기본 단위는 토지 공유와 친족적 노동력, 그리고 신분 세습을 기반으로 한 확대 가족이었다. 정치와 종교 중심의 절대주의, 종족적 협동 중심의 혈연주의, 공동체적 합일을 추구하는 의례주의, 세대를 통한 연속성의 강조가 이 시대의 문화적인 특성을 이룬다. 체제 유지와 출산력이 중요한 사회인 만큼 이 사회에서 결혼은 성과 짝지워졌다. 높은 신분을 유지하려는 상층부에서는 혈통의 순수성을 지키고 특권을 고수하며 신분 상승을 이루어 낼 남자 상속자를 낳기 위해 성을 철저히 통제했다. 결혼은 일차적으로 훌륭한 자식을 낳기 위한 제도였으며 집단간의 계약이었던 것이다. 이 시대의 결혼은 '어른'들의 협상에 의해 이루어졌으며 이러한 중매 결혼에서 결혼 당사자의 의사는 전혀 고려될 필요가 없었다.[1]

여성의 정절이 강조된 것도 이와 관련하여 나타났다. 상민층에서는 적자를 이어가야 할 필요성이 덜함으로 성관계는 상대적으로 허용적이었으나 여전히 친족적 집단 노동을 중심으로 한 경제 체제에서 결혼은 성과 밀접한 관련을 가질 수밖에 없었다. 이때의 성은 출산력의 측면에서 중요성을 띨 뿐이다.

물론 이 철저한 남녀 유별의 사회에서도 사랑에 빠지는 사람들은

---

1) 이는 가족적 질서를 극히 강조해 온 조선 시대의 경우를 생각해 볼 때 좀더 분명해진다. 당사자들이 감정적으로 친밀한 것은 대가족적 질서를 파괴할 우려가 있기 때문에 그 부분은 오히려 역으로 고려될 성질의 것이었다. 어른들의 결정에 복종하여 결합하게 되는 신혼 부부의 일차적 과제는 자녀 생산이다. 부부는 자녀가 가장 좋은 천기(天氣)를 타고날 날을 특별히 정하여 성관계를 맺었다. 남자들도 이 신성한 혈통 잇기 과업을 위해 양기(陽氣)를 아껴야 했으며 여성들 역시 자신의 몸을 청결하고 건강하게 관리해야 했다.

있었다. 그러나 그것은 어디까지나 지엽적이고 개인적인 현상으로 간주되어 가볍게 처리되었다. 이 사회에서 생식의 수단으로서의 성은 철저히 관리해야 할 대상이었으나 구태여 개인의 감정이나 출산의 가능성이 배제된 성을 제도화할 필요까지는 없었던 것이다.[2]

2) 낭만적 사랑과 연애 결혼이 짝지워지는 근대적 각본

서구의 역사를 통해 볼 때 이성간의 사랑과 연애 결혼이 대중들에게 의미를 갖게 되는 것은 '근대적 개인성'의 출현과 밀접한 관련을 갖는다. 경제적으로는 공장제 생산에 따른 '자유로운 노동자'의 출현이, 사회적으로는 전통적인 권위로부터 급격한 이탈이 종용되는 획득적 신분 사회로의 이행이, 문화적으로는 공동체적 관계가 끊어지고 개체화되면서 개인적 행복에 대한 추구가 강렬해지는 주관주의적 문화의 출현이 낭만적 사랑, 연애 결혼, 부부 중심의 핵가족화로 이어지는 일련의 현상과 밀접하게 엇물려 나타난다. 이 사회는 한두 세기 동안의 자본주의적 실험기를 거쳐 남자 노동력을 전통적인 권위로부터 해방시켜 공장의 충복이자 근대 국가의 신민으로 삼는 데 성공한다. 동시에 그들을 개개 가정의 가장으로 승격시키고 그가 일터에 간 동안 그의 아내로 하여금 전적으로 가정을 맡게 하는 데도 성공한다. 공장을 짓는 시대로 들어서면서 새로운 공장에 필요한 일꾼 수만큼, 아니 그 이상으로 사람들은 집과 고향을 떠나야 했다. 이들은 공장에 일하러 떠나면서 마치 사랑을 위해 집을 떠나는 것처럼 착각하는 경우가 많았는데 바로 도시에서의 낭만적 사랑과 그 결실로 이루어 낼 아늑한 자신들만의 보금자리에 대한 꿈이 이들의 떠남을 부추기고 어려운 삶을 견딜만하게 했다.

이 과정은 지배 문화 형성의 측면에서 보면 푸코가 그의 연구에

---

2) 조선 시대상을 보아도 이 점은 매우 분명하게 드러난다. 한가한 상류층 남성들의 기생 놀이나 상사병에 걸려 죽은 불쌍한 영혼들에 대한 이야기에서 우리는 그 점을 알 수 있다. 그러나 상사병이란 뭔가 좀 모자라는, 비정상적인 사람들이 걸리는 병이며 세인의 주목을 끄는 극히 드문 사건으로 간주되었다는 점에서 이성간의 사랑이 이 시대에는 중요한 문화적 각본이 아니었음을 알게 된다.

르노와르, 〈시골에서의 춤〉, 1883

서양의 낭만적 사랑은 중세 궁정 생활에서 그 원형을 찾아볼 수 있다. 중세의 기사와 무료한 영주의 아내 사이의 연애는 봉건 말기적 현상으로서 당시 십자군 원정 후 실업자가 된 기사들의 기생적 삶과 관련하여 분석할 부분이다. 이 관계는 한가한 두 남녀가 이성애를 극도로 신비화시키며 맺는 관계의 일종인데, 근대로 이행하는 과정에서 부르주아 새 계급은 이 특수한 관계를 자기 시대의 문화적 각본의 핵심적 요소로 부각시키게 된다.

서 밝혔듯이 부르주아 새 계급이 자기 정체성을 확립하는 정치화 과정이다.[3] '고귀한 혈통'에서 자기 정체성을 찾아온 봉건 귀족에 반하여 새로운 지배 계급인 부르주아 계급은 자기 계급의 정체성을 확립할 필요성을 느끼게 되었다. 이들은 핵가족을 단위로 한 부부 중심의 가정을 표준으로 하고, 그 공간을 작은 교회로 성역화하며 성을 부부의 침실로 한정시킴으로써 도덕적으로 문란한 귀족 문화에 반한 자신들의 문화를 이루어 낸다. 다시 말해서 근대적 새 계급이 자기 정체성을 확립하기 위하여 사랑과 성을 새로운 형태의 가정 안에 한정시켜 놓고 그러한 도덕적 엄격성을 바탕으로 전시대의 지배 계급인 귀족들에 반한 우월성을 과시하고자 했던 것이다. 이 과정에서 전시대의 각본을 대치하는 결혼과 사랑에 관련된 새로운 제도와 상징들이 생겨난다.

구체적으로 서양의 낭만적 사랑은 중세의 궁정 생활에서 그 원형

---

3) 미셸 푸코, 1990, 《성의 역사 1 : 앎의 의지》, 나남 출판사.

을 찾아볼 수 있다. 중세의 기사와 무료한 영주의 아내 사이의 연애는 봉건 말기적 현상으로서 당시 십자군 원정 후 실업자가 된 기사들의 기생적 삶과 관련하여 주목을 끌어 왔다. 이 관계는 한가한 두 남녀가 이성을 극도로 신비화시키며 맺는 관계의 일종인데, 근대로 이행하는 과정에서 부르주아 새 계급은 이 특수한 관계를 자기 시대의 문화적 각본의 핵심적 요소로 부각시키게 된다. 살스비에 따르면 낭만적 사랑은 어느 날 갑자기 망치로 머리를 얻어맞은 것처럼 사랑의 포로가 된 상태를 의미한다.[4] 이 시대의 남녀 관계는 주로 이러한 사랑을 중심으로 각본화하는데, 열렬한 연애, 부모들의 구속으로부터의 해방, 사랑이 마르지 않는 부부애, 가정적 사랑을 통한 자아 실현 등이 그 각본의 구체적 내용이다. 남자와 여자가 자신이 선택한 상대와 사랑에 빠지고 그들은 새 가정을 이룬다. 부모로부터 독립함과 동시에 '봉건'으로부터도 벗어나는 이 '근대적' 가정은 자본주의 사회의 안정과 '발전'을 도모하는 중심이 된다. 특히 가정이 인생의 전부인 이 시대의 여성들에게 '결혼으로 골인하는 사랑에 빠지는 일'은 일생 일대의 사업으로서 지대한 의미를 갖는다. 폐쇄적인 공간으로서의 핵가족과 부부만의 침실, 빠른 시일내에 경제적 독립이 강요되는 자녀들의 처지, 남편에게서 충족되지 못한 사랑을 자녀에게 기대하는 어머니들의 왜곡된 사랑, 강해지는 또래 집단의 영향력 등은 낭만적 사랑을 부추기는 물적 토대이자 감성적 온상으로 작용한다. 이 과정을 통해 연애 결혼이 정착된다.

 18, 19세기를 통하여 인쇄술의 보급과, 때맞추어 나온 영화 산업적 기구를 통하여 무수한 낭만적 사랑 이야기들이 소설화되고 영화화되어 지구 곳곳으로 수출되었으며 도시에 대한 농경과 신분 상승, 그리고 영원히 행복할 핵가족적 삶에 대한 신화는 삽시간에 지구 전역을 휩쓸게 된다. 〈신데렐라〉, 〈황태자의 첫사랑〉, 〈작은 아씨들〉, 〈마이 훼어 레이디〉, 〈바람과 함께 사라지다〉 등을 비롯한 수많은 명작 연애 소설들이 바로 봉건으로부터의 문화적 단절을 시사

---

4) J. 살스비는 서구의 역사적 진행에서 낭만적 사랑이 어떤 사회적 의미와 기능을 갖게 되었는지를 그의 연구서 《낭만적 사랑과 사회》(1985, 민음사)에서 자세히 분석해 내고 있다.

하는 근대적 각본의 전형들인 것이다. 산업화의 진전에 따라 낭만적 사랑과 결혼 제도와의 짝지움은 더욱 급속히 이루어지고 이제 모든 남녀는 영화 속에서만 보던 것을 직접 실험할 기회를 갖게 되어 무척 바빠진다. 부모대로부터의 사회 경제적 자립과 여성의 경제적 의존, 그리고 공동체가 없는 도시적 상황에서 낭만적 사랑에 대한 각본은 그 실제적인 보상인 결혼을 전제로 함으로써 100퍼센트의 구체성을 확보하게 된다.

3) 근대적 각본의 변형: 감각적 사랑과 물상화된 성

그러나 시대의 흐름에 따라 결혼과 낭만적인 사랑은 순간적 동반자일 뿐임이 드러나고 만다. 부르주아 새 계급의 자기 이상화를 위한 각본이 가진 자체내 모순이 후기 산업 사회로 가면서 명백히 드러나기 시작하는 것이다.

우리가 다 알다시피 산업 사회는 가족이 아니라 개인을 사회적 단위로 한다. 산업 자본주의화가 이루어짐에 따라 가족 영역은 축소되다가 급기야는 붕괴의 지점에 이르게 된다.[5] 이러한 가족의 해체 현상은 비단 자본주의 사회에 국한된 것이 아니다. 일찍이 자본주의적 진행이 가져올 개인의 원자화와 억압을 간파한 사회주의자들은 19세기 말엽부터 공동체의 회복을 모색해 왔던 것인데, 이 사회주의적 공동체의 핵심은 바로 기존의 이기적이고 배타적인 가족을 의도적으로 파기하는 데 있었다. 일정한 생산력 수준에 도달한 현대 과학 기술 사회에서는 그것이 자본주의 체제이든 사회주의 체제이든 가족이 설 땅이 위태로와지기 마련인 것이다.

가족에 전 생애를 매달리거나 반대로 가족을 무의미하다고 생각하고 벗어 던지는 현상은 체제와 무관하게 생산력의 단계, 그리고 사회 심리적 여유와 관련하여 살펴보는 것이 좀더 타당할 것이라는 전제에 근거하여 논의를 진전시켜 보자. 최근 자본주의 체제내에서는 경제적으로 안정되고 즐길 여유가 있는 젊은 층에서 결혼을 기피하는 경향이 두드러지게 나타나며 사회주의 체제내에서는 경제

---

5) 앨리 자레스키, 1983, 《자본주의와 가족제도》, 한마당.

가 비교적 안정된 시기였던 시기에 이런 현상이 광범위하게 일어났다. 여기서 현재 경제적 불황에 시달리는 사회주의권의 사회에서 다시 낭만적 사랑과 성, 그리고 결혼에 대한 집착이 높아지고 있다는 점이 시사하는 바가 크다.[6]

가족에 대해 매우 새로운 인식을 갖는 새 세대가 후기 산업 사회로 들어서면서 등장하였고 이들은 국가와 민족, 그리고 가족의 보다 풍요한 삶을 위해 허리띠를 졸라매고 일한 기억을 가진 부모 세대와는 분명히 단절적 경험을 갖는 세대이다. 이들은 자신에게 직결된 일에만 관심을 기울이며 남의 간섭을 극도로 싫어하는 '진정한' 개인주의 세대로서 윗세대보다는 훨씬 합리적이고 '부드러운' 세대이다. 이들은 결혼, 낭만적 사랑, 그리고 성이 아무런 필연적 상관 관계가 없는 별개의 것들임을 알고 있다. 이들에게 결혼은 부담스러운 제도이며 피해야 할 어떤 것이다. 이들은 더 이상 성과 부부 관계를 연결시키지 않으며 그러한 모든 의무적 관계를 우습게 본다.

이 세대의 각본은 성을 중심으로 한다. 이 세대의 많은 사람들은 메마르고 황폐한 삶 속에서 진한 합일의 감정을 주는 어떤 구원의 상징으로서의 성에 매달린다. 피임술은 생식의 수단으로서의 성과 쾌락의 원천으로서의 성을 분리해 내는 데 결정적인 역할을 하였고, 이후 성과 육체는 새로운 시대의 담화의 핵심부에, 푸코의 논의를 따르면 새로운 통제의 수단으로 등장을 하게 된다.[7] 푸코는 근대적인 새 지배 계급이 새로운 도덕에 근거한 지배를 확립해 가는 과정에서 성이 억압되었다는 느낌, 성에 대해 무언가 죄를 짓고 있다는 생각이 처음에는 소극적이고 수줍게 이야기되다가 시간이 갈수록 대

---

6) 사회주의권의 성과 사랑을 이해하는 데에는 이미 개봉된 바 있는 사회주의권 영화인 〈리틀 베라〉, 〈부용진〉, 〈인터걸〉, 〈프라하의 봄〉 등이 도움이 될 것이다. 〈또 하나의 문화〉 제7호 《새로 쓰는 사랑 이야기》에 실린 연변과 부다 페스드의 사례들도 참고가 될 것이다.

7) 올해 2월에 상영된 바 있는 마가렛 에드우드 원작, 포커 쉘렌돌프 감독의 〈핸드 메이즈〉(The Handmaid's Tale)에서 출산으로서의 성이 국가에 의해 엄격하게 통제되는 암울한 미래 사회가 생생하게 그려지고 있다. 〈또 하나의 문화〉 제8호 《새로 쓰는 성 이야기》에 실린 영화평을 참고하기 바란다.

따마라 드 램삐까
〈녹색 옷을 입은 소녀〉
1927

성, 사랑, 결혼은 별개의 현상이며 사회에 따라 다른 조합으로 나타난다. 성적 주체로서의 인간에 대한 담론은 산업화된 고도 관리시대에 핵심적 자리를 차지한다.

담하고 노골적으로 언설화되는 현상에 주목한다. 부르주아 사회는 결혼에 대한 새로운 규칙을 정했을 뿐 아니라 위생, 체위 등 성에 대한 세세한 지식을 만들어 내었고 또 성에 대한 복잡한 실천의 규칙을 정함으로써 인간을 획일화시키고 감시, 관리하기 시작했다는 것인데 후기 산업 사회에 들어서면서 바로 이 성 부분이 문화적 각본의 중심을 이루게 된다.

이 시대에 들어서면 성적인 것의 범위는 가장 사소한 사유와 환상까지도 포함하게 된다. 20세기 전반부에 이미 성을 말하는 사람은 진실을 계시하고 법을 전복하며 지고한 행복이 약속되는 새 세계를 전파하는 예언자로서의 위치를 갖게 된다. D.H.로오렌스로 대표되는 이들 새 시대의 예언자들은 현대 문명의 폐허, 제도적 관계의 위선과 그로 인한 인간 상실적 상황을 절망적으로 바라보면서 남녀의 완전한 결합에서 오는 감동을 기본으로 하는 새로운 사회 건설을 꿈꾸었던 것이다. 그들은 인간의 감정까지도 철저하게 제도화시키려는 인위적 사회에 치를 떨면서 원시적, 야생적, 자연 합일적 관계의 회복을 주창하는 성종교를 만들어 냈던 것이다. 그 이후로 유토피안적 해방의 전망을 성에서 찾는 사람들은 철학자로부터 사이비 종교가들에 이르기까지 무수하게 많다. 그러나 이들은 앞으로 오는 사회가 바로 그들이 희망을 걸었던 성, 육체와 쾌락을 관리함으로 구성원을 통제하는 사회일 줄은 미처 몰랐던 것이며 그로 인해 자신들이 새 시대의 억압을 앞당기는 특공대의 역할을 하고 있는 줄을 전혀 눈치채지 못했던 것이다.[8] 성을 통한 인간 관리는 언어만이 아니라 상품, 공간적 배치 등을 통해 매우 체계적이고 효과적으로 이루어지게 된다.

다시 말해서 이 시대 구성원의 자기 인식은 성과 관련되어 이루어지며 이러한 현상은 권력의 작용과 밀접하게 관련되어 있다는 것이다. 구체적으로 성을 중심적 자료로 권력과 지식 간에 맺어지는 결정적 인연은 감각과 쾌락에 관한 언설의 공식화와 표준화 과정을 통해 이루어진다는 것인데, 이런 면에서 19세기의 지나친 근엄함과 20세기의 열광적 관능주의는 푸코에게 있어서 단절이 아니고 연속적 현상인 것이다. 이는 성관계의 형식과 내용, 그리고 성적 욕망 자체가 적극적으로 창출되는 과정일 뿐이며 이를 통하여 창출된 형식들은 대중 매체를 통해 순식간에 퍼진다. 영화와 비디오, 광고와 뉴스는 수시로 갖가지 종류의 성지식을 유포하고 생활의 전영역에 침투하여 새로운 쾌락, 새로운 성감대를 형성하게 되는 것이다.

사랑은 또 어떻게 되는가? 자본주의 사회가 기본으로 하는 개인주의의 발전은 개인으로서의 인간의 자유를 어느 정도 보장해 주는 것이 사실이지만 인간이 개인이란 단위로 분절화됨으로써만 그 근본적인 의미를 얻게 된다는 면에서 인간을 플라스틱화시키는 위험을 자체내에 안고 있다. 후기 자본주의 사회는 '개인'의 우선적 요구에 따라, 그 편의가 침범당하지 않아야 한다는 강한 전제 아래 재구성되는데 이에 따라 더 이상 낭만적 사랑이라고 부르기 힘든 남녀 관계가 등장한다. 개인의 이익과 자존심을 상하지 않는 한도 내

---

8) 현재 우리 사회에서는 마광수 시인이 로오렌스에는 못 미치는 수준이지만 그러한 역할을 하고 있다.

에서 서로의 합의에 따라 적당히 즐기는 감각적 관계가 등장하게 되는 것이다. 개인의 내부에 침범하는 것을 거부하는 행위 양식, 근본적으로 극히 차가운 계약적 관계와 감각적 사랑이 문화적 환경을 메우게 된다.[9] 분절적이고 원자화된 사회에서 권력은 손쉽게 그 목적을 달성한다. 모두가 고립되고 외로운 사회, 일시적인 관계가 지배적인 사회처럼 관리하기 쉬운 사회는 없을 것인데 우리는 그 방향으로 이행하고 있는 하나의 도도한 흐름을 여기서 보게 된다.

제3세계적 각본, 그 피상성과 상투성

나는 독자들이 서구의 시대사적 재구성을 시도한 위의 논의를 통해 두 가지 사실을 알아차렸을 것으로 믿는다. 그 하나는 우리가 일반적으로 인간적 감정의 자연스러운 흐름의 산물로 간주해 온 사랑과 결혼, 그리고 성에 대한 생각이 실은 하나의 문화적 구성물에 지나지 않으며 따라서 시대에 따라 변한다는 사실이다. 그것을 말하기 위해 나는 성, 사랑, 결혼이 시대에 따라 어떠한 모습으로 개개인의 삶과 집단적인 역사 진행에 관여해 왔는지를 살펴보았다. 농경 사회는 혈통이 중요한 사회이므로 중매 결혼과 생식으로서의 성이 문화적 각본의 중심이 되어 왔고, 공장 생산과 부부 중심적 핵가족이 중요한 산업 사회에 들어서면서는 낭만적 사랑과 연애 결혼에 대한 새로운 각본이 부상하였다. 개체 중심의 후기 산업 사회에 들어서면서 그 각본 역시 번복된다. 낭만적 사랑은 박제되고 성에 대한 무수한 언설이 이 시대를 통해 확대되면서 쾌락으로서의 성은 인간의 감정과 육체를 관리하는 권력의 주요한 통제 기제로 작용하게 됨을 보았다.

---

9) 이 부분에 쓴 단어들은 튀니지아에서 인류학적 현지 조사를 하고 있던 송도영 씨의 편지에서 따온 것들이다. 그는 〈또 하나의 문화〉 제7호에서는 낭만적 사랑에 관한 이데올로기를 집중적으로 진단하고 비판하여야 한다고 생각한다면서 자신이 구상해 온 글, 즉 불란서의 후기 구조주의적 상황이나 민족주의적 각성의 홍수 속에 있는 튀니지아의 농촌 상황은 그런 면에서는 우리 논의에 오히려 김을 뺄 우려가 있겠다고 원고를 내지 않았다. 불란서 상황에 대한 그의 표현이 여기에서 차용되었다.

다른 하나의 사실이란 고도의 정보화 기술을 토대로 하는 현대 사회에서 사회적 통제는 봉건 사회나 근대 사회에서와는 전혀 다른 형태로 이루어진다는 점이다. 권력은 이제 더 이상 금지나 신체적 처벌 등 강압적인 기제에 의존하여 지배하지 않는다. 새로운 욕망을 부추기고 사람들로 하여금 그것에 적극적 관심을 쏟게 함으로써, 다시 말해서 다른 것에 관심을 쏟지 못하게 함으로써 자발적 충성을 확보할 수 있게 된다. 이 정보 중심의 시대에 들어서면 권력은 제도적인 억압 기제보다 창출된 이미지들이 진리인 것처럼 보이는 효과를 내는 문화적 기제를 통해서 보다 손쉽고도 철저하게 작용하게 되는 것이다.

그러면 이제 우리의 경우를 생각해 보자. 서구 문명의 압력에 의해 산업화를 추진해 왔고 아직도 그 모델에서 벗어나지 못하고 있는 우리의 뒤틀린 상황에서 사랑과 성, 그리고 결혼에 대한 각본들은 어떻게 나타나고 있는지 살펴보자는 것이다.

춘향전은 아마도 우리 역사가 자본주의적 방향으로 이행을 이룬 시점에 싹튼 연애 이야기일 것이다. 낭만적인 사랑에 대한 언설은 신분제 붕괴가 현저해지는 17세기 경부터 서서히 형성되기 시작했을 터인데 서구 열강의 문물을 수입하면서 이런 추세는 가속화한다. 서구적 발전을 무조건 추종하기 시작한 개화기를 거치며, 신소설과 신문 지면 등을 통해서 이에 대한 담화는 급격하게 확장된다. 그러나 일제 시대만 하여도 사랑은 머릿속으로만 하는, 또는 용감한 몇 명의 모험을 구경하고 곁에서 즐기는 수준에 그쳤다. 선각자 신여성들을 자살로 이끈 연애 지상주의는 경제적 자립을 이룰 수 없었던 당시의 사회적 조건에서는 그야말로 유토피안적인 환상이었다. 폐병 환자와의 사랑이 미화되듯이 사랑은 죽음과 관련된 비현실적인 세계에 속한 어떤 것에 지나지 않았다. 여전히 엄격한 남녀 유별적 분리 공간에 살았기 때문에 짝사랑을 하거나 여학교 학생들이 남자 선생님을 사모하는 것이 고작이었고 여자 기숙사에서는 동성 연애가 성행했다. 해방 이후에도 한참 동안 사랑은 슬픔을 동반하는 젊은 날의 추억 정도로서의 의미만을 갖는다.

본격적인 산업화 단계인 1970년대로 들어서면서 비로소 낭만적 사랑과 연애 결혼, 그리고 단란한 핵가족의 꿈이 우리 사회에 탄탄하게 자리를 잡게 된다. 그 대표적인 이미지는 주말에 자가용을 타고 교외에 드라이브를 나가는 부부와 그들의 두 자녀일 것이다. 그것은 자체 충족적이고 완벽한 가정의 상징이다. 이때에 이르면 대다수의 사람들은 남녀간의 사랑이 인간 생활의 가장 본질적이고 중요하며 영원한 어떤 것처럼 믿게 되고 그것을 행복한 결혼으로 이어가기 위하여 안간힘을 쓰게 된다. 어디에 있는지 모르지만 첫눈에 알아볼 '천생 연분'의 짝, 자신에게만 애정을 퍼부어 주고 종래는 자신의 삶의 기둥이 되어 줄 상대를 찾아 많은 사람들이 헤매기 시작한 것이다.

위에서 재구성한 우리 역사의 한 단면을 읽으면서 어쩌면 독자들은 우리가 살고 있는 성과 사랑, 그리고 결혼에 관련된 경험 세계가 서양의 그것과 크게 다르지 않은 형태로 진행되고 있다고 느꼈을 것이다. 그러나 그것은 표피적 유사성에 지나지 않는다. 그 표피적 유사성 밑에 엄청난 차이가 있는데 그 점을 나는 상투성과 피상성이란 단어로 표현하고 싶다. 여기서 상투성이란 단어를 쓰면서 나는 행위자가 자신의 행위를 자신의 생각대로가 아니라 밖에서 주어진 정해진 각본대로 연기하는 모습을 떠올린다. 자신에게 어울리지도, 체화되지도 못한 역할을 그는 어리석게도 계속 반복한다. 피상성이란 단어는 그러한 행위가 단순한 흉내에 지나지 않기 때문에 문화적 축적에 어떠한 자국도 남기지 못하고 증발해 버리는 현상과 관련된다. 왜 이 상투성과 피상성이 제3세계의 경우에는 짙어지는가?

먼저 문화적 각본은 그 자체로서 억압적인 것은 아님을 분명히 하자. 그것은 시대적 기능을 갖고 있으며 그 기능이 끝나갈 때 억압성을 드러내게 된다. 위에서 살펴본 서구적 각본들은 그 시대의 물적 조건과 상응하면서 나타났고 각 단계적 삶에 새로운 질서와 의미를 부여해 주었다. 구체적으로 연애 결혼은 근대를 사는 사람들에게는 '끈적끈적하고 부담스러운 봉건적 관계'를 청산하는 데 결정적인 역할을 하였다. 그리고 개인주의에 기반한 새로운 관계와 새로운 도덕성을 확립하는 토대가 되었다. 첫째로 연애의 각본은 연애 관계에 있는 상대방에 대해 적극적 관심과 애정을 퍼부어야 함을 지시하면서 바로 그 지시되지 않은 사람들에게는 불필요한 의존이나 간섭을 해서는 안된다는 지시를 동시에 내리고 있다. 자신의 부모를 포함한 그 외의 모든 사람들로부터 독립하여 적절한 거리를 유지할 것을 요구하며 대다수의 사람들과는 시민적 질서를 지키는 정도에서 상호 작용할 것을 요구하는 것이다. 이것은 바로 새로운 근대적 질서의 핵심을 이룬다. 둘째로 연애는 자신이 스스로 선택한 상대방과 많은 노력을 기울여 관계의 나무를 키워 가는 것을 의미한다. 연애를 한다는 것은 각본상으로는 사랑이 저절로 되는 것처럼 되고 있지만 실제 그 연극을 몇 차례 해보게 되면 당사자들은 그 각본의 이상형을 변형시킬 수밖에 없음을 스스로 알게 된다. 즉, 연애 과정에서는 상대방에게 적극적인 관심을 가지면서 그를 이해하기 위해 최선의 노력을 해야 함을 알게 되는 것인데, 이 과정을 통해 봉건적 사회에서와는 다른 차원에서의 인간 이해를 이루어 낼 수 있게 되고 자신의 애인만이 아닌 일반적인 '남'에 대해서도 깊이 있는 이해를 갖게 된다. 동시에 많은 사람들은 이 과정을 통해서 보다 적극적으로 자신의 삶을 계획하고 자신이 내린 결정에 책임을 져야 한다는 것을 익히게 된다. 의무적인 만남이 줄어드는 대신 자발적 만남이 늘어나는 근대적 상황에서 연애라는 제도적 관계는 상호 책임을 지는 인간 관계와 적극성을 기르는 훈련의 기회로서 기능적 측면을 갖는다는 것이다.

그러나 그 각본을 수입하는 입장에 있는 제3세계의 경우는 일상적 삶의 토대와 기존 각본이 서로 어긋나 있다는 점에서 매우 다르게 수용된다. 제3세계의 경우는 경제적 조건의 변화, 특히 경제적 자립이라는 기본적 조건이 무르익지 않은 상태에서 낭만적 사랑이 수입되었고 따라서 그 각본은 매우 다른 의미로 읽힐 수밖에 없다는 것이다. 똑같은 영화를 보거나 책을 읽어도 제3세계 주민과 서구인의 반응은 다를 수밖에 없다. 동화의 예를 들어보자. 〈잠자는 공주〉의 재해독을 시도한 이링 페처는 이 동화에 나타나는 상징 분석을 통하여 이 동화가 근세 초기의 흔들리는 성규범을 다루고 있음을 밝혀 내고 있다.[10] 페처는 동화 중에 불임의 왕비가 목욕하다 만나는 개구리는 서민 계층의 남자를 암시하는 것이며, 방적 산업이 본격화되는 18세기에 이르기까지 실 잣던 방은 성애를 즐기던 장소로 이용되었다는 점과 물레 가락은 음경의 상징이라는 점에서 공주가 물레 가락에 '찔리는' 것은 공주가 부모 몰래 즐기는 성애를 암시하는 것으로 이해될 수 있음을 밝혀 내었다. 구체적으로 이 동화는 당시 사회에 새롭게 제기된 신분제와 처녀성의 문제를 다룬 것으로서 서민 계층의 남자와 귀족 계층의 여자와의 만남, 그로 인해 갖게 되는 귀족 계층 여자의 죄책감과 대신 자신의 딸의 처녀성을 지키고자 하는 부모의 노력, 그 노력에도 불구하고 15세가 된 공주가 물레 잣는 방에 있는 '흔들거리는 물건'에 대해 갖게 되는 관심, 그리고 종국에는 왕자의 '입맞춤'으로 상징되는 처녀성 상실에 대한 공포의 극복을 그린 이야기라는 것이다. 다시 말해서 이 동화는 당시 기존의 성규범에 대한 근본적 도전 내지 갈등을 그리고 있다는 것이다.

이 동화가 수입되어 제3세계 주민들에게 읽힐 때는 어떤 의미로 읽힐 것인가? 실제 이 동화가 당시 서양에서 불러일으킨 성규범에 관한 담화는 상징성이 다른 새로운 사회로 이전하는 과정에서 증발되어 버린다. 맥락을 떠남으로써 역사성을 상실하는 대신 이전된 사회에서 나름대로 새로운 의미를 갖게 되는 것이다. 아마도 우리가 어릴 때 그 동화를 읽으면서 받은 메시지는 잔치를 하게 되면 모든 사람들을 다 초대해서 아무도 앙심을 품지 않게 해야 한다는, 극히 교훈적인 것이었을 것이다. 그리고 실 잣는 방이나 개구리가 왜 동화에는 자주 나타나는지 약간 의아스러워도 그것에 별 의미를 주지 않으면서, 때가 되면 '왕자님이 찾아오고 결혼식을 성대하게 치르게 되고 죽을 때까지 행복하게 산다'는 결말 부분은 인상 깊게 기억하게 되었을 것이다. 그 동화가 역사 속에서 불러일으킨 혁명적 가치관에 대한 담론으로서의 기능은 사라지고 오로지 잠자던 공주가 왕자를 만나서 결혼을 하고 행복하게 살게 된다는, 다른 무수한 공주 이야기와 똑같은 메시지를 다시 한번 받았을 뿐인 것이다. 이 사례에서 우리는 두 가지 질문을 하게 된다. 수입된 각본(동화)

---

10) 이링 페처, 1991,《누가 잠자는 숲속의 공주를 깨웠는가?》, 이진우 옮김, 철학과 현실사, 213-217쪽 참고할 것.

에 의지하여 일상 생활을 영위하게 되는 사회란 자신들의 삶에서 드러나는 모순들을 끌어내고 해결해 가려는 담화의 장을 잃어버린 사회가 아닌가 하는 질문과 왜 수입된 각본이 그렇게 위력을 발휘하게 되는지에 대한 질문이다. 후자의 문제부터 보자.

제3세계에서 낭만적 사랑에 대한 신화가 서구 못지않게 큰 위력을 발휘하는 근거는 무엇일까? 제3세계에서 낭만적 사랑에 대한 환상이 급격히 퍼져 나가게 된 근저에는 아마도 뿌리뽑힌 사회의 문화적 허함이 자리하고 있을 것이다. 다시 말해서 제3세계적 상황에서 벌어지는 낭만적 사랑과 연애 결혼에 대한 집착은 산업 사회적 물적 조건의 변화와 어우러져 나온 것이라기보다는 급격히 붕괴되는 사회적 위기 상황에서 나온 도피적이고 졸속한 대응 방식일 가능성이 높다는 것이다. 기존의 관계에서 지킬 만한 것이 없다고 느낄수록, 전쟁이나 경제적 빈곤으로 불안정한 사회일수록, 자기 존재의 의미가 희미하고 절망적일수록, 낭만적 사랑을 통해 도저히 자기로서는 이해하기 힘들고 감당하기 힘든 상황으로부터 도피해 보고자 하는 성향이 높아진다는 것인데, 이런 기준에서 보면 제3세계의 성원들은 서양의 세계 대전 전후 시기를 제외하면 제1세계의 성원들보다 이렇게 될 확률이 월등히 높은 상황에 처해 있는 것이다. 우리 사회의 성원들이 서양 영화 속에 나타나는 사랑의 각본에 더욱 감격하고 그것을 전적으로 모방하며 기존 관계로부터의 이탈을 더욱 강렬하게 추구하는 경향은 바로 이런 측면에서 설명될 성질의 것이다. 역으로 이런 급격한 이탈, 뿌리뽑힘은 깊이 있는 관계 형성을 방해함으로 제3세계의 붕괴를 더욱 재촉해 왔고 이에 따라 자체내 문화 체계의 형성은 점점 어려워지고 있는 것이다. 우리의 사회 생활 과정에서 상투성과 피상성이 짙어진다는 말은 바로 이런 현상을 두고 한 말이다.

박완서는 그의 장편 소설 《휘청거리는 오후》에서 이러한 현실에 대한 놀라운 통찰력을 보여 주고 있다.[11] 주인공 초희는 여성에게 결혼은 풍요한 삶과 신분 상승을 보장하는 지름길이라는 각본을 믿는

---

11) 박완서, 1977, 《휘청거리는 오후》 상,하, 창작과 비평사, 이 소설은 모두가 읽었으리라고 보고 내용을 소개하지 않겠다.

여성이다. 그녀는 번영하는 삶에 대한 집착, 절대로 부모 세대처럼 가난하게 살기 싫다는 집념에서 부를 보장해 줄 남편을 만나기 위해 전력 투구한다. 초희는 자기 시대의 연애가 얼마나 비현실적인 것인지를 감지하여 일찌감치 중매 결혼을 택할 정도로 영리한 현대 여성이다. 그녀는 중매로 만난 부자 남자의 마음을 사로잡기 위해 각본대로 사랑스런 여자로서의 연기를 뛰어나게 해낼 수 있고 잠자리에서도 '소문대로'의 여자가 되는 법을 익히 알고 있다. 그러나 이 영리한 초희에게 이 시대는 행복한 삶을 허용하지 않는다. 그녀의 치명적인 오산은 자기가 살고 있는 시대가 핵가족적 개인주의와는 거리가 먼 집단주의적 사회임을 알지 못한 데서 비롯된다. 자신의 개인적 이익만을 치밀하게 — 그것도 근시안적으로 — 계산하는 자기 중심적인 사람이 집단주의적인 사회의 유물인 중매혼을 택한 것부터 일은 이미 틀려 있는 것이다. 중매 결혼을 한 젊은 여성이 기존 가족의 중심이 될 수 있다는 것 자체가 큰 착각이었다는 것이며 이로써 초희는 상투적이고 피상적인 관계 속에서 괴로와할 수밖에 없게 된다. 결과적으로 그녀의 열성적 연기는 증발되고 소모될 수밖에 없었고 그와 그의 가족 모두에게 비참만을 안겨 주게 된 것이다.

　반면 그의 동생 우희는 낭만적 사랑과 연애 결혼의 각본에 충실했다. 그녀는 오로지 사랑을 위해 결혼하는 그 시대의 순수한 젊은이들의 표상, 새 시대의 도덕에 맞춘 인간이고자 했다. 그러나 사랑에 빠져 집을 떠나고 자신들만의 보금자리를 만든다는 서구의 각본과는 달리 경제적 자립이 어려운 상황에서 우희의 계산은 흔들린다. 그리고 엄밀히 집을 떠나지 않는다. 그녀의 아버지가 자살을 하는 이유 중의 하나가 바로 연애 결혼을 하는 딸의 혼수와 집 마련에 드는 비용 때문이었다면 도대체 그 중매 결혼과 연애 결혼이란 것의 차이는 어디에 있는가? 우희의 연애 결혼이나 박완서가 그려 내 주는 《서 있는 여자》의 주인공 연지의 부부 관계를 통해서 우리는 우리 시대 젊은이들의 부부 관계가 서구적 각본과는 표면만 같을 뿐 실제로는 얼마나 다른지를 알게 된다.

　단적으로 우리는 연애를 하더라도 그것을 스스로를 독립적으로 세워 가고 새로운 관여적인 관계를 키워 가는 과정으로 삼기가 무척 어려운 조건 속에 살고 있다는 것이다. 연애 결혼을 한 이들도 여전히 부모로부터 무엇을 기대하는 한 부모대의 봉건적 관계틀을 벗어나지 못하는 것이며 결국 그 질척한 관계망 속에 매몰된 채 헤어나지 못하고 만다. 집을 떠나지 못하기 때문에 연애를 하더라도 새롭고 진정한 체험에까지 이르지 못하고, 스스로 새로운 관계를 맺고 키워감으로 얻게 되는 성취감이나 적극성을 기르는 훈련의 기회도 갖지 못한다는 것이다. 우리가 주변에서 보는 대부분의 연애가 소모적인 관계, 소설가 최수철[12]의 표현을 빌리면 '치욕'이나 '죄의식'의 기억에서 끝나는 어떤 것이 되어버리고 설혹 결혼으로 이어진다 하더라도 새로움을 창출해 내지 못하는 이유가 바로 여기에 있다. 이렇게 볼 때 서구적 각본의 수입에 따른 연애와 사랑에 관한 환상은 우리의 상황을 더욱 복잡하게 만들 뿐 아니라 그로 인한 자포자기, 실망 등으로 사회적 관계의 피상성과 이중성을 더욱 높여 놓고 있는 것이다. 수많은 사람들이 꿈꾸고 기대하며 몰두하는 이 연애의 경험이 새로운 문화 형성과 무관하게 겉돈다는 면에서 이것은 사회적으로도 큰 손실을 의미한다. 급격한 문화적 단절을 경험한 제3세계가 그 충격에서 좀체로 벗어나지 못하는 근저에는 이러한 일상 생활에서의 체험이 새로운 관계와 문화적인 창조 작업으로 이어지는 통로가 끊겨진 현실이 버티고 있다.

우리는 실로 엄청난 혼란의 시대를 살고 있다. 앞에서 본 봉건, 근대와 탈근대적 현상들이 마구 뒤섞여 나타나는 혼재의 시대를 살고 있으며 그 혼란을 정리해 갈 틀을 전혀 만들어 내지 못하고 있다. 구체적으로 결혼과 가족 집단의 이익에만 몰두하는 조부모 세대와 그것에 매달리면서 낭만적 사랑에 대한 환상 속에 사는 부모 세대, 그러한 각본에서 아무런 의미를 찾지 못하는 자식 세대가 뒤섞여 살면서 서로를 더욱 풀기 어려운 갈등 상황 속에 집어넣고 있다. 각 세대는 자신들이 풀어 내었어야 할 과제를 풀지 못한 채 다음 세대(자식)들의 삶에 자기 식대로 관여를 하고 있으며 이로써 사

---

12) 최수철은 그의 연작 단편 소설 〈어느 무정부주의자의 사랑〉에서 현대의 사랑을 해체하는 시도를 보이고 있다. 특히 《현대문학》 1990년 12월에 실린 〈뿌리에 고인 눈물〉을 읽어 보기 바란다.

회 경제적 변화에 따라 이루어 내야 할 문화적 단절, 즉 '봉건'과 '식민 시대'로부터의 단절을 제대로 이루어 내지 못하고 있는 것이다. 운 좋게 '봉건'적 질곡에서 벗어난 젊은이들은 그 세대대로 낭만적 사랑과 성해방의 각본에 휘둘려서 새로움을 탄생시킬 냉철한 시각과 여유를 갖지 못하고 있다. 많은 애정 소설이나 안방에서 관람하는 드라마들은 낭만적 사랑의 각본에 따른 복잡한 얽히고설킴을 적당히 재미있게 그려 냄으로 많은 사람들을 그 각본에 붙들어 두고 있다. 사랑과 결혼과 성에 대한 왜곡된 생태는 이렇게 서서히 대중들을 축소된 사적 공간에 몰아 넣음으로써 탈정치화시켜 가고 있는 것이다. 사회 변혁을 위해 핵심적 역할을 담당하는 노동 운동, 교육 운동을 위시한 갖가지 사회 운동의 전개에 있어서도 이 혼돈스런 '연애'의 환상은 암적인 존재로 작용하고 있다. 여기서 득을 보는 자들은 누구인가? 이 혼란은 기존의 권력 유지에 매우 효과적으로 사용되고 있지 않는가?

  새롭게 등장하는 세대는 어떤지 살펴보자. 이들은 부모 세대의 어리석음을 자신들은 되풀이하지 않을 것이라고 다짐하고 있지만 그들 역시 기회주의적이다. 근대적인 행복을 추구하면서 그것이 이루어지지 않으면 쉽게 포기하고 타협한다. 최근에 형성되고 있는 안정적 중산층 출신 청소년들은 '탈근대적' 성향을 현저하게 드러내기 시작했다. 그것은 후기 산업 사회적 징후이면서 동시에 혼돈의 과중함에서 오는 것이기도 하다. 이들은 자아의 보호벽 사이에 안주하면서 낭만적 사랑에 대한 환상이 광범위하게 자리잡은 위에 '성개방 — 성집착'의 경향을 드러내기 시작했다. 경제적으로 비교적 안정적인 삶을 살아온 이 세대는 자본주의적 발전을 신뢰하며 개체성을 추구하면서 동시에 부모로부터 기대하는 것은 여전히 기대한다. 이들이 소위 자유주의를 통해 얻을 것을 충분히 얻었다고 느끼는 시점에 이르면 반작용의 신보수주의의 줄을 타고 여피들로 급속히 변신을 할 가능성은 상당히 높다. 남녀 관계에 있어서 이들은 감정적으로 그리 쉽게 빠지지 않으면서 '상처'를 최소화시키는 형태로 기능화되고 분절화된 관계를 맺으려 할 것이다. 사방에 흥건히 고였던 '낭만적 사랑'에 대한 상징에 매몰되었던 윗세대를 우쉽게 보면서 이들은 자신들의 사방에 깔려 있는 '성'에 관한 언표들에 매료될 것이다. 이러한 방향으로 우리의 역사가 그냥 흘러가도록 내버려 둘 것인가?

맺음말

나는 이 글에서 우리가 미처 사슬이라고 느끼지 못하고 있던 다양한 사슬을 드러내 보았다. 봉건과 근대와 탈근대적 사슬을 동시에 쓰고 있는 혼돈의 시대를 사는 만큼 그 얽힘을 풀어 내고 보다 명료하게 현상을 보는 눈을 갖는 것이 중요하다고 여겨져서 우리가 갖고 있는 각본의 역사성을 따져 보았다. 결혼과 출산의 연결, 이성 간의 배타적인 사랑과 연애 결혼과의 연결, 그리고 성과 권력 간의 연결을 바탕으로 한 문화적 각본을 관통해 봄으로써 우리는 이제 우리가 살고 있는 시대의 거대한 억압 구조의 장치를 어느 정도 알아볼 수 있게 되었을 것이다. 후기 자본주의 시대로 갈수록 권력은 사적 영역에 관여하면서 억압당한 자들의 자발적 충성을 유발하는 데 성공한다는 점도 알게 되었다. 우리는 인류의 미래에 대해서 도저히 낙관적일 수 없다는 것, 고도의 정보 기술을 바탕으로 한 관리사회의 새로운 질서가 얼마나 무서운 사회일지도 상상할 수 있게 되었다.

제3세계적 상황은 우리로 하여금 더욱 깊은 반성적 성찰을 하게 한다. 서구적인 사랑과 성에 관한 각본을 반성적 성찰 없이 받아들여야 했던 역사적 상황에 대해, 스스로 각본을 만들어 내고 그 각본을 변형시켜 나갈 수 없는 사회의 비극에 대해 생각해 보았다. 각 사회마다 모든 사회 구성원들이 따라야 할 문화적 각본들이 있다. 그러나 실제로 구성원들은 그 각본대로 행동하지는 않는다. 의도적으로 그 각본을 변형시키기도 하고 비의도적으로 그 각본을 잘못 읽기도 하면서 사회 구성원들은 각본을 바꾸어 가려고 노력한다. 그리고 이 노력이 강해지면 실제로 각본은 구성원들에게 더 잘 어울리는 새로운 것으로 대체된다. 역사적으로 엄청난 충격을 받은 제3세계의 경우, 비극은 빌려온 각본에 집착하는 데서 비롯된다. 단절을 이룰 때는 단절을 이루면서 스스로 각본을 만들어 가는 것이 정상적인 역사의 진행이라면 강제적인 단절을 경험한 제3세계는 현재 엉거주춤한 상태에서 적당히 서구적 각본을 모방하면서, 또 '봉건'적 관습은 '전통'이라는 이름으로 고수하면서 그냥 '굴러 가고' 있다.

   단절을 이루어야 할 때 그것을 이루어 내지 못하고 모든 것을 허용하는 듯하면서 실제로는 자체내 역량을 전혀 기르지 못하고 있는 것이다. 사적 관계에서 사랑의 각본에 극단적으로 매달리던 사람이 극단적인 손익 계산을 하는 결혼을 별 심리적 갈등 없이 해내는 현상과 우리가 자신의 삶을 적극적으로 살아내지 못하고 있는 현상과는 밀접한 관계가 있다. 그리고 그것은 많은 사회 구성원들을 자포자기하게 만들고 사회적 관계의 피상성과 상투성을 높임으로써 사회를 더욱 병들게 하고 있다. 서양은 그 문명의 절정을 지나 내리막 길을 가고 있다 하더라도 여전히 자신들의 문명의 기초가 되어온 합리성과 개인성에 신념을 두고 문제를 풀어 가고 있다. 그러나 우리들은 일상적 삶 속에서는 아직도 혈연적 가족을 중심으로 한 '봉건'의 틀에서 헤어나지 못하면서 '탈근대'적 고도 기술 사회를 맞고 있는 것이다. 문제 해결의 실마리를 누가 어디서 찾을 것인가?

   이제 우리는 더 늦기 전에 우리 스스로에게 질문을 던져야 한다. 서구적인 사랑과 성에 관한 각본을 반성적 성찰 없이 따라함으로써 스스로를 소모적 인간으로 만들고 동시에 문화적 피상성을 높이는 데 기여하지나 않았는지? 사랑과 결혼과 성에 관련된 생각과 행동과 느낌들은 극히 사적인 체험이며 역사의 진행과는 무관한 영역이라고 치부해 버림으로 우리 스스로를 이중성을 극복하지 못한 분열된 주체로 만들어 버리지 않았는지? 현재 우리가 고민하고 있는 사회 변혁 운동의 한계는 우리 자신이 바로 이러한 관계의 피상성과 상투성을 벗어날 때에 어느 정도 벗겨지는 것이 아닐지? 우리는 이제 자생적 치유 능력을 급격히 상실하고 있는 제3세계적 상황을 꿰뚫어 보고 기존 관계의 상실만을 부추겨 온 제3세계적 성과 사랑의 상투성에 어떻게 저항해 가야 할 것인지를 함께 고민해 가야 할 것이다. 나는 우리가 '합리성'과 '개인성'의 확립을 궁극적인 목표로 설정하고 달려온 서구의 역사적 진행을 그대로 따라가서는 안된다고 생각한다. 그렇다고 경제적인 면에서는 분명한 '근대'로 넘어왔으면서도 필요한 문화적 '단절'은 이루어 내지 못하고 끌려오기만 한 우리 사회가 이대로 표피적인 변신을 거듭한다고 해서 살벌한 국제 질서 속에서 살아 남을 수 있으리라고 생각지 않는다. 일상적 삶에 대한 근원적인 성찰과 이 차원을 관통하는 영역에서의 변혁이 시급하다고 보며 이런 단절을 이루어 내지 못한다면 우리는 곧 정보화 시대에 들어서면서 문화적으로도 식민화될 수밖에 없다. 그때 우리의 아이들은 누구를 어떻게 사랑할까? 역사 속에 깨어 있는 주체로 서 있는다는 것은 앞으로 또 얼마나 더 어려워질까?

나는 여기서 어떠한 처방을 내리고자 하지 않는다. 새로운 패러다임의 출현이 요구되는 이 시점에서 손쉬운 처방, 해답이 있다면 어쩌면 그것은 도그마일 것이다. 우리는 억압을 느끼기 시작한 사람들이 스스로 답을 찾아야 하는 시대, 우리 문제를 풀어 줄 신이나 영웅이 사라진 시대에 살고 있음을 잊어서는 안된다. 우리로부터 그 많은 기쁨을 앗아간 '우리'를 심판대에 올리자. 아직도 우리를 부추기고 있는 첨병들과 제도적 장치들을 알아내고 무성하게 퍼져 나간 말들, 알맹이 없이 우리를 현혹시켜 온 언표들을 사로잡아야 한다. 이제 자기 상실, 자기 혐오로 이어지는 연애를 더 이상 사랑이라는 이름으로 부르지 말자. 이성간의 폐쇄적 공간에 가두어 버린 사랑을 해방시켜 우리는 상대방의 성장에 적극적으로 개입하는 우정을, 인정을, 정을 다시 찾고 거기에서 나오는 새로운 에너지로 공동체적 회복을 이루어 가야 한다. 그리고 성해방은 이 시대의 새로운 억압적 언설에 시나시 않으며, '성'의 외침이란 인간 본능의 외침이 아니라 더욱 도식화된 상호 작용의 한 형태일 뿐임을 분명히 하자. 피상적이고 상투적인 관계를 청산하고 서로서로의 자람에 참여하는 관계, 열린 만남을 북돋우는 사회를 이루어 가기 위하여 이제 우리는 우리의 체험에 충실한 우리들의 각본을 만들어 가야 한다. ■

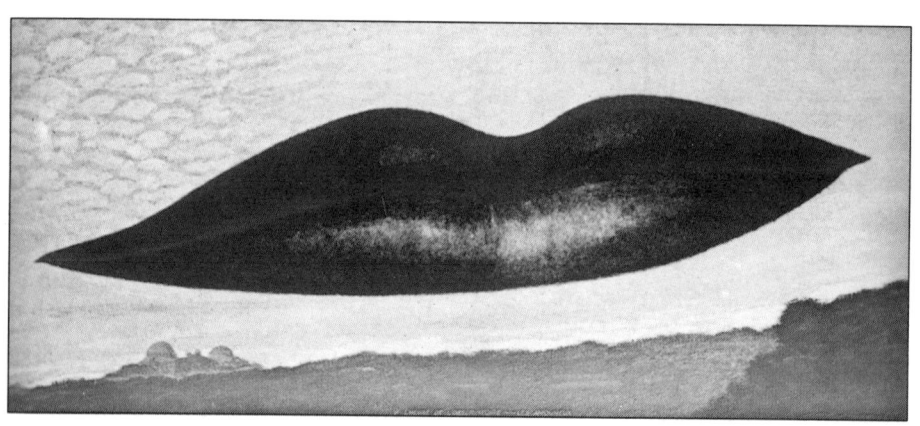

Man Ray, *A l'Heure de l'observatoire, les amoureux* — ca, 1934

자본주의와 성문화

■ 연세대 교지에서 '자본주의와 성문화'에 대한
글을 써달라고 해서 쓴 원고이다.
여전히 모든 문제를 '자본주의'라는
하나의 이름과 연결을 시키고 난 후에
그것을 지우기만 하면 해결할 수 있다는
단순한 생각들을 가지고 있는 학생들을
염두에 두고 썼다.
앞에 실은 사랑에 대한 논설을 쓰고 난 직후에
쓴 것이므로 중복된 부분도 있으나
잘 연결이 되리라 생각한다.
1991년 연세대학교 교지에 실려 있다.

"우리는 사랑을 포기할 수 없다. 따라서 우리는 '사랑'을 포기할 수밖에 없다."

머릿글

우리는 현대 사회를 너무 단순화하여 생각하는 경향이 있다. 현대 사회를 자본주의로 규정한 뒤 자본주의 사회의 기본적인 구조를 자본가와 노동자 간의 대립으로 놓고 이 대립 관계의 통일과 투쟁을 통해 모든 것이 이루어진다고 보는 이들이 있다. 이런 시각에서 볼 때, 사회 변혁은 노동자 계급을 단결시켜 자본가 계급을 타도하고 소유에 따른 불평등이 없는 새로운 사회를 만들어 가는 것을 의미한다. 그런데 사실상 역사적 과정이란 그리 기계적인 것이 아니고 자본주의화 역시 그리 단순한 것이 아니다. 기계적이고 단순하게 생각할 수밖에 없는 사람들은 역사를 그런 단순한 차원에서 이해할 수밖에 없겠지만 보다 나은 역사를 만들어 가기 위해서 이런 경향은 지양되어야 할 부분이다.

현대 사회의 모든 변화를 '자본주의적 질서로의 이행'으로만 이해하는 것에는 무리가 있다는 지적은 이미 여러 학자들에 의해 이루어져 왔다. 근대 역사가 서구에서 일어난 상업 자본주의화에 따라 발생한 것은 사실이다. 그러나 동시에 그 역사는 새로 부상한 자본가 계급이 강력한 중앙 집권적 세력인 국민 국가주의적 정치 세력과 결탁하여 이루어 낸 산업 자본주의화의 역사이기도 하다. 그것은 과학 기술주의적 세계관을 바탕으로 하며, 궁극적인 권력 기반을 군사력에 두고, 온 세계를 전쟁의 소용돌이 속에 던져 넣은 바 있는, 또 그럴 가능성을 여전히 안고 있는, 파괴적 역사이다. 이런 복잡한 과정에 주목하면서 기든스는 현대 사회의 변화를 이해하기 위해서는 근대사를 자본주의, 산업화, 국민 국가주의와 군사력이라는 네 축으로 나누어 이해하는 것이 보다 정확한 이해에 도달할 수 있으리라는 제안을 하고 있다.[1] 현재 사회주의 사회 안에서 일고 있

---

1) 기든스, 1991, 《포스트 모더니티》, 민영사 참고할 것.

는 개혁의 조짐까지를 설명할 수 있는 이론적 틀은 자본주의적 진행을 그 한 축으로 삼는 것은 사실이나 그것이 전체의 축이 될 수는 없다는 것이다.

자본주의화를 따로 떼어서 논의하기는 무척 어렵다는 것을 인정하면서 그것을 하나의 근본 축으로 삼아 사회를 분석하려 한다면, 우리의 논의는 노동 영역에서만이 아니라 성생활과 정서 영역에 걸친 광범위한 현상을 포함해야 한다는 것을 잊지 말아야 한다. 자본주의화는 '인간 자체'를 근원적으로 바꾸어 놓고 있다는 점에 주목할 필요가 있는 것이다. 사회 구성원들의 생각과 정서의 변화를 파악하지 않은 변혁론은 설명력이 없을 뿐더러 실천력도 부족할 수밖에 없다. '자본주의와 성'이라는 주제를 놓고 생각해 볼 때 이 점은 보다 분명해진다. 우선 자본주의화가 모든 악의 원천은 아니다. 예를 들어, 비인간적 성문화의 핵심적 내용인 강간과 매춘은 자본주의화 이전부터 존재해 온 가부장제 문화의 일부분이지 자본주의화 과정에서 처음으로 생긴 현상은 아니다. 우리가 관심을 기울여야 하는 것은 자본주의화 과정에서 가부장적 성문화가 변형되어 나타나면서 모순을 드러내는 부분이며, 특히 그것이 우리 자신의 일상적 삶과 어떤 연관으로 나타나는지를 살펴보는 것이다.

이제까지 캠퍼스에서 주로 논의되어 온 성과 관련된 문제는 1) 성을 상품화하여 비인간화를 촉진시키는 자본주의를 적나라하게 드러내거나 2) 한국 여성들을 매춘화하는 미군 기지의 철수와 국제적 기생 관광을 방관 내지 조장하는 국가 시책에 대해 고발하거나 3) 정신대를 중심으로 반민족적 군국주의 세력을 폭로하는 등에 머물러 있었다. 최근 외부의 여성 운동 단체에서는 강간, 성폭력, 사무실내 성적 희롱이나 성에 관련된 이중 규범을 놓고 여론을 환기시키고 법정 투쟁을 벌여가고 있지만 여대생들은 이런 실천의 장에 별로 개입하지 않았다. 이들은 반미 감정이나 반제국주의 감정을 불러일으킬 수 있는 문제만을 골라 내어, 다시 말해서 현재 주도권을 쥔 학생 운동에 '복무'하는 주제를 골라내서 부각시켜 왔던 것이다.

이런 식의 피상적, 또는 단편적인 논의는 여러 가지로 부작용을 낳는다. 한 예를 들어 보자. 몇년 전에 여대생 운동의 한 과제로 '에이즈 추방 운동'이 일었는데, 그때의 기본 주장은 미군 기지 때문에 에이즈가 퍼지니까 미군을 쫓아내야 한다는 것이었다. 나도 개인적으로 외국군이 우리 땅에 머무르는 것을 원하지 않는다. 그러나 이런 식의 비과학적이고 비논리적으로 반미 감정을 부추기는 것에는 찬성하지 않는다. 우리 사회에 에이즈균이 옮겨 오는 통로는 외국에 출장을 나가면 어느 나라 사람들보다도 열심히 홍등가를 찾는 남자들의 성문화와 더 깊은 관련이 있을 것이다. 에이즈 추방이 목적이라면 성문화에 대한 좀더 과학적인 연구를 토대로 운동을 벌여 가야 했을 것이다. 성병은 앞으로 우리에게 더욱 심각한 문제로 다가올 것인데 이런 문제를 이데올로기적으로 이용하여 문제의 핵심을 오도하는 것은 매우 위험한 일이 아닐 수 없고 또한 운동의 신뢰성을 크게 떨어뜨리는 결과를 낳는다.

아래의 글에서는 이러한 점에 유의하면서 근대 역사를 통하여, 특히 자본주의화 과정을 중심으로 성과 관련된 인식과 행동의 변화를 좀더 체계적으로 알아보고자 한다. 우선 자본주의화가 먼저 진전된 서구의 경우에 있어서 성문화가 어떻게 변화되어 왔는지를 살펴보고 다음에 파행적인 자본주의화 과정을 거치고 있는 우리 사회 특유의 성문화를 살펴보겠다.

자본주의화와 성

시대에 따라 '성'이 의미하는 것이 크게 변한다 하더라도 인류 역사를 통해 '성'은 근본적으로 두 가지의 의미를 갖는다. 하나는 육체적 교감을 통한 '즐거움', 즉 쾌락의 차원이며 다른 하나는 성 관계를 맺은 이후 그 결과로 얻는 출산의 문제이다. 물론 많은 성행위는 출산을 목표로 이루어지며 이 양 차원은 함께 간다. 또한 육체적 교감을 통한 쾌락에는 정신적 교감이 전제되는 것이 일반적이다.

자본주의화 이전의 소규모의 부족 사회들의 경우를 살펴보면 결혼 전의 청소년들에게 성이 쾌락의 원천으로 어느 정도 허용되는 경향을 보인다. 그러나 막상 결혼을 하면 책임 있는 어른으로서 위치를 차지하게 되고 성관계도 부부 관계내에 국한된다. 혼외 정사가 일어나지 않는 것은 아니나 그것은 성적인 것에 각별히 관심이 많은 한정된 소수의 일일 뿐이며 이런 사건이 벌어졌을 때 그 처벌 양태 역시 사회에 따라 상당히 다양하게 나타난다.

성관계의 규칙이 엄격해지는 것은 사회가 복잡해지고 중앙 집권적 국가 기구가 생기면서이다. 이것은 다른 영역에 대한 사회적 통제 역시 보다 엄격해지는 경향과 맥을 같이한다. 성관계에 관련된 규칙은 엥겔스의 지적대로 사유 재산의 상속이 사회적 비중을 갖게 될수록 엄하게 적용되고 특히 적자를 확보하는 일과 관련이 되므로 여성들에게 엄격하게 적용되었다. 이는 우리 역사에서 조선 시대를 생각해 보면 쉽게 이해될 부분이다. 농경적, 봉건적, 부계 혈통 중심적 사회에서 성은 우선적으로 출산과 관련된 행위였던 것이며 쾌락으로서의 성은 소수의 특권적 남성, 즉 기생들과 놀 수 있는 남성들이나, 크게 잃을 것이 없는 천민층에서 즐길 수 있는 유희 정도였다고 보아야 할 것이다.

자본주의화 과정에서 성과 관련된 행태는 큰 변화를 보이는데 그것은 두 단계로 나뉘어 나타난다. 그 첫번째 변화는 토지와 혈연을 중심으로 한 대가족 제도가 깨지고 자신의 노동력을 팔 수 있는 청, 장년 남자를 중심으로 한 부부 중심의 소규모 가정이 이루어지면서 일어난 변화이다.[2] 집안 어른들의 결정에 따라 결혼 당사자의 의사와는 무관하게 짝이 지어지는 '중매 결혼' 제도는 깨어지고 집안의 압력을 벗어나 도시로 이주한 많은 젊은이들은 스스로 자신의 반려자를 찾아 나서게 된다. 이로써 '연애 결혼'이 성행하게 되는 것이다. 자본주의화된 사회에서 가정은 경쟁적이고 비인간적인 사회에 유일하게 남은 피난처로서의 의미를 지닌다는 점을 감안할 때 '연애 결혼'이 이 시대의 적합한 결혼 양태임은 쉽게 알 수 있다. 실제로 이 시대로 들어서면서 가정은 부부에게 최대의 정서적 만족을 주는 공간임이 강조되있다. 서구의 자본주의화를 도운 종교 개혁은 이런 가정을 '작은 교회'라 부르며 부부가 그 작은 공간에서 서로의 행복을 최대한 추구할 것을 '명'하였다. 이는 급격한 도시화와

---

2) 이 부분에 관하여 자세한 내용은 앞에 실린 〈결혼, 사랑, 그리고 성〉 참고할 것.

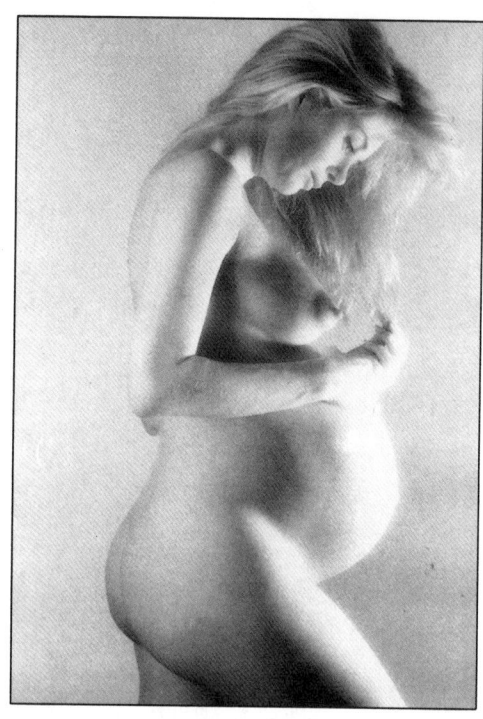

Lucille Khornak, 〈임신〉, 1990

근대에 들어서서 성에 대한 언설은 갈수록 무성해진다. 푸코는 그의 저서 《성의 역사》에서 성에 대한 금욕적 규범이 존재했던 19세기 사회가 실은 성이 억압된 시대가 아니라 성에 대한 언설이 광범위하게 퍼진 시대이며 '몸'에 대한 담론이 사회적 통제와 관리의 주요 기재로 자리잡았음을 밝혀 내고 있다.

이농의 와중에서 혼란에 빠진 젊은이들을 안정시키는 최상의 방법이었던 것이다. 신데렐라처럼 이상적인 상대를 만나 영원히 행복한 가정을 이루는 것이 이 시대 모든 젊은이들의 꿈이었고 그 꿈은 마음껏 성적 관계를 즐길 수 있는 유일한 공간인 부부간의 침실에서 그 절정을 이룬다.

바로 이런 부부 관계의 변화를 통하여 부부간의 성은 단순히 '출산을 위한 도구적 성'의 차원을 벗어나 '쾌락의 차원'을 포함하게 된다. 아마도 이 시대는 인류사에서 드물게 부부 관계가 모든 다른 관계를 압도하고 출산으로서의 성과 쾌락으로서의 성이 합일을 이루어야 한다는 점이 강조된 특이한 시대일 것이다. 피임법의 대중화로 '쾌락으로서의 성'은 더욱 번성할 조건을 마련하게 된다. 이제 성에 관해서는 무지할수록 좋은 것으로 간주되어 온 '성처녀'로서의 아내상이 크게 바뀌어 아내도 남편과 동등하게 성적 쾌락을 즐길 수 있어야 한다는 암시가 퍼지기 시작한다. 부부의 침실은 화려해지고, 이 시대를 통해 여성(아내)는 비로소 자신의 육체를 새롭

Lucille Khornak, Togertherness
1990

'쾌락만으로서의 성'이 '출산으로서의 성'을 압도하게 되는 시대적 역전은 자본주의화 과정에서 주목되어야 할 부분이다.

게 가꾸기 시작한다. 이에 따라 봉건 시대에는 궁전이나 시장에서나 있었던 '쾌락만으로서의 성'이 가정에 침투할 여지를 찾게 되는 것이다. 주변적 영역에 머물렀던 '쾌락으로서의 성'이 '출산으로서의 성'을 압도하게 되는 이러한 시대적 역전은 자본주의화 과정에서 주목되어야 할 변화이다.

부부의 침실이 화려해짐과 동시에 도시의 환락가는 더욱 화려해져 갔음은 물론이다. 스트립 쇼와 매춘, 포르노 등을 중심으로 한 성산업은 날로 번창해 가고 이에 발맞춘 강간 등의 성폭력, 그리고 사무실에서 자행되는 갖가지 성적 농락의 짓거리는 공동체가 붕괴된 도시에서 기승을 부리게 된다. 표면적으로는 '성처녀'와 끼가 있는 '악녀'라는 봉건적 이분화가 사라지는 듯하면서 기실 여성의 몸이 상품화되고 학대되며 놀이감이 되는 현상은 더욱 비인간적이고 상품화된 형태로 끈질기게 살아 있거나 강화되어 가는 것이다. 외로움과 자기 상실의 시대에 '성'은 쾌락의 가장 주요한 원천으로 부각되었고 부부 관계 또한 이 쾌락 추구의 경향이 심화되면서 극히 불안정한 양상을 드러내기 시작한다.

　소위 후기 산업 사회에 들어서면서, 성과 관련된 변화는 극단적인 방향으로 발전하게 되는데 그것은 '출산으로서의 성'과 '쾌락으로서의 성'이 완전 분리되는 현상으로 나타난다. 가정에서 자녀가 차지하는 의미가 낮아지고 부부간의 정서적 친밀성과 성적 만족에 대한 기대치가 높아질수록, 부부간의 불화 가능성은 높아지게 마련이다. 특히 그 불화는 주로 성적 불만족의 형태를 띠고 폭발하며 그 관계는 이혼으로 끝을 맺는다. 많은 부부가 좀더 진한 사랑과 성적 만족을 줄 수 있는 상대를 만나서 헤어지고 다시 조합을 이루는 이혼 사회로 들어서는 것이다. 물론 이혼의 진정한 이유는 성적 불만족이라기보다는 다른 더 복잡한 관계와 욕구의 차원에 있겠지만 많은 부부들은 자신들이 성적으로 불만스럽게 느낄 때 그 관계를 매듭짓는다. '쾌락으로서의 성'이 부부 관계의 질을 가늠하는 가장 중요한 변수로 등장하였다는 것이며 이는 또 다른 갈등의 씨앗으로 인간 관계를 피상적으로 만들어 버린다.

　서구에서 만들어진 많은 사랑에 관한 영화들이 부부간의 성적 불만족과 외도를 주제로 하고 있는 점이 이 사실을 잘 반영한다. 스티븐 소더버그의 〈섹스, 거짓말, 그리고 비디오 테이프〉(1989)라는 영화에서 여주인공은 성공한 남편과 잘 지내지만 성적으로는 별다른 느낌을 갖지 않고 있다. 그는 정규적으로 정신과 의사를 만나는 유한 부인인 셈인데 자기 부부의 성관계가 왠지 마음에 늘 걸린다. 반면 그녀의 여동생은 성관계를 즐기는 여성으로 형부와도 관계를 맺고 즐긴다. 그녀는 남편과 성관계를 제대로 즐기지 못하는 언니를 불쌍하게 여긴다. 서로를 속이면서 성관계를 즐기고 위선적 관계를 맺게 되는 이런 연극은 '불감증'에 걸렸다는 한 남자의 출현으로 깨어지게 된다. 그는 성관계를 직접 맺는 대신 성에 대해 이야기하는 것을 비디오로 녹화하는 취미를 가진 특이한 남성이다. 이 영화가 그를 통해 주고자 한 메시지는 '성'을 말로 풀어냄으로 '성'을 성찰할 수 있게 하고 그 성에 얽힌 거짓말 구조를 밝혀내 보이는 것이었다. 개인의 욕망이 중시되는 방향으로 갈수록 남녀간의, 특히 부부간의 욕망은 충돌을 일으키게 되고, 결국 '상대방에게 성적으로 충실한 부부'란 하나의 공공연한 거짓말처럼 되어 버린 시대상을 고발하고 있는 것이다.

  결혼이라든가 가정을 이룬다는 것이 별 의미가 되지 못하는 시대에 '쾌락으로서의 성'은 더욱 극성을 이루게 된다. 성은 후기 자본주의 시대에 강력한 의미를 지닌, 시대의 상징이 되어가고 있다. '성'은 '돈'과 함께 신이 죽은 시대에 새로운 종교로 부상하게 되는 것이다. 많은 현대적 영화들은 이런 문제를 소재로 하고 있다. 리차드 브룩스의 〈미스터 굿바를 찾아서〉(1978)라는 영화는 이 시대에 '쾌락으로서의 성'이 차지하는 자리와 그 비극적 의미를 잘 보여주는 또 다른 한 편의 영화다.

  이 영화의 여주인공은 엄한 카톨릭 가정에서 자란, 대학을 갓졸업한 지성적인 여성으로 농아 학교 교사로 부임하여 아이들을 가르친다. 그녀에게는 한 가지 고민이 있는데, 그것은 자신이 언젠가 꼽추가 될지도 모르는 유전병 보균자라는 사실이다. 그래서 그녀는 성에 눈을 뜨면서 미련 없이 불임 수술을 하였다. 그녀가 성관계를 맺은 첫 남자는 아내가 있으면서 따로 상습적으로 여자 조교와 '쾌락으로서의 성'을 즐기는 대학 강사였는데 이 남자는 성관계를 하고 나면 상대를 쳐다보기도 싫어하는 습관을 가지고 있다. 육욕을 만족시킨 후에 남은 약간의 죄의식의 발동인지 그냥 홀가분해지고 싶은 감정에서인지는 모르나 어쨌든 그는 성을 철저하게 자기 중심적으로 즐기는 남자였다. 그 남자와 헤어진 후 주인공은 간섭이 많은 부모의 집을 나와 독립해서 살게 되는데, 밤이면 연기 자욱한 술집에 가서 술을 마시고 가끔 마약도 피우다가 남자와 눈이 맞으면 성관계를 맺는 것을 큰 즐거움으로 삼게 된다. 두번째로 그녀가 만난 남자는 남자 매춘부로서 월남전에 참전했던 건장한, 그러나 냉소적인 청년이다. 이 남자는 상대 여자로 하여금 성적 쾌감을 느끼게 하는 기교를 터득하고 있어서 여주인공은 이 남자의 전화를 애 다게 기다린다.

  그때 또 한 명의 남자가 그녀 앞에 나타나는데 그는 사회 복지 기관에서 일하는 착실한 카톨릭 신자로 여주인공을 무척 따라다닌다. 이 남자는 그녀에게 자기가 가진 성관계에 대한 이미지를 털어

놓는다. 그는 열두살 때 아버지가 허리띠로 어머니를 몹시 때리는 것을 보았고 어머니는 아버지를 내내 비웃으면서 그 매를 맞고 있었는데 그녀가 비웃으면서 한 말은 "당신의 그것은 아직도 일어나지 않나요?" 라는 말이었다는 것이다. 이 청년은 자신 역시 아버지처럼 성관계를 제대로 치르어 낼 수 없을지도 모른다는 공포심에 시달리고 있다고 말한다. 이 남자가 송년의 날 술집으로 찾아오자 여주인공은 그를 피해서 옆에 있던 낯선 젊은 남자를 자기 집으로 끌어들인다. 이 남자는 방금 자기와 살던 동성애 파트너와 헤어진 사람으로 상대방 남자가 가지 말라고 울면서 매달리고 이 남자는 날마다 질질 짜는 그 늙은(돈은 좀 있는) 사내가 지긋지긋해서 도망 온 터였다. 이 남자는 막상 성교를 치르어야 할 부분에 가서 "왜 항상 남자가 다 해주어야 하는 거지? 왜 남자가 힘든 일은 다하고 여자는 즐기기만 하지?"라고 소리치면서 분노를 터뜨린다. 그리고는 옆에 있는 과도로 여주인공을 난자하여 죽이는데 이 끔찍한 살인장면이 영화의 끝 장면이다.

이 영화는 미래가 없다고 느끼는 현대인들이 — 여기서는 주인공의 경우를 유전병과 관련을 시킴으로써 영리한 주인공이 그런 비극적 상황으로 내몰리는 것을 묘사하고 있지만 이 여주인공이 풍기는 '내일 없음'의 분위기는 이 시대에 일반적인 분위기일 것이다 — 성에 집착하게 되고 방황하는 과정을 잘 드러내 주고 있다. 사람들이 성관계에 집착하는 것은 일차적으로 의미 있는 관계를 상실한 때문이며, 성이 만족스럽기 때문이 아니라 오히려 만족스럽지 못하기 때문임을 보여 준다. 모든 남자에게 인기가 있던 언니에 대한 열등감과 유전병에 대한 공포 때문에 순간적 쾌락을 추구하는 주인공은 물론, 성적으로 상대를 만족시켜 주지 못하는 아버지에 대한 기억에 시달리는 청년과 동성 연애자 등 모든 사람들이 스스로 크게 손상된 인간이라는 강박 관념에 시달리고 있다. 이런 병든 인간을 만들어 내는 병리적 사회에서 '쾌락으로서의 성'은 종교로, 아편으로, 그리고 억압으로 그 힘을 더해 가고 있는 것이다.

'성종교'의 역사는 20세기 전반부부터 뚜렷이 그 모습을 드러낸다. 케이트 밀레트는 그의 책《성의 정치학》에서 D.H.로오렌스를 이 시대의 '성종교'를 만들어 낸 대표적 문학가 중의 한 사람으로 분석하고 있다.[3] 남자들은 여자의 육체 속에서 평화를 추구하였다고 밀레트는 쓰고 있다. 로오렌스의 소설에는 평화가 없는 세상에서 성교가 평화로서 '승화'되고 있다는 것인데, 로오렌스의 표현을 인용해 보자. "그는 당장 그녀의 속으로, 저 부드럽고 조용한 육체라는 지상의 평화 속으로 들어가야 했다. 여자의 육체 속으로 들어가는 것, 그것은 그에게 있어 순수한 평화의 순간이었다."[4] 동시에 여자들은 남자의 상징을 만나기 원했다. 로오렌스가 차탈레이 부인의 입을 통해 하는 말처럼 "사랑스러워요. 정말로 별개의 존재 같애! 약간 무서운데요! 그렇지만 정말로 사랑스러워요! 그리고 그것이 '나'한테로 들어오는 거지요"[5]라면서 많은 여자들은 성교를 생각하며 몸을 떨었던 것이다. 그러나 이 성종교는 신자들에게 만족을 주기보다는 더 많은 불만을 주었다. 성관계가 '일시적 쾌락의 추구'에 멈춤으로써 인간을 살려내기보다는 마약과 폭력과 같은 이 시대의 아편으로 전락해 버린 것이다.

데이비드 린치의 〈블루 벨벳〉(1986)이나 에드리안 린의 〈나인 하프 위크〉 등도 바로 이런 문제들을 직접적으로 또는 간접적으로 다루고 있는 영화들이다. 이들 영화에서는 성이 자아를 확인하는 유일한 방법이자 전망이 없는 현실로부터 벗어나 자유를 얻는 유일한 행위로 간주되는 사회 분위기가 잘 드러난다. 또한 성의 물화와 상품화가 극도로 이루어진 에로티시즘의 사회에서 '섹시'하지 않은 대다수의 사람들이 콤플렉스에 시달리는 모습들도 잘 그려 내고 있다.[6] '성'에 대한 생각으로 머리 속을 가득 채운 현대인들은 막상 그 절정의 순간을 꿈꾸며 실제 관계에서는 치욕감을 느끼거나 상처를 주

---

3) 케이트 밀레트, 1978, 《성의 정치학》 상·하, 현대사상사 참조할 것.
4) 같은 책, 466쪽에서 재인용.
5) 같은 책, 455쪽에서 재인용.
6) 이런 영화를 감상하는 것은 쉽지 않다. 관객의 경험과 지식의 수준에 따라, 그리고 가치 지향에 따라 영화가 단순히 성적 욕망을 부추기는 것으로 받아들여질 수도 있고 그것을 비판적으로 보게 할 수도 있다. 그것은 많은 경우에 제작자 역시 모호한 상태에서 영화를 만들기 때문에 관객의 해독 능력에 따라 의미는 크게 달라질 수밖에 없다.

면서 떠나고 또 만나는 행위를 반복하고 있는 것이다.

그러면 이런 상황에서 남녀는 모두가 똑같은 희생자일 뿐인가? 그렇게 말하기는 어려울 것이다. 육아를 국가가 관장하는 사회에서조차도 여전히 임신과 출산의 많은 부분은 여성의 책임으로 남아 있다. 내가 영국에서 만난 한 여성은 두 남자와 결혼하여 낳은 세 아이를 국가의 보조금으로 상당히 편안하게 기르고 있었는데 — 딸에게 발레 레슨을 받게 할 정도로 여유 있게 — 그녀의 불만은 대단했다. 아이의 아버지들이 자기들만의 재미를 위해 가정을 버림으로써 그녀의 생애 계획은 완전히 엉망이 되어 버렸다는 것이다. (그나마 여자가 아이를 버리지 않고 있다는 것은 얼마나 다행한 일인지!) 동시에 성해방의 물결을 타고 북구라파의 많은 여성들은 자신의 육체를 되찾았다고 기뻐들 했으나 그들이 맺어 온 성관계가 너무나 남성 중심적 관계였으며 그 행위 자체 역시 남성 중심적인 '성기 중심의 성'에 국한되었으므로 결국 뒤돌아보면 자신들은 전보다 더 감정적, 육체적으로 탈진하고 학대받고 있다고 느낀다는 고백을 하고 있다.[7]

그러면 앞으로 '출산으로서의 성'은 어떻게 될 것인가? 여성은 출산에서 자유로와질 것인가? 이것은 어려운 질문이다. 출산 문제의 미래를 보여준 《핸드 메이즈 테일》이라는 소설을 중심으로 생각해 보자.[8] 이 소설은 출산이 국가에 의해 엄격하게 통제되는 사회의 모습을 극명하게 보여주고 있다. 현대 문명이 지금과 같은 방향으로 반성 없이 나간다면 성병, 환경 오염 등으로 가임 여성들의 수는 줄어들 것이고 그에 따라 출산은 매우 중요한 국가적 사업이 될 수밖에 없다. 이 소설에 나오는 고도의 기술로 국민을 관리하는 독재 국가의 지배층은 자기들의 아이를 얻기 위해 가임 여성들을 모아서 '사육'시킨다. 구약 성경에 나오는 대로 의례를 거치게 한 뒤 남녀는 부인이 사이에 끼인 자세에서 극히 사무적인 성기 삽입 의식을

---

7) 남성 중심의 성관계 구조에 대해서는 한국 여성학회 편, 1989, 《한국 여성학》, 제5집에 실린 논문들을 참고할 것.

8) 이 소설은 볼커 쉴렌도르프에 의해 〈핸드 메이즈〉라는 제목으로 영화화되었다.

하게 된다. 임신이 되면 임산부는 편히 쉬면서 출산을 한 뒤 그 고위직 정치인의 아내에게 아기를 주고 떠나는 것이 이들 '가임 여성 부대'의 임무이다. 출산에 관한 국가적 통제가 후기 산업 사회로 가면서 고도의 정보화와 관리 기제로 인하여 더욱 강화될 가능성은 매우 높으며 이 소설은 바로 이 점을 생생하게 다루고 있다.[9]

이렇게 후기 산업 사회에 들어서면 '출산으로서의 성'과 '쾌락으로서의 성'은 극단적으로 분화될 것이다. 이것은 인간을 자신의 몸으로부터 자신을 더욱 소외시키는 방향으로 나아가면서 대중을 탈정치화하는 효과적 기제가 되고 있다.

우리 사회의 성문화

이런 이야기나 영화들이 우리에게는 먼 나라 이야기처럼 들릴지도 모른다. 실제로 위의 논의는 나름대로 자본주의화를 단계적으로 밟아 간 서구의 경우로서 우리와는 상황이 매우 다르다. 우리들은 너무나 급격한 변동의 소용돌이 속에 살고 있다. 따라서 서구의 그것처럼 성에 관련된 인식의 변화를 정리해 보는 것은 그리 쉽지 않다. 나름대로 우리의 현상을 진단해 본다면 우선 그 변화의 급격함에 주목할 필요가 있을 것이다.

우리는 서구 사회가 거친 3-4백 년간의 변화를 수십 년 동안에 경험하고 있다. 그 변화는 경제와 관련되어 일어난 매우 급격한 사회 변동으로 모든 사회 구성원들의 삶을 뒤흔들어 놓았다. 변화가 워낙 급격했기 때문에 오히려 보다 근본적인 가치관을 건드리지 못한 채 껍데기 옷만 갈아입는 식으로 끌려왔다고도 볼 수 있는데, 성과 관련된 인식 변화도 그런 차원에서 생각해 볼 수 있다. 우선 우

---

9) 우리 사회가 그 동안 산업화를 추진해 가는 과정에서 얼마나 효율적으로 인구 관리를 해왔는지를 기억하는 이들은 출산이 얼마나 사회적인 문제이며 통제의 대상이 되어 왔는지를 쉽게 이해할 수 있을 것이다. 당사자들이 자녀를 낳을 것인지 몇 명이나 낳을 것인지를 미처 진지하게 생각하기도 전에 국가는 "하나만 낳아 잘 기르자"는 명령을 내리고 국민은 일사천리로 그 이데올로기적 공세에 복종하는 시대를 우리는 살아왔다.

리 사회의 성에 관한 인식은 아직도 기본적으로 '봉건적'이다. 그 단적인 예를 우리는 '처녀성'이라든가 '순결'에 대한 이중적 기준에서 찾아볼 수 있다. 아직 많은 신혼 부부가 신부가 처녀가 아니라고 해서 결혼 초야를 치른 후 갈라서고 자신은 성경험이 있으면서도 "애인은 상관없으나 자기 신부감만은 처녀"이기를 바라는 많은 대학생들이 있다. 술집 호스테스 중에는 어릴 때 강제로 '처녀성'을 빼앗겨서 자신을 '버린 몸'으로 생각하여 이 직업을 선택한 경우도 상당수 있다. 강도들은 돈을 뺏은 후 그 집 딸을 강간함으로 수치심을 통해 그 사건을 발설하지 않도록 사전 조치를 취한다. 처녀막 회복 수술이 성행하며 그래서 정말 순진한 여성만 (첫 성경험에서 피가 나오지 않는 경우도 있다는 사실을 모른 무지로 인해서) 피해를 본다. 남자는 바람을 피워도 되고 여자가 바람을 피우면 이혼이다. 이 모든 것은 봉건적 정절관에서 나오는 행동으로 기본적으로 우리 사회의 도덕적 인식의 기본이 어떤지를 단적으로 보여준다.

어쩌면 다수의 사람들이 기본적으로 봉건적 인식 수준에 머물러 있으면서 상황에 따라 현대적, 또는 초현대적으로 될 수 있는 것이 우리 성문화의 특징인지도 모른다. 물밀듯이 들어오는 서구 문화의 유입으로 이미 많은 사람들은 '근대적' 각본과 '탈근대적' 각본을 받아들이거나 흉내내고 있다. 부부간의 침실에서 은밀히 흘러 나오는 '쾌락'의 소리를 여성 월간지들은 앞다투어 실어 내면서 동시에 '불륜'과 '간통'에 대한 기사로 그 앞뒤 지면을 메운다. 침실에서 '섹시'하게 보일 아내의 잠옷에 대한 광고만이 아니라 실제 향락가의 결산물인 포르노 비디오가 부부간의 침실에 깊숙이 침투하였다. 애인을 성적으로 만족시켜 주는 것이 멋있는 남자의 자격 중 하나로 자리하면서 오히려 남성들의 성적 욕망은 위축되고 이 때문에 각종 보제가 비싼 값에 팔리고 있다. 반면 여자들은 끊임없는 '섹시 신드롬'에 빠져 자신을 치장하고 성적인 욕망을 일으킬 수 있는 표정을 광고를 통해 익혀 간다. 신데렐라 콤플렉스 속에서 왕자가 나타나기를 애타게 기다리면서 또 한편 만인의 남성에게 성적 매력을 풍기는 여자가 되고자 하는 것이다. 이보다 좀더 '앞선' 사람들은 말세적 징후가 만연한 시대에 시대 감각도 없이 한 여자, 또는 남자

데이빗 세이드너
〈기타〉, 1985

여성이 상품화되면서
화장, 자기 표현이 강조되는데,
실은 여성의 모습은 더욱
획일화되어 간다.

에게 충실한 '건전한' 시민들을 조소한다. 더럽고 암울한 세상에서 '구토'하지도 '배설'하지도 않고 사는 '무딘 사람들'이라고 경멸의 눈길을 던지면서 말이다.

이런 현상은 결코 여유 있는 중산층에 국한된 문제가 아니다. 미혼 여성 노동자들이 사실은 이런 성문화의 가장 치명적인 희생타가 되고 있다. 대한가족협회의 연구에 따르면 피임에는 무지하면서 이성에는 아주 약한 것이 이들 집단이라는 것이다.[10] 이들이 저임금과 자기 비하 의식에 시달리면서 결혼을 계층 상승의 수단으로 생각하게 되는 경향을 갖게 되는 것은 자연스러운 일일 것이다. 또한 외로움을 많이 타고 '순진'하기 때문에 이들은 전혀 준비되지 않은 상태에서 손쉽게 성관계를 맺게 되고 결과적으로 성병에 걸리거나 원치 않는 임신으로 미혼모가 되는 등 속수 무책의 상황에 빠져들게 된다.

---

10) 대한가족협회, 1991, 〈산업체 가족 계획 및 성교육 프로그램 효과 및 전략 개발 연구〉 보고서 참조할 것.

이런 현상은 어쩌면 제3세계적 혼란이 가중된 파행적 자본주의화 과정에서 예상된 각본대로 일어나는 일일 것이다. 이런 예측 불가능하고 혼란스러운 상황에서 기존 관계는 급격히 단절되고 파편화되기 마련이며 더 이상 혼란을 견딜 힘이 없는 사람들은 빠른 처방을 원하기 마련이다. 성적 쾌락은 그 빠른 처방 중 하나임에 틀림이 없다. 급격한 변화 속에서 사랑과 이해의 공간으로 남아 있어야 할 것을 모두 상실한 만큼 서구의 포스트 모던적 상황과는 다른 엄청난 자포자기와 무기력의 문화 속에 성종교는 급속히 신도를 모으고 있는 것이다.

이는 중상층 부부의 삶 속에서도 압축적으로 나타난다. 극히 봉건적인 생각을 하고 있으면서도 상황에 따라서는 '한잔의 차'를 마시듯 성적 교섭을 즐기고 아내에게는 현대적 남편 노릇을 의무적으로 수행하는 남성들이 늘어나고 있다. 동시에 '귀여운 애인'이면서 '정숙한 아내'이며 침실에서는 '요염한 파트너'로 1인 3역을 하느라고 바쁜 여성들이 늘어나고 있다. 이들은 어쩌면 혼란스런 세 시대를 한꺼번에 뛰어난 상황 적응력으로 대처해 가는 사람들일지 모른다. 아니면 이들은 아마도 조만간 정신 분열증을 일으킬 것이다. 이런 사람들이 다수를 이루게 될 때 사회 전체는 집단적 스트레스와 편집광적 징후를 보이게 될지도 모른다.[11]

이런 상황에서 성의 상품화는 더욱 비인간적이고 광범위하게 일기 마련이다. 우리 사회 특유의 술집 문화를 보자. 정확한 통계를 잡기는 무척 어려운 분야이나 서울 시내에 거주하는 젊은 여성의 10% 이상이 술집과 관련된 일에 종사한다는 통계를 종종 보게 된다. 이 수치는 무엇을 의미하는가? 향락 산업과 기생 관광은 우리 사회 성문화의 저질화를 단적으로 드러내는 지표이며 남성 문화와 기업 문화가 병들어 있음을 드러내는 부분이다. 남자들은 가정을

---

11) 이런 분열적 현상에 대해 또 하나의 문화 엮음, 1991, 〈캠퍼스의 성과 사랑〉, 《새로 쓰는 성 이야기》를 참고할 것. 예를 들어 대학생들 역시 비슷한 행태를 보이는데, 집회 후 장엄한 학생 운동 가요를 부르다가 '2차'에 가서는 대중 가요를 신나게 부르고 그리고 술이 돌면 음란 가요를 아무런 문제 의식 없이 부르지는 않는지?

위해서, 나라를 위해서, 또는 자신의 또 다른 욕망 / 허전함을 채우기 위해서 밤낮을 가리지 않고 일한다. 밤에는 바이어 접대를 위해 자기 나라 여성들의 웃음과 몸을 팔아 넘긴다. 성적 자극이 최고의 상품 가치를 갖게 된 상업주의 문화 속에서 이들은 문제 의식조차 없이 이런 자극에 편승하여 향락 산업의 적극적인 소비자가 되어 왔고 이는 인신 매매라는 끔찍한 폭력을 낳기에 이르렀다. 비디오 수출업계의 예를 들어 보자. 뒤늦게 눈을 뜬 우리나라 업계는 일본의 수준을 도저히 따라갈 수 없기 때문에 궁여지책으로 한 분야를 개척하였는데 그 분야는 바로 인신 매매 등으로 강제로 끌어 온 여자에게 폭력을 가하는 모습을 적나라하게 녹화하여 수출하는 것이라고 한다. 최소한의 규칙도 없는 폭력 단체 그대로인 것이다.

청소년 교육의 측면에서 음란 비디오에 대한 문제가 활발하게 여론화되고 있는 편이나 실질적으로는 어떠한 교육이나 통제 기재도 찾아볼 수 없는 것이 현재 우리의 상황이다. 음란 비디오의 문제는 사실 청소년의 문제가 아니라 성년이 된 이들에게도 그대로 적용되는 문제일 것인데, 현재 이러한 성문화를 바꾸어 가고자 하는 시도는 조그마한 시민 모임 차원에서나 일고 있을 뿐이다. 이런 상태로 인간의 상품화가 자행된다면 아이들과 남성도 곧 상품 시장의 재료가 되는 것은 시간 문제이다. 사실상 남성 화장품 선전에서 보듯 '섹시'한 남성에 대한 이미지 역시 이미 사방에 널려 있어서 여성들을 자극하고 역으로 '남성적 매력'을 갖지 못한 남성들을 주눅들게 하고 있다. 매매춘의 차원을 넘어서 '성'이라는 기호 속에 많은 사람들은 '충돌질'당하여 몽롱해져 있는 것이다. 여기서 우리는 구태여 마르쿠제의 논의를 인용하지 않더라도 현내 자본주의화가 가져온 성해방의 물결은 상업주의에 의해 조작되고 대중 매체를 통해 강렬한 힘을 발휘하게 되면서 인간을 더욱 심한 성적 긴장과 폭력, 그리고 소외감 속에 시달리게 하고 있음을 확인하게 된다.

맺는 글

이 글에서 나는 자본주의 사회에서 성과 관련된 여러 현상들을 종합적으로 살펴보았다. 우선 자본주의 사회에서 '출산으로서의 성'과 '쾌락으로서의 성'이 분리되어 가는 과정을 살펴보았다. 그리고 그것이 완전히 분리되는 독재적 기술 관료 사회에서 성이 점유되는 방식도 상상해 보았다. 성을 출산의 도구이자 쾌락의 원천으로 가정내에 묶어 두는 시대는 이미 지난 듯하다. 가정이라든가 결혼의 의미가 혁명적으로 바뀌지 않는 한, 성은 더 이상 결혼이라는 제도에 매어 둘 수 없게 되어가고 있다. 현상적으로 혼전 성관계는 이미 상당히 허용적인 것이 되었고 혼외 정사도 늘어날 터인데, '쾌락으로서의 성'이 강조될수록 이런 현상은 두드러질 것이다. 동시에 '쾌락으로서의 성'은 자본주의 사회의 주요 상품으로 사회를 온통 '성적'으로 만들어 가고 있다.

모든 인간이 외로움과 상실감 속에 시달리는 익명의 도시에서, 상품화를 통해 욕구를 창출하고 또 충족시켜 주는 시장의 원리가 판을 치는 사회에서 '성'은 엄청난 힘을 가진 상징으로 부상하여 왔으며 보수적이건 진보적이건 상관없이 무수한 사람들이 그 상징망 속에 빠져서 현실 파악 능력을 상실해 가고 있다. 실로 성문화는 자본주의 사회의 모순의 작은 단면이 아니라 그것 전체에 퍼져 있다. 그리고 병든 성문화를 바로잡기 위해서는 병든 자본주의적 역사 진행을 바로잡지 않으면 안된다. 자본주의 사회에서 사람들이 서서히 비판적 정신을 잃어 가고 있으며 자신들이 열렬히 추구하는 욕망들을 꼭 붙들고 놓치지 않으려 한다면, 이런 욕망에 대한 이해가 없이 우리는 성공적인 사회 변혁을 이루어 낼 수 없다.

이제 여기서 우리는 자신들의 혼돈과 욕망을 생각해 보자. 여자는 성에 대해 무지할수록 좋다는 생각에서 '정숙'의 화신으로 지내다가 뜻하지 않게 '순결'을 잃고는 하루아침에 '야한' 여자로 변신하는 여대생은 없는지? '성해방'이 인간 해방을 가져온다는 착각에 빠진 적은 없는지 생각해 보자는 것이다. 우리 자신 속의 끊임없는 방황과 외로움과 적개심의 근원은 어디에서 오는 것인지? 이러한 자기 성찰을 바탕으로 '성'이 인간에게 의미했던 것을 다시 회복하기 위해서 우리는 어떻게 해야 하는지를 생각해 보아야 한다.

나는 이 글 첫머리에서, "우리는 사랑을 포기할 수 없다. 따라서 우리는 '사랑'을 포기할 수밖에 없다"는 말을 했다. 마찬가지 뜻에서 이 시대에 성은 너무나 타락하였으므로 우리는 그것을 포기해야 할지도 모른다. '쾌락으로서의 성'을 버려야 할 것인가? 나는 앞에서 역설적으로 '사랑'을 죽임으로 사랑을 살리자고 하였다. 하나의 사랑을 따옴표 속에 넣음으로써 다른 사랑과 구분하고 있는 것이다. '성'의 경우도 이와 마찬가지로 구분이 필요하다. '쾌락으로서의 성'은 두 가지의 측면을 가지고 있다. 소모적이고 일회적이며 친밀함을 가장한 관계의 측면과 생산적이고 지속적이며 공동체적 에너지의 바탕이 되는 관계의 측면이 그것이다. 여기서 우리는 후자, 곧 공동체적 삶으로 확대해 가는 생산적 에너지로서의 성을 살려내야 한다. 이상적인 의사 소통의 한 통로이자 감정 표현의 방식이며 육체적 교섭을 통한 즐거움으로서의 성을 되살려야 한다는 것이다. 왜곡된 '성'을 되살려 놓는 것, 왜곡된 상징으로 우리의 일상적 삶을 무기력화시켜온 '소모적 쾌락'을 '생산적 쾌락'의 형태로 되돌려 놓는 것은 현대 사회의 억압 구조를 극복해 가는 핵심적 실천이다.

 많은 이들은, 특히 지금 변혁을 외치고 있는 학생들은 그 동안 자신과 밀접하게 관련된 생활 세계 속에서의 변혁의 차원을 간과해 왔다. 소외된 노동을 강요하는 외압을 거부함과 동시에 우리 자신들이 소외되지 않은 노동을 찾아 나서고, 성을 상품화하는 상업주의의 해악을 고발하면서 동시에 스스로 폐쇄적이고 소유적인 관계로 치닫는 성을 거부하여 서로간의 진정한 교류를 가능케 하는 언어와 몸짓을 찾으려고 노력해야 한다.

 자신과 자신이 몸담고 사는 문화에 대한 깊은 성찰과 일상적 실천 없이는 어떠한 근원적 변화도 이루어 낼 수 없다. 우리의 사회 변혁 운동이 제자리걸음을 하는 가장 큰 이유는 바로 여기에 있다. 피해자의 입장에서 '위'의 중앙 집권적 권력의 강압성을 고발하고 타도하는 차원을 넘어설 때가 되었다. 자기 자신 내부에 도사리고 있는 '적'을 동시에 발견하고 이중성을 극복해 나가는 것은 사회 변혁 운동이 성숙해 가는 과정에서 필수적인 과제이다. 자신의 노동에 대해, 자신의 성에 대해, 자신의 삶의 즐거움에 대해, 그리고 인간성에 대해 근원적 성찰을 하면서 앞으로 우리가 만들어 가고자

하는 공동체를 우리 내부에서 심어 가는 작업을 게을리 말아야 한다는 것이다. ■

3장
입시 문화의 정치 경제학

김순겸, 〈교육을 받은 인간〉
전교조 결성 3주년 기념 교육현장전

교육 개혁은 과연 가능한가?

■ 1992년 5월 13일부터 16일까지 노르웨이 베르겐에서 열린
〈위기에 처한 어린이〉 국제 학술 대회에 발표하기 위해 쓴 글이다.
영어 제목은 〈Children in the Examination War in South Korea :
A Cultural Analysis〉이며 회의는 〈노르웨이 어린이 연구 센터〉에서
주관했다. 각국에서 온 학자들이 자기 사회의 어린이 문제를
토론하는 자리였는데, 대부분이 자기 사회 안의 소수 집단이나
저임금층 어린이 문제들을 다루었다.
우리 사회의 고질병인 입시 문제를 다루다 보니
마치 우리 사회가 〈몬도가네〉와 같은 영화에서나 볼 수 있는
끔찍한 사회로 그려져서 ― 실제로 그러기도 하지만 ―
외국에 나가서 말하기가 꺼려졌다.
나가서 이야기를 한다고 그들이 도와줄 수 있는
성질의 것도 아니지 않은가? 이런 저런 생각 때문에
사실 이 글을 쓰면서 논문 쓰기의 괴로움을 어느 때보다
심하게 느꼈다. 국제 회의에 참여하는 것의 의미를
다시 한번 생각해 보지 않을 수 없었다.
■ 이 글은 베르겐에서 발표하기 전에 우리말로 먼저 정리를
해보고 싶어서 쓴 것으로, 영문 논문을 번역한 것이 아니다.
마침 이 글을 쓰던 1992년 봄에 전국 교직원 노동 조합에서 주관하는
그림 전시회와 음악회 등이 있어서 현실을 '보여주는' 데
많은 도움이 되었다. 고등학교 3학년을 인터뷰하는 작업에서는
연세대 사회학과 4학년 전수영이 큰 도움을 주었다.

> 40년 전에 많은 젊은이들을 죽인 것은 전쟁이었다. 오늘날 우리를 죽이는 것은 '통제'의 고삐이다. 우리는 사회와 어른들과 학교에 의해 저항의 기운마저 잃은 양들이 되고 있다. — 진 오가사와라

머리글

한국의 어린이들이 처해 있는 위기 상황에 대해 알려면 그리 멀리 자료를 찾아 다니지 않아도 된다. 그들이 처해 있는 비인간적 상황은 더 이상 학문적 연구의 대상이 아니라 상식적 주제로 늘상 논의가 되고 있기 때문이다. 주요 신문들은 정규적으로 "우리들의 아이들이 죽어간다," "우리들의 아이는 ……" 등의 주제 아래 특집을 묶어 왔으며, 텔레비전 방송에서도 열악한 기숙 학원 등에서 공부에 찌들어 가는 청소년들의 모습이라든가 집중 토론 형식의 프로그램을 통해 문제 상황을 줄곧 그려내 왔다. 교육 관련 세미나에서 학자들은 반복되는 성토대회식의 토론에 식상해 하면서도 그 일을 여전히 계속해야 되는 자신들에 대해 깊은 자괴감에 빠져 있다. 학부모들도 모이면 한탄을 하지만 자녀들이 고학년이 되면 적극적 공모자가 되어 한탄할 겨를도 없어진다.

이 문제 상황의 핵심은 입시 위주의 교육 제도이다. 좋은 대학에 입학하기 위해, 태어나면서부터 '카운트다운' 하며 아이들을 들볶는 체제 말이다. "중고생 74% 가출 충동 느낀다"라는 실태 조사(《동아일보》, 1991년 11월 21일)에 대한 보고, "무책임, 무감각의 위기 : 입시 제도 병폐, 방치할 수 없다"는 특별 시론(《조선일보》, 1992년 1월 23일), "교실 휘젓는 돈봉투 : 새학년 새담임 세금처럼 5만-10만 원, 부조리보다 동심 피멍에 문제 심각성"의 타이틀로 국민학교에서 횡행하는 촌지 문제를 집중 취재한 사회면 톱기사(《한겨레신문》, 1992년 3월 27일) 등 몇 개의 기사 표제만 읽어도 우리는 문제 상황을 충분히 간파할 수 있다.

최근 시험지 도난 사건 이후에 신문에 나온 특별 시론 "무책임, 무감각의 위기"에서 김종철 교수는 아래와 같이 쓰고 있다.

"…… 심각한 사실은 우리 사회가 온통 대학 입시를 계기로 입시 전

쟁을 방불케 하는, 범교육계와 범사회적인 야단법석을 되풀이하고 있다는 점이다. 8·15 이후 지난 반 세기 동안에 우리는 크게는 8차, 더 세부적인 사항의 변경까지를 포함한다면 10여 차례에 걸쳐 입시 제도를 바꾸어 왔다.

대학별 단독 입시 관리 제도와 완전한 국가 고사에 의한 입시 선발 방식 사이에서 거의 모든 대안과 방법을 시행해 보았다. 우리는 아직도 제도의 틀조차 정착시키지 못하고 있으며 교육 풍토와 사회 풍토 면에서도 허다한 난점을 안고 있다. 여러 가지 복합적인 요인이 착잡하게 얽혀서 빚어진 결과로 우리는 대학 입시 준비 교육의 함정과 병폐에 시달리고 있으며 허다한 사회적 낭비와 비효율성을 달리하지 못하고 있는 실정이다."

문제의 심각성은 모두가 인정한다. 그러나 구체적으로 일을 해결할 집단을 찾기가 어렵다.

한국 교육 개발원에서 주최한 "입시 위주 교육, 어떻게 해결할 것인가?"(강무섭, 1991년 10월 15일)에 관한 연구 보고서에서는 입시 위주 교육이란 상급 학교 진학과 자격증 취득이 궁극적 목표가 되는 교육으로서, 교육이 본질적으로 추구해야 할 목표를 달성하지 못하고 만다는 인식 아래 현재의 입시 경쟁이 초래하는 부정적 결과들을 다음과 같이 분석해 주고 있다. 1) 경쟁의 목표가 어긋나 있고(자신과의 경쟁이 아니라 타인과의 경쟁이다.) 2) 방법이 비정상적이며(규범과 법의 테두리를 벗어나는 일도 불사한다.) 3) 경쟁의 내용이 비인간적(엄청난 양의 단편적 지식 주입)이어서 교육적으로 매우 부정적인 상황을 초래하고 있다. 이런 불합리한 과열 경쟁이 교육의 영역 밖으로까지 확대되어 기득권 유지를 위한 편법 사용 등 사회의 각종 부조리를 만들어 내고 역으로 교육 영역의 비인간화를 강화하는 악순환을 일으키고 있다.

일본의 경쟁적인 입시 위주 교육에 대해 알고 있는 사람들은 이 문제에 대한 감을 어느 정도 가지고 있을 것이다. 교육은 취직과 결혼 등 한 개인의 삶에 가장 중요한 결과를 가져오는 변수로서 아이들은 어릴 때부터 엄청나게 긴 시간을 공부에 바쳐야 한다. 체계적으로 대학 입시 준비를 하고, 그를 위해 '기오유쿠마마'(교육에 전

넘하는 엄마라는 말)와 과외 학원 산업이 버티고 있다. 기계적이고 순응적인 인간만을 복제해 내는 기존 교육에 대한 비판은 두 사회에서 똑같이 발견되는 현상이다.

차이가 있다면 일본은 중학교부터 시험이 있으며 따라서 오히려 중학교 시험이 중요하다면 한국의 경우는, 고등학교까지 시험이 없 다시피 하는, 중등 교육이 평준화 원리로 운영되고 있기 때문에 입시 전쟁에 중도 탈락자가 적다. 이 제도는 다시 말해서 대학 입시 한번으로 많은 것이 결정되며, 그것도 국가가 관장하는 획일적인 시험에 따라서 결정되는 것으로 '도박성'의 여지가 상당하다는 점이다. 고등학교 3학년들이 원서를 쓸 때쯤이면 어머니들과 수험생들은 극도의 눈치 작전을 펴면서 허탈해 한다. 눈치 작전에 성공을 해도 뭔가 손해를 본 것 같고 실패를 하면 실력이 모자랐다고 생각하기보다 재수가 없었다는 생각을 하게 된다.

이러한 입시 위주 교육, 특히 국가가 관장하는 전국적 학력 고사를 통하여 모든 학생들이 한 체계 내에서 점수화되는 제도는 중등 교육을 획일화하며 교육의 질을 격하시키는 것은 물론이다. 전국의 모든 고등학교가 학력 고사 점수, 또는 일류대 입학 성적에 따라 점수화된다는 점, 학교 자체가 입시 학원화해 버려서 입시에 매달리고 싶지 않은 학생들도 달리 교육을 받을 수 없다는 점, 대안 학교라든가 직업 훈련 제도 등이 잘되어 있지 않아서 다른 선택할 길이 매우 좁다는 점, 그래서 더 많은 인구가, 더 오랜 기간 동안, 더 심한 학력 경쟁의 전투장에 참여하고 있다는 점에서 일본과 차이를 보인다.

그렇다고 일본의 교육 제도가 한국의 것보다 낫다는 이야기는 아니다. 각 제도는 그 문화적 맥락에서 고유의 심각한 문제들을 갖기 마련이며 특히 일본은 후기 자본주의적 상황에서 맞게 되는 양상을 보이므로 한국과는 차이가 있다. 피해가 있다면 '선진국'인 일본에서 경쟁적인 입시 위주 교육이 존속하는 한 한국의 교육도 체제 유지적으로 나가도 무방하다는 보수적 입장이 설득력을 지녀 왔다는 점에서일 것이다. 다행히 일본에서 창의적이고 자발적 인간을 기르기 위한 교육 개혁 운동이 일고 있다. 그렇다고 한국에서도 교육 개혁의 물결이 일지는 두고 볼 일이다. 일본과 비교할 때 한국의 교육 현상은 한결 거국적이며 전면적인 의미를 띠고 있기 때문이다.

지금의 입시 위주 교육을 초래한 사회 경제적 요인에 대해 대부분의 학자들은 다음과 같은 점들을 공통적으로 들고 있다. 1) 유교적 전통이 지닌 교육의 도구화 성향과 학력 숭상, 그리고 가족 단위의 입신 출세주의, 2) 일제 시대에 골격을 갖춘 관료적이고 통제 일변의 대중 교육이 해방 후에도 단절 없이 이어져 왔다는 점, 3) 일제 치하와 해방 후 진행된 급격하고 불안정한 근대화 과정에서 신분 상승이나 신분 유지에 가장 중요한 매개가 졸업장이었다는 점, 4) 아직까지 학력에 따른 임금 격차와 고용 차별이 심하며 직장이나 배우자 선택에 이르기까지 학력이 중요한 변수로 작용하는 학력 사회가 유지 존속되고 있다는 점이다. 본격적인 산업화가 이루어지면서 분화되고 다원화되어야 할 단계인데도 만성적인 정치적 불안과 국가의 획일주의적 통제 원리, 그리고 문화적 특수성 아래 장기적 전망에서의 개혁을 이루어 내지 못하고 있는 것이다. 민간 정부가 들어섰고 경제 성장이 주춤하면서 다시 새로운 인력의 필요성을 느끼게 된 지금 입시 문제를 해결할 고리를 한번 찾아보는 것은 의미 있는 일일 것이다.

이 논문에서 관심을 기울이는 것은 현 제도가 굴러가는 짜임새에 대한 것이다. 현재 우리 아이들이 예외 없이 휩쓸려 들어가 있는 상황은 하나의 거대한 '사회적 드라마'라는 생각을 나는 종종 해왔는데 이 측면에서 교육 문제를 다루어 보고자 한다. 모두가 "하면 된다"라고 달려들거나 모두가 "해도 안된다"고 패배적 감정으로 물러나면서 계속 전개되는 연극 말이다. '입시 전쟁', '입시 지옥', '입시 열병'이리 부르면서 모두가 이 전쟁이 끝나기를 바라면서 막상 당사자가 되면 변함없이, 아니 더욱 가열차게 각본대로 따르고 마는 연극적 측면에 초점을 맞추고자 한다. 다시 말해서 아이들을 둘러싸고 있는 일상적 교육 환경을 '문화 정치학'이라는 관점에서 그려 보고사 한다.

입시 교육, 그 문화적 드라마

대학 입학과 관련되어 일어나는 일련의 현상을 볼 때 그것은 여러 면에서 신성한 의례라든가, 국가적 종교라든가, 국가적 스포츠를 연상시킨다.
신문에 실렸던 정신과 의사의 글을 읽어 보자.[1]

온통 입시에 관한 이야기뿐인 것 같습니다. 고3, 중3을 둔 어른들만의 얘기가 아닙니다. 가깝고 먼 친척들도 한몫을 거들고 있습니다. 고교생을 둔 부모는 물론이요, 중학생뿐만 아니라 장차의 입시 전쟁에 참전할 국민학교 학생과 그 부모들, 유치원의 꼬마들까지도 전투력 배양에 여념이 없습니다.

이 연극에 대한 이야기를 하기 위해 멀리까지 연구를 하러 나갈 필요가 없다. 가까운 집안에 그런 모델이 많이 있으므로. 지금 고등학교 3학년인 조카뻘 되는 아이의 경우를 들어 보자. 그는 어릴 때부터 성적이 좋은 편인 얌전하고 착실한 학생이다. 중학교 때도 공부를 열심히 하였지만 고등학교 1학년이 되고부터는 우리가 놀러가도 인사만 하고 자기 방에 들어가든가 학원에 가기 때문에 이야기할 시간이 없다. 고3이 되고서는 아예 만나기도 어렵다. 아침 5시에 일어나서 어머니가 싸주는 두 개의 도시락을 가지고 학교에 간다. 학교에서 공부를 하는데, 자신이 필요하다고 생각하는 과목만 열심히 듣고 그렇지 않은 시간에는 자기 계획대로 시험 공부를 한다고 한다. 입시를 위해서는 매우 많은 양의 지식을 일단 외우고 처리해야 하는데 그것을 하기 위한 절대 시간을 확보해야 하기 때문이다. 4시 반에 수업이 끝나면 두번째 도시락을 먹고 학원에 간다. 학원에 갔다가 간식을 하고 독서실에 가서 부족한 부분을 보충한다. 12시가 넘어서 집에 들어와, 미리 잠시 눈을 붙였다가 일어나서 저녁을 챙겨 주는 어머니와 잠시 만난 뒤 샤워를 하고 2시 경에 잠자리에 든다.

---

[1] 《중앙일보》, 1990년 2월 10일, 정신과 전문의 김종주.

어머니는 아이가 돌아올 때까지 잠시 눈을 붙였다가 아들이 올 그 시간이 되면 자명종 소리에 맞추어 일어난다. 영양이 있는 음식을 준비해 두고, 오면 "몸 씻어라"는 등의 다정한 말을 건넨다. 자신이 얼마나 아들의 수고를 안쓰러워하며 그를 염려하고 희생 봉사하는지를 충분히, 짧은 시간 내에 보여 주는 것이다. 학생 역시 자신의 삶이 너무 삭막하기 때문에 그런 식으로라도 어머니가 말을 걸어 주고 끔찍이 위해 준다는 느낌을 갖는 것이 싫지 않다. 여학생들은 자기 어머니들이 얼마나 희생적인지에 대해 종종 이야기를 나누면서 '고3' 엄마이면서 헌신적이지 않은 어머니를 비난한다고 한다. 사실상 중산층 비취업 가정 주부에게 수험생 뒷바라지는 몸은 괴롭지만 보람 있는 일이다. 수험생의 관리인으로 그는 막강한 권한을 가지며 시어머니조차도 며느리가 수험생을 앞세우면 그 말에 복종을 해야 할 형편이다.

수험생이 집에서 공부를 하는 경우는 모든 식구들이 발뒤꿈치를 들고 다닐 정도이다. 물론 부부 싸움도 하지 않는다. 아이가 대학에 들어갈 때까지는 다른 가족 성원들의 감정 표현이나 행위도 크게 제재를 받는 것이다. 입시 준비를 하는 아이는 '건드리면 바스라질 낙엽', 또는 '언제 폭발할지 모르는 시한 폭탄' 같기 때문에 아무도 건드리지 못한다. 그는 집안에서 왕이며 부모는 아이의 눈치를 살피게 된다. 대학에 들어온 신입생들에게 물어 보니, 너무 자기들 눈치를 살피고 잘해 주려고 해서 속으로 미안할 때가 있다는 고백을 하기도 하였다. 어떤 때는 지나친 친절이 부담스럽다고도 하는데, 서로 신경이 날카로와질까봐 되도록 말을 안하고 마찰 없이 지내려고 했다 한다. 주목할 것은 대학에 들어온 이들이 자신이 '주인공'이었던 이때를 그리워하기도 한다는 점이다.

어머니는 아이에게 보약을 끓여 주고 차츰 100일 기도나 불공을 드리러 새벽에 나가기도 하는데 그런 것이 학생 자신에게 큰 힘이 된다고 한다. 기운이 빠질 때 어머니의 열성을 보면서 "저리 열성이시니 나도 ……" 하면서 기운을 차린다는 것이다. 고3을 지내면서 부모님의 헌신과 사랑을 마음 깊이 느끼게 되어 나중에 효도해야겠다는 생각을 하는 경우도 적지 않다. 어머니와 아이가 한편이 되어

제발 시계야
딱 5분만 더 ……

서 전력 투구하는 경험이 서로의 이해와 사랑을 돈독하게 하는 기회가 되기도 한다는 것이다. 물론 반대로 어머니의 지나친 기대와 강요가 부담스러워 관계가 악화되고 탈선을 하거나 자살을 하게 되는 경우들도 많다. 입시에 성공한 경우에는 어머니의 사랑이 고맙다고 생각하는 경향이 높다. 이런 과정을 통해 학생들은 전통적인 효의 개념을 되살려 앞으로 결혼을 할 때도 어머니의 말을 듣겠다는 등의 가족주의적 다짐을 하기도 한다.

신세대의 보수성은 이러한 입시 전쟁 중에 주어졌던 물심 양면의 지원과 무관하지 않은 것이다.

남편의 부수입은 아이의 과외비로 들어간다. 과외비는 5만 원에서 500만 원에 이르며 각기 수입에 따라 과외를 시키게 되는데 항상 자기 수준의 최고선에서 지출을 하기 때문에 수입이 많으면 많은 대로 적으면 적은 대로 가계 부담이 크다. 돈이 없으면 대량 생산적인 학원에 가고 돈이 많으면 더 비싼 학원에 가며 더 돈이 많으면 이름난 과외 교사로부터 지도를 받게 된다. 대개의 중산층 가족들은 고액 과외 때문에 경제적으로 쪼들리며 이로 인해 입시 당사자나 어머니가 위화감을 갖게 되기도 한다. 돈만 있으면 더 좋은 학교에 갈텐데 돈이 없어서 자신의 아이가 중간 정도 학교밖에 못 간다는 등 배금주의 사상을 내면화하게 되기도 한다. 40-50대 남성들이 부수입을 올리려고 노력하는 데는 이런 입시 과외비를 충당하기 위한 경우가 대부분이다. 남편은 부인의 말에 절대 복종한다. 돈을 내놓으라면 다 내놓고 조용히 하라면 조용히 한다. "입시생 엄마

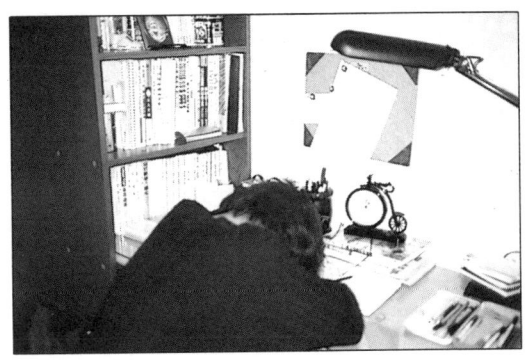

잠 좀 실컷 잤으면 소원이 없겠다.

는 꼭 병아리 품은 암탉 같다"면서 마치 엄마가 입시생 아이의 눈치를 살피며 건드리지 않듯이 자기 부인의 눈치를 보며 건드리지 않도록 노력한다.

입시 100일 전에 대학에 들어간 선배나 친구들이 수험생에게 백일주를 사 준다. 스트레스를 푸는 한 의례인 것이다. 입학에 성공한 선배의 축원을 받는 것이며 입시 전후에는 엿을 선물로 받는다. 엿은 들어붙는 성질의 음식이므로 옛날부터 시험에 붙기 위한 상징물로 사용되었다. 친척과 친지들은 모두 엿을 사들고 가는데 이 기회는 친척과 친지의 정을 다시 한번 확인하는 기회이며 부조, 또는 매개물이기도 하다. 대학 입시생을 위해 따로 포장한 '합격엿,' 또는 '마패엿'이 빠른 상혼들에 의해 이미 만들어져 있다. 이 엿 포장지에는 "합격의 영광은 너의 것"이라는 한글과 "Pleasure of Passing, it's yours"라는 영어 등이 쓰여 있다. 조선 시대에 장원 급제를 한 사람들이 차고 다니던 '마패'를 그린 엿 포장지에는 "급제를 기원합니다"라는 말이 새겨져 있다. 엿을 나누어 먹으면 합격을 나누어 먹게 된다고 절대 나누어 먹지 않는다.

입시 100일 전부터 백일 기도가 시작된다. 서울대 근처 연주암에는 매일 3,000배(천 개짜리 염주 3번)를 하러 어머니들이 몰려든다. 참가비는 2만 원이며 독경이 오후 5시 30분에 시작되고 7시 30분부터 절을 한다. 저녁을 차려 놓고 와서 시작을 하면 숙련된 신도라 해도 새벽 세시가 되어야 끝난다. 절마다, 교회마다, 굿당마다 입시 전쟁에서 자식이 살아 남게 해달라는 기도로 가득하다.

내 자식
대학에만
붙여 주세요.
나무아미타불
관세음보살.

막상 입학 원서를 쓸 때 또 한번의 단막극이 연출된다. 어머니들은 모든 정보원을 총동원하여 정보를 구하지만, 대개는 담임 교사의 절대적 사주에 따라 원서를 쓰게 된다. 그때에 이르면 모두가 시험에 어떻게 해서라도 붙는 것에만 관심이 있기 때문에 노련한 담임 교사가 가장 믿을 만한 교주가 되는 것이다. 입시 제도 자체가 워낙 불합리적이어서 모두가 눈치 작전에 휩쓸릴 수밖에 없으며, 이런 분위기에서 소신껏 전공을 선택하려던 사람들도 자칫 휩쓸려 들어가 버린다. 1992년 대학 입시에서 폭로가 난 대리 시험이나 부정 입학 등은 이런 '도박적'인 마당에서 벌어질 수 있는 사건들이다. 그 동안 공을 들여온 어머니들은 자신이 훈련시켜 온 '경마'를 내보낼 날이 가까이 오는 것을 느끼며 불안에 떤다.

예비 소집일에 국민학교 입학식 때처럼 어머니나 아버지가 입시생을 데리고 오고, 입시날에도 전부 따라온다. 마치 결혼식 때처럼 차가 없으면 친척의 차가 동원되기도 하며, 차는 학교 근처 2 킬로미터 정도부터 막혀서 모두가 뛰어서 오고 난리가 난다. 고등학교 선배들은 자기 후배들을 응원하기 위해 새벽부터 나와서 문 앞에서 꽹과리를 치고 응원을 한다.

어머니들은 학교 문 앞에서 기도를 하고 엿을 붙이기도 하고 학교를 향해 큰절을 계속하기도 한다. 자녀가 입실한 뒤에 어머니는 자신이 다니던 절이나 교회에 다시 간다. 그러면 각 곳에서 모여든 수험생 어머니들과 정성을 드린다. 한 교회에 간 어머니는 하염없이 울었다고 했다. 그곳에 있던 모든 사람들이 하염없이들 울었는데, 자신은 아들이 원하던 대학에 입학 원서를 내지 못한 것이 서럽

내 자식
대학에만
붙여 주세요.
아멘.

다가, 그 정도로 공부를 한 것이 대견해서 감사하다가, 그 동안 수험생 뒷바라지하며 고생하던 것에 눈물이 나다가, 하여간 별의별 생각이 다 나면서 계속 울었다고 했다. 옆에서 우는 다른 어머니들도 다 다른 생각을 하면서 울었겠지만 그 분위기는 분명 굉장한 감동의 장소였을 것임에 틀림이 없다.

시험은 8시 10분에 입실하여 오후 5시 10분에 끝나게 되어 있으며 대략 자신들의 점수를 이미 수 차례에 걸친 전국 모의 고사를 통해 알고 있기 때문에 대부분의 학생들은 4지 택일과 단답형 답안지를 차분하게 기계적으로 채운다. 어머니들이 마중을 나와서 아들이나 딸의 손을 잡고 간다. 입시장에서 보면 많은 대학 입시생들의 모습이 유치원생들의 그것과 별로 다르지 않다는 것을 알게 된다. 저녁 7시 경이면 각 신문과 방송이 일제히 답안을 공개하고 조간 신문은 호외를 돌리기도 하며 독자들에게 서비스를 하느라고 법석이다. 커트라인을 점치느라고 열이 난다.

시험에 실패한 아이는 또 한번의 시험이 있다. 일류대를 꼭 가야겠다는 학생들은 그 시험을 안 보고 재수를 하고, 2차 시험에 붙고도 재수를 하는 경우가 있다. 1990년도 고등학교 졸업자 75만 명 중 25만 명이 대학에 진학하고 27만이 직장을 구했으며 나머지 23만이 남았는데, 이 중 10만여 명이 재수를 하고 그 동안 재수생이 누적되어 한 해에 30만여 명이 재수, 삼수를 하고 있다고 한다. 이 숫자는 앞으로 취학 인구가 줄어듦에 따라 줄어들 전망이지만 일류 대학 입시 전쟁은 크게 달라질 전망이 보이지 않는다.[2)]

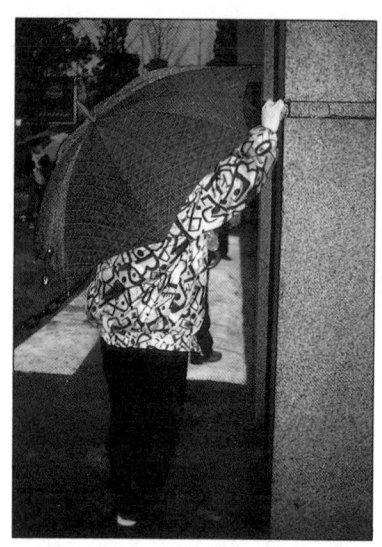
엿처럼 찰싹 붙기만 ……

　대중 매체는 입시를 전후로 지면을 온통 입시 관련 기사로 메운다. 과열 경쟁과 입시 제도에 관하여 비판적 특집 기사를 싣던 때와는 달리 올림픽 경기 상황을 보도하듯 열띤 목소리로 원서 제출 상황을 보도하여 눈치 작전을 돕고, 성심으로 백일 기도를 하는 어머니들 사진을 내면서 입시를 성스러운 의례로 형상화하는 한편 꽹과리 치는 선배들의 모습이나 시험 시간에 지각한 학생을 태워 열나게 달리는 오토바이를 찍어 대면서 잔치 분위기를 부추긴다. 입학 발표가 날 때면 언론은 더욱 신명이 난다. 우선 저임금층의 자녀가 고득점을 한 경우가 톱기사로 오른다. 고액 과외를 하지 않고도, 파출부를 나가는 엄마의 자식도 고득점을 낼 수 있다는 것이다. 이 기사는 일단 "공정한 입시 경쟁을 통한 계층 이동의 가능성"에 대한 신화를 확인시켜 주기 때문에 인기가 있다. 또한 고액 과외를 하지 않고도 교과서만 착실히 하면 된다는 식의 시사성도 줄 수 있어서 과외를 부추기는 분위기를 가라앉힐 수도 있다는 의도도 일면에는 깔려 있다.
　입시를 통해 기회 균등이 보장되어 있다는 식의 신화는 매우 뿌리 깊어서 최근 '기부금 입학제' 논의에서도 그 파급 효과를 본다.

---

2) 양현덕, 1992, 〈비진학 청소년의 실태와 대책〉, 《3/4의 비진학 청소년, 어떻게 할 것인가?》, YWCA 세미나 보고서(1992.4.16).

비나이다, 비나이다!

기부금 입학제는 부자들의 자녀들이 노력하지 않고도 대학에 들어간다는 것을 뜻하며 이것은 '입시의 공정 경쟁'이라는 절대 절명의 명제를 위반한다는 점에서 반대가 강하게 일고 있다. 그래서 상류층 인사들은 자녀들을 세계적인 명문대에 거대한 돈을 기부하면서 보내고 사립 대학들은 교육 투자비가 없어서 점점 열악해진다. 대다수의 국민들은 국가가 공정하게 관리하는 이 입시 제도가 존속하는 한 계층간 이동이 상당히 가능하다고 믿고 있는 것이다. 이것은 절대적인 '국민 정서'이다. 이제까지 신통하게도 이 신화만은 유일하게 지켜져 오고 있다. 실제로 이 입시 제도는 국가의 임무 중에 가장 중요한 것 중 하나이자 국가가 정당성을 신뢰받아 온 유일한 영역이었을 것이다. 작년에 '후기 대학 입시 문제지 도난 사건'이 났을 때 신문 사설들이 '국가 관리 능력의 위기'라는 단어로 이 문제의 심각성을 논의한 면에서 그 점을 여실히 읽어 낼 수 있다.[3]

그러면 실제로 지금의 입시 경쟁은 공평한 경쟁인가? 국민학교 1학년 때부터 담임 선생님에게 돈봉투를 갖다 주어야 하고, 학교에 들어가기 전부터 학교 수업을 위해 미리 과외 스케줄을 정해 놓고 그대로 훈련을 시키는 중산층 주부들의 교육열과 계산을, 그렇지

---

3) 《동아일보》, 1992년 1월 22일자.

못한 계층의 주부들과 그 아이들은 당해 낼 수가 없다. 더구나 아이가 학교에 들어가기 전에 글을 이미 익혀야 하는 식으로 교과 과정이 짜여져 있기 때문에 가정에 또 한 명의 교사를 둔 아이와 그렇지 못한 아이의 경쟁은 시작부터 불공평한 경쟁이 되고 만다. 아이들은 학교 과정에 맞추어 미리 글을 익히고 속셈 학원에 다니며 피아노를 치면서 어려운 음악 이론도 마스터한다. 수채화를 그리기 시작하는 5학년이 되기 전에 그림 학원에 다니고 붓글씨도 마찬가지로 미리 배운다. 부모가 외국에 있다가 돌아오는 경우, 10년 전에는 중학교 2학년 정도면 돌아와도 무리없이 따라갈 수 있다고들 했다. 그러나 이제는 국민학교 3학년, 그것도 한글 정도는 깨친 상태에서 그나마 가능성이 있다고 보는 정도이다.

중학교에 가기 전에 영어를 배우며 수학도 한 학기 전부터 미리 해둔다. 물론 여러 수준의 학원이 있기 때문에 돈을 조금 내고도 학원에는 다닐 수 있고 많은 어린이들이 학원에 다닌다. 그러나 학원 교사들의 수준은 돈의 양과 상당히 비례한다. 형편없는 영어 발음으로 오히려 아이들의 학습을 방해하는 학원 교사들이 있는 반면에 짧은 시간 안에 공부하는 비법을 전수해 주는 초능력 교사도 있는 것이다.

학모들은 입시 전쟁에 필요한 정보를 교환하러 자주 만난다. 공부를 잘하고 경제력이 맞는 주부들끼리 만나게 되기 마련이다. 중산층 동네에서는 한 달에 한 번씩 10등 내에 드는 어머니들이 모여서 담임 교사를 초청하여 점심 대접을 하고 생활 보조비를 전달한다. 자신들이 누구의 어머니인지 인사를 하면서 자신들이 들인 공과 경제적 지원이 자녀들의 학업에 도움이 될 것을 믿어 의심치 않는다. "자녀의 점수는 엄마 점수이기도 하다"고들 말한다. 그리고 많은 비취업 주부들은 자녀의 학업을 돕는 것을 업으로 삼고 있다. 학모들은 자신들의 노후 보장을 위해, 위신을 위해 맹활약을 하는 것이다. 월간지에서는 "전과목 100점 우등생 아이, 엄마의 가정 교육법"에 대한 글이나 대학 수석생 어머니 인터뷰 등에 많은 지면을 할애한다. 가끔은 자신들의 활약이 지나치다는 것을 느끼고는 자신들이 너무 영악해서 아이들이 어리숙하다고 반성을 하기도 한다.

하여간 자녀가 서울에 있는 대학을 무난히 들어가면 그 어머니는 하루아침에 그 동네에서 존경받는 입시 전문가가 된다.

학모들은 돈을 내는 만큼 학교에 대한 간섭도 많다. 특별 활동을 한다거나 소풍, 체육회 등으로 아이들이 노는 시간을 가지면 "지금이 어느 땐데 그런 일을 하느냐?"는 항의가 일고 "아이들이 공부를 잘하지 않으면 매질을 해서라도 하게 해달라"는 등의 주문도 있다고 한다. 학부모가 돈을 많이 내는 동네일수록 학교는 입시 위주의 수업을 할 수밖에 없다.

현재의 입시 제도는 획일화되어 있고 또한 전국적으로 전산화되어 있기 때문에 전국 모의 고사를 통해 학생들은 자신의 성적을 잘 알고 있다. 그리고 자신의 성적으로 어느 수준의 대학에 갈 수 있는지, 또는 전혀 갈 수 없는지도 알고 있다. 그러나 인간은 꿈을 가진 존재인 만큼 그 상태에 만족하는 이는 없으며 희망을 버리지도 않는다. 학생들 중에는 주제 파악을 하는 경우가 있으나 자신이 입시를 포기한다고 해서 달리 갈 곳도 없고 할 일도 없기 때문에 교실에 남아 조용히 '딴 짓'을 하거나 희망을 가진 것처럼 행동한다. 아니면 '탈선'을 하기도 한다. 그러나 아직은 상당수의 학생들이 통제가 되고 있는 편이며 선생님들은 이 '포기'의 선상에 있는 아이들을 나름대로 잡아서 희망을 포기하지 않고 앉아 있게 하기 위해 많은 애를 쓴다. 여기서 학교에서 존경을 받는 교사는 두 부류로 나뉘어지는데, 하나는 이렇게 학생들에게 '희망'을 주는 '훌륭한 교사'이며 다른 하나는 시험 성적을 올리는 데 재주가 있는 '족집게 교사', 다시 말해서 '능력 있는 교사'라는 말이 시사하는 바가 크다.

성적 평가가 전국적으로 일률적이 되기 때문에 교사들 역시 자신의 '능력'을 점수로 알고 있다. 이 입시 제도 아래서는 아이들만이 아니라 교사에 대해서도 점수가 매겨져 나오는 것이다. 이 점에 관한 한, 교사 사회는 한국의 공무원 사회에서 드물게 업적주의적이라고 할 수 있다. 눈에 보이는 점수가 나오기 때문에 각 담당 교사는 열성적으로 학생들의 입시 준비를 지도하고 각 담임 교사는 자기 반의 성적을 올리기 위해 매질을 불사한다. 이인효[4]의 연구에 따르면 교직 문화의 기본 전제는 '능력'과 '복종'이라고 한다. 우선 경쟁에서 이기는 아이를 기르는 능력과 다음으로 교장이나 상부의 지시에 복종하는 자세를 뜻한다. 이런 상황에서 학교 교육이 근본적으로 잘못되었다면서 인간 교육의 흉내를 내려 한다거나 다른 실험적인 교육을 하는 것은 허용될 수 없다. 목표는 매우 분명히 주어져 있다. 이기는 아이를 몇 명 배출해 내는지가 곧 그 학교의 명예이며 학교 재정의 근원이며 교사 자신들의 수입원의 증가이며 교사로서의 자부심의 원천이라는 점을 명심하기만 하면 ……

경쟁이 과열된 상황에서 공평한 경쟁이 이루어지기는 더욱 어렵다. 고등학교에 가면 체력 싸움이라고들 이야기하는데 우선 영양 공급에서 차이가 나며, 경쟁이 심화되다 보면 자가용으로 아이의 시간을 줄여 주기 위해 부모가 동원되는 경우와 그렇지 못한 경우도 차이가 난다고 생각할 정도이다. 조용하게 공부할 큰 방이 주어져 있는지, 환경이 쾌적한 독서실을 나갈 수 있는지, 짧은 시간에 스트레스를 풀 여건이 마련되어 있는지에 따라서도 역시 차이가 나고 이것은 모두 그 가족의 경제력과 직결되어 있는 것들이다.

동네의 사회 경제적 배경에 따라 학교의 학력 수준에 크게 차이가 있다. 중산층이 많이 모여 사는 강남에서는 학부모들이 돈을 모아서 교사들의 생활비를 보조하고 학교의 시설비도 충당한다. 정부의 교육 예산은 GNP의 3.6% 정도로, 각 학교가 기본적 시설과 인건비를 꾸려 가기에도 부족한 정도의 지원을 해줄 뿐이다.[5] "21세기의 학생들을 20세기의 교사가 19세기의 교실에서 가르친다"는 요즘의 유행어가 이 현실을 잘 표현해 준다. 따라서 학부모들이 따로 육성 회비를 내야 그나마 도서도 구입하고 교실 수리도 하게 되어 있다. 육성 회비를 걷는 경우 빈민 지역과 중산층 동네의 경우 금액에 큰 차이가 나기 마련이다. 그리고 입시에서 중요한 과목인 영·

---

4) 이인효, 1990,〈인문계 고등학교 교직 문화 연구〉, 서울대학교 교육학과 박사 논문. 이밖에 교사 문화에 대해서 정향진, 1992,〈교사 집단내 위계성의 재생산 기제에 관한 연구〉, 서울대학교 인류학과 석사 논문을 참고할 것.
5) 배종근, 1991,〈교육 투자의 빈곤 구조〉,《교육 난국의 해부》, 정범모 편. 나남 출판사, 73쪽.

수·국을 위해 돈이 있는 학교에서는 좋은 교사를 끌어 갈 수도 있다.

부유층 동네일수록 대학 입시 준비를 하는 학생들이 많고 그런 만큼 학업 분위기도 좋다. 영 가망성이 없는 10-15% 정도의 아이들만 구슬리면 되고 주도하는 집단이 동질화되어 있기 때문이다. 교사들은 아이들이 남에게 피해를 주지 않는 한 내버려 둔다. 그러나 가난한 동네의 경우는 대학 갈 것을 어느 정도 포기한 사람이 더 많다. 그렇다고 해서 직업 교육을 시킬 준비는 전혀 되어 있지 않고, 여전히 잘하는 소수를 대학에 보내는 것이 전체 학교의 목표가 되어 있어서 전체 100등까지 따로 도서실 출입을 하게 하거나 보충 수업을 하는 등으로 준비를 시키거나 그런 식으로 하지 않으면 매우 어수선한 분위기에서 수업을 계속해야 한다.

나머지 아이들은 개인적으로 알아서 시간을 보내며 3류 대학이라도 가볼 양으로 손에서 책을 놓지 않는 이들도 있고, 아예 학교에서 딴청을 피우다가 저녁에 싸돌아다니는 경우들이 많다. 밤늦게까지 독서실에 간다면서 당구를 치러 가기도 하고 공부하는 척하면서 노래를 듣고 술도 가끔 마시면서 오히려 자기가 원하는 일을 할 수도 있다. 가끔 이런 아이들은 비행 청소년으로 낙인이 찍혀서 사회적인 지탄을 받게 되기도 하지만 일반적으로는 아직 "보이지 않는 존재"로 지내고 있다. 이른바 비행 청소년이란 것이 실은 모범생과 그리 다르지 않다는 점을 아래의 기사가 잘 알려 준다.

김모 군(18·서울S고 3년) 등 고3년생 2명은 지난 달 14일 오후 8시 반 경 서울 서초구 서초2동 신동아 아파트 승강기 안에서 Y양(16·S고 1년)의 목을 조른 채 "돈을 내라"고 협박하다 승강기 문이 열려 Y양이 달아나는 바람에 미수에 그쳤었다. 곧 Y양의 아버지에게 붙잡혀 경찰에 넘겨진 김군 등은 다음 날 특수 강도 미수 혐의로 구속돼 쇠고랑을 찼다. 아들이 '강도 미수범'이 된 사실을 알고 가장 놀란 사람은 김군 어머니(46). 평소 아들이 학업 성적이 신통치 않아 문제일 뿐 불량기는 없다고 생각해 왔기 때문이다. 어머니의 '믿음'을 저버린 김군의 범행 당일 행적을 거슬러 가보자. 평상시처럼 이날도 아침 6시에 기상한 김군은 오전 7시 이전에 학교에 등교했다. 오전 7시부터 수업이 시작되는 S고는 평소 학생들에게 '공부를 많이 시킨다'는 점 때문에 이 지역 학부모들로부터 인기를 끌고 있는 학교. 지난 번 월례 고사에서 학급 석차 46등을 기록한 김군은 대학 진학을 포기한 지 이미 오래된 처지였다. 하지만 김군의 학교 수업은 철저히 입시 위주로 진행되고 있었다. 학기 초 담임 교사와의 진로 상담 때 김군은 "진학에 대해 생각해 본 적이 없다"고 대답했고 담임 교사도 "새로운 길을 찾아보라"는 말 한마디를 해주었을 뿐이다. 토요일이어서 낮 12시 10분경 수업이 끝난 김군은 평소 다니던 서울 J교회에서 오후 시간을 보낸 뒤 집에 돌아갈 시간이 됐지만 "공부하라"는 어머니의 잔소리를 듣기 싫어 친구와 만나 놀기로 작정했다. 하지만 수중에 있는 돈이라고는 백원짜리 몇 개뿐 다른 친구에게 돈을 빌리러 가는 길에 승강기 안에서 피해 여고생을 만났다. 김군은 동행 친구와 서로 눈짓 신호로 은밀히 범행을 모의한 뒤 여학생에게 달려들었고 그것으로 '철창행'의 운명은 결정되고 말았다.[6]

반면 공부 잘하는 아이는 학교서 특별 대우를 받는 만큼, 또 부모가 끔찍이 위해 주는 만큼 견딜 만하다. "잠 한번 실컷 자봤으면 ……" 하는 소원을 안고 하루하루를 버틴다.[7] 교사들은 공부를 열심히 해서 대학에 가면 연애도 실컷 하고 놀 수 있을 것인데 지금 그 짓을 하면 영영 '인생 끝장'이라는 식으로 위협과 유인 작전을

---

6) 《동아일보》, 1992년 4월 26일자, 17쪽.
7) 전국 교직원 노동 조합 결성 3주년 기념으로 나온 노래 모음 7집에 실린 노래 가사들은 아이들의 마음을 잘 표현해 내고 있다. 전주 우석 중학생들이 글을 쓴 〈좋겠다〉라는 노래의 가사를 보자.
  학교 시간은 더럽게 긴데 / 잠자는 시간은 왜 이리 짧을까 / 학교가 잠자는 곳이면 좋겠다 / 책상이 침대라면 좋겠다 / 공부 시간은 무척이나 긴데 / 점심 시간은 왜 이리 짧을까 / 도시락이 책가방만 했으면 좋겠다 / 책가방이 도시락만 했으면 좋겠다
  〈어머니〉라는 제목의 노래도 흥미롭다.
1. 학생 때는 공부를, 공부해서 대학을, 대학 가서 시집을, 열쇠 세 개 꿰차고 손에다 물 안 대고. 이 모든 건 너를 위함이야, 너를 사랑하기 때문이야.
2. 밥 많이 먹어라, 건강해야 공부하지, 옆집의 아이는 이번에도 일등을 꿈에서도 쫓아오네, 이 모든 건 너를 위함이야, 너를 사랑하기 때문이야.

편다. 대학에 들어온 학생들을 만나 보면 그들의 고3 시절이 잘 드러난다.

이 드라마의 핵심은 전쟁을 치르는 당사자들이다. 전쟁에서 나름대로 이긴 이들은 자신의 고교 시절을 괴롭게 회상하는 경우보다 그리움을 갖는 경우가 더 많다. 특히 대학 일학년이 되어서 갑자기 갖게 된 자유 시간을 주체하지 못하면서 괴로워들 한다. 이들은 "네 시간 자면 이기고 다섯 시간 자면 진다"는 결심으로 하루하루를 살던 때가 좋았다는 것이다. 그들은 깊이 생각하고 스스로 질문을 해야 하는 대학의 교양 과목을 매우 싫어한다. 암기 주입식에 길들여져 왔기 때문에 금방 답이 나오지 않는 문제 자체가 불안을 유발한다. 그래서 대학에 들어오면 우선 또래끼리 몰려다니면서 그 동안 쌓였던 스트레스를 실컷 풀고 잠을 잔다. 그리고는 2·3학년이 되면 다시 그들이 제일 잘하도록 길들여진 취직 공부에 들어간다. 좀더 정열적이고 사회 의식이 있는 학생들은 학생 운동권에 들어가서 고3 때 공부하던 식으로 그 일에 몰두하기도 하지만 이 부류에 드는 수는 갈수록 줄어들고 있다. 그들이 읽어 내야 하는 맑스주의 글들이 너무 어렵기 때문이기도 하고 운동권의 집단주의적 문화가 혼자 공부나 하면서 살아가는 데 익숙해진 그들에게 부담이 가기 때문이다. 그들은 그 동안의 입시 위주 연극에 너무나 오랫동안, 그리고 잘 길들여져서 대학에서 요구하는 새로운 연극을 하는 데 많은 시간이 걸리거나 아예 새 연극을 하려 들지 않는다. 입시를 향한 연극은 그만큼 강력한 것이었던 것이다.

이 드라마의 정치 경제학

만일 이 입시 제도가 갑자기 없어진다면? 아마도 행복할 사람보다 불행할 사람이 더 많을 것이고 생계가 막연해지는 경우가 속출할 것이다. 우선 국가는 이 입시 제도를 통하여 청소년을 상당히 효율적으로 관리하고 동시에 온순한 인력을 길러 왔다. 이 입시 전쟁에서 살아 남은 사람이란 저항하지 않으며 시키는 일이 떨어지기를 기다리며 참을성 있는 인력인 것이다. 그들이 배운 내용이 문제가 아니다. 실제로 그들이 배우는 학습 내용은 영어 공부로 거의 1/3의 시간을 보내고 나머지도 시험을 보고 나면 거의 쓸데없는 오로지 시험을 위한 지식들이다. 그런 지식의 내용이나 교육의 목표에 대해 질문을 던지지 않고 일로 매진해 온 학생들이야말로 편리하게 통제된 청소년이며, 더 나아가 여전히 국민을 통제의 대상으로 보는 국가가 원하는 국민임은 틀림이 없을 것이다. 실제로 사춘기에 분명한 방향 감각을 갖게 하여 서양과 같은 현상이 일지 않는다는 점을 강조하는 입장이 호응을 받기도 한다.

기업은 좀더 자발적이고 창의적이며 책임감 있는 인재들을 길러 달라는 주문들을 해온다. 이런 입시 제도 아래 생산된 인력에 대해 한편으로는 만족해 하면서 한편으로는 불만스럽게 생각하고 있는 것이다. 그러나 그런 생각을 하는 기업가는 그리 많지 않은 것 같다. 아직도 우리 산업이 적당히 포장을 해낸 물건을 대량 생산해 내는 수준에 있기 때문에 '질'의 차원보다 적당히 눈치보고 시키는 일을 빠른 시일 내에 해내는 기술자 정도로 버티고 있는 실정이다.

오히려 기업 쪽에서는 또 다른 영역이 있는데 바로 이런 입시 교육 제도 때문에 돈을 버는 기업이나 개인이 무척 많다는 것이다. 교재, 참고서 만드는 회사에서부터, 각종 학원과 독서실, 개인 과외 교습소, 전자파와 잠 안 오는 약 등 의약품에 이르기까지 엄청난 양의 수입을 올리고 있고 많은 사람들을 먹여 살리고 있다. 실제로 대학생들까지 과외를 하면서 돈을 벌기 때문에 경제 구조에서 이 학업 관련 산업이 갖는 비중은 매우 크다. 어머니들 중에 자녀 과외비를 벌기 위해서 이런 교육 산업의 하급 인력으로 취직을 하는 사람들이 늘고 있다.

학교는 어떤가? 21세기의 아이들을 기를 궁리를 따로 할 필요도 없이 기계적으로 아이들의 성적을 올리는 일만 하면 된다. 일제 이후 자리잡힌 군대식 명령 계통을 따라 교육 행정을 움직이고 있고 이런 상황에서 새로운 교육을 해내기란 여간 어려운 것이 아니다. 이런 상황에서 오히려 자신의 '점수 올리기' 능력이 '공평하게' 점수화되어 나오는 체제가 많은 교사들에게는 오히려 편하고 좋을 수 있다. 교육자로서의 양심 등을 깊이 생각할 필요도 없이 자신이 맡은 학생들의 점수를 올려 주기 위해 열성을 다하면 좋은 교사가 되는, 그런 단순한 체제를 오히려 편하게 느끼는 교사가 더 많다. 이들 역시 그러한 교육을 받아 왔으며 새로운 실험을 할 시간적, 심리적 여유를 가질 수도 없는 상황이기 때문이다. 학생들의 성적을 잘 내는 '유능한' 교사가 되면 경제적으로도 상당히 윤택한 생활이 보장되고 자신의 긍지에도 크게 금이 가지 않는다.

대중 매체도 이 교육에 관한 기사는 상당한 국가적 호응을 얻는 부분이다. 아마도 정치 못지않게 관심을 끄는 부분일 것이다. 그래서 이들은 교육에 대한 매우 비판적 기사를 쓰면서 동시에 입시 전쟁을 부추기는 기사들을 써대는 것이다. 관심이 모아지는 부분이 있다는 것은 좋은 것이고 일 년에 몇 번씩 떠들썩한 입시 관련 기사를 쓰는 것을 마다할 이유는 없다. 그것은 좋은 이야깃거리인 것이며 신문의 부수를 늘리기 위해서도 입시 관련 비판 기사를 특별히 기획하면서 동시에 예상 문제지를 별도로 만들어 돌리고, 이런 식으로 입시 전쟁에 관련된 이들의 기호를 맞추는 일 역시 소홀히 하지 않고 있다.

어머니들은 어떤가? 중년이 되면 '빈 둥우리 징후 empty nest syn-drom'로 허탈해지고 갱년기로 시달린다고들 하지만 자녀를 일류 대학에 보내야 하는 막중한 임무를 띤 중산층 어머니들은 그런 것으로 흔들리지 않는다. 고3 어머니가 되면 아이가 동정을 받듯, 자신도 주변의 동정과 위로를 받으며 주인공이 된다. 공부를 잘하면 잘하는 대로, 못하면 못하는 대로 어머니는 바빠지는 것이다. 영 가망이 없으면 외국에 아이를 보내기 위해서 정보를 구하러 다니기도 하고 최근에 밝혀진 부정 입학 사건에서처럼 머리를 다른 식으로 굴리기도 한다. 자본주의 사회에서 중산층 비취업 주부가 안게 되는 정체성의 위기나 역할 갈등을 한국의 주부들은 자녀의 입시를 통해 쉽게 넘기고 있는 것이다.

실제로 이 세대의 여성들이 자란 환경을 생각해 보면 이들은 별다른 취미나 할일을 갖고 있지 못하다. 지역 사회에 참여하는 전통도 약하고, 오로지 가족와 친척 관리가 주 업무인 이들 주부에게는 시가 쪽 봉사를 하기보다는 자녀 뒷바라지에 전력을 다할 수 있는 것이 오히려 기쁨일 것이다. 그리고 세대 차이가 나는 사춘기 자녀와의 관계와 마찰을 이 입시 제도는 어느 면에서 보면 봉쇄해 놓고 있기까지 한 것이다. 성취욕이 강한 청소년의 경우 아침에 차 속에서 밥을 먹도록 김밥을 싸는 등 갖가지 방법으로 자신이 최대한 공부할 시간을 마련해 주기 위해 최선을 다하는 어머니에게 크게 감사한다. 잘하면 어머니는 극진한 헌신을 통해 효를 유인하고 자녀를 가족에 붙들어 두는 효과를 낼 수도 있다.

이렇게 놓고 본다면 현재의 입시 전쟁 상황은 거대한 정치권과 많은 기업체들, 대중 매체, 보수적이고 관료적인 학교, 자녀의 입시 전쟁의 고문격인 어머니에 이르기까지 많은 세력들이 결탁하여 이루어내는 하나의 거대한 체제라는 것을 알게 된다. 모두들 한탄하면서 실제로 이 체제를 깰 생각들은 없는데 이 체제는 사실 한국 사회에서는 드물게 평형 상태를 이루고 있는 것이다. 입시 제도가 바뀔 때마다 불안하다는 아우성들이 사방에서 들려오지만 그 아우성 자체가 국민적 합의가 깨질까봐 두려운 데서 오는 표현이지 진정한 도전은 아니다. 다시 말해서 현재의 교육은 어린이와 청소년들을 볼모로 한, 또는 그들을 앞장세운 전쟁인데, 이 체제를 유지시키는 데는 문화적으로 매개되는 많은 힘들이 존재하는 것이다. 현재 많은 사람들을 심심하지 않게 긴장시키면서, 세대 갈등으로 폭발할 지경의 위기를 유보시키는 기능을 입시 전쟁 상황이 나름대로 하고 있다고 볼 수 있는 것이다.

보수적 세력과 진보적 세력들 사이에서

이런 상황을 바꾸어 보려고 하는 세력과 시도는 없는가? 그런 시도는 물론 있다. 참교육 실현을 위한 전국 교사 노동 조합이 결성되었고 학부모 연대 모임들이 있으며 대안 교육을 위한 실험을 해보려는 이들도 있다. 그러나 전교조는 심하게 탄압을 받고 있어서 점점 투쟁적이기만 한 방향으로 가서 학부모들의 호응을 받지 못하고 제대로 활동을 하지 못하는 상태에 있다. 대안 학교는 국가의 인가를 받기 어려워서 여간해서 만들기 어렵고 특히 작은 학교 운동이 절실히 필요하지만 아직 그런 학교는 생기지 못하고 있다. 오히려 국가에서 현재의 입시 제도가 평균적 인간을 만들어 낸다는 문제 의식에서 과학 기술 인력 배양을 위한 특수 학교를 만들거나 외국어 특수 학교를 만드는 등의 학교를 새로 만들어 갈 뿐이다.

학부모 운동에 참여하는 수는 극히 적은데, 자녀들을 대학에 보내지 않았을 때 받게 될 손해를 감수하겠다는 부모의 수가 그만큼 적은 것이다. 그렇게 될 경우 개인적으로 외국에 유학을 보내는 방식을 택하는 경향을 보이지 집단적으로 모여서 이 문제를 풀어 갈 생각들을 하는 이들은 적다. 비공식적 영역에서 자발적 시민 단체 등을 통한 교육 프로그램이 있지만 입시 준비로 시간이 절대적으로 부족하다고 느끼고 있는 학생들의 참여를 유도해 내기란 쉽지 않다. 따라서 청소년 문화란 그야말로 빈곤 상태에 있는 것이다. 청소년들이 처해 있는 극단적 상황과 자살로 이어지는 현상을 그린 영화들이 전교조 결성 이후 몇 편 만들어졌고 〈죽은 시인의 사회〉와 같은 영화가 장기 공연을 하였으나 관객은 학생들이었고 학생들 역시 그런 영화를 보면서 스트레스나 해소할 뿐이었다. 현재로서 변화의 기운은 매우 미약하다고 해야 할 것이다.

결국 현재의 입시 전쟁은 아이들이 치르지만 어떤 면에서 '세대 간의 전쟁'의 측면도 없지 않다. 이 전쟁은 기성 세대가 이기게 되어 있다. 그러나 무서운 입시 상황을 거치고 나온 아이들의 조로함, 나태함, 자기 중심주의, 편협한 사고의 폭, 소비성 등을 두고 기성 세대 측은 자기들의 승전에 대해서 다시 한번 깊이 생각을 해보아야 할 것이다. 자칫 파시스트적으로 기울 것 같고, 아니면 포스트 모던한 시대의 아이들인 것도 같은, 체계화된 전쟁 상황을 살아 남은 지포지기적인 새 세대의 출현을 보면서 어른들은 이제 조금씩 불안해 하고 있다.

이것이 현재 이 사회의 아이들이 말려들어가 있는 드라마의 일면이다. 나는 현재 세계 어느 나라지고 교육이 엉망이지 않은 나라가 없다는 말을 세미나에 가서 종종 듣는다. 그리고 자위하는 소리도 듣는다. 그러나 이것은 모두가 지고 마는 게임을 지속시키자는 변명에 불과하다. 자신의 나라의 교육 제도를 비판하면서 남의 나라를 예찬하는 경우 역시 아무런 도움이 되지 않는다. 그런 면에서 나는 지금 내가 쓰고 있는 이 보고서가 국제 회의장에서 무슨 도움이 될지에 대해서도 판단이 서지 않는다. 결국 각 사회의 구성원이 문제를 풀어가야 하는 것이므로 이런 식의 드라마를 엮어 보여서 또 하나의 왜곡된 이미지만 만들게 되는 것은 아닌지 염려된다. 이런 보고서를 쓰는 속절없는 행동이 싫어서 나는 외국 회의에 자주 가지 않는 편이다.

그러나 국제적 협력이 필요한 영역은 분명 있다. 21세기를 바라보며 더욱 그러하다. 어떤 식으로? 물고기가 자기가 놀던 물의 성격을 알기 힘들듯이 자신의 나라를 그려 내기는 참 힘들다. 현재 우리들이 우리의 교육 제도에 대해 떠들어 대는 것이 피상적일 수 있다는 것이며 그런 자기 성찰에 깊이를 더하기 위하여 학제간 협력과 동시에 다른 문화에서 산 학자들의 협력이 필요할 것이다. 극도의 상대주의나 보편주의적 틀을 벗어난 심층적 비교 연구를 해볼 수 있을 것이다. 각 나라별 학습 시간의 비교라든가 학력 평가 따위는 사실 위험한 발상이다. 그런 것이 아니라 앞으로 지구를 살리기 위해 필요한 교육에 관한 공통의 토론, 영상 매체를 사용한 현장 보고서, 아니면 교육을 주제로 한 공동 영화 제작도 크게 도움이 될 수 있을 것이다.

21세기 지역 주민에 대해 생각해 보게 하는 영화, '무지한' 기성 세대에 의해 서서히 죽어 가는 아이들의 삶을 극명하게 보여줄 수 있는 영상들은 서서히 마비되어 가는 어른들의 가슴을 깨우게 될지도 모른다. 교육을 어떤 맥락에서 살펴보아야 할까 하는 주제를 놓고 아이들이 처한 가장 큰 위기 상황을 이야기해야 할 것 같다. 문화적 세력간의 다툼과 사회적 관계의 재생산 기제를 아이들의 삶과 연결시켜 내야 한다는 것이다.

최근 들어 교육과 관련된 사회의 객관적인 조건이 크게 변하고 있다. 70년대 들어서서 급격한 인구 증가와 경제 성장으로 인해 입시 경쟁이 비인간적으로 치열해졌지만, 그러한 경쟁은 크게 완화될 전망이다. 1992년에 90만 명이 2년제 대학을 포함한 40만의 대학생 자리를 놓고 경쟁을 벌였다면 1996년에는 70만이 경쟁을 벌이게 된다. 2005년에는 재수생도 거의 없어지고 46만 명이 입시를 치르게 될 것이라고 하니 거의 모든 지망생이 대학생이 될 수 있다는 것이고, 이는 달리 말하면 2000년대에 가면 이웃 일본에서처럼 많은 사립 대학교가 망하거나 학생들을 유치하기 위해 별 방법을 다 동원하게 될 것이다. 게다가 대학교를 졸업한다고 좋은 직장이 보장되는 것도 아닌 세상이 이미 눈앞에 와 있다. 또한 30여 년만에 들어선 민간 정부에서 강한 개혁 의지를 표명하고 있다.

이런 외부적 조건의 변화와 관련하여 보나, 내부의 문제 상황을 보나 교육 문제는 조만간 풀려야 할 것이다. 그러면 지금의 입시 위주 교육을 바꾸어 갈 구체적 집단 또는 세력들은 어디에 있는가? 그것은 크게 국가, 학부모, 학생, 그리고 교사로 나누어 볼 수 있다. 국가가 이루어 내야 할 과업은 앞 부분에서 이미 논의되었으므로 여기서는 우리가 할 일을 찾아본다는 면에서 국가를 제외한 세 집단에 대해 다시 한번 희망적 눈길로 점검을 해보자.

먼저 학부모의 상태는 어떤가? 앞에서도 지적하였지만 학부모 운동을 지켜 보면서, 그리고 간간이 육성회에 나가서 이야기를 들으면서 나는 아직은 부모들이 교육 문제를 풀어 갈 세력에 되기에는 너무 약하다는 생각을 해왔다. 우리나라 특유의 가족 중심주의와 출세주의는 개개 부모들, 특히 어머니들의 가슴 속에 대학에 가지 못한, 또는 일류대에 가지 못한, 또는 일류대를 대물림해야 한다는 강한 한 또는 욕심으로 남아 있다. 특히 자아 실현의 장을 빼앗긴 중산층 어머니들에게 자녀의 대학 입시 과정은 자신의 제2의 인생이며, 야심적인 어머니일수록 그것은 또 한판의 승부를 걸게 하는 절호의 기회가 된다. '교육'은 어머니들에게 종교이다. 기복 사상, 신분적 과시, 삶의 의미, 계급적 이동 가능성, 운세를 겨루는 투기장이자 신세대 통제의 효과적 기재로서 '교육 제도'는 여러 가지 기능을 한꺼번에 수행하고 있다. 어머니들은 지금의 학교 성적에 자녀의 '행복'이 걸려 있다는 절박감에 젖어 있으며, 동시에 그렇지 않다고 설득할 만한 대안적 방안이 하나도 주어지지 않고 있는 극단적 상황에서 살고 있기 때문에 학부모 운동에 참여할 여유가 없다. 이런 면에서 학부모 운동이 대중적으로 일어나기엔 아직 너무 상황이 나쁘다. 정의로운 시민 운동의 일부로서 어머니와 아버지가 함께 참여하는 교육 운동이, 환경이나 새로운 가정 문화 만들기 차원에서 일고 있는 다른 시민 운동과 함께 자랄 가능성은 높지만 입시 교육만을 집중적으로 해결하려는 움직임을 기대하기는 아직은 어려울 듯하다.

그러면 학생들 자신들은 어떤가? 나는 이러한 입시 전쟁을 치르는 아이들이 전쟁터에 가지 않겠다고 저항하지 않는 것이 놀라울 때가 있다. 그러면서 바로 그러한 '저항 없음'에서 이 전쟁이 가장 끔찍한 전쟁이며, 이 전쟁을 지속시키는 것은 씻을 길 없는 범죄 행위라는 생각을 한다. 아이들은 선택의 여지가 없이 태어날 때부터 인생을 전쟁터로 알고 길들여진다. 그러나 이러한 상황이 언제까지 갈까? 일본에서 중고교 교사들이 졸업식에서 맞아 죽는 사건이라든가, 그런 것이 무서워서 아예 졸업식을 하지 않는 일이 벌어졌듯이 우리도 이대로 가다가는 무서운 10대의 저항을 맞게 될 것이다. 벌써 청소년들의 범죄와 마약과 성폭행 문제가 매우 심각한 상태에 와 있다. 이 문제는 단순한 일탈 행위가 아니라 입시 전쟁이 만들어 온 구조적 산물임을 우리는 잘 알고 있다. 나는 얼마 전에 중학교 졸업식에서 여학생들이 엉덩이가 보일 정도의 짧은 치마를 입고 진한 화장을 하고 나타났으며, 인기 없는 교사들은 졸업생들이 무서워 자가용을 타고 오지 않았다는 말을 들었다. 종업식에서 애국가 대신 신성우의 〈내일을 향해서라면〉이라는 유행가를 불렀다면서 단결된 힘을 보여 주었다는 학생도 만났다. 아이들은 이제 꿈틀거리기 시작할 것이고 〈서태지와 아이들〉의 출현은 이런 변화와 무관하지 않다. 그러나 이러한 학생들이 변화의 주체는 될 수 없지 않을까? 그들은 하나의 징후이자 압력 집단은 될 수 있어도 변화를 주도하지는 못할 것이다.

지금 변화를 주도할 힘은 교사들에게 남겨져 있다. 교육 개혁을 위한 주체는 결국 가족 이기주의에 발목을 붙잡히지 않은, 아이들을 가르치는 일을 직업으로 삼고 있는 교사들에게서 나올 수 있을 것이라는 것이다. 그 동안 교사들의 움직임이 없었던 것은 아니다. 80년대 후반부터 움직이기 시작한 교사들은 1989년 전국 교직원 노동 조합을 결성하였고 정부에서 이 단체를 불법화하여 많은 교사들이 해직을 당했다. 해직되지 않은 교사들은 교실에서, 해직 교사들은 따로 《우리 교육》과 같은 교사들을 위한 잡지를 만들어 내면서 꾸준히 교육 개혁을 위해 노력해 왔다. 이들은 새로운 노래를 짓거나 미술 전시회를 하는 등 새로운 문화 운동의 모습도 갖추어 가고 있다.

그러나 교사 운동이 조직화한 배경에는 당시 우리 사회에 강하게 일고 있던 계급 불평등에 관한 문제 의식과 반제국주의적 운동이 있다. 백년 대계를 바라보는 교육 개혁의 작업이란 장기적 전망을 요구하며 또한 삶의 현장에서 새로움을 일으켜 나갈 수 있는 창조적 발상과 아이들에 대한 애정과 참을성을 요구하는 작업이라는 특질을 가지고 있는데, 전교조에 적극적으로 참여하고 있는 주축 회원 중에는 그러한 특질을 살려내지 못하고 여전히 '이상주의적인 요구와 저항'을 특징으로 하는 학생 운동의 연장선에서 운동을 하려는 이들이 많았던 것 같다.[8] 그래서 '체제'를 한꺼번에 바꾸고 싶

---

8) 90년대 초반 전교조 활동은 다른 반체제 운동과 매우 같은 이념과 방식을 가지고 있었으며 이것은 그들의 조직이나 그들이 지어 부른 노래들에서도 여실히 드러나 있다. 전교조가 제작한 《참교육 노래 모음》(1990년 5월)이라든가 〈해맑은 웃음을 위하여〉 또는 1992년에 나온 〈불량 제품들이 부르는 희망의 노래〉에 보면 억압적인 상황에 있는 학생들의 마음을 잘 전해 주는 노래도 많지만 동시에 '외침'과 '피땀'과 '민족'과 '통일'이라는 단어로 가슴 뜨거워진 '지사형 애국심'을 자극하는 노래도 상당히 많다. 예를 들어 〈참교육의 함성으로〉라는 노래 가사를 읽어 보자.

굴종의 삶을 떨쳐 반교육의 벽 부수고 침묵의 교단을 딛고서 참교육 외치니 굴종의 삶을 떨쳐 기민의 신을 옮기고 니와 나의 눈물 뜻 모아 진실을 외친다. 보이는가 강물 참교육 피땀 흐르는, 들리는가 함성, 벅찬 가슴 솟구치는 아 우리의 깃발, 교직원 노조 세워 민족 민주 인간화 교육 만만세.

참교육의 그날까지(차봉숙 글)

보라 힘찬 우리의 깃발 당당한 우리의 선언 / 학교 위에 높이 날리며 참세상 횃불 춤춘다 / 우리 흘린 피와 땀으로 참교육 곧게 세우고 / 교실 가득 가슴 한 가득 해맑은 웃음 넘친다 / 폭압을 뚫고 가네 살아오는 아이들 손 잡고 교단에서 거리에서 다시 일어서는 교육 노동자 / 전교조 우리의 사랑 전교조 / 우리의 생명 / 참교육 승리의 그날까지 전진하는 동지여 / 보라 푸른 조국의 하늘 솟구쳐 오르는 새날 / 한라에서 백두까지 물결쳐라 전교조

어한 성급함이 있었다. 실제로 사회 운동이 일어나기 무척 어려운 당시의 토양에서, 자신이, 또는 동료들이 해직을 당하고 구속당하는 상황에서 적대적 대립은 불가피하였을 것이고, 그런 때에는 '무모함'이 오히려 장점이 되기도 한다. 더구나 고질적인 권위주의에 찌들어 온 교사들로서는, 용기를 얻기 위해서 그러한 '급진성'이 필요했을 것이다.

그러나 그러한 대결 가운데서도, 교육 운동은 자기 자신에 대한 성찰을 바탕으로 한 자기 변혁을 내포하고 있어야 하며, 그런 면에서 대학생류의 운동과는 다른, 성숙한 교사로서의 운동 방식을 개발해 가야 했던 것이다. 학생들처럼 비탄과 분노에 빠져 들어 운동이 감정적이거나 교조적으로 흐르지 않을 수 있어야 한다는 것이다.[9] '교육'이란 것이 하루아침에 되지 않는다는 기본적 인식을 가진 사람이라면 거리에서 일어난다고 '그날'이 오는 것이 아님을 잘 알고 있을 것이다. 해직 교사들의 복직이 긍정적으로 거론되고 있는 이 마당에 교사 운동은 그 동안의 조직 중심적 성향이나 획일주의 / 권위주의적 운동 방식을 넘어서 다음 단계로 이행할 차비를 해야 할 것 같다.

---

9) 전교조에 의한 문화 운동 과정에서 나온 노래들 중에는 매우 감동적인 노래들이 많이 있고 나는 요즘도 그런 노래를 들으면 눈물이 난다. 그런데 그 노래들이 집회에서 부르기 위한 것이며, 기존의 민중 운동 문화패가 만든 것이 많아서인지, 일본 시대 군가풍이거나 러시아적인 혁명가풍이 많고, 순정파 / 낭만주의적 정서를 상당히 강하게 깔고 있다. 다양한 서사적 기법과 내용을 담아 내고 있지 못하고 있는 부분은 앞으로 교육 운동의 흐름에 따라 많이 담아 낼 수 있으리라 생각한다. 나름대로 기존의 운동 가요의 것을 차용하지 않고 1990년 전후 전교조 운동의 언설을 잘 드러내 주는 노래로 〈교단〉(문병란 글)이라는 노래를 참고로 싣는다.

1. 판사도 검사도 아닌 나는 평교사 / 세상을 굽어보는 교단에 서서 / 초롱한 눈들이 무서운 나는 평교사 / 한 스승은 돼지보다 독배를 택하라고 / 거짓보다 진실을 택하라고 외치는데 / 나는 부러진 백묵으로 초롱한 눈동자 앞에서 / 무엇을 써야 하나

2. 교장도 교감도 아닌 나는 평교사 / 세상을 굽어보는 교단에 서서 / 초롱한 눈들이 무서운 나는 평교사 / 오늘도 한 스승은 북소리 울리면서 / 새날을 노래하며 하나되자 외치는데

나는 이제 전교조에 소속된 교사들만이 아니라 더 많은 교사들이 교실의 문화와 그것과 관련된 정치 경제학을 바로 읽어내 가야 한다고 생각한다. 그리고 교실의 문화를 제대로 읽어 내고 만들어 갈 수 있다면 조용한 혁명이 우리 사회에 일어날 것임을 믿는다. 여기서 말하는 혁명은 거대한 문화 혁명으로서의 교육 운동을 말한다. 아이를 사랑하고 다음 세대가 살아갈 세상을 염려하는 사람이라면 아니 할 수 없는 일을 하는 것, 학생들 사이에 꿈틀거리는 저항의 기운을 읽어 내면서, 그들이 숨쉴 공간을 마련하고 그들이 생각할 수 있는 인간으로, 느낄 수 있는 인간으로 자라도록 도우는 것, 이런 일을 교사들은 이제 시작해야 한다는 것이다. 물론 이런 조용한 교육 문화 운동은 교사만이 아니라 여러 분야에서 일고 있는 창조적인 문화적 작업 집단과 연대하여 일어나야 할 것이다. 2000년대 우리 사회의 모습은 교육 운동의 성패에 따라 크게 좌우될 것이다. ■

남궁산, 〈벌〉, 전교조 결성 3주년 기념 교육 현장전 중에서

가정과 학교의 유착 관계를 통해 본 교육 현장

■ 이 글은 1991년 가을에 쓴 것으로,
〈청소년들의 평등한 삶을 위한 과제〉라는
특집 주제 아래 《한국 청소년 연구》, 제2권 제3호
(통권 제6호)에 실린 글이다.
이 논문을 쓰기 위해
수시로 주변의 학부모들이나
과외 교사인 대학생들에게 정보를 구했다.
일일이 이름을 밝히지 않겠으나
고마움을 전하고 싶다.
논문 초고를 꼼꼼히 읽고 도움말을 준
노스 웨스턴 대학교 박사 과정에 있는
박정선 씨에게도 감사한다.

내가 보기에 요즘 교사들은 학생들이 싫어하는 대상이 되려고 최대의 노력을 하는 것 같다. ─ 토미지 하세가와

머리말

농경적 봉건 사회에서 근대 사회로 이행하는 과정에서 일어난 가장 현저한 변화 중의 하나는 대중 교육과 관련된 변화라 할 수 있다. 모든 국민은 신분의 높낮이에 관련없이 국가가 제공하는 교육을 받을 평등한 권리와 의무를 지니게 되었으며, 교육을 마친 후 자신의 출신 배경과 무관하게 직업을 가질 수 있는 평등 사회로 변화가 일어난 것이다. 이러한 대중 교육을 통하여 만인은 일차적으로는 새롭게 추진되는 산업화의 역군이 될 훈련을 받는다. 국민들은 학교 교육을 통하여 더욱 합리적이고 효율적이며 참을성 있는 일꾼이 되도록 길러졌던 것이다. 이차적으로 국민은 새로 탄생한 근대 국민 국가의 훌륭한 시민으로 길러지는데 이때 그 주목표는 혈연 중심적이고 특수주의적 사고를 해온 인간을 국가주의적이고 보편적 사고를 할 수 있는 인간으로 만들어 내는 것이었다. 이런 변화는 우리 사회에서만 국한되어 일어난 것이 아니라 근대에 들어서서 전 세계적으로 일어난 변화 중 하나이다.[1)]

우리나라가 이러한 근대 교육을 실시한 지도 근 일 세기가 지났다. 산업화를 효율적으로 이루어 내고 근대 국가를 형성해 가는 데 적합한 국민을 길러 내기 위한 학교 제도는 적어도 양적인 면에서는 거의 완전한 대중화가 되어 있다. 그러나 근대적 교육의 과제를 1) 합리화와 효율화, 2) 평등화, 3) 민주화, 4) 다양화의 네 단계로 나누어 볼 때 산업 자본주의화에 골몰해 온 우리나라의 경우, 그 첫 과제에만 치중해 왔음을 알게 된다. 그 동안 우리 사회의 근대화는 빈곤의 극복이라는 과제에 초점을 맞추어 '정의'라든가 '인간적 삶'

---

1) 국민 국가 시대로 들어서면서 대중 교육 제도가 확립되는 과정이라든가 그 기능에 대해서는 안토니 기든스, 1991, 《포스트 모더니티》, 민영사나 어네스트 겔러, 1988, 《민족과 민족주의》, 예하를 참고할 것.

등에 관한 논의는 간과해 왔으며, 교육 역시 급속한 경제 성장에 종속된 채 그로 인해 일어나는 문제들을 임기 응변적으로 막아가는 역할을 하는 데 급급했다. 대외적으로는 국제 정치 질서가 급속하게 재편되어 가고 세계 시장이 광범위하게 재형성되고 있으며 대내적으로는 무규범적 혼란 상태가 지속되는 지금과 같은 시기에 그동안 쌓인 제도 교육의 모순들을 풀어 가기 위한 교육 개혁의 과제는 당장 우리 발등에 떨어진 불과 같은 것이다. 이 글에서는 쌓여 있는 많은 교육 개혁 과제 중에서 불평등의 문제를 중심으로 우리 사회를 진단해 보려 한다.

  학력 경쟁을 통한 공평한 경쟁과 계급 이동의 문제는 산업화가 어느 수준에 달하면 필연적으로 제기되는 문제이며 특히 우리 사회의 경우는 이에 대해 민감한 반응을 보여 왔다. '고교 평준화'라든가 '과외 금지' 또는 '계층간의 위화감' 등의 표현은 우리 사회 여론이 얼마나 교육을 통한 평등을 중시하는지를 단적으로 보여주는 예이다. 이때 제기되는 문제의 차원은 봉건적 신분상의 불평등에 관한 것이라기보다는 자본주의적 계급의 재생산과 관련되어 논의될 성질의 것이다. 단적으로 말해 경제적 여유가 있는 계급과 그렇지 못한 계급의 아동들에게 학교는 공평한 경쟁의 자리를 마련해 주고 있느냐는 것이 여기서 물어야 할 질문이다. 근대 이후 주창된 기회의 평등이 제대로 이루어지고 있는지 재점검할 시기에 들어섰다는 것인데 후기 산업 사회에 들어선 서구 사회에서는 계급 재생산이 체계적으로 이루어져 불평등 사회로 고착되는 현상들이 더욱 현저해지고 있고 사회주의 사회에서도 역시 배타적인 상층 계급화가 일어남을 볼 때 평등의 실현은 인류의 영원한 이상인가 하는 질문을 던지게 하는 면이 없지 않다. 그러나 그 불평등의 기재와 정도에 있어서는 차이가 있을 것이며 이 글에서는 적어도 우리들이 기대하는 수준의 평등이 이루어지고 있는지, 그렇지 않다면 무엇이 그것을 가로막고 있는지를 살펴보고자 하는 것이다.

  이 글은 크게 두 부분으로 나뉘어져 있다. 첫번째 부분에서는 제도 교육 현장의 문제, 구체적으로 대학이라는 궁극의 목적을 달성하는 학력 경쟁 차원에서의 공평함을 다룬다. 우리 사회가 고학력 사회임은 잘 알려진 사실이다. 계층 이동을 목표로 한 극심한 학력 경쟁에 온 국민이 휘말려 있다는 표현을 써도 좋을 정도로 우리 사회는 학력 중심의 경쟁 사회이다.[2] 그런 만큼 학력 관리가 공평하게 이루어지고 있는지는 온 국민의 관심사가 되고 있는 것이다. 이 장에서 나는 제도 교육의 현장이, 가정의 경제 사정과 무관하게, 능력이 우수한 아동이라면 학교 수업을 통해 유감없이 자신의 실력을 발휘할 수 있는 장소가 되고 있는가 하는 질문을 던지고 이에 답하고자 한다. 구체적으로 가정적 지원에 따른 학교간의 학력 수준 차이, 그리고 학교내 개인간의 차이들을 어떻게 볼 것인지 토론하게 될 것이다.

두번째 부분에서는 단순히 사다리를 올라가는 주어진 기회상의 평등이 아니라 자기를 실현하는 차원에서의 문제를 다루고자 한다. 현재와 같은 교육 체제 아래서는 단순한 기회 균등의 문제에 국한하여 평등을 논의할 때 문제의 핵심을 오도할 가능성이 높아진다. 경쟁이 지나쳐서 심각한 사회 문제들을 일으키는 상황에서 기회 균등을 위한 경쟁이 무엇을 뜻하는지를 제대로 알아 가지 않는다면 이는 더 심각한 사회 문제들을 낳을 것이기 때문이다. 따라서 더욱 넓은 안목에서 사회 구성원 개개인이 자신의 인격을 실현해 나갈 기회를 제대로 부여받고 있는가 하는 문제를 동시에 논의해 가야 하는 것이다. 현재 기회 균등을 표방하는 대학 입시 교육은 전인 교육과 너무나 거리가 멀어 많은 심각한 문제들을 일으키고 있다. 한마디로 현행 교육에서 살아 남은 사람들이 오히려 자기 실현의 욕구를 억압하고 그 기회를 박탈당한 사람들일 수 있다. 따라서 제도 교육이 의미하는 것이 다수 학생들이 경험하고 있는 입시 스트레스, 입시 중독증과 금단 현상, 무취미, 자동 반사적 학습 등과 이어지는 것이라면 그 평등은 무슨 의미가 있는 것일까 하는 질문을 동시에 던져 보아야 하는 것이다. 여기서는 장기간에 걸친 소외된 학습에서 초래된 창의력과 사회성의 파괴, 더 나아가 문화 전체를 황폐하게 하는 집단적 편집증 등의 현상을 논의하게 될 것이다.

---

2) 학력 사회와 관련한 좀더 자세한 논의는 조혜정, 1989, 〈교육의 신화를 깨자〉, 《누르는 교육, 자라는 아이들》, 청하출판사를 참고할 것.

나는 우리가 그 동안 서양의 이론에 너무나 의존한 나머지 우리 현상을 보는 일을 등한시해 온 점을 깊이 반성하면서 이 글에서는 '식민지 지식인적' 논의를 더 이상 하지 않으려고 한다. 나는 여기서 서양의 역사적 경험을 통해 축적되고 세련화된 이론의 권위를 빌리거나 현상과는 거리가 먼 수량화된 자료에 기댈 생각은 전혀 없다. 나는 여기서 우리 모두의 피부에 와 닿는 상식적 사실을 정리하고자 할 뿐이다. 우리는 사회 과학자이건 아니건 모두 늘 현실을 관찰하며 살고 있고 그 현실의 이면을 읽어 내려고 노력한다. 문제는 우리가 간파한 사실들이 부분적이고 편파적일 가능성이 높다는 것이며 학문적 토론이란 바로 그 부분성, 편파성을 어떻게 해서라도 보완, 극복해 가려는 데 목적이 있다. 나는 학문적 논의의 궁극적 목표를 객관적 진리 추구 자체에 두고 있는 과학주의자도 아니며 전문가의 위대성을 믿고 있지도 않다. 오히려 식민지적 상황에서 빌려 온 전문적 지식은 문제 해결에 해가 될 수 있다는 사실을 염려하는, 현실과 정직하게 대면하는 것을 중요하게 여기는 인문학자이며, 자신을 포함한 공동체의 운명에 동참하여 사회 문제를 파악하고 해결 방안을 모색하며 또 실천해 가고자 하는 시민이며 부모이며 교사이다. 이 글의 토대가 되는 자료들은 나 자신의 삶의 장에서 쉽게 얻어지는 일상적 대화와 관찰을 통한 것이다. 그 동안 인류학자로서 길러온 감수성(이 정도의 내 전문성을 나는 믿을 뿐이다)을 십분 활용하여 현재 우리 사회가 지향하는 평등의 실상을 제도 교육과 가정 간의 유착 관계를 통해 그려내고 개선안을 제시해 보고자 한다.

학력 경쟁과 가정적 지원

학교 교육과 계급 재생산, 그리고 학군

학교 교육은 원칙적으로 계급간 이동을 가능케 하는 중요한 통로이다. 다시 말해서 어떤 출신 배경을 가지든 상관없이 학교에서 잘 '배워' 학식과 능력을 갖추면 모두가 학자도, 법관도, 고위 정부 관리도 될 수 있다. 그러나 이 원칙은 실제로는 잘 지켜지지 않고 있는데 그것은 아동들의 가정적 배경과 깊은 연관성을 지닌다. 가정적 배경이 학교 교육을 매개로 한 계층 이동에 어떠한 영향을 미치는지는 사회에 따라 매우 다양하게 나타난다. 서구의 경우를 간단히 살펴보자.

대부분 선진 자본주의 사회의 경우는 주거지의 분리에 의해 계급 재생산이 체계적으로 이루어진다. 대표적인 경우가 미국으로서, 집 값이 비싼 동네에 좋은 학교가 있기 마련이며 결과적으로 가정의 경제 사정에 따라 학생들의 학력과 대학 진학률에 큰 차이가 나타나게 되는 것이다. 학군을 통한 계급 재생산은 자본주의가 정착한 선진국일수록 뚜렷하게 나타난다. 학군 조정 외에 계급 문화 형성을 통한 계급 재생산 과정이 문제시되기도 하는데 영국이 그 사례 중 하나이다. 영국과 같이 계급화가 고착되어 '노동자 문화'가 어느 정도 형성되어 있는 경우, 노동자의 자녀들은 상층 이동을 추구하기보다 노동자가 되는 문화를 일찍부터 내면화해 간다. 폴 윌리스의 현장 연구에서 드러난 것과 같이 노동자 출신 학생이 가는 학교에서는 공부나 정신적인 활동을 남자(사나이)가 할 일이 아닌, "나약한 것," "펜대나 굴리는 일," "째째한 짓" 등으로 인식하면서 적극적으로 그런 일을 거부하는 뚜렷한 집단이 형성되어 있다.[3] 이 집단은 학교 공부와 지적 활동을 통한 상향적 사회 이동의 약속과 희망을 조소하며 육체 노동의 '남성다움'과 강인함을 찬양하는 저항 문화 속에서 학교 생활을 한 후 졸업 후에 자연스럽게 노동직에 진입한다. 이렇게 볼 때 영국의 노동자 계급의 재생산은 상당 부분 가정 문화의 지원 아래 ― 특히 '사나이다움'을 강조하는 아버지와 아들 사이에서 ― 이루어진다고 볼 수 있다.

이런 맥락에서 볼 때, 우리 사회는 상당한 과도기에 있다. 우리 사회에는 '계급 문화'라고 불리울 하위 문화가 없다. 산업화가 너무나 빨리 진행되어 온 만큼 그런 것이 형성될 시간이 없었다고 보아야 할 것이다. 70년대까지 우리나라는 충격과 혼란의 소용돌이 속에 있었으며 모두가 빈곤하였다고 해도 과언이 아니다. 하루아침

---

3) 폴 윌리스, 1989, 〈교육 현장과 계급 재생산〉, 민맥신서, 221쪽, 그리고 김기석, 1986, 〈제도 교육과 예기치 않은 결과: 저항 이론의 주요 쟁점과 문제〉, 《교육 이론 1(1)》, 서울대학교 출판부를 참고할 것.

에 거지가 되는 일이 빈번히 일어났던 만큼 상류층 문화라든가 노동 계급 문화라는 것을 형성하고 지탱할 중심 집단의 형성은 이루어질 수 없었다. 그리고 워낙 획일성과 동질성을 강조해 온 문화이기 때문에 영국과 같은 방식으로 계급 재생산 형태가 고착화될 가능성은 더욱 희박했다고 본다. 구태여 과거 급제를 통해 온 가족과 문중이 팔자를 고치는 금의 환향의 전통을 들먹이지 않더라도, 빈곤과 혼란의 근대를 거치면서 우리 사회 성원들의 유일한 소망은 자식 교육을 잘 시켜 그 덕을 보려는 데 있었음은 우리가 이미 다 알고 아직까지 생생하게 체험하고 있는 사실이다. 학교가 공평한 경쟁의 장소가 되고 있다는 신념이 깨지지 않는 한, 우리 사회 성원들은 우리 사회가 평등한 사회라는 명제를 믿어 의심치 않을 것이다.[4] 어떤 면에서 최근까지 학교는 상당히 공평한 경쟁의 장이었다고 할 수 있다. 빈농의 자녀들이 명문대에 대거 입학을 했으며 아직도 그것은 크게 가능하다. 최근에 대학 부정 입학이라든지 기부금 입학제가 그렇게 엄청난 감정적 반발을 일으키는 것도 바로 교육이란 것이 우리 사회의 공평성의 상징으로 남아 있기 때문이다. 명문대 입학을 통해 출세가 보장되는 사회에서 — 그런 제도 자체가 좋은지 나쁜지는 또 다른 차원에서의 논의가 필요하지만 — 대학 입학이 공평하게 이루어진다면 그 사회는 분명 상당히 공평한 사회라 할 수 있을 것이다. 그런데 지금도 그런가? 지금은 그 판도가 상당히 바뀌고 있는 듯하다.

 고교 평준화 이래 명문고의 전통은 사라졌지만 최근에 거주지에 따른 학교 차등이 나타나기 시작하였다. 거주지에 따른 차별은 서울의 8학군 등의 문제로 자주 비판의 대상이 되어 왔는데 사회 발전이 지금과 같은 식으로 이루어진다면 이같은 현상은 앞으로 강화될 것이 분명하다. 계층 이동에 관심이 있는 가정은 좋은 학군을 따라 이사를 다닐 것이고 '아이 교육을 위해 세 번 이사 간 맹모'의 설화는 여전히 살아 있는 설화로 이 경향을 부채질할 것이다. 현재

---

[4] 도시 빈민 지역 주민들이 학교 교육에 관해 지닌 태도를 연구한 신선미, 1990, 〈학교 교육에 대한 희망과 좌절〉에 이 점이 잘 드러나 있다.

이 '이사를 통한 학군 선택'의 문제는 두 가지 상반된 측면을 동시에 드러내고 있는데 하나는 가난하더라도 집념이 강하면 이사를 통해 계급 이동을 시도해 볼 수 있다는 유동적 측면이고 다른 하나는 특정 지역에 이사할 재력이 되지 못하므로 계급 이동은 점점 어려워진다는 부동적 측면이다. 우리 사회의 주거 조건을 볼 때, 아직은 한 동네에 작은 규모의 집과 큰 집이 함께 섞여 있으며 전세와 월세 등으로 그다지 큰 돈을 가지지 않았더라도 학군을 선택할 수 있는 여지는 상당히 큰 편이다. 이것이 의미하는 것은 적어도 얼마 동안은 세계적으로 유명한 우리나라 부모들의 교육열에 힘입어 학군 자체가 독립 변수가 되지는 못할 것이라는 점이다. 그러나 최근 학군 외적 요소들이 대두되면서 계급 재생산 가능성이 과거보다는 분명 높아지는 추세를 보이기 시작했는데 그것은 과외 공부, 촌지, 공부하는 분위기의 마련 등 가정적 지원과 밀접한 관계를 갖는다.

과외, 촌지와 영양 관리 등
가정적 지원을 통해 본 불평등의 심화

입시 전쟁이 치열해지면서 기회균등적 학교 교육에 학교 공부 외적 요소가 개입되기 시작했다. 앞서 언급한 학군의 조절 외에 과외 공부, 교사에게 부모가 가져다 주는 촌지, 입시생을 위한 영양, 가정이 제공할 수 있는 공부하는 분위기, 감정 관리 등이 학생들의 학력을 향상시키는 또 다른 중요한 변수로 작용하게 된 것이다. 여기서 가장 중요한 것은 부모의 재력과 어머니들의 뒷바라지로, 현재 많은 어머니들은 자녀들의 학습 보조를 위해 부업을 선택할 지경에 이르렀다. 이 현상을 몇 가지 사례를 통해 살펴보자.

이제 대학 입학은 대부분의 청소년과 그들의 부모와 교사들이 참여하는, 상당히 장기적인 계획 아래 이루어지는 '전쟁'이 되어가고 있다. 어머니들은 아이들이 유치원에 다닐 때부터 이 점을 염두에 두고 아이를 기른다. 91년 현재 강북의 한 인문계 고등학교 2학년에 재학 중인 남학생의 경우를 보자. 그는 74년생으로 아버지는 큰 병원의 기술직 근로자로 일하고 있으며 어머니는 부업으로 보험 외판 사원을 하고 있다. 동생이 있으며 자신의 성적은 중상위권에 속한다. 그는 유치원을 다니면서 피아노와 미술 학원을 다녔고, 4학년 때부터는 웅변과 주산 학원을 다녔다. 5학년 때는 스케이트를, 6학년 때는 서예 학원에 다녔다. 주산 학원은 산수에 많은 도움을 주었고 서예, 미술과 피아노도 성적을 올리는 데 많은 도움을 주었다고 한다. 중학교에 진학하면서 영어와 수학 과외 지도를 죽 받아 왔다. 두살 아래인 동생도 자신과 같은 코스로 과외를 받아 왔고 동네 아이들이 비슷한 식으로 과외들을 한다. 과외는 학교에서 배우기 조금 전에 미리 배우는 식으로 하는데, 예를 들어 학교에서 수채화를 5학년 때 배우게 되면 미리 학원에서 4학년 때 배운다. 국민학교 학원비는 그리 큰 부담이 아니나 중학교 입학 전 겨울 방학 때부터 어머님이 보험사원으로 일하기 시작하셨는데 자신의 생각으로 학원비의 3,4배나 하는 과외비를 충당하려 하신 것 같다고 한다. 자기들을 과외 보낸다고 이상하게 생각하던 고모도 시집가서 사촌을 기를 때 자기들이 한 것과 비슷하게 과외 교육을 시키고 있다. 이 학생은 어머님이 피곤해 하는 모습을 보면 미안해지고 자신의 부족한 성적으로 더 미안한 마음이 든다고 했다.

  이 학생의 경우를 통해 우리는 많은 것을 알 수 있다. 현재 많은 가정에서 수입의 상당 부분을 과외를 포함한 교육비로 쓰고 있다.[5] 교육비가 모자란다고 생각할 때 어머니들이 부업을 하게 되는 경우가 늘어나고 있고, 심지어는 은행 대출을 하는 식으로 비싼 과외비를 충당하는 경우가 늘어난다고 한다. 중하층의 경우 어머니들은 아이들의 과외비를 위해 파출부일을 나가고 중상층의 경우는 보험사원, 가게 운영 등의 일을 주로 한다. 교육비로 인한 가계의 재정적 곤란은 중상층의 경우도 마찬가지이다. 특히 과외비는 공개적 과정을 통해 조정되는 것이 아니고, 유능한 과외 교사로 이름이 난

---

5) 한국 교육 개발원에서 나온 《한국의 교육비 수준》 연구 보고서에 따르면 90년 한 해 동안 정부와 학부모가 교육을 위해 지출한 총교육비는 20조여 원으로 국민 총생산량의 15%, 정부 총예산의 92%에 달하는 것으로 나타났다. 그 중 정부 지출금은 5조 원인데 반해 보충 수업비, 부교재비, 학용품비, 학원비, 과외비 등을 포함하는 사교육비는 9조2천억여 원으로 공교육비보다 많아 우리나라 현행 교육이 얼마나 개인 가정의 가계 지출, 즉 학부모의 출혈로 이루어지고 있는지를 알게 한다 (《국민일보》, 1991년 4월 1일자).

교사가 곧 더 많은 돈을 주는 쪽으로 스카웃되는 식으로 이루어지므로 이 과정에서 과외비는 턱없이 오르게 된다. 자녀의 점수 올리기에 혈안이 된 어머니들은 이 와중에서 덩달아 과외비를 올리고 결국 중하층에서 중상층까지 모두 자기 입장에서는 상당한 출혈을 하며 아이들의 과외비를 마련해 가는 것이다.[6] 과외비에 더하여 학교 교사에게 비공식적으로 돈을 주는 공공연한 관행인 '촌지'도 많은 부모들에게 상당히 경제적 부담이 되는 부분이다. 촌지 역시 어머니들은 계층에 관계없이 자신들의 여유분을 짜내건 더 노동을 하건 마련해야 하는 교육비로 인식하고 있어서 그것을 제대로 내지 못하는 어머니들의 피해 의식은 자녀 교육에 상당히 부정적 영향을 미친다.[7]

1989년 과외 금지 부분이 완화되고 올 여름 과외가 전면 허용되면서 과외로 인한 문제는 더욱 심각해질 것으로 보인다. 그것은 단지 부모의 교육열에만 힘입어 이루어지는 현상은 아니다. 자본주의적 체제에서 돈이 있는 곳에 사업가들이 몰리는 것은 당연한 현상

---

[6] 1991년 현재 강남 지역에서 대학생이 고등학생을 가르칠 경우 일주일에 두 번을 가르치고 과목당 30-40만 원을 받는다. 현직 교사나 전문 교사에 의한 과외비는 80-120만 원을 웃돈다. 따라서 소수의 상류층 어머니들을 제외하고는 자녀 뒷바라지가 무척 힘들다. 자녀가 "일류 대학의 합격선에 아슬아슬하게 걸린다"는 말을 듣거나 "지난 해 입시가 어렵게 출제되어 과외가 필요하다"거나 "마무리 정리 과외는 해야 공든 탑이 무너지는 일이 없다"는 등의 말을 들으면 어머니들은 빚을 내서라도 과외를 시키게 된다고 한다. 더구나 교사 과외는 금지되어 있으므로 음성적으로 이루어지고 있고, 돈만 더 얹어주면 전문적인 과외 교사들은 이동해 다니므로 그 가격은 올라가기만 하는 것이다. 고학력 중상층 어머니들 중에는 자신을 비서실장이라고 부르며 과외 교사에 대한 최근 정보들을 입수하고 자녀의 점수를 관리하는 등 자신의 능력(?)을 최대한 발휘하면서 만족감을 맛보는 사람들이 없지 않다.

[7] 조혜정, 1991, 〈국민학교 현장을 통해 본 한국 교육의 문제점〉, 《교육 난국의 해부》, 나남출판사, 198-200쪽. 여기서 중하층 어머니들의 피해 의식에 대해 좀더 자세한 논의가 이루어지고 있다. 교사 과외가 성행하면서 어머니들 사이에 "자기 아이만 손해본다는 느낌"은 더욱 강해져서 중산층 어머니들도 한결같이 이 문제를 시정해 주기 바라고 있다. 교사 과외를 양성화하여 과외비를 낮추든지 철저히 단속해 달라는 것이 중산층 주부들의 당부이다. 이런 것은 신문에도 종종 기사화되고 있다(《조선일보》 1991년 9월 9일자 참조).

이고 이제 과외 산업이 번창해지면서 적어도 얼마간은 더 많은 돈이 사교육비 지출로 나가게 될 것이다. 학원의 광고를 보면 상당히 '객관적' 정보를 제공하면서 과외하지 않는 학생들을 불안하게 만들어서 과외 과열 현상을 부르고 있다. 광고문을 예를 들어 보자.

- 홍익 학원 광고

1. 학부모님? 요즘 대학 가기가 얼마나 어려운지 정말 피부에 와 닿고 계십니까? …… 대학 입시 경쟁률이 4.5 : 1로 치열합니다. 요컨대
1) 반에서 최소한 15등 이내라야 간신히 대학을 갑니다.
2) 반에서 8등 이내라야 서울 소재 대학을 바라봅니다.
3) 반에서 3-4등 이내에 들어야 명문대에 갈 수 있습니다.
2. 따라서 남보다 먼저 앞서 일찍 시작해야 합니다. 결국 심하게는 다음과 같이 공부해야 합니다.
1) 국민학교 6학년 – 중 1 공부,
2) 중 1학년 – 중 2 공부,
……
7) 고등학교 3학년 – 재수생과의 경쟁 공부
3. 결론은 다음을 명심하셔야 합니다.
1) 적어도 국민학교 4학년부터 뒤지면 곤란합니다.
2) 중1, 2 때 기초가 확고하게 다져져야 대학에 갑니다.
3) 고1 때 성적이 대학을 결정합니다.

- 큰샘 학원 광고문

우수아도 자칫하면 부진아가 됩니다.
지금 학교 성적이 상위권에 든다 해도 대학 진학은 결코 안심할 수가 없습니다.
성공 관성이 생겨나게 해야 합니다. 학습 진로를 앞질러 학교 수업이 복습이 되게 해야 합니다. 이 단계에 이르면 공부에 재미가 붙고 자신감이 넘쳐 성공 관성이 생기며 삭은 성공의 경험이 반복되어 상승 효과를 일으키며 우수아로 정착됩니다.

이 두 광고 문안에서 우리는 다음과 같은 사실을 알 수 있다.

가정과 학교의 유착 관계를 통해 본 교육 현장　121

정진석, 〈8교시〉

1) 학부모들은 자녀들이 국민학교 다닐 때부터, 그리고 국민학교 4학년 정도부터는 본격적으로 대학 진학을 위한 공부에 신경을 쓰며 과열 과외에 휘말리고 있다. 그것은 잘못된 교육 제도와 부모의 교육열에 더하여 상업주의가 판을 치기 때문에 더욱 심화되고 있다.[8] 학부모와 학생들은 대학 입시로 매우 불안해 하고 있고 그것은 아이가 대학에 들어갈 때까지 지속되는 불안이다.

2) 대학 입시에 성공하는 아이는 상당한 추진력과 지구력을 가지고 스스로 노력해야 한다는 조건 외에 과외 교사를 잘 만나야 한다는 조건을 충족시켜야 한다. 학교 수업만 충실히 하여 대학 입시에 성공하기는 점점 더 어려워지고 있다. 과외로 수업을 미리 앞당겨 하기 때문에 학교는 부차적인 학습의 장으로 전락해 가고 있다. 상당수의 학생들은 학교에서 배우기 전에 이미 그 교과 과정을 거치고 있어서 학교 수업은 복습에 불과하며 과외를 하지 않은 학생들

---

[8] 상업주의적 현상에는 사실상 학원뿐만이 아니라 현행 입시 제도를 인정하는 차원에서 과외나 과열된 입시 경쟁, 대입 예상 문제지와 답안 등을 급속히 배포하고 과열 보도하는 대중 매체의 대중 야합적 역할도 포함되어야 할 것이다.

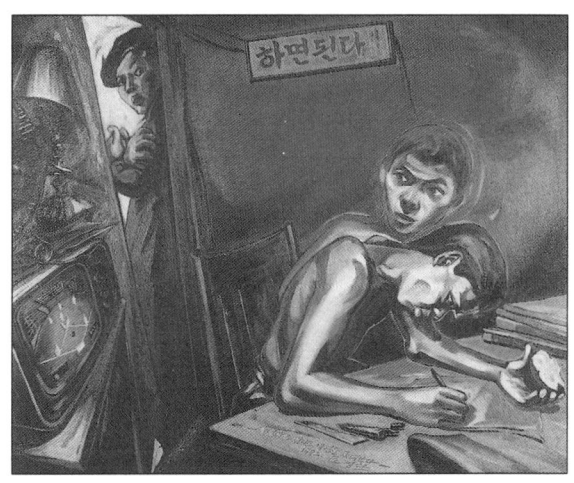

문경찬
〈울엄마는 잠시도
내 곁을 못떠난다〉

은 학교 수업으로 과정을 제대로 따라갈 수 없다. 다수가 과외를 하게 되면 이 현상은 더욱 가속화될 것이며, 이런 악순환으로 학교 교육의 질은 더욱 떨어지게 마련이다. 이 현상은 현직 교사들이 과외를 할 경우 강화되기 마련인데 자신들이 과외로 피곤하기 때문에 정상 수업에 소홀해지는 경향과 학생들에게 과외를 종용하게 될 확률이 더 높아질 것이기 때문이다. 사실상 과외가 성한 곳일수록 ─ 강남이나 지방의 특별한 학교들 ─ 학교 수업에 불충실하며 학부모들은 개인적으로 방안을 모색해야 하는 경향이 높아진다.

이렇게 볼 때 학교 교육을 통한 공평한 경쟁과 기회 균등의 과제는 하나의 신화로 남게 될 날이 멀지 않다. 아직은 과외 금지나 T.V.과외 세대가 대학에 들어가고 있지만 교육 제도가 크게 바뀌지 않는 한 명문대 입학의 판도는 조만간 상당히 달라질 것이다. '성공 관성이 붙은 기계'를 만들기 위해서는 국민학교 때부터 백 섬을 받는 습관을 들여 놓은 다음 그런 기계를 가장 효과적으로 만들어 낼 줄 아는 전문적 과외 교사를 고용하여 학력 관리를 하게 하는 무척 비싼 방법이 점점 더 대중화될 것이기 때문이다. 일차적으로 이 경쟁은 결국 학력 경쟁이라기보다는 재력 경쟁이다. 더 나아가 시간 관리, 영양 보충과 감정 관리를 철저히 할 수 있는 어머니를 항간의 표현대로 '비서실장'으로 두는 것이 유리한 만큼 이 경쟁은 소위 고등 교육을 받아 출세욕이 강하고 정보망이 넓은 어머니를 둔 아동에게 선취권이 주어지는 게임이 되고 있는 것이다. 학교 교육이 사회적 평등을 보장하는 공평한 경쟁의 장이 되기에는 가정의 경제력과 어머니들의 치맛바람이 너무나 깊숙이 학교에 침투해 있으며 이런 가정과 학교의 결탁 또는 유착 현상은 우리 교육의 고질적 병폐, 나아가 사회 전반에 걸친 위기 현상을 낳고 있다는 판단을 하게 한다.[9] 사실상 대다수의 주부들은 자신의 아이들이 낙오자가 될지도 모른다는 불안감에서 현행의 교육 과정이 매우 부당하다고 생각하면서도 어쩔 수 없이 이 게임에 참가하고 있다. 그러면 어떻게 해야 할 것인가? 지금의 교육 체제 아래서 이익을 얻는 집단은 누구인가? 그들은 진정 이익을 얻고 있는가?

입시 경쟁 교육에서 얻는 것

현행 교육 제도의 근원적인 문제점

앞장에서 교육 현장은 더 이상 공평한 경쟁의 장이 되지 못한다는 점을 살펴보았다. 이런 주장에 대해서 현행 교육이 많은 문제점을 지니고 있다고 하더라도 여전히 다른 사회에 비해서는 공평한 게임이 되는 편이며, 순기능적인 측면도 많다는 지적을 하는 이들이 없지 않을 것이다. 그 순기능적인 측면이란 주로 사춘기 때의 탈선을 줄인다는 점을 의미한다. 학교가 '수용소'적인 감시 기능을 철저히 함으로써 서구 사회에서 나타나는 사춘기 청소년들의 비행, 다시 말해서 마약에 중독된다거나 이성 문제로 넋을 잃고 허송 세월을 하지 않도록 사전에 예방을 하고 있다는 것이다.[10] 대다수의 학생들이 한창 나이에 뭔가 극히 중요한 일을 하고 있다는 느낌으

---

9) 어머니들의 극성을 단순히 나무랄 수만은 없을 것이다. 사회적으로 자신의 능력을 발휘하고 인정받을 기회가 주어지지 않은 중산층 주부들이 자녀를 통해 개인적 성취욕을 만족시키는 것은 어쩌면 자연스러운 현상일 것이다.

10) 이런 주장이 사실이 아님은 최근에 나오는 많은 비행 청소년 연구에서 밝혀지고 있다. 한국 형사 정책 연구원, 1989,《청소년 비행의 원인에 관한 연구 : 공부에 대한 압력을 중심으로》, 이길홍, 1990,〈정신 의학 분야에서의 청소년 연구 동향과 과제〉,《한국 청소년 연구 2》등을 참고할 것.

로 공부에 몰두하여 지낸다는 것은 바람직한 일이라는 것이다. 이 주장에도 일리가 있다. 한창 인생에 대한 고민으로 방황을 할 시절에 목표를 분명히 제시함으로 불필요한 방황을 줄일 수가 있기도 하다. 확실히 일류 대학에 들어온 학생들을 보면 놀라운 지구력을 가지고 있다. 그런데 그 지구력은 소외된 상태에서 오래 견딜 수 있는 '노예적인' 지구력이다. 그들은 주어진 자극에 놀랍도록 재빠른 반응을 할 줄 안다. 그러나 자신이 스스로 자극제가 되거나 창조하는 일은 극히 드물다. 스스로 문제를 제기하는 훈련이 되어 있지 않으며 자기들끼리 모여 논쟁을 편안하게 하고 싶어하지 커다란 지적 도전을 감행해 보려는 의도는 전혀 없다. 안전 제일주의적 성향을 아울러 내보이는 것이다. 이들이 중고교 시절에 길러 온 이러한 지구력과 수동적 반응력은 자신들이 대학을 졸업한 후에 다시 적응해야 되는 사회 생활에 매우 필요한 특성들일지 모른다. 주체적으로 행동하고 사고하기보다 '관리 사회'의 일원이 되기 위하여 주어진 목표와 과제를 참을성 있게 수행하는 능력을 이들은 입시 준비 기간을 통하여 철저하게 길러 간 것이다.

장기적 안목에서 볼 때 이런 타율적 인간을 길러 가는 사회의 미래는 암울하다. 대학에 들어온 학생들이 갑자기 주어진 자유 의지의 공간을 감당하지 못하여 고3 시절이 행복했다고 솔직하게 토로할 때, 자유가 부담스러운 비주체적 어른들을 체계적으로 길러 내고 있는 현실에 대해 위기감을 느낄 수밖에 없다.

도대체 한 인간으로 성숙하기 위해서 필연적으로 거쳐야 하는 방황 기간을 생략한 인간이 어떻게 성숙한 눈으로 인생을 볼 수 있을까? 물론 사회에는 언제나 순응적인 사람들이 필요하다. 그러나 그렇지 않은 많은 사람들 역시 필요하다. 사회의 지도적 역할을 할 사람들이 거의가 순응적이고 비주체적으로 조련되었을 때 그 사회의 발전은 기대할 수 없다. 지금의 교육 제도가 다른 나라에 비교해서 상대적으로 공성한 편이라 하더라도 그것이 개혁되지 않으면 안되는 이유가 바로 여기에 있다. 학력 경쟁의 공정성 논의에 치우치다 보면 자칫 문제의 핵심을 오도할 가능성이 있는 것이다.

지나친 학력 경쟁에 따른 문제는 심리학자들이나 정신 의학계의 연구에서도 가끔 논의가 되고 있다. 정영윤의 논문을 보면 "경쟁 사회에서 조기의 경쟁을 체험케 함으로써 앞으로 닥칠 계속되는 경쟁에 대처하는 훈련을 해야 한다는 주장도 있지만 현재의 경쟁은 살인적이다"는 표현이 나온다.[11] 그는 이어서 내신 성적을 잘 얻기 위해 옆에 앉은 친구와도 적이 되고 경쟁에서 뒤지면 인생의 낙오자로 낙인이 찍히는 상황에서 청소년들은 모든 욕망을 억누르고 살아가거나 저항아가 될 수밖에 없음을 지적한다. 입시 경쟁에서 낙오된 학생의 수가 그렇지 않은 수보다 훨씬 많으며 입시에 성공한 경우도 신경증이나 열등감 등의 문제에 시달린다는 현실을 직시해야 한다는 것이다. 정신 의학자인 이길홍의 연구에서도 이 점에 주목할 것을 촉구한다.[12] 그는 한국 사회에 만연된 부모들의 과잉 교육열이나 일류 집착증으로 인해 정서 교육을 포함한 전인 교육이 이루어지지 않고 지식 위주의 교육 풍토가 이루어진 점에 주목한다. 임상을 통해 그는 동급생간의 심한 경쟁 의식, 속칭 중3병이나 고3병, 대입병, 재수병 등으로 불리는 입시 스트레스 징후군으로 고통받는 수험생들이 날로 증가함을 보고하면서 "한국 사회에 만연된 부모들의 과잉 교육열이나 일류 집착증으로 인해 정서 교육이 포함된 전인 교육보다 지식 위주의 교육 풍토"에서 그 원인을 찾고 있다. 많은 학생들이 입시 부담을 적절히 해소시키지 못하여 학습 장애나 부적응 증세를 보이며 등교를 거부하거나 비행을 하게 된다는 것이다. 그는 특히 성적 비관으로 인한 자살이 전체 자살 사건의 90% 이상을 차지하고 있다면서 전면적 입시 제도의 개선과 고학력 우대 풍토의 쇄신이 필요함을 주장하고 있다.[13]

---

11) 정영윤, 1990, 〈심리학 분야에서의 청소년 연구 동향과 과제〉, 《한국 청소년 연구 1》, 46쪽.
12) 이길홍, 1990, 〈정신 의학 분야에서의 청소년 연구 동향과 과제〉, 《한국 청소년 연구 2》, 34쪽.
13) 이길홍, 같은 책, 37쪽.

학생들이 인지하는 문제 상황과 결과들

경쟁 교육이 초래하는 문제점은 각계 전문가들만이 아니라 청소년 자신들도 첨예하게 느끼고 있다. 청소년들이 문제 상황을 어떻게 파악하고 있는지 중학교 1학년이 쓴 두 편의 작문을 통해 살펴보고 그 부정적 결과들을 생각해 보자. 아래의 글은 중학교 1학년들에게 '공부'에 대한 글을 쓰라고 하여 써온 것 중 문제를 잘 드러낸 것을 뽑은 것이다.

• 작문1. 공부, 이대로 좋은가?
여러분은 공부라 하면 어떤 것이 떠오릅니까? 전 물론 공부가 나쁘다고만은 생각지 않습니다. 공부를 좋아하는 사람도 있을테지요. 그러나 대부분은 어떻게 생각할까요?

공부는 꼭 해야 하는 것은 아닙니다. 하지만 안하면 사람 취급을 못받으므로 합니다. 몇년 전부터 점점 공부가 제 인생에 아주 큰 부분을 차지하기 시작했습니다. 그런데 학년이 올라가면서 학교에서는 인생에서 도움줄 건 안 가르치고 시험만을 위해서 가르치는 식으로 흘러가고 있습니다. 예를 들어 '도덕'이 성적 맨앞에 있긴 하지만 실제로 모의 고사에는 들어 있지도 않으며 일주일에 두 시간만 합니다. 그리고 이름만 '도덕'이지 말만 하고 선생님과 같이 쓰레기를 줍고 도덕적인 것을 실천한 적은 한번도 없습니다. 공부는 사람을 만들기 위해서 하는데 요즈음은 시험을 위해서 합니다. 국민학교 때는 못 느꼈지만 중학교에 들어오면서부터 선생님들이 부쩍 "이것은 시험에 잘 나오니까 공부 많이 해라" 또는 "이것은 시험에 잘 안 나오니 뛰어가고 ……" 하는 식의 말씀을 하십니다.

시험을 보는 것은 좋습니다. 그러나 교과서를 딸딸 외우는 아이가 일등하는 건 또 뭡니까? 생각하는 문제, 이해하는 교과서가 되어야지요. 시험 때문에 괴로와하는 학생이 한두 명이 아닙니다. 괴로와하다가 컨닝을 하게도 되고 그래서 또 사람을 나쁘게 만들지요. 시험 성적을 최고로 생각하는 부모들은 반성해야겠지요. 부모들이 과외를 만들어 더욱 경쟁심을 북돋우고 자랑하고 걱정하고 비교하여 우리를 불행하게 합니다. 자랑하려고 공부시킵니까? 우리는 딸딸딸 외우느라 머리만 나빠지고 친구도 없어지고 그러다 이팔 청춘이 다 가고 맙니다.

작자 미상
— 전교조 결성 3주년 기념
〈교육현장전〉 중에서

나는 친구들에게 말하고 싶습니다. "일부 어른들이 정신을 못차려도 우리만은 공부 못하는 아이 깔보지 말고 다 함께 즐겁게 공부할 수 있도록 노력합시다. 참도덕을 지킵시다"라고 말입니다.

• 작문 2. 지겨운 공부

공부는 그저 머리만 아픈 것이다. 국어를 봐도 문법이니 품사니 해서 골만 핑핑 돈다. 한글을 잘 쓰고 말을 잘하면 되는 것 아닌가? 또 수학하면 공식이니 해서 복잡하고 까다롭다. 영어는 대충만 알면 여행 정도 할 텐데 문법을 배우느라 정신이 없다.

집에선 아침부터 저녁까지 부모가 "공부해"라는 말을 한다. 들어도 칭찬인지 꾸중인지 구별 못하는 식의 말을 계속하면서 말이다. 또 그렇게 시키면 스트레스를 풀도록 해주어야 하는데 학교에서도 쉬는 시간은 점심 시간 외는 없다. 떠들면 선생님이 통지표에 올려 버리고 또 시험을 보고 나면 그 재수 없는 통지표가 나온다. 통지표를 받으면 일등한 아이 빼고는 우리 모두가 후회를 하고 더 열심히 해야겠다고 생각하는데 부모들이 극성을 부리니까 통지표를 고치는 아이도 생긴다. 가출도 하고 자살하는 아이도 생긴다. 언뜻 듣기에 웃기는 아이들이라고 생각할 수 있겠지만 심각하게 생각해야 할 일이다. 우리로선 모든 학생이 그냥 대충 공부하고 살면 마음도 편하고 몸도 허약해지지

방정아, 〈아침조회〉

않을 것이다. 부모도 비싼 과외비 걱정을 안해도 될 것이고 뇌가 터진 다느니 하는 일로 정신 병원에 가지 않아도 되니까. 국가에서도 병원을 덜 지어도 될 것이다. 하여간 우선 당장에는 공부하는 우리가 지겹지 않게 할 수 있는 여건을 부모들이 마련해 주어야 한다.

첫번째 글은 강북의 한 보통의 중학교에 다니는 1학년 학생이 쓴 것이다. 이 학교에서는 교장이 학부모 회의에서 학생들은 학교에서 알아서 가르칠테니까 가능한 한 과외를 시키지 말아 달라고 당부하는 정도로 교과서에 충실한 교육을 하고자 하는 학교 중 하나이다. 이 학생은 과외를 하지 않는 학생으로 성적은 중상위권이다. 두번째 글은 대전 지역에 있는 대학 입시 성적이 매우 좋은 것으로 알려진 중학교 학생이 쓴 것이다. 이 학교는 교장이 학부모 모임에서 부모들이 학생들의 학력 향상을 위해 적극 지원할 것을 당부하며, 실제로 학생들이 과외를 하는 것을 전제로 교육을 하는 편이다. 이 학교는 학생들의 과외 스케줄이 따로 있다는 전제에서 방학 숙제도 내주지 않는다. 중학교 일학년생들 중에 일, 이등하는 학생은 중학교 3학년 과정을 공부하고 있다는 식으로 소문이 나 있으며 다수의 학부모들은 자녀의 입시 문제에 거의 강박 관념에 가까울 정도로 신경을 쓰는 학교 중 하나이다. 이 글을 쓴 학생은 그 학교에 다니는 대부분의 학생들과 마찬가지로 서너 과목의 과외 수업을 받고 있으며 밤 12시 전에 자는 날이 별로 없는 성적이 상위권에 드는 학생이다. 이 두 학생의 글에서 우리는 두 가지 차원에서 문제를 정리해 볼 수 있다. 하나는 그런 교육으로 인해 손상되는 청소년의 모습이며 다른 하나는 가정과 사회 전반에 걸친 빈곤과 불신의 문제이다.

가. 사고의 경직성과 패배 의식

이 글에서 나타난 바와 같이 중학교 일학년 이전부터 청소년들은 대학 입시의 중압감을 느끼기 시작한다. 시험 백점 받는 것 자체에 재미를 들인 소수의 학생을 제외하고는 대다수 학생들은 공부를 소외된 노동을 하는 중노동자와 같은 기분으로 하고 있다. 이런 생활을 6년간 하게 될 경우 학생들의 사고 스타일과 인성은 어떤 식으로 변할까? 우선 사고 방식의 측면을 생각해 보면 사지선다형이나 단답형의 문제를 푸는 데는 천재적인, 기계적인 사고에 젖어 버린 인간이 양산되는 것은 분명한 사실이다. 대신 유추나 비유를 통해 독창적인 생각을 해낸다거나 당장 답이 나오기 힘든 문제를 끈질기게 탐구해 가는 학생들은 참으로 찾아보기 힘들 것이다.

대학생이 쓴 자신의 중고교 시절 문학 수업에 대한 글에서도 이 면이 잘 드러나 있다.

"고등학교 때 문학 시간이 있었다. 국민학교, 중학교 때처럼 맛보기 식으로 공부하는 것이 아니라 엄연히 일주일에 서너 시간을 차지하는 독립된 과목으로 문학을 배운 것이다. 고1 교과서가 배부되던 날 문학 교과서를 보고 흐뭇해 하던 기억이 난다. 중학교 때 읽은 단편들은 내 감정만 자극했을 뿐 …… 이를테면 황순원의 '소나기'에 나오는 소년이 되는 상상을 하며 흐뭇해 하기도 하고 슬픔에 젖어 보기도 하는 것처럼— 나는 문학이란 무엇인지 몰랐고 그저 문학이란 대단한 무엇일 것이라고 생각했다. 그 나이의 소년 소녀가 흔히 그러하듯 나도 막연히 시인을 동경했는데 그래서 더더욱 한번 배워 보고 싶고 기대도 컸다. …… 그런데 3년 동안 공들여 문학을 배웠건만 내 삶에는 아무런 영향도 주지 못했다. 문제집으로나 문학을 대할 수밖에 없었으니까. 유명한 시나 소설에서 나올 문제는 정해져 있다. 문제집을 펴면 도열해 있는 비슷비슷한 문제들, 자신있게 설명할 수는 없으나 정답을 찍어낼 수는 있다. 모의 고사에는 전혀 낯선 시가 나오는 경우가 종종 있다. 갑자기 무력감을 느끼게 되지만 궁색하나마 시의 주제를 스스로 가정하여 시어 하나하나에 그런 주제를 성립시키기 위한 역할을 분담시키고는 답을 찍는다. 나는 그 문제들을 풀고 또 외우면서 씁쓸했다. 문학이 이렇게 단순한 것일까 생각하면서 …… (93학번, 순범)

중학교 고등학교를 거치면서 나는 시험 치르는 인형이 되어 버렸고 가끔씩 나오는 문학 작품도 갈기갈기 분해해서 시험 보기 좋게 만들었다. 그것이 최선인 줄 알았고 남들이 나보다 더 시험을 잘 보면 그 문학 작품을 더 세밀하게 공중 분해해서 머리 속에 채워 놓기에 급급했다. 정말 그때는 문학 작품이 읽기 싫었다. 황순원의 소나기를 배우면서 문단을 나누고 품사를 나누고 성분을 구분하면서 지겨워만 했던 그 단편 소설을 작년 겨울 방학 때 그냥 한번 읽어 보았는데 다 읽어갈 쯤에는 마음이 아파 눈물을 글썽였다. 그렇게 지겹게만 느껴졌던 소설이 나로 하여금 눈물을 글썽이게 한 이유는 어디에 있을까? 바로 마음으로 책읽기를 했기 때문인 것 같다. 어디에도 줄을 그을 필요도 없고 품사나 성분도 생각할 필요가 없었다. (89학번, 재영)

성격적인 면에서는 사회성의 성숙을 기대하기 어려울 것이며 과외 공부를 많이 한 학생일수록 의존심은 높아서 스스로 무엇을 하려들지 않게 될 것이다. 대학생 아르바이트 과외 교사들이 지적하듯이 과외 공부를 어릴 때부터 한 학생들은 스스로 백과 사전 등을 찾아 모르는 것을 알아 가려 하기보다 모든 것을 남(과외 교사)에게 의존하여 풀어 보려는 경향을 가지게 된다.

이런 면에서 치열한 경쟁에서 살아 남은 청소년들의 모습을 있는 그대로 알아 가는 작업은 매우 중요한 의미를 지닌다. 여기서 입시 중독증, 공부를 "끊으면 불안해지는" 금단 현상, 무취미, 자동 반사적 인간 등 학생들 자신들이 스스로를 그리는 단어들이 시사하는 바가 크다. 대학에 들어와 적어도 일이 년은 낙제를 하든 말든 "풀어야"만 한다고 절박하게 느끼는 많은 학생들, '서머힐' 등 자율성과 창의성을 강조하는 서양의 대안 학교에 대한 영화를 보면서 "때려 부수고 싶어요"라고 반응하는 학생들을 보면 현재의 교육 제도가 이대로 간다면 앞으로 사회가 어떻게 될 것인지에 대해 깊이 생각하게 한다.[14] 사실상 치열한 입시에 성공한 학생의 일반적 독서 수준은 중학교 2학년 정도의 수준에서 멈춘 상태이고 창의적 사고는 이미 거의 숨죽은 상태이다. 첨단 과학자를 기르는 대학원이나 연구소, 또는 국제적인 경쟁을 해내야 하는 기업체에서는 오래 전부터 창의적이고 유연한 사고를 할 수 있는 인력이 없어 많은 곤란을 겪고 있는데 그 근본 문제는 바로 이 경쟁적 입시 교육이 바로잡혀지지 않는 한 해결될 수 없다. 최근에 해외 교포나 외국에서 교육을 받은 청년들의 유입을 시도하고 있는 이유도 바로 우리 교육이 제대로 일을 해내는 사람을 길러 내지 못한 데 있다 하겠다. 이 점과 관련하여 나는 예비 고사 200점을 받은 학생들 중에는 300점을 맞고 일류대에 들어간 학생들보다 어느 면에서는 보다 개성이 강하고 유연한 사고를 할 수 있는 학생들이 많으리라 생각하고 낙관한 적이 있다. 그래서 이 문제에 대한 탐색을 해보았다. 그러나 내가 동료 교수들을 통해, 그리고 학생들과의 대화를 통해 알아 낸 사실은 내 예상과는 달랐다. '200점짜리' 학생들은 학교를 다니면서 학교 교사와 부모들로부터 공부를 못한다고 워낙 구박을 받아서 자신들을 '못난이'로 생각하고 주눅이 들어 있는 경우가 대부분이었다. 청소년기를 독서와 여행을 하면서 소신껏 200점을 받은 학생도 학교와 사회의 압력이 워낙 강해서 처음에는 나름대로 개성 있게 버티다가도 결국에 자포자기 상태에 빠지더라는 것이 그런 학생들을

---

14) 명문대에 입학한 후 정신병으로 시달리는 학생들이 상당수 있다는 보고가 있다. 교육학이나 심리학 계통에서는 앞으로 이 문제를 집중적으로 연구해야 할 것이다. 이길홍, 앞의 책, 35쪽에서 입시 스트레스 징후군에 대한 논의가 나오나 의학적 입장에서 단기적 평가를 내릴 뿐 그것이 시사하는 장기적이고 사회적인 병폐까지 언급하고 있지는 않다.

지켜본 동료 학생들의 의견이었다. 이런 면에서 지금의 학력 경쟁은 어느 누구도 살려 내지 못하는, 결국 모두가 지는 경쟁임을 알게 된다. 경쟁에 이긴 사람은 대다수가 체력적으로 허약하며 경험의 폭이 극히 편협하여 유연하게 사고하면서 자기의 이론을 만들어 가지 못하는 '두뇌가 손상된' 상태에 있으며 경쟁에 진 사람은 '패자'라는 낙인 속에서 헤어나지 못하고 있는 것이다.[15] 한마디로 현재의 학교는 경직된 사고 방식, 열등감과 피해 의식에 절은 다수를 배출해 내고 있으며 부모들은 이런 제도를 음으로 양으로 적극 지원하고 있음을 알게 된다. 교육이 한 사회의 가장 중요한 문화적 자원을 기르는 기구임을 감안할 때 현재의 교육은 한치 앞을 내다보지 못하고 체제 유지적으로만 나아가면서 미래 사회를 이끌어 갈 문화적 자원을 전혀 기르지 못하고 있다고 해도 과언이 아니다.

나. 빈곤과 불신을 초래하는 교육

현재의 교육 제도는 학생들의 사고와 육체를 빈곤하게 할 뿐 아니라 모든 가족 구성원의 삶까지도 빈곤하게 만든다. 앞 장에서 언급한대로 자녀가 공부를 못하는 것은 부모 탓이며 성적은 가족의

---

15) 최근에 이런 살인적인 경쟁 교육에 질려서 자녀들을 중고교 시절에 외국에 내 보내는 경우가 생기고 있다. 정보도 부족하고 정신적으로도 준비되지 않은 상태에서 자녀들을 보내고는 자녀가 탈선하거나 유학 기관에 의해 사기를 당하여 당황해 하는 경우들이 종종 신문 기사화되고 있다. 그리고 일반적으로 사회 여론은 이것을 마치 커다란 비행인 것처럼 보도하는데 이 문제 역시 보다 큰 안목에서 살펴보아야 할 것이다. 이런 도피성 유학이 일어나지 않도록 일차적으로 우리의 교육에 내실을 기하도록 압력을 가해야 할 것이며 동시에 조기 유학을 국제화 시대를 내다보는 적극적 안목에서 평가할 수 있는 정도의 여유는 있어야 할 것이다. 우리 사회가 교육적으로 획일적인 경쟁 외에 아무런 대안을 주지 못한다면 소수의 학생들이 외국에서 학교를 다니는 것은 오히려 장려할 일일 수 있다. 문제는 이런 조기 유학을 양성화하고 더욱 많은 정보를 제공하여 유학의 성과가 개인에게나 사회에 유익한 것이 될 수 있도록 조치를 하는 것이 바람직한 방법일 것이다. '국민간의 위화감' 운운하면서 사실상 아무런 교육 개혁을 해내지 못하는 정부의 태도나 그런 현상을 감정적으로 대응하는 공론보다는 좀더 거시적인 수준에서 문제를 다룰 수 있는 능력을 길러야 할 것으로 보인다.

뒷바라지에 비례한다는 생각, 특히 교육비 투자에 비례한다는 생각은 소수의 재력을 갖춘 가정을 제외한 각 계층의 어머니들에게 상당한 경제적 부담과 상대적 박탈감을 안겨 주고 있다. 대부분의 주부들은 학원비, 과외비로 인하여, 더 여유가 있는 경우에는 보약 먹이는 일에 이르기까지 각자의 처지에 따라 엄청난 경제적 비용을 치르고 있으며, 그러면서도 대다수가 사교육비가 부족하다는 느낌에 시달리고 있다고 한다. 서울 강남의 40평 아파트에 사는 중산층 주부가 '휘청거리는 살림살이'가 염려스러워 책 한 권 마음대로 사보지 못하는 정도로 빈곤감에 시달린다면 입시 경쟁은 당사자인 청소년만이 아니라 그 어머니의 삶까지도 여지없이 곤궁에 빠뜨리고 있는 것이다. 문제의 심각성은 이들이 입시생의 부모로 쪼들리기 때문에 한 사회의 시민으로서, 생활인으로서, 나름대로 자신의 삶의 질을 생각하며 계획하고 살아갈 시간적, 정신적 여유를 갖지 못한다는 데 있다. 전쟁터에 사는 사람들이 내일을 생각하지 못하고 살듯이 입시생이 있는 30-40대 부부의 집안은 오로지 입시생 위주로 생활을 꾸려 가야 하기 때문에 의미 있는 대화나 감정적 교류는 유보되기 마련이며 결국 새로운 가족 문화를 이루어 간다든가 시민 활동을 할 공간을 갖기는 거의 불가능하게 된다.

   이것의 또 다른 측면은 부모 자식 간의 '불신'으로 나타난다. 위의 중학생 글에서 나타나고 있듯이 자녀는 부모를 싫어하게 되고 또 학교에 대해서도 강한 불신감을 갖게 된다. 기성 세대에 대한 불신감은 입시에 대한 부모와 교사들의 불합리한 태도에서 싹트는 것이며, 현재 학생 운동을 열렬하게 하는 다수의 학생들의 심리 저변에는 오랜 중고교 시절에 가슴 깊이 담아 둔 모순적 교육에 대한 강한 저항이 작용하고 있음을 부정하지 못할 것이다. 경제적으로 풍족하지 못한 경우는 자녀들이 부모가 자신의 공부를 충분히 뒷받침해 주지 못한다는 원망감을 갖게 되기도 한다. 가정의 재정적 지원이 개인의 학력 향상에 매우 중요한 요소로 대두되면서 경제적 궁핍은 우리 사회가 매우 중시해 온 가족 관계조차 파괴하는 방향으로 작용하고 있는 것이다. 가족내 불신 못지않게 가족 외적 불신의 골도 깊어지고 있다. 과외에 대한 맹신이 팽배해지면서 학부모들 사이에 학교에 대한 불신감이 매우 높아가고 있다. 이렇게 하여 불신 사회의 깊은 뿌리가 학교 교육을 중심으로 일찍부터 내리기 시작하는 것이다. 학교와 가정이 유착 관계에서 이루어 내는 입시 전쟁은 분명 사회적 삶을 향상시킬 수 있는 주체를 허약하게 하며 곧 사회 전체의 문화적 빈곤을 초래하고 있다. 현재 우리 사회가 최소한의 사회적 변화도 제대로 이루어 내지 못하는 이유 중 하나가 여기에 걸려 있다고 해도 지나치지 않을 것이다.

그러면 입시 경쟁의 도구로 남은 현행 제도 교육의 병폐를 교육자와 청소년 자신들까지도 이렇게 절실하게 인식하고 있는데도 불구하고 교육 개혁이 일어나지 않는 이유는 어디에 있을까? 나는 여기서 우리나라 자본주의적 발전의 양상이라든가 국가의 억압성에 대한 분석을 할 의도가 없다. 이 문제는 제도권 안과 밖에서 무수하게 이야기되고 있는 터이다. 그보다 현행 제도를 바꾸어 나가기 위해 움직여야 할 주체들이 상황을 좀더 체계적으로 이해하고 전략을 짜갈 수 있도록 하기 위해서 현실적 문제들을 정리해 보고자 했을 뿐이다. 정리를 통해 이제 다시 현행 교육 제도를 통해 누가 무엇을 얻으며 또 누가 무엇을 잃는지 물어야 할 때가 된 것을 알 수 있었다. 아무도 이기는 사람이 없는 게임을 지속시키는 '관성'이 붙어 버린 현 상태는 누구에 의해 어떻게 변화될 수 있을까? 학교가 공평한 교육의 장이 되어 개인의 능력을 한껏 계발하는 기능을 하는지 못하는지를 따지기 이전에 현재의 학부모들은 어떻게 자신의 자녀들이 인간적으로 손상되지 않을 수 있는지를 염려해야 할 지경에 이른 것이다.

대안을 찾아서

그러면 대안은 없는가? 모두가 경쟁 상대이며 불신의 대상이 되고 있는 교육 풍토 속에서 다수가 피해 의식과 편집광적 승세를 보이는 사회로 흘러가는 것을 막을 길은 없는가? 가정과 학교가 부정적인 양태로 유착되어 있는 현재의 교육 제도를 개선할 방안은 무엇일까? 교육 개혁의 과제인 합리성, 평등 원리, 민주화와 다양화를 추진해 갈 수 있는 힘을 어디서 찾을 수 있을까?

어떤 이는 조금만 더 썩어들어 가면 일이 터진다고 한다. 조금만 더 썩게 놓아두면 곪은 것이 터지면서 변화가 올 것이라는 것이다. 지금 우리의 교육은 거의 그 한계점에 도달해 있다. 국내적으로는 불평등이 심화되고 계급 이동의 여지가 줄어들면서 계급간의 대립과 불화가 커질 가능성이 높아지고 있다. 국제적으로는 세계 규모의 자본주의 체제가 강화되면서 국가간 경쟁은 더욱 심화되고 있다. 후기 산업 사회에 들어서면서 정보화와 고도 기술화로 인한 급격한 변화들을 제대로 파악하고 적절히 대응해 나가지 못한다면 우리 사회는 20세기 초반에 당한 것과 유사한 방식으로 21세기에 들어서서 강대국의 경제 속국이 될뿐 아니라 이번에는 막강한 대중 매체와 정보 기재로 인하여 가차없이 문화적 속국이 되어 버릴 위험에 처해 있다. 지금은 눈앞에 있는 한정된 '자리'를 가지고 경쟁할 때가 아닌 것이다. 미국이나 일본의 문화적, 군사적, 경제적 식민지가 아니라 최소한의 주체성을 가진 국가로 살아남기 위해서 우리가 끝까지 붙들어야 하는 것은 문화적 자원이다. 문화적 자원이란 곧 주체적 사고의 능력을 가진 사람들이 모여 공동으로 만들어 내는 지혜와 힘이다. 대안은 이 차원에서 모색되어야 한다.

국가의 교육 정책에 근본적 인식 전환이 있어야 한다는 말은 어느 연구에서나 되풀이되고 있는 결론이다. 싫든 좋든 우리는 '근대' 사회에 들어섰고 이제 더 이상 70년대 식의 통제적 개혁은 성공하지 못할 것이다. 예를 들어 70년대처럼 '과외 절대 금지' 등의 강압적 방법으로 문제를 해결해 갈 수는 없을 것이다. 대학 입시 제도의 합리적 개선 방안은 해마다 논의되면서도 별 진전을 보이지 않고 있다. 입시 제도의 개선과 양질의 T.V.과외의 보급 등으로 적어도 가정의 경제력에 의해 대학 진학 가능성이 크게 좌우되는 일은 줄여 갈 수 있을 것이다. 최근 신문에서 대학 입시 선택 과목의 선택 경향이 외우기만 하면 점수를 딸 수 있는 '사회'(세계사 대신)와 '생물'(물리 대신)에 크게 몰리는 것을 우려하면서 성적을 원점수로 표시하는 대신 표준화 점수로 계산하여 점수의 등락에서 나오는 문제를 해결해야 한다는 전문가들의 견해를 인용하고 있었다. 입시

생과 학부모들이 거의 생사를 걸고 있는 입시의 평가가 아직도 이렇게 전근대적인 방법으로 이루어지고 있다는 점이 놀라우며 동시에 자기 자식들이 일점이라도 손해볼까 봐 신경을 곤두세우고 사는 그 많은 학부모들이, 또 교육 일선에 나선 전문가들이 점수제의 공평성에 대해서는 전혀 무심하거나 개선을 이루어 내지 못하고 있는 것이 매우 놀랍다. 이는 대학 입시 문제를 놓고도 일 수 있는 논의이다. 엄격히 따져 보면 정답이 둘 이상인 문제가 허다하나 이런 것에 대해서는 전혀 문제 제기를 하지 않고 있는 것이다. 우리의 입시 제도의 바탕은 사실상 그만큼 허술한 것이나 어느 집단도 그 허술한 토대를 본격적으로 문제 삼으려 하지 않고 있는 것이 바로 우리 교육의 현주소이다. 단적으로 학부모들의 극성은 극단적 타율성 아래서 이루어지는 것으로 학부모가 국민으로서 교육 당국에 대해 전혀 압력을 가하지 않고 무조건 적응만 해온 데서 현재와 같은 문제 상황이 초래된 것이라는 결론을 내릴 수 있다.[16]

가정과 학교에 관한 논의가 이 글의 초점이 된 만큼 학부모에 초점을 맞추어 대안을 찾아본다면 우선 학부모들은 더 거시적 차원에서 공평한 학력 게임이 되고 있는지를 살펴보고 각자의 현장에서 개선안을 모색해 가야 할 것이다. 이때 중요한 것은 평등의 개념을 한정된 권력이나 부를 나누어 갖는 편협한 수준에서만 이해할 것이 아니라 인간성의 실현이라는 차원에서 이해해 가야 할 것이다. 교육의 지향점이 궁극적으로 인간성 실현에 있다는 점을 분명히 하여 한 가지 유형의 아이만을 기르고 있는 현재의 교육 풍토를 개선하여 다양한 재주를 가진 아이들의 잠재력을 길러 줄 수 있도록 제도

---

16) 그나마 학부모들의 모임인 육성회와 어머니회는 약간의 돈을 모아 학교의 부실한 시설을 보충하는 데 기부하고 스승의 날이나 운동회 때 교사들에게 식사를 대접하면서 자기 자식을 잘보아 달라는 부탁을 은근히 하는 정도의 역할을 할 뿐이다. 내가 가본 육성회에서는 모은 돈을 도서 구입비, 핸드볼 팀의 해외 원정비, 교사 휴게실 보수비조로 사용하겠다는 보고 겸 결의가 있은 후 광역의회에 출마하였다는 육성회 회장이 나와서 자신은 훌륭한 교양 강사들을 많이 알고 있으며 피부 미용에 대한 강의를 할 사람도 알고 있어서 앞으로 어머니들이 많은 유익한 모임을 갖게 될 것이라는 말을 했다. 어머니들의 모임에서 교육이 증발되어 있음을 잘 보여주는 경우였다.

를 바꾸고, 대안적인 학교들을 만들어 가는 작업에도 부모들이 앞장을 서야 할 것이다. 동시에 대학을 안 가도 잘살 수 있고 또 나중에라도 대학에 가고 싶으면 갈 수 있는 식으로 교육과 사회 전반에 걸친 개혁을 이루어 낼 수 있도록 학부모권과 주민권을 최대한 활용하여 대안을 제시하고 필요에 따라 집단적 압력 행사를 해가야 할 것이다. 당장 대학에 들어가지 않으면 일생을 망친다는 식의 강박 관념에서 벗어나서 자녀들이 건강하게 자라도록 학습권을 찾아 주는 것이 부모의 역할임을 분명히 인식할 필요가 있다.[17]

부모의 일차적 의무는 자녀들이 자신을 사랑하는 인간으로 자라는 것을 돕는 데 있다. 지나치게 비대해진 공공 영역, 특히 제도 교육 영역에 매몰된 일상 생활 세계를 살려내고 삶이란 것이 어떤 것이며 어떤 것이어야 하는지를 나름대로 말해 줄 수 있는 부모가 되어야 자녀들의 존경을 받으며 자녀 역시 스스로를 존경하는 인간으로 자랄 수 있다. 다시 말해서 건강한 가족간의 유대와 이해 관계가 이루어지고 그를 바탕으로 하는 가족 문화가 형성되어야 하는 것이다. 지금 이 시대에는 무엇보다도 근시안적인 가족 이기성에서 벗어나는 것이 급선무이다. 그리고 비인간적인 교육 제도 아래서는 적극적으로 학부모권 행사를 한다는 것은 반교육적이 될 수밖에 없다는 것을 인식할 필요가 있다. 삶의 질에 대해, 행복에 대해 더욱 근원적 성찰을 해야 한다는 것이다. 변화된 상황에서 아이들 역시 무조건적으로 적응하지만은 않을 것이다. 아이들이 더 병들거나 반항하기 전에, 이 사회의 문화적 자원이 소진되어 버리기 전에 가정의 어른인 부모는 미래를 향한 교육 전망을 세우고 새롭게 학부모권을 확립해 나가야 할 것이다. 정책 당사자들도 이와 맥을 같이하는 선상에서 교육 개혁을 이루어 나가야 할 것이다. ■

---

17) 학부모권을 회복하려는 움직임이 최근 들어 미약하나마 일고 있다. 참교육 실천을 위한 서울 지역 학부모가 펴낸 문건을 보면 다음과 같은 취지문이 나온다. "우리 학부모들은 교육이 병들어 가고 있음을 알면서도 '내 자식만은' 하는 생각으로 체념과 안타까움에 안주해 왔습니다. 하지만 오늘의 교육 현실 앞에서 학부모는 더 이상 방관자일 수 없습니다. 교사, 학생과 더불어 교육의 주체로서 교육 문제의 해결에 능동적으로 나서야 합니다". 교육 문제의 해결을 모색하는 학부모 모임이 이곳 저곳에서 이루어지고 있는 것은 고무적인 현상이다.

4장
문화적 자생력 기르기

90년대 사회 운동에 대하여

■ 이 글은 《글 읽기와 삶 읽기》 2권을 준비하면서
쓴 글인데 편집을 하다 보니 3권에 넣는 것이
나을 듯해서 3권에 싣는다.
〈또 하나의 문화〉에서 올해 동인지 주제로
〈사회 운동과 나〉라는 주제를 정한데다가
신촌 지역 운동도 생각하던 중에
그 동안 해온 사회 운동을 바탕으로
앞으로의 사회 운동을 펼쳐 나가는 방향을
정리할 필요성을 느끼게 되었다. 3박 4일간 있었던
신촌 지역 대학생 운동을 위한 모임을 하는 동안
구상한 글이어서인지 가르치려는 투가 강하다는데,
그런 맥락을 이해하고 읽어 주기 바란다.

"찢기는 가슴 안고 사라졌던 이 땅에 피울음 있다.
부둥킨 두 팔에 솟아나는 하얀 옷에 핏줄기 있다.
해 뜨는 동해에서 해 지는 서해까지
뜨거운 남도에서 광활한 만주 벌판
우리 어찌 가난하리오 우리 어찌 주저하리오
다시 서는 저 들판에서 움켜진 뜨거운 흙이여!"

이 글을 쓰려고 책상에 앉으니까 문득 이 노래가 듣고 싶어진다. 왤까? 80년대 말 캠퍼스뿐 아니라 사람들이 모인 곳이면 어디서건 불리어지던 감동의 노래이다. 서태지의 〈하여가〉를 듣는다. 태평소의 소리가 잔잔하게 신명을 낸다. 이 둘은 만날 수 있을까?

서클 회장이 되었다면서 3학년 학생이 찾아왔다. 1학년을 위한 스터디 구상을 하는데 비디오를 보기로 했다는 것이다. 종전과 같은 방식으로는 점차 '학습'이 어려워지고 있다면서 적절한 비디오를 골라 달라고 했다. 반가운 생각이 들었다. 새로운 방식의 모색! 그런데 그 '학습' 방식이 강행군일 것은 예전과 마찬가지일 거라고 했다. "스스로 생각할 줄 아는 훈련을 해야 해. 몰아치지 마라"는 내 충고가 먹혀 들지 않았다. "애들이 불안해 해요. 꽉 잡아 주지 않으면 붙어 있질 않아요."

1992년 3월 27일 〈90년대 한국 사회와 민간 운동의 방향〉이라는 주제 아래 크리스천 아카데미 대화 모임이 있었다. 그 동안 노동 운동, 농민 운동, 환경 운동, 여성 운동, 시민 운동 등 각 분야에서 열심히 뛰었던 운동가들은 한결같이 위기를 느끼고 있었다. 급격하게 변하는 환경 속에서 새로운 운동의 방식을 찾아야 한다는 점에 동의하고 있었다. 그러나 동시에 앞으로 일어날 사회 운동이 이제까지 있어 온 민중적 사회 운동과 단절될지도 모른다는 불안감을 감추지 못했다. 많은 운동가들이 그 동안 몸바쳐 온 현장을 떠나려 하고 있다고 했다. 자신의 불안을 단단한 현장 중심적 활동과 자신에 대한 깊은 성찰을 통해서 새로운 에너지원으로 만들어 가는 것, 어려울까?

1993년 8월 19일 원불교 삼동원 수양관에서는 역시 크리스천 아카데미 주최로 신촌 지역 대학생을 위한 대화 모임이 있었다. 사회 운동이 주제였다. 69학번 황주석 씨가 〈사회 운동과 나〉라는 주제 아래 60년대 말 도시 빈민 운동으로부터 시작하여 지금 시민 운동에 이르기까지의 자신의 운동적 삶을 말해 주었다. 뒤이어 81학번 우상호, 공지영 씨가 80년대의 운동과 지금 자신들이 벌이는 작업에 대해 이야기했다. 92학번 학생이 말했다. "80년대 학번 선배들 이야기를 들으면 옛날 사람 전기를 읽는 것 같아요. 그러면서 이해할 수 없는 거부감이 들어요. 오히려 70년대 선생님 이야기는 이해가 가는데 ……" 또 한 학생이 말했다. "80학번들 이야기를 들어 보면 그때는 중심이 있었다는 느낌을 받아요. 지금은 무엇이 다양하게 주어져 있지만 모든 것이 불확실해요. 막막해요. 무너지고 싶어요."

다행히 혼란 가운데서도 새로운 기운이 일고 있다. 정부에서는 권력과 금권의 결탁을 끊어 보려고 안간힘을 쓰고 금융 실명제를 실시하겠다고 선언을 했다. 또한 과학 기술 정책의 무게 중심을 '하이테크'에서 '미디엄테크'로 옮기려고 한다고 한다. 그 외 여러 가지 희망적인 뉴스들이 들려 온다. 노동자들이 공동 출자하고 노동에 따라 분배 받는 생산 협동 조합이 봉제 공장을 세웠다고 한다. '한국적 몬드라곤'의 모델로 기대를 모으고 있다. 내가 살고 있는 신촌에서는 퇴폐 향락의 소비 공간으로 전락하고 있는 신촌을 건강한 삶의 터전으로 바꾸어 가겠다고 지역 주민, 상인들이 중심이 된 〈건강한 새터를 가꾸는 사람들의 모임〉이 활동을 시작했다. 학생들도 신촌 축제를 함께 준비하는 등 이에 적극 동참할 준비를 하고 있다. 며칠 전 전자 우편(E-mail)에는 '전지구적 시민 사회'global civil society의 주제 아래 지금 세계적으로 일고 있는 — 노동, 인권, 사회 정의, 인구, 여성 등 여러 영역에 걸친 — 건강한 시민 운동을 엮어 내는 일을 해가자는 편지가 와 있었다. 강한 정부나 시장의 원리가 지배하는 지구를 만들어서는 안된다는 것이 이들이 이 일을 시작하는 동기라고 밝히고 있다. 이러한 갖가지의 움직임이 시사하는 것은 아주 새로운 형태의 사회가 오고 있다는 것이며, 그러한 움직임이 분명히 커져갈 것이라는 것이다.
 식민지적 근대성을 넘어서 대안적 근대화를 이루어 가야 하는 길목에서 이제 우리들이 가진 문화적 자생력, 곧 변혁을 이루어 내려는 구성원들의 자발적인 움직임인 사회 운동에 대해서 살펴보기로 하자. 이 글이 단순히 사회 운동을 정리하는 글이 아니라 지금 자라고 있는 세대들의 실천에 도움에 되려는 글인 만큼 본격적인 산업 자본주의화가 진행된 70년대 이후 상황과 운동 방향에 초점을 맞추어서 논의를 하기로 한다. 매우 복잡한 과정이지만 거리를 두고 보기 위해서, 특히 많이 헛갈리고 있는 90학번들을 위해서 단순하게 풀어 보자.

70·80년대 학생 운동을 중심으로 본 사회 운동

 4·19 학생 의거로 쟁취한 민주 정권이 쿠데타로 좌절된 이후 잠시 잠잠하던 사회 운동은 60대 말에 들어서면서 도시 빈민 운동, 노동 운동으로 다시 움트기 시작한다. 급격한 도시화와 산업화 속에서 대중의 생존권이 극심하게 위협당하던 시기였다. 산업 선교회, YH 노조 사건 등으로 생존권 투쟁이 번지고 이 시대는 '전태일'이라는 노동 운동의 상징적 인물을 탄생시켰다. 이 운동을 주도하던 운동가들은 '빨갱이'라는 이름 아래 붙잡혀 옥살이를 했으며, 그들이 추구했던 바로 그 생존권마저 박탈당했다. 이들의 희생을 거름으로 '민중'에 대한 인식이 뿌리를 내리기 시작했고, 이 인식은 당시의 모든 것을 계엄령 상태로 묶어 둔 '반공 이데올로기'를 깨는 일로 이이졌다.
 새로운 시대적 모순을 인지하는 '지식인'들이 등장하기 시작했고 이들을 중심으로 70년대에 본격적인 민주화 운동이 일어난다. 70년대의 운동 목표는 분명했다. 반공 이데올로기로 모든 사람을 옭아매는 군사 독재 정권과 그의 뒤를 밀어 주고 있는 반미 투쟁을 하는 것이었다. 운동은 자연스럽게 공산주의와 노동 계급 운동과 친화력을 가지게 되었고, 이들은 운동의 과정에서 5공화국과 6공화국의 성격을 노출시킨다. 그것은 식민지적 자본주의화가 만들어 낸 전형적인 권력 체제이자, 매판 자본과 관료적 권위주의 정권의 결탁으로서의 국가였다. 국민의 자유와 발언권이 극도로 억압되고 유신 세대 아이들은 군대식 교육 제도 아래 체계적으로 획일화되어 갔다. 교육 제도와 언론의 면에서 사회는 분명 퇴보를 거듭하고 있었다.

70년대 말부터 대학 캠퍼스는 서서히 사회 운동의 분위기가 무르익어 갔다. 막강한 독재 권력과 맞싸우기 위한 세력이 형성되기 시작한 것이다. 흥미롭게도 이 세력은 다름아닌 유신 체제에서 길러진 대학생들이었다. 70년대가 선택된 소수 정예들이 운동을 한 시기라면 80년대는 대학생 대중이 시위에 참여한 시기이다. 80년대 초반부터 나름대로 사회적 책임 의식이 있는 학생들은 모두 시위에 참여했고, 서울역 광장에 드러눕기도 하면서 대학생 중심의 대중적 사회 운동을 준비해 갔다. 이 세대는 기성 세대의 '빨갱이 공포증'을 이해하지 못하는 면에서 신세대였고, 부모와는 달리 생존을 꾸려 가는 데 대한 공포도 크지 않은, 자본주의화의 물질적 혜택을 조금은 누린 집단이었다. 교육 문화면에서는 '정답'을 찍는 훈련만을 집중적으로 받은 평준화 세대에다가 군대식 교육을 받은 만큼 단순하고 전투적인 데가 있었다. 상대적으로 겁없이 나설 수 있었고, 유신 체제적 교육 제도에서 받은 억압에 대한 반감과 비례하여, 그리고 그들로부터 배운 군국적 기질과 아울러 그들은 용기 있게 운동 쪽으로 기울었다.

학생 운동의 조짐이 심상치 않음을 느낀 권력은 서서히 대학에 압력을 가하기 시작했으며 급기야는 캠퍼스 내에 전경을 상주시키기에 이른다. 이러한 일련의 억압적 조치는 이미 '빛'을 본 대학생들을 걷잡을 수 없는 혈기 속에 집어 넣는다. 학생들의 혈기는 억압에 비례하여 커져 갔다. 그래서 80년대는 온통 사회 운동에 휩싸였다. 적어도 대학 캠퍼스와 매스컴에서는 그랬다. 그리고 대학생 자녀를 가진 가족들도 그랬다. 대학생 운동은 명실공히 80년대의 중요한 역사의 주인으로 등장했다. 81년에 대학을 입학했다는 소설가 공지영 씨는 그 시대를 다음과 같이 표현했다.[1] "나는 사실은 대학에 놀러 들어 갔다. 학생 운동을 하리라는 그런 생각도 없었고 글을 쓰리라는 생각도 없었다. 그냥 지적 호기심으로 기웃거리던 나는 괴로와 술만 마시던 선배들을 통해 지하실에 보물 지도가 있다는 것을 알게 되었다. 세상을 구할 지도가. 그 지도에는 사회주의라든가 노동이라든가 계급이라든가 루카치와 브레히트와 같은 처음 듣는 이름들이 가득 있었다. 우리는 서서히 세상을 변화시켜 보겠다는 욕망을 품게 되었다. 그리고 '왜?'라는 물음을 묻기 시작했다."

광주 항쟁 이후 새로운 민주 사회를 꿈꾸던 것도 순간으로 지나가고, 더욱 억압적인 제5공화국이 들어선 80년대 초반에 대학을 다닌 학생들은 자기네 캠퍼스의 잔디밭을 장악하고 앉아 있던, 어울리지 않는 청바지와 짧은 머리 스타일의 '짭새'들을 기억한다. 그리고 그들의 눈치를 보느라 잔디밭에 자유롭게 앉지 못했으며, 큰소리를 지르지도 못했던 시대를 기억한다. 이런 숨죽임은 80년대 대학을 사회 운동의 소용돌이로 몰아넣을 징조였으며, 그런 상황이 지속되면서 '보통 학생'들은 서서히, 그리고 열렬하게 사회 운동가가 되어갔다. 지식인으로서의 사명감에 불타는 자들만이 아니라 지적 호기심에 찬 우등생도, 친구와의 의리를 중시하는 봉건파도, 낭만을 만끽하려는 감상주의자도, 기분파도, 젊은이로서의 자만심에 빠져 있던 혈기파도 모두 '투쟁'의 장에 몰려들었다. 모두가 정도에 차이가 있을망정 적어도 '운동적' 시각을 가지고 있었고 나라의 운명이 자신들의 어깨에 매어져 있다고 느끼게 되었다. 그들은 부모와 대화를 끊었으며 '혁명적' 일을 만들어 가는 자기들만의 언어를 비밀스럽게 만들어 가기 시작하였다.

사회 운동에 대한 인식을 '보편적으로' 하게 되었고 부모대와는 단절적인 역사 인식, 곧 미국과 공산주의에 대한 새로운 시각을 갖게 되었다는 면에서 이 세대는 근대시에서 매우 중요한 자리를 차지한다. 특히 난리통에 살아 남은 그 이전의 세대가 가진 사회 운동에 대한 엄청난 알레르기를 생각하면 분명 이 세대는 새로운 세대고 역사의 발전을 약속해 주는 세대였다. 이들 역시 그러한 시대적 사명감을 뚜렷이 느끼고 있었다. 광주 항쟁 이후 캠퍼스 분위기는

---

1) 1993년 8월 19일부터 3박 4일간 있은 아카데미 모임에서 들은 이야기들은 내가 세대별 운동관을 이해하는 데 많은 도움을 주었다. 여기 인용한 많은 문장들은 그때 들은 이야기들이다.

험악해져만 갔고 신문이 배포 금지당하고, 친구가 끌려 가서 고문을 당하고, 같은 반 학우가 어느날 갑자기 사라졌으며 또 바로 눈앞에서 분신 자살을 하는 장면을 보면서 당시 학교를 다닌 이들은 자기를 희생하는 '투사'가 되어야만 한다고 생각했다. 그것만이 사람답게 사는 길이라고 믿었다.

"양심적으로 사는 길은 이것밖에 없다"는 생각을 공유했던 만큼, 투사가 될 수 없는 이들은 모두 마음 한구석에 죄의식을 품고 살았다. 여러 가지 이유로 이 운동에 전적으로 투신하지 않은 다수의 학생들은 주변을 맴돌면서 용기 없는 자신을 탓했으며 열등감으로 괴로와했다. 자신의 '회색인'으로서의 정체성이 괴로와 자살을 하는 경우가 생기기에 이르렀다. 운동에 투신한 학생이 그렇지 못한 학우에게 내뱉은 한마디, "넌 쓰레기야" 하는 말이 치명적인 상처로 가슴에 남는 그런, 사회 운동을 하지 않는 것은 죄가 되는 시대였다.

이들의 투쟁은 큰 것을 얻어냈다. 1987년의 6·29 선언. 이들은 자신들을 길러 낸 군사 독재 정권을 무너뜨린 것이다. 그리고 몇 년이 지난 지금 문민 정부가 들어섰다. 대학의 잔디밭은 다시 학생들의 것이 되었고, 취직 시험 준비에 바쁜 학생들과 소비 자본주의의 아이들로 붐비는 교정은 화려하다. 그런데 운동의 기운은 급격하게 사라지고 있다. 군사 독재를 물리치고 보다 근원적이고 광범위하게 문화적 자생력을 기르기 위한 사회 운동이 일어나야 할 시기에 왜 운동은 기운이 급격히 빠지고 있는가?

이유는 운동 내적 상황과 운동 외적 상황으로 나누어 생각해 볼 수 있다. 운동 외적 상황이란 소비 자본주의화의 전지구화 현상, 그리고 여전히 식민지성을 떨쳐 버리지 못한 채 이루어져 온 우리의 파행적 근대화 과정을 뜻하는데, 실제로 외부 충격을 받아 내는 자체내 문화적 기제가 마련되어 있지 않은 상태에서는 운동 내적 상황과 외적 상황을 나누어 볼 필요도 없다. 사회 운동이 내적 역량, 구체적으로 말하면 외부적 상황이 앞으로 어떻게 변할지에 대한 예측 능력과 그런 외적 변동에 휘둘리지 않을 만한 자체내 융통성과 저력을 갖추지 못한 상태에서는 작은 외적 충격에도 운동권은 휘청거리게 되기 마련이다.

우리의 90년대 운동 내적 상황에 초점을 맞추어 보자. 운동이 기운이 떨어진 것은 우선 적의 모습이 변했기 때문이다. 그 동안 '타도'의 대상이었던 '무엇'의 모습은 이제 상당히 불투명해졌거나 복잡해져 버렸다. 기존의 타도 대상이 상당히 부드러운 모습을 지니게 되었거나, 약화되어 버렸다고 할 수 있다. 이제 새로운 대상, 아니면 / 그리고 새로운 모습을 갖게 된 대상과 새로운 싸움을 시작해야 하는데, 그 전환을 이루어 내는 점에서 우리는 상당히 어려움을 겪고 있는 것이다. 무엇이 잘못되었는가?

한 90학번 학생은 이렇게 말한다. "우리는 80년대 학번 선배들에게 심리적 부담감을 안고 있어요. 일종의 죄의식이랄까, 신사회 운동이라는 것에 대한 막연한 거부감도 그것과 관련이 될 거예요. 그리고 흔들리는 정체성을 가진 우리 자신들에 대한 불안을 가지고 있죠." 이 학생은 80년대 학번의 그늘에 있다. 그런데 지금 나타나는 92, 93학번 중에는 반대의 말을 하는 학생들이 늘어난다. "80년대의 이야기를 들으면 전기를 듣는 것 같아요. 책을 보아도 그렇고 마주 대하여 이야기를 하여도 여전히 거리를 느껴요." 이들은 80학번들을 기억 속에 묻어 두려고 한다.

물론 80학번들 내에서도 엄청난 경험의 차이를 보인다. 그러나 내가 여기서 70, 80, 90학번을 나누는 것은 개인적 경험의 차이에서가 아니라 '기억'의 면에서이다. 그들은 무엇을 가장 중요하게 기억하고 있는가? 무엇이 그들의 행동을 좌우하는 좌표인가? 하는 점에서이다. 그 점에서 지금 분명히 새 세대가 자라고 있고, 그 세대는 윗세대를 의도적으로 지워 버리고 싶어하는 무의식적 반발심을 가지고 있다. 그 반발심은 변화를 추구하는 시대에는 자연스럽게 나타나는 윗세대를 치고 나오는 반항의 기운이기도 하지만, 이 경우는 또 다른 특수성을 지닌다. 그 반발의 성격은 80년도에 치르어 낸 격렬한 운동의 방식과 관련이 있는데, 특히 운동 말기에 가면서 빚어진 배타성과 폐쇄성이 요인이 되고 있다. 그러면 80년대 말 사회 운동은 왜 그렇게 폐쇄적이고 억압적인 모습으로 나타나기 시작했는가? 그것은 왜 90학번들에게 억압으로 다가가는가? 이 질문으로부터 문제를 풀어 보자.

　사회 변혁 운동의 양상은 변화를 이루어 내기 위해 바꾸어 가야 하는 대상, 곧 '적'의 성격과, 그 운동이 지향하는 사회의 모습과, 또 그 운동원들이 원래 가져온 성향이 복합적으로 만들어 내는 것이다. 80년대의 운동은 '적'의 성격이 매우 직접적인 폭력이었고, 그에 맞서 싸우는 운동 집단은 역시 생사를 걸고 '급소'를 찌르는 훈련을 할 수밖에 없었다. 물론 그 '방법밖에'라는 단어를 씀으로써 그 방법이 유일하고 '필연적'이었다고 말하려는 것은 아니다. 적어도 이해 가능한, 정당화될 수 있는 하나의 형태였다는 말을 하려는 것이다. 우리는 86, 87년대에 즈음하여 '호헌 철폐, 독재 타도'를 향해 집중적인 에너지를 쏟아 부은 학생 운동권이 얼마나 군대식 조직을 가져 왔는지 알고 있다. 그들이 쓴 단어 역시 '조직' '사수' 등 최전선을 지키는 군사 훈련을 연상시키는 급박한 것들이었다. 이 운동은 눈앞에 바로 보이는 운동의 성패에 전 목숨을 걸었으며, 그런 만큼 '조직'을 단단하게 만들기 위해 모든 것을 희생할 수밖에 없다는 실천 강령을 채택하게 된다. 거대한 통일적 '조직력'으로 '적'을 타도하는 것을 유일한 목표로 삼았던 만큼 헤게모니를 장악하는 것에 집착하였고, 그것은 그 자체로 또 다른 억압을 낳을 수밖에 없었다. 그 다른 억압이란 운동의 중심부가 규정한 모순 외의 문제는 그것이 아무리 많은 사람들에게 억압이 되고 있다 하더라도 잠시 없는 것으로 하자는 '최종 심급론'으로, 이것은 운동권 내의 분열을 초래하면서 동시에 다양한 운동 주체의 목소리를 억압해 왔다. 이것은 보다 깊은 차원에서 운동에 참여하는 개인의 자유로운 사고를 억압해 왔으며, 이 두 가지의 억압은 지금 사회 운동에 공백기를 가져온 실질적 원인이라 할 수 있다.

　모순을 위계 서열화하여 다른 사회 운동을 억압해 온 측면을 생각해 보자. 운동 역량을 통일해야 한다는 강박 관념이 실제 삶에 존재하는 다양한 모순을 풀어 내지 못하게 한 경우, 특정한 일치적 목표가 달성되었을 때 사회 운동에 공백이 올 수밖에 없다. 예를 들어 80년대에 여성 운동에 대한 기운이 상당히 일기 시작하였는데, 대학생 운동에서는 그것을 '부문 운동'으로 규정짓거나 '개량주의'라고 지칭하면서 여학생들이 가지고 있던 자발적 운동성을 억제시켰다. 자신이 당하고 있는 억압에 대해 이야기하려는 것을 억제하고 대신 이미 규정된 목표에 그들을 '동원'하려고 함으로써 여성 운동을 '주변화'시키거나 아예 배제시키려 했던 것이다. 이런 상황에서 여성 해방에 대한 욕망을 가진 학생들은 상당히 갈등과 혼돈에 빠져 버렸고, 그 양상은 80년대 후반 여대생 운동에서 보인 '사회주의 여성론'과 '맑스주의 여성론'이라는, 실제 여성 운동을 펼쳐나가는 데는 별로 생산성이 없는 논쟁에 에너지를 쏟게 한다. 여성 운동만이 아니라 급격한 사회적 다원화 상태에서 일기 시작한 환경 운동이라든가 경제 정의 실천을 위한 새로운 운동들도 '독재 타도' 운동의 패권주의적 운동 방식으로 인해 상당한 상처를 받았다. 결과적으로 80년대 운동은 실제 삶에서 터져 나오는 다양한 모순들을 외면하게 하거나 억압함으로, 다음 시대의 운동의 현장을 준비하지 못하고 오히려 닫아 버리는 데 한몫을 하고만 것이다.

그러나 80년대의 '상처'는 다른 운동을 하던 사람들에게보다 그 운동의 언저리에 있던 다수의 내부인들에게 더 심하게 가해진 듯하다. 운동이 조직적 투쟁 방식으로 나아가게 됨에 따라 운동권에는 무엇보다도 무모하다고 할 정도의 용기로 조직을 위해 희생할 사람들이 필요했다. 가족과 결별하고, 자신의 모든 욕망까지도 희생해야 할 그런 사람들이 필요했던 것이다.

'이즘'과 폭력으로 무장된 적과 대응하기 위해 역시 '폭력'과 '이즘'으로 대결을 해내야 했던 만큼 '강철' 같은 투사들이 모이게 되고, '머리'와 '손발'이 이분화되었다. 운동권은 고도의 논리로 전략을 짜내는 소수 정예 엘리트와 명령에 복종하는 '조직 인간'을 양산하게 되었는데, 그 조직 인간은 자기 성찰 능력이 적은, 그들이 받은 군대식 획일주의 교육의 '적자'들 중에서 나올 수밖에 없었다는 점이 80년대 운동의 한계로 나타나게 된다. 학내 서클 등은 긴급 상황에서 명령 하달을 기다려 행동하고, 자아 성찰이 금지된 그런 '행동 대원'을 만들어 내는 식으로 운영되었고, 결국 그런 조직에서 끝까지 버티는 이들은 지식인적 성향과는 거리가 먼 성향을 가진 사람들이 많을 수밖에 없었던 것이다. 주체적 자아를 가지고 있고, 길게 보는 안목으로 고민하는 예민한 대학생들은 중도에서 '도망'을 칠 수밖에 없는 그런 억압성을 내부에 지니고 있었던 것이다.

그런 조직에서 살아 남은 이들은 가부장적 봉건성을 지닌 '의리 있는' 인간들이었고, 끝없는 참을성을 가진, 자기 속에서 나오는 목소리를 가지지 못한, 대변자가 필요한 비주체적인 사람인 경우가 많다. 실제로 많은 '살아 있는 예민함'을 가진 사람들은 중간에 '뛰쳐 나가고' 말았고,[2] 이들이 꾸려 가는 조직은 더 이상 진보성을 담보하기 어렵게 경직되어 갈 수밖에 없었다. 무술을 배우더라도 기본적인 훈련이 되어 있어야 평생을 통해서 무술을 써먹을 수 있듯이, 사회 운동 역시 기본적 역량을 탄탄히 하여야 지속될 수 있다. 급소를 때리기만 하는 훈련을 한 부대, 곧 무술 기량을 제대로 닦지 못한 무사들은 자살 부대가 될 수는 있어도 후배들에게 물려줄 것은 별로 가지지 못한다.

이런 운동 내적 문제가 드러나기 시작한 와중에 그들이 기대온 사회주의의 중심인 동구가 몰락하고 이른바 '문민 정부'가 들어서자, 내적 자생력을 거의 기르지 못한 상태에 있던 조직 위주의 운동권은 크게 흔들릴 수밖에 없었다. 사회 운동의 주체가 다원화되고, 사회 운동의 과제가 다변화되어야 할 상황에 많은 부작용을 남긴 채 주춤거리고 있는 것이다. 그 부작용의 가장 큰 부분은 사람들로 하여금 '사회 운동'이란 단어를 싫어하게 만들었다는 것이다. 대학이 내 삶의 현장인 만큼 90학번들을 중심으로 이 문제를 살펴보자. 90학번으로 들어가면서 '사회 운동'이란 단어를 매우 싫어하는 학생들이 늘어난다. 그들은 80년도 학번과는 달리 의식적으로, 또는 무의식적으로 그 단어와 거리를 두고 싶어한다.

그들이 제기하는 이유를 종합해 보면 이렇다. 그들은 자신들을 신세대라고 부르고 싶어한다. 자신들은 이미 고등학교 때 '운동권' 출신 교사들로부터 변혁 운동에 대해서 듣고 사회 모순에 대해 알

---

[2] 주목할 점은 지금 그 뛰쳐 나간 이들이 그 시대를 대변하는 글을 쓰고, 그 시대를 거머안고 고민을 지속하고 있다는 점이다. 그때 '중심'에 있던 이들은 자기 개인의 삶을 추스리지 못하여 흩어지고 있다. 이 현상을 보면서 역사적 흐름의 아이러니, 내지 복합성을 다시 한번 느끼지 않을 수 없다.

아 왔으며, 그래서 대학에 와서 선배들이 떠들어 대는 것이 별로 놀랍지도 않으며, 설득력도 있어 보이지 않는다고 한다. 맑스주의 책은 자신들에게 더 이상 '지하실에 숨겨 있는 보물 지도'가 아니다. 그 책들은 지하에서 지상으로 올라온 지 오래이고, 이제는 책방에서 현란한 포장으로 소비자를 향해 유혹의 손길을 내미는 상품이 되었다. 그 상품은 수가 너무 많아서 고르기가 고통스러울 지경이고, 강의실의 교재로도 쓰인다. 교정에는 눈에 보이는 짭새도 없고, 한총련의 포스터는 하나의 익숙한 풍경에 지나지 않는다. 고등학교 시절 '운동권 교사'들은 이들에게 '왜?'라는 근본적인 질문을 스스로 던지게끔 하였어야 하는데 또 다른 정답을 준 것이었다. 예방 주사를 맞은 자기들은 그것으로 인해 맑시즘에 호기심을 잃고 말았다는 것이다. 여성 운동에 대해서도 이들은 다 안다고 생각한다. 대중 매체의 드라마에 나오는 많은 여성 운동적 발언에 접하면서 이들은 가볍게 모든 것을 다 알아 버린 것이다.

이들에게 80년대의 사회 운동적 삶은 부담으로 다가간다. 한 92학번 학생이 말한다. "그 운동권 세대에는 이해할 수 없는 거부감이 들어요. 어쩌다 전경이 신분증을 보자고 하면 오히려 재미있고 어쩌다 최루탄이 몇 방 터지는 사건이 나면 한번 더 가서 맡아 보고 싶어져요." 게다가 자기는 중고교 시절에 하기 싫은 공부를 너무해서 이제는 무엇이든 하라고 하면 일단은 하기 싫어진다고 한다. 그렇다고 자기가 하고 싶은 일을 딱히 열심히 찾아 다니는 것도 아니면서 개기고 싶다는 것이다. 선배들의 군사 문화적 투쟁성을 거부하고 싶어하면서 또한 자신들이 스스로 자기 스타일을 만들어 가기에는 너무나 억압적인 교육 제도 속에 적응해 온 자신들이 이들은 종종 싫어진다고 한다.

하여간 여전히 4지 택일의 시험 준비만 하고 대학에 들어온 학생들이라는 점에서, 그래서 수동적이고 '왜?'라는 질문을 던질 줄 모른다는 점에서 이들은 80년대 세대와 크게 다르지 않다. 뭔가에 저항하고 싶은 심리가 마음 한구석에 깊이 자리하고 있다는 점에서도 이들은 같은 세대이다. 그러나 이들은 '왜?'라는 질문을 하게 되었다고 해서 금방 운동에 뛰어들지 않는다는 점에서 다르다. 신세대는 다른 면에서 "왜?"라는 질문을 하기 때문이다. "왜 내가? 나는 하고 싶지 않은데"를 분명히 표현하는 차이를 보이고 있는 것이다. 그들은 "뭔가 계속 개기면서 하는, 선배들과는 다른 자기들 나름의 운동 방식이 있을 것도 같은데" 하면서 탐색하는 표정을 짓기도 한다.

나는 90년대가 항간에서 말하고 있는 것처럼 자기만 아는 이기적인 세대라고 생각지 않는다. 그렇게 말한다면 80년대 학생들도 자기만 아는 세대의 징후를 상당히 가지고 있고, 나는 식민주의적 자본주의 과정에서는 이기적인 인간이 불가피하게 나온다는 것을 앞 장에서 이미 암시했다. 90년대 학생들은 "자신을 공동체에 주기 싫다"는 표현을 쓰는데, 분명히 이들은 80년대 학생들에 비해 개인주의적이다. 전국 연합에 있는 우상호 씨는 이 세대에 대해서 아주 재미있는 표현을 썼다. "우리 세대는 아주 나쁜 사람이 있으면 때려 주거나, 그를 누가 대신 때려 주기를 바라거나, 또 누가 때리면 좀 심하게 때렸다 싶어도 기분 좋아했는데 지금 학생들은 '저기 나쁜 애가 있다'고 막 말하면 '그래, 그런데 넌 왜 나한테 그러니?' 하면서 충동질에 넘어가지 않는다"는 것이다. 80년대 학번은 90년대 학번을 두고 "진지하지 않고 목표 의식이 없고 ……"라고 말하지만 90학번들의 눈에는 80학번들이 "너무 심각하고 터무니없이 이상주의적이며 봉건적 ……"인 것이다.

결론적으로, 사회 운동에 관한 한 이 두 세대는 모두 위기에 처해 있는 것 같다. 베트남 참전을 반대하면서 자기 나라의 모순을 적나라하게 보게 된 미국의 성난 60년대 학생들처럼, 괴물 같은 모습을 적나라하게 드러내며 학생들을 억압해 온 '규부 독재 국가'를 향해 정신없이 돌진하였던 80년대 세대들은 무수한 고통과 상처를 안고, 아주 늙어 있다. 그리고 자신들의 운동의 맥이 끊긴다는 불안감에 떨고 있다. 반면 80년대의 '괴물'을 더 이상 느끼지 못하는 90년대 학번들은 사고의 경직성과 봉건적 감성으로 '투신'을 강요하는 기존의 운동권이 싫은 것이다. 그들은 자기 삶으로 돌아와 새로운 거리를 찾아야 하는데, 한편에서는 선배들이 놓아주지 않고 한편에서는 소비 자본주의 사회의 상품들이 유혹한다. 소비자의 기호를 세밀하게 파악하고 있는 세련된 유흥 공간들이 "편안하게 놀다 가라!"고 손짓한다.

이제 이 두 세대는 모두 새로운 모색이 필요한 시점에 와 있다. 어떻게 출구를 만들어 갈 것인가? 영리한 독자는 벌써 알아차렸을 터이지만 방법은 매우 간단하다. 이미 여러 번 이야기하였듯이 숨겨져 있거나 억압당해 온 다양한 운동 주체들이 스스로를 드러내게 하는 것, 그럼으로 운동의 주제가 다원화되고, 운동의 양식도 다원화되어야 한다. 이제 '총화 단결'에 대한 집착을 버리고 각 세대가, 각 집단이 자신들이 공유한 삶의 현장에서 감성과 지성 어느 것도 포기하지 않은 체험을 바탕으로 무엇인가를 시작할 때이다.

90년대에 들어서서 80년대 민중 운동권의 자기 반성은 상당히 진지하게 이루어지고 있다. 이른바 '신사회 운동론'이 뜨면서 이론 논쟁으로 밀어붙이는 분위기가 없지 않지만, 그것보다 중요한 것은 자생적인 반성의 움직임이다. 《창작과 비평》이 1993년 가을호에 〈90년대 중반의 시민 운동과 민중 운동〉이란 특집을 마련한 것을 위시해서 지상으로나 실제 현장에서 많은 논의들이 일고 있다. 그들이 합의하는 것은 최근에 민중 운동이 퇴조하고 시민 운동이 확산되고 있다는 사실과 근본 변혁을 지향하는 민중 운동권이 가두 정치 투쟁을 목표로 하는 민중 봉기식 실력 행사에만 매달려 일상성을 외면해 왔다는 것, 따라서 생산 관계와 생산 계급을 중심으로 한 단선적인 사고에 머물렀고, '혁명적 낭만주의'에 매몰되어 있었다는 점을 반성하자는 점이다.

나는 개인적으로 특수한 역사적 사명을 집중적으로 수행해야 했던 80년대 운동권과 '부채 의식'을 가지고 살았던, 또는 살고 있는 80년대 학번들은 계속 그들 나름의 시대적 사명을 이어가 주기를 바란다. 역사적으로 중요한 사건을 이룬 세대로서의 자부심과 정체성을 가지고, 살아가야 할 것이다. 그들이 맞붙어 싸우던 적들은 사라지지 않았다. 그 모습이 매우 복잡하고 불투명해졌을 뿐이다. 그때 전선의 중심에 섰던 이들은 계속 자신들이 맞서 싸운 독재와 군사와 자본의 결탁이 더 이상 일어나지 않도록 감시의 눈을 게을리하지 말아야 할 것이다. 그 시대가 양산한 '전문 운동가'들이 자신의 생활 속에서 좀더 자기 성찰적이 될 수 있다면, 잃었던 젊음을 되찾고, 시대적 '사명'을 띤 엘리트 의식 속에 살면서 생긴 고질적 버릇을 고쳐 간다면, 그래서 좀더 자기를 사랑하는 사람이 되어 운동을 지속해 나갈 수 있다면 우리 역사는 분명히 새로운 시작을 하게 될 것이다. 그때 주변부에서 '투신'하지 못함에 대해 열등감을 느끼며 살았다면, '투사'가 되지는 않았지만 역사 의식을 날카롭게 세우고 있었다면, 그 세대의 다수는 지금 우리 사회에 거대한 잠재적 시민 세력으로 남아 있다는 말이 된다. 운동은 평생을 하는 것이며 '운동권'을 도망쳐 나와 홀로 지낸 시간에 성취한 자원을 가지고 이제 본격적으로 사회 운동을 시작할 수도 있을 것이고 항상 순발력 있는 비판 세력으로, 또는 새로운 운동의 시작으로 남아 있을 수 있다. 지금의 30대는 자신들이 사회를 이끌어 갈 때를 착실하게 준비하기 시작해야 한다는 것이다.

　90학번들은 이제 80년도 선배들의 뜻을 지니되 그들이 폭력과 맞서면서 불가피하게 갖게 된 기질과는 절교를 선언해야 할 것이다. 연세대학 '경제 정의 실천을 위한 연합' 대학생부는 올해 총학생회 선거에서 일어나고 있는 금권 선거에 대해 문제를 제기할 것이라는 소문이 있다. 〈아카데미〉 모임에 참석한 그 학생은 그 동안 학생 운동이 바깥에 있는 적과 싸우느라고 위궤양에 걸린 것도 몰랐다는 비유로 상황을 설명하였다. 이제는 자신의 몸 속에서 자라고 있는 병과 싸워야 할 때이며, 그 병은 기성 세대와 별반 다르지 않게 치르어지고 있는 선거 양태에서 드러난다는 것이다. 이제 자신에 대한 성찰과 토론이 정면으로 일어나야 하고 운동가들은 단순 무지한 조직력의 차원을 벗어나 전문적이 되어야 한다.

　달리 말하면, 식민지적 근대화의 산물인 반공 이데올로기가 어렵게 깨뜨려진 지금은 대안적 근대화를 위한 본격적 사회 운동을 벌여 가야 할 때이다. 이 운동의 주체는 아마도 본격적 근대화의 산물이자 80년대의 시대적 무게에서 벗어난 좀은 새로운 사람들일 것이다. 사회 운동에 대한 새로운 이미지를 가지고, 새로운 감성으로 운동을 시작할 사람들, 더 이상 미시 / 거시, 개인 / 공동체, 큰것 / 작은 것을 이분화시키고 모든 것을 '변증법적 통합'으로 생각하며, 사회 운동에 최종 심급과 끝이 있고 모든 질문에는 항상 하나의 답이 주어져 있다고 믿지 못하는, '복잡한' 상황을 복잡한 그대로 생각할 수 있는 이들일 것이다.

자율과 자치의 원리, 그리고 운동 조직간의 연계성에 대해서

그러면 이제 좀더 구체적으로 운동의 주체에 대해서 살펴보자. 이 시대의 사회 운동은 자신을 억압하는 것을 문제삼으며 '타도'하는 운동이 아니라 삶의 조건을 새롭게 만들어 가는 운동인 만큼 다양해질 수밖에 없다. 기존에 이루어졌던 노동 운동과 계급 운동, 여성 해방 운동, 그리고 반독재, 반제국주의 운동은 계속되어야 한다. 사회 전반에 걸쳐 일어나는 부정 부패와 대결하며, 경제 정의를 실천하려는 정치 운동은 계속될 것이다. 그러나 그 방식은 더 이상 '조직의 단맛과 쓴맛'으로 이끌어 가는 것이 아니라 개인의 삶을 불편하게 하는 '참을 수 없는 것들'에 대한 사회적 인식에서 시작되어 삶 자체가 지속적인 사회 운동으로 이루어지는 형태일 것이다.

〈또 하나의 문화〉 운동 체험을 통해 본 몇 가지 이야기

여기서 내가 그 동안 해온 운동 경험으로 돌아와 각론을 펼치기로 하자. 80년대에도 민중 운동과는 궤를 달리하는 운동이 없지 않았다. 요즘 들어 부쩍 유행하고 있는, 이른바 새로운 방식의 사회 운동이라면 어떤 것들이 있는가? 〈시청료 거부 운동〉을 그 시작으로 보는 이도 있다. 운동 주체를 미리 설정하고 적극적 조직 운동을 펴 가는 기존의 사회 운동과는 달리 '불특정 다수' — 사실은 불특정 다수가 아니나, 기존의 단일 조직 중심의 사회 운동론을 수용하는 이들에게는 그렇게 보인다 — 시민에 의해 주도되었고 카리스마적인 인물이나 조직이 딱히 없으며 적극적 조직 활동이 아닌 '소극적 거부' 운동이었다는 점과, 그것이 드러낸 자발성과 즉흥성의 면에서 그리 불리울 수 있다. 그 이후 〈자연의 친구〉, 〈한살림〉 등의 환경 관련 모임들, 〈교사들의 글쓰기 모임〉, 〈참교육을 위한 학부모 운동〉, 〈인간 교육 실현을 위한 학부모 연대〉 등 교육 관련 운동 단체들, 〈여성 민우회〉, 〈여성 문화 기획〉, 〈정신대 문제 대책 위원회〉 등 여성 운동 모임을 위시하여 보다 포괄적인 대안 문화 운동 단체인 〈또 하나의 문화〉 등을 생각해 볼 수 있다. 내가 직접 관여해 온 〈또 하나의 문화〉 운동 사례를 통해 '타도'가 아닌, 새로움을 만들어 가는 사회 운동과 그러한 운동이 안고 있는 문제점들에 대해 생각해 보자.

〈또 하나의 문화〉는 80년대 초반에 대학에서 여성 해방에 대한 강의를 하던 교수, 문인, 그리고 학생들이 만든 모임이다. 구체적으로 나 자신은 교실에서 '여성 해방'에 대해 눈을 뜨게 된 학생들이 사회에 나가면서 그 학습으로 인해서 힘을 얻기보다 더욱 빨리 지쳐 가는 모습을 보면서 이런 모임이 꼭 필요하다는 생각을 하게 되었다. 여성 해방 이론이 허공에 떠다니는 지식이 아니라 실천적 지식임을 스스로 확인하고 또 남들에게 보여 주는 장을 열고자 한 것이다. 이 모임을 만든 초창기 멤버들의 가장 큰 특징은 그들이 주어진 길대로 '중심'을 향해 열심히 간다면 '명예 남자'로서 사회의 많은 기득권을 누리며 살 사람들인데, '중심'으로 가는 대신 '주변성'을 택했다는 점이다. 이들은 자신이 주변인이라 할 수 있는 '여성'이라는 사실에서 피해 의식을 느끼기보다, 다행스러움을 느끼는 사람들이다. 이때 '주변성'이 목표로 하는 것은 '중심'부에 진입하는 것이 아니다. 자신의 '주변성'을 인지할 때 이미 '중심'과 '주변'의 관계는 달라진다. 그리고 그때부터 자기를 중심으로 한 새로운 '이야기'와 새로운 환경이 창조된다. 인류 역사상 이루어진 모든 사회 운동은 사실상 이런 주변성에 대한 인식에서 일어난다. 역사 의식이란 바로 자신이 선 자리를 기존 지배 체제가 준 시각으로가 아니라 다른 눈으로 보게 되는 것을 의미하고, 이 새로운 '눈'을 가지게 된 사람들이 힘을 합하여 만들어 가는 역사가 바로 사회 운동인 것이다.

이 모임은 애초부터 '국지전'을 펴기로 한 모임이었으며 그런 면에서 식민지 지식인들의 특성인 성급함으로 힘을 뺄 위험은 없었

또 하나의 문화에서 가진 어린이 캠프,
동인지 출판 기념 정신대 해원굿,
동인지 편집회의,
고정희 동인 추모집 출판 기념회,
성폭력 추방 대회 시위와 가족 캠프 사진.

〈또 하나의 문화〉 모임을 통해 우리가 실험해
온 것은 실은 어떤 내용이 아니라 삶의 방식인지
모른다. 우리는 '획일적 통제'와 '권위주의'
없이 일을 해왔다. 술을 마시면서
몰려다니지도 않았고, 삶의 많은 시간을
가족을 떠나 일에만 몰두하지도 않았다.
우리는 가능한 한 직업인으로서의 삶과
가족 성원으로서의 삶과 시민으로서의 삶을
통합시키려고 하였다. 그러한 통합을 돕는
장소가 바로 우리의 모임이었다.

다. 이 모임에 적극적으로 참여한 창립 동인들이 가진 또 다른 특성은 아마도 서양에 유학을 한 경험을 통해 우리 사회가 가하는 엄청난 획일주의적 압력에서 어느 정도 벗어날 수 있는 '상상력'을 가질 수 있었다는 점일 것이다. 나는 이들과 작업을 해오면서 이들이 가정적 배경이나, 다른 성격적 특성, 또는 학교 생활을 통해 모두 명백히 자율적인, 아니면 적어도 매우 '반성적인' 성향을 가지고 있다는 것과 우리 사회의 고질병인 '일등주의'에서 벗어나 있다는 것도 알게 되었다. 외부에서는 우리들이 서양의 이론을 수입한 여성학 첫세대라고도 말하지만 우리가 한 수입은 단순한 수입이 아니었다. 그것은 우리가 가진 체험, 여자 지식인으로 산다는 것은 뭔가 불편한 데가 있다는 것, 그리고 그것은 우리 사회가 가지고 있는 구조적 모순과 관련이 된다는 사실을 인지하는 것이 선행된 '수입'이었을 것이다. 삶을 읽어 갈 줄 알게 되면 사실 우리는 '수입'을 하지 않게 된다. 나는 우리 모임을 '서구 지향성'이라는 단어로 매도하려는 사람들을 종종 만나게 되는데, 실은 그들 자신이 오히려 엄청난 서구 콤플렉스를 가지고 있음을 본다. 실험을 하고 시행 착오를 거쳐서 무엇인가를 만들어 가는 집단은 '모방'도 금방 창조로 만들어 간다.

동인들은 해마다 부정기 간행물을 내고 방학이면 어린이 캠프와 예비 대학생 캠프를 열며, 지금 우리에게 필요한 학술 모임도 하고 밤에는 영상 토론 모임도 연다. 또 주부 공부방, 직장인 소모임, 연극 소모임 등 여러 방면에서 '실험적인 공간'을 만들어 가고 있다. 그 실험은 매우 다양하고 또 동인의 시각에 따라 활동의 초점이나 미래의 전망도 조금씩은 달라서 일반화하는 것이 무리이지만 하여간 이 실험은 지금 9년째 계속 중이다.

〈또 하나의 문화〉 모임을 통해 우리가 실험해 온 것은 실은 어떤 내용이 아니라 삶의 방식인지 모른다. 우리는 '획일적 통제'와 '권위주의' 없이 일을 하고자 했다. 술을 마시면서 몰려다니지도 않았고, 삶의 많은 시간을 가족을 떠나 이 일에만 몰두하지도 않았다. 우리는 가능한 한 직업인으로서의 삶과 가족 성원으로서의 삶과 시민으로서의 삶을 통합시키려고 하였고 그러한 통합을 위한 장소가 바로 우리의 모임이었다. 사적 존재와 공적 존재가 따로 노는 것, '형식적 민주주의'와 집단주의는 우리에게 통하지 않는다. 자율성 없이 남에게 복종하는 것과, 자율성을 부르짖으면서 폐쇄적 회로에 빠져 있는 것과, 자율성을 토대로 다양한 것을 포용하는 것, 이 세 가지는 분명 다르다. 책을 펴내고 어린이 캠프와 창작 캠프 등을 기획하고 굴리면서 그리고 모임이 커져서 다른 많은 젊은이들을 포용해 가는 과정에서도 우리는 이 원리를 지켜 왔다. 다양성이 존중되지 않는 인간적 사회란 것이 있을 수 있을까? 많은 사람들에게 아직도 '자율'은 외국에서 들어온 단어에 불과하다. 목소리를 통일하지 못해 안달이다. 우리 각자가 가진 자질과 정서와 의사 소통 양식의 특성을 그대로 살려내면서 협력해 가는 것, 정말 안될까? 자신을 살려내고 그 살려냄이 곧 기존 문화를 바꾸어 가는 과정인 것, 우리는 이런 것을 이루어 내고자 하고 이것이 현 상황을 극복해 내는 한 방법이라고 믿고 있다.

    차이성을 인정한다는 것은 다양성과 자율성의 문제와 직결되어 있다. 서로의 '다름'을 인정하고 살려 가면서 새로운 공동체성을 찾아 가는 데는 많은 즐거움과 노력이 따른다. 개인적으로 나는 내 또래 동인들 — 주로 교수거나 나름대로 자리를 굳힌 문인들이다 — 이 좀더 자유롭지 못한 것이 못마땅하다. 그들은 모범생이며 맏딸 콤플렉스들을 가지고 있어서 가끔 나를 답답하게 한다. 그래서 가끔 불평을 한다. 아래의 주절거림은 그들이 그 '모범생 콤플렉스'에서 벗어나 주기를 바라서 쓴 것이다.

    맏딸로 태어난 그대들에게

      불행한 시대에
      그것도 맏딸로 태어나
      집안의 거름으로,
      또는 기둥으로 살았던 그대
      엄마의 고생을 대신하고
      동생의 염려를 도맡아 온

근엄한 꼬마 엄마, 정숙한 자매여
그대의 엄함과 숙함에
축복 있으라.

새가슴 적부터 총대를 매어야 한
모범생 그대는
질서 잡기에 길들여진
자동 반사 인형
염려와 조바심이 천성이 되어
농담을 진담으로 듣는 자매여
그대는 때로
그대가 싫어하는 가부장을 닮았다.
권위를 인계받은
그대의 어머니,
그대의 아버지 사이에서
맏딸의 충실함 속에
맏딸의 불안감 속에
가부장의 끄나풀이 아직 끊기지 않고 있다.

우리 시대의 음모는
우리를 바쁘게 하는 것
의무감에 시달리는 그대여,
틀을 벗어나지 못하는 그대여,
우리로 하여금 놀게 하라,
우리들을 자유롭게 하라.
혼란을 뚫어낼 전략은
정적 속에, 공상 속에서 나온다.
빈 곳에서 온다.
할일없이 떠다니는 방랑길 어디에서
게릴라 전략이,
시가,
아, 많은 것들은
빈둥거리는 사이에 온다.

그대,
'큰자아'
'큰타자'이기를
이제 그만 포기하라.
(1991년 4월)

착실한 맏딸들을 나는 사랑한다. 나는 그들의 착실함과 책임감을 존중한다. 그러나 그들의 착실함과 조심스러움이 때로 '중심'을 해체시키고 싶어하는 나의 욕망과 마찰을 빚는다. 나는 그들이 식민지적 상황에서는 '중심'에서 멀어질수록 자기 분열의 정도가 덜하다는 것을 좀더 확실히 알아주었으면 한다. 물론 '나'의 자유 분방함과 '너'의 책임감이 어우러져 우리가 이루고자 하는 작업들이 신나게 이루어진다는 것을 나는 누구보다 잘 알고 있으며 그래서 나는 그들 속에서 든든함을 느낀다. 그러나 여전히 내 속의, 그리고 네 속의, 자유 분방함이 턱없이 억압되어 왔음을 느낀다. 이렇게 억압당해도 된단 말인가? 나는 사회 운동 속에서 우리가 원하는 사회를 미리 살아 보고자 하며, 그래서 보다 자유롭기를 바란다.

이런 불평을 하면서 한편으로 꺼림칙한 부분이 있다. 사실 요즘에는 이런 '자각한' 모범생들도 찾아 보기 힘들기 때문이다. 세태가 그래선지 모두들 개인적인 '밀실'들을 가지고 있고, 자칫하면 숨어 버려서 함께 일한다는 것이 어려워지고 있다. 공동체적 감성이 사라지는 것일까, 달라지는 것일까? 이 점은 뒤에 다시 생각해 보자.

하여간 애초부터 기존의 운동들과는 매우 다른 류의 사회 운동으로 시작하였고, 80년대라는 특수한 사회 운동의 기류 속에 때로 독자적인 활동을 벌여 왔으며, 스스로를 규정하고 선전하는 시도를 따로 하지 않은 만큼, 우리 모임의 정체는 항상 모호함 속에 묻혀 있었던 것으로 보인다. 90년대 들어서서 '신사회 운동'에 대한 개념이 소개되면서 〈또 하나의 문화〉 운동을 그 범주에 넣어 이해하려는 경향들이 있는데, 이것도 생각해 보면 우스운 식민지적 발상이다. 우리가 해온 운동의 방식은 운동에 참여하는 구성원들이 만들어 간 것이며, 특히 초창기 멤버들이 다져 놓은 것이다. 자신의 삶의 현장에서 운동을 시작하자는 것, 기존의 '권리' 개념에 집착해 온 운동과는 달리 보다 포괄적인 영역에서 자율성과 '인간성'을 확립해 가자는 것, 경제적 이해 못지않게 의미 있는 공동체를 만들어 가야 하며, 따라서 개인 속의 '사회성'을 무시하는 패권주의적이거나 조직 위주의 운동 방식을 지양하고 소집단 중심의 활동을 펴나간다는 것, 대립적이기보다는 다양성을 포용하는 연대적인 방식을 선호한다는 것 등이 우리가 애초에 실천해 온 원칙들이다. 우리는 거창한 슬로건을 내세운 적도 없으며, 전국 조직을 해가야 한다고 생각해 본 적도 없다. 우리 모임의 성격에 관해서는 매년 펴내는 동인지 앞부분에 다음과 같은 짧은 글이 실려 있을 뿐이다.

〈또 하나의 문화〉는 인간적 삶의 양식을 담은 새로운 공동체와 대안 문화를 만들어 갑니다. 이 모임은 남녀가 진정한 벗으로 협력하고 아이들이 자유롭게 커나갈 수 있는 사회를 지향하며, 특히 하나의 대안 문화를 사회에 심음으로써 유연한 사회 체계로의 변화를 이루어 갈 것입니다. 구체적인 동인 활동은 부정기 간행물인 동인지와 취지에 관련된 서적 출간을 중심으로 월례 논단과 소집단 모임을 갖습니다. 앞으로는 출판 매체뿐 아니라 영상 매체를 통하여 활동을 확대해 나갈 것입니다.

우리는 격렬한 80년대 패권주의적 사회 운동의 분위기 속에서 논쟁에 참여한 적이 없으며, 정치적 소용돌이와는 거리를 두고 있었다. 그런 면에서 상당히 스스로를 고립시킨 채 모임에 찾아오는 이들과 문화적 자생력을 기르는 데 주력해 왔다. 중심 멤버들이 인문 사회 과학 분야의 학자나 학생들로 구성되어 있었으며 특히 '국가' '문화' 또는 '권력'에 관한 새로운 이해를 가진 페미니스트들이었는데, 공식적 언설이나 제도권 정치 권력에 과도한 비중을 두는 경향을 경계했다. 분명한 대항 운동 단체이지만 그 적이 '다중심적'이고 일상에 편재해 있음을 잘 알고 있어서 많은 사람을 끌어내되 스스로 억압을 발견해 내는 마당을 마련하는 차원에서 모임을 활성화해 왔다. 운동의 대상이란 단순히 억압적 조건에 처해 있는 '모든 사람'

이 아니라 자신이 받는 억압성이나 '주변성'을 새롭게 해석하고 극복해 갈 여지를 조금이라도 가진 이들인 만큼 그런 이들이 스스로 발견해 낸 해방의 공간을 확대해 가는 방법을 알아 가는 것이 무엇보다 중요하다는 점에서 특별히 새 멤버를 끌어들이는 노력보다 자발적으로 들어온 이들이 스스로 자신들의 활동을 정리하고 내보이는 장을 마련하는 방식으로 활동을 제한해 왔다.

운동의 과정은 각기 문제를 느끼는 소모임 중심으로 이루어지며 그 소모임은 사회적 비판을 하면서 동시에 '이상 사회'를 살아 보고 실험하며 그런 삶을 단단히 이 사회에 뿌리내려 가는 것을 목표로 한다. 구성원들은 자신들의 관심사와 욕구에 따라 기존 소모임에 참여하거나 새로운 소모임을 만들어 가면서 자신의 삶을 보다 만족스러운 형태로 살려내는 것 자체가 곧 새로운 문화 창조로 연결되게 하는 것이 이 모임이 추구하는 운동 양식이다. 개인의 욕구와 요구에 따라 비위계적인 소모임이 만들어지고, 한 사람은 여러 개의 소모임에 성원이 될 수도 있다. 소모임들은 또 쉽게 생기고 없어진다. 개인의 체험과 창의성이 존중되고 개인은 늘 변한다는 전제에서 각 소모임은 열려 있다. 우리가 이 모임을 통해서 자신을 살려내고 변화시키면서 동시에 사회에 대해 하려고 한 작업은 정답으로서의 대안 문화의 내용을 제시하는 것이 아니라, 각 곳에서 자신들이 원하는 대안 문화를 만들어 가는 사례로서 우리의 경우를 보여 주려는 것이었다. 하나의 모델이 되는 것, 그래서 많은 '또 또 문화들'이 사회 전체에 생겨서 문화적 자생력을 가진 사회를 만들어 가는 것이 우리가 노리는 또 다른 효과인 것이다. 그런데 원하는 바대로 잘되고 있는가? '새로움을 만들어 가는 운동'을 조금 빨리 시작한 우리들의 경험을 통해 이와 비슷한 활동을 시작하려는 이들과 실행상의 어려움을 논의해 보자.

소수의 사람들이 자신의 자아 실현과 이와 맞닿아 있는 사회 개혁 운동을 하기 위해서 이 모임을 찾지만 참여자의 상당수가 이 모임의 조직 원리를 이상화하면서 실제로 실행해 내는 데 많은 어려움을 겪고 있다. 그래서 곧잘 '형식적 민주주의'의 멋이나 내다가 뭔가가 잡히지 않는다면서 중도 탈락하는 경우들이 있다. 이러한 경우를 자세히 분석해 보면 결국 자율성의 문제와 연결되어 있음을 알게 된다. 이 모임에서 강조하는 자율성이란 어떤 면에서 근대적 개인주의 원리와 통하는 것이다. 여기서 개인은 자신이 삶의 주인이며 자신의 행복을 위해 스스로를 변화시킬 준비를 늘 하고 있는 것이 전제된다. 가족이나 외부적 압력, 또는 사회 통념에 휘둘리기보다 스스로 생각하고 자기 결정을 확고히 할 수 있는 능력을 어느 정도 가지고 있어야 하며(주체 파악), 동시에 자신이 몸담고 있는 공동체에서 자신이 할 수 있는 책임량, 또는 자신이 잘할 수 있는 부분을 스스로 알아서 수행해 가는 능력(주제 파악)도 가져야 한다. 후자의 경우는 '다름'을 위계 서열적인 대립 관계로 보지 않고 다양성으로 볼 수 있음을 전제로 한다. 그 다양성을 한껏 살려서 새로운 합을 이루어 낼 수 있는 다양성의 아름다움에 대한 인식이 있어야 한다는 것이다. 이 부분에서 개개 소모임이 많은 문제들을 안고 있다. 현장에서의 문제 의식은 대개 다음과 같은 것들이다.

1) 친목 모임으로 남는 것을 그냥 둘 것인가?

'정'에 너무 치우치면 더 이상의 발전이 없이 친목 모임으로 전락하는 위험성이 있다. 서로의 감정적 교류에 대부분의 시간을 보내게 되어서 프로그램을 꾸려 가거나 더구나 창의적인 활동을 새롭게 꾸려 내는 일은 거의 하지 못하게 된다. 이 점을 두고 비공식적 소모임 중심의 활동이나 '수다떨기'에 길들여진 여성들의 모임이 가진 한계라는 지적이 있어 왔지만, 내가 보기에 이러한 현상은 남녀 노소 없이 해당되는 문제인 것 같다. 심하게 외로움을 타게 되어 있는 전반적 인간 관계의 불모성과 극도로 사람들을 피곤하게 만드는 여러 가지 사회적 조건들이 모든 모임을 그냥 스트레스를 푸는 수준에서 만족하는 만남 정도로 만들어 버린다. 대학생들 모임이 이런 식으로 흘러가는 경우가 많은데, 그것은 심각한 입시 전쟁의 후유증과도 관계가 될 것이다. 갑자기 새 '세상'에 나왔을 때 정체성의 혼란을 겪게 되고, 방황 중에 '색다른 모임'에 참여하는 것으로 자신의 정체성을 찾으려 하게 되거나, 우연한 인연에 절대적 가치를 부여하고 매달리려는 경향을 갖게 된다는 것이다. 그래서 나는 학생들에게 늘 "첫 정은 가능한 한 떼라"고 말하곤 한다. 자신이 무엇을 좋아하는지를 자신도 모르기 때문에 우선은 많은 만남을 하라는 것이다. 불안하기 때문에 처음 만난 상대에 맞추려 하고 그러다가 '더러운 정'이 들면 서로를 억압하면서 살아가는 관계에 빠져드는 것을 조심하라는 것이다.

생각해 보면 세상을 살아가는 데는 하고 싶은 일만 하여도 시간이 모자란다. 정말 서로 뜻이 맞고 정서가 맞는 사람들과 만나서 신나게 일을 벌이며 살기에도 바쁘다. 그런데 '첫 정 떼기'가 두려워 자신을 묶어 둔다면 어린애처럼 살 수밖에 없다. 그리고 그런 류의 참여 방식은 운동체에게도 큰 부담으로 남게 된다. 스스로 프로그램을 굴리기보다 '누군가 더 잘 아는 권위 있는 사람'이 프로그램을 계속 굴려 줄 것을 바라는 의존성과 '정'으로 개기는 것은 위험하다. 다양한 체험을 하지 못하였고, '외롭다'고 해서 서클에 투신하는 일은 길게 보면 자신에게도, 그 모임에게도 도움이 되지 않는다. 80년대는 이런 원리를 활용해서 '모성적인 선배'가 후배를 꾸려 주고 챙기면서 헌신적인 운동원들을 많이 만들어 내었다. 그러나 무엇인가를 자체적으로 만들어가고 창조적인 작업을 벌여 가고자 할 때 '아기 보기'(Baby sitting)를 너무 많이 해야 하면 시간을 너무 낭비하게 되고 정작 해야 할 일도 못하고 만다. 그리고 그런 끈적끈적한 관계는 간혹 나타나는 '창조적'이고 자율적인 사람들까지도 지치게 한다. '친목'과 '생산성' 사이의 균형을 맞추어 가는 일은 새로운 방식으로 운동을 하고자 하는 모임이 늘 줄다리기 해 가야 하는 중요한 문제이다.

2) 이상 사회를 스스로 살아 보고 감수성을 변화시키기

위의 문제는 개인의 차원에서 보면 '주체성'의 문제이다. 아직도 '피난민'적 피해 의식이 우리 삶을 지배해서 그런지 '힘있는 상대'를 의식하고 항서하는 일은 잘하나 스스로 무엇을 만들어 내는 것에는 익숙지 못하다. 투쟁력과 창조력을 동시에 길러 가야 하는데, 창조적이 되는 것에 감이 없는 '착하고 순종적인' 사람들이 너무 많다. 주체적이 된다는 것은 끊임없이 스스로를 형성해 나가는 것을 의미하며 그때의 자아란 '우리' 안의 '나'를 의미한다. 새로운 이론을 머리로 이해했다고 사람이 새로와지지 않으며 그 이론을 살아 보고 감수성을 변화시킴으로써 새로와진다. 개인성과 다양한 수준의 공동체들, 이론과 실천, 이성과 감성, 그리고 놀이와 진지함 사이에서 새로운 균형을 잡아가는 것이 중요하다.

여기서 우리는 지배와 통제의 문화적 윤리를 어떻게 협력적인 것으로 바꾸어 갈 수 있을지를 생각해 보아야 한다. 어떻게 합리주의적인 접근 방식뿐만 아니라 감정을 중시하는 운동 문화를 만들어 갈 수 있을까? 어떻게 목적만큼이나 수단을, 결과만큼이나 과정을 중시하면서 일을 해나갈 수 있을까? 어떻게 사적 생활과 공적 생활, 자신이 한 말과 행동을 일치시킬 수 있으며, 자신이 천명한 원리에 일관성 있게 살아갈 수 있을까? 어떻게 외부 활동만큼이나 내부적 힘을 다져갈 수 있을까? 어떻게 자신이 속한 집단 내부인들을 사랑하면서 동시에 외부에 있는 사람들을 포용해 낼 수 있을까? 이런 질문을 던지면서 자기가 만들고자 하는 사회를 먼저 내부에서 살아 보는 것, 운동의 목적과 방식을 일치시켜 가는 일에 주의를 기울여야 한다.

3) 실무진을 둘 것인가?

주체성의 문제는 달리 표현해서 스스로 할일을 찾아 그 일을 책임 있게 마무리하는 것을 뜻한다. 그러나 그런 사람은 실제로 드물다. 우리는 그런 훈련을 받을 기회를 거의 박탈당한 채 살아왔기 때문이다. 이런 상황에서 실무진이 따로 있으면 대개의 일을 실무진에게 미루어 버린다. 놀면서 일하는 습관을 배우고, 모였던 자리를 스스로 치우는 작은 일을 하면서 공동체 의식을 길러 가야 하는데, 실무진이 있으면 작은 일들은 지나쳐 버리고 '취미 생활'만 하는 식으로 되기 쉽다. 누군가가 마당을 펼쳐 주어야만 굿을 하는 식으로 참여하게 되면서 의도했던 것과는 달리 그 동안 길들여졌던 수동성이 다시 고개를 들게 하는 결과를 낳게 될 우려가 많다. 대체적으로 사회 운동에 참여하는 사람들은 적극적인 편에 속하나 스스로 일을 벌여갈 만큼 충분히 적극적이지는 않아서 그 '어중간한' 상태를 벗어날 수 있게 하는 방안을 잘 모색해 나가야 한다. 창조적인 활동을 직접 하면서 그를 통해 자신이 자라감을 느낄 수 있는 활동, 예를 들어 글쓰기, 영상 토론, 무술이나 연극 등 자기 표현이 가능한 활동을 하는 것이 효과적인 방법 중 하나이며, 동시에 종교적인 헌신에서 보이는 그러한 봉사 정신으로 기꺼이 활동을 해가는 심성적 바탕을 마련해 가는 것도 중요하다. 일반적으로 우리는 자신의 가족 외의 사람들에게 헌신적이지 않으며, 잘해 주면 손해를 본 것처럼 생각하는 경향이 있다. 가족이 아닌 사람들도 가족 못지않은 한 울타리를 이룬다는 생각을 갖게 되기가 쉽지 않더라는 것이다. 돌아가면서 실무를 보는 방식이 공동체에 대한 감을 확실히 갖게 하는 방법인데, 그 방법에 성공한 집단은 일단 새로운 방식의 운동을 펼쳐 나가는 데 일차적으로 성공한 집단으로 보아도 좋을 것이다.

4) 네트워크의 형성

우리 사회는 개인적 연줄이 조직의 근간이 되는 사회이다. 그런 면에서 네트워크가 되어 있다. 그러나 그것은 얼마나 부당한 형태로 작용해 왔는가? 여기서의 네트워크는 기존의 특권을 나누어 먹고 약한 이들을 골탕먹이는 연줄 관계망을 깨고 새롭게 형성되는 것을 말한다. 소집단으로 활동이 이루어지는 만큼 다른 소집단들과 자주 합동 모임을 가진다든지 서로의 활동 상황을 알리는 게시판이나 회보 제도가 잘되어 있어야 한다.

사실상 〈또 하나의 문화〉 내에는 여러 소모임이 있는데 이들을 연계하는 일도 쉽지 않다. 그것은 각 소모임의 구성원들이 자신이 원하는 것만을 챙기고 남과 나눌 생각을 못하기 때문이다. 정보를 공유한다는 것 자체가 우리들에게는 매우 생소한 것이며 특히 눈앞에 없는 대상에게 공고를 내는 일에 익숙지 못하다. 얼굴을 보아야 생각이 나는, '비문자 시대'를 살고 있는 이들이 의외로 많다. 문서를 통한 정보 저리 방식을 익혀야 하는 것이다.

전혀 새로운 네트워크를 마련하는 것, 이것은 어려운 일이다. 우선 그것은 개개인이, 또는 각 모임이 어느 정도 내실이 있을 때 가능하다. 현재 많은 모임들은 자체내를 꾸려 가는 것에 급급하여 제대로 연대 활동을 펴나가지 못하고 있다. '연대' 조직이 있어도 말만 그렇게 붙였지 독자적 활동을 주로 꾸려 가며 재정까지도 회원 단체의 회비로 충당하기보다는 단독으로 해결할 정도로 '연대적'이지 않다. 나는 어렵지만 각 집단이 적어도 자신들의 활동을 기록으로 남겨두고, 가능한 한 작품화하여 직접 대면하지는 못하나 같은 문제 의식을 공유한 사람들과 나누어 볼 수 있는 형태로 마무리를 짓는 일을 해나갈 수 있으면 한다. 최근 노동 현장에서도 노동자 문화 활동이 다양화되고 전문화되는 추세에 있다는 기사(《여성신문》, 1992년 3월 20일)가 났었는데, 이런 활동이 적극적으로 장려될 필요가 있으며 동시에 확산될 통로를 찾아갈 수 있어야 한다. 일회용으로 끝나는 창작 작업들을 어떻게 문화적 자원화할 것인지에 보다 많은 관심을 기울여야 한다는 것이다.

〈또 하나의 문화〉에서 만드는 창작극들의 각본을 빌리러 오는 모임들이 종종 있다. 기발한 아이디어로 이벤트를 벌이고 그때 여러 단체들을 초대하여 잔치를 하는 것이 필요하다는 것이다. (물론 그 이벤트는 '피곤한' 몸을 끌고 가서도 잘갔다는 생각을 할 수 있을 정도의 수준작이어야 한다.) 일 년에 한 번만이라도 같은 목표를 가진 운동 단체들이 축제를 하면서 정보를 나누고 서로 배워 가는 장을 마련할 수 있게 되기를 바라며, 기존의 책방이나 카페를 활용하여 만남을 활성화해 나갈 수 있기를 바란다. 아니면 〈또 하나의 문화 연극 소모임〉과 같은 문화패들이 여러 곳을 순회 공연하거나, 운동 단체들에 의한 주문 생산을 하면서 연계를 맺어 유사시에 큰일도 벌여 갈 수 있게 되었으면 한다.

5) 식민지적, 반봉건적 가족에서 벗어나기

위에서 내린 문제 파악과 처방은 아직 실천과는 거리가 멀다. 〈또 하나의 문화〉 활동을 하면서 내가 발견한 것은 가족 제도라는 것이 가족 구성원들에게 엄청나게 억압적이어서, 개인이 자신이 원하는 일을 하도록 내버려 두지를 않는다는 점이었다. 나는 한 쪽 발은 가족에, 다른 발은 자기가 원하는 사회를 만들고자 하는 사회 운동에 담근 채 자기 분열을 방치해 두는 경우들을 종종 본다. 두 개의 다른, 그것도 상반된 원리를 가진 공동체에 동시에 속한다는 것은 자신에게 이중성을 더할 뿐, 도움이 되지 못한다. 가족을 사회 운동에 끌어 들이든지, 아니면 가족이나 사회 운동을 떠나야 한다. 물론 내가 여기서 문제삼는 것은 가족 제도 자체가 아니다. 식민지적 근대화 과정의 산물인 반봉건적 가족을 말하는 것이다. 우리 중에는 가족 구성원들을 살려내 주는 가정에서 자란 사람들이 없지 않고 그런 이들에게 사회 운동에 참여하는 것은 문제가 되지 않는다. 그런데 그런 경우는 상당히 예외적인 경우에 한정되며, 대다수가 자아 분열을 강요하는 가족 안에서 살고 있다. 가족 이기주의적 성향을 박노해 시인은 아래와 같이 표현했다.

오! 어머니
당신 속엔 우리의 적이 있습니다.

어머니의 염원을 ······
잔혹하게 짓밟고 선 저들은
간교하게도 당신의 비원 속에
굴종과 이기주의와 탐욕과 안일의 독사로 도사리며 ······
우리의 가장 약한 인륜을 파들며 유혹합니다 ······

어머니의 간절한 소원을 위하여
이 땅의 모든 어머니들의 비원을 위하여
짓눌리고 빼앗긴 행복을 되찾기 위해

오늘 우리는 불효자가 되어
저 참혹한 싸움터로 울며울며
당신 곁을 떠나갑니다.
— 박노해, 1984, 《노동의 새벽》, 풀빛, 141쪽

노동 운동 과정에서 쓴 시이니만큼 표현이 강렬하지만 이 시는 효자가 되기 위해 불효자가 될 수밖에 없는 시대적 상황과 가족주의적 위험을 잘 꿰뚫어 보고 있다. 사회 운동을 취미로 하는 것이

아니라면 사회 운동에 참여하는 이들은 가족 생활과 그밖의 생활 사이의 일관성을 유지하기 위해서 보다 많은 노력을 기울여야 할 것이다. 우리는 주변에서 대화가 없어진 지 오래인 가족들을 본다. 부모를 포기했다는 청소년들이 늘고 있으며, 그보다 더 심각한 문제는 부모 자식으로서 그러한 갈등을 풀려 하지 않고 회피하면서 서로를 이용하며 살아가는 사람들이다. 상황에 따라 봉건성의 카드와 근대성의 카드를 적절하게 내놓으며 기회주의적 생활을 하는 데 길들여진 것이다. 나는 꼭 모든 사람이 '근대적'이어야 한다고 고집하지는 않는다. '근대성'의 내용과 형식에 대한 논의가 이제 시작되고 있다는 점에서 더욱 그런 주장을 강하게 하기는 어렵다. 그러나 적어도 도시적이고 복합적인 사회 생활을 하는 데 필요한 최소한의 규칙은 있어야 하며, 그것은 개개인이 자신의 삶 속에서 일관된 원리를 가지고 생활해 가려는 가운데 생기는 공공성의 원리일 것이다. 농경 사회와는 다른 새로운 공공성의 원리를 만들어 가는 것은 사회 운동을 제대로 해가기 위해서 필수적이라는 것이며, 그것은 자신의 가족 문제를 해결하는 것과 함께 가는 과정이라는 것이다.

한곳에 정착하면서 살아서 이야기를 하지 않고도 서로의 마음을 읽어 내고 알아서 처신하던 때가 있었다. 그러나 그런 시대는 지났으며 이제 각기 다양한 곳에서 일을 하고 여러 가지 다른 체험을 하면서 살아가는 도시적 상황에서 우리는 살고 있다. 기존에 맺어진 관계를 유지하는 것이 목표가 아니라 새로운 관계를 맺어 가야 하는 시대를 사는 도시인들에게 자기 세계를 가지지 않은 부모는 부담이 된다. 자녀를 통한 보상 심리를 가진 어머니가 자식에게 주는 스트레스는 엄청나다. 자식들은 이렇게 표현한다: "자기 희생을 통한 자기 만족을 추구하는 부모 때문에 우리 삶을 저당잡힐 수 있는가?" 변화를 싫어하고, 체면이나 타인의 시선에 따라 움직이며, 권위주의적이며 전혀 예민하지 않은 부모의 비위를 맞추느라 젊은 이들은 갈팡질팡하며 무기력증에 빠져 있다. 자신이 하고 싶은 일만을 전력을 다해서 추구하여도 '전문적'인 수준에 들어가기 어려운 상황에서 이중 생활을 해야 하니 무기력해질 수밖에 없다. 자신의 생각을 분명하게 표현하면서 협동해 가야 하는 근대적 상황에서 부모의 권위에 눌려 자기 생각을 분명히 표현하지 못하게 되니 혼란스러워질 수밖에 없다. 서로가 원하는 것을 알아서 그 길을 가도록 적극 밀어 주어도 잘하기 어려운 상황에, 원하는 것을 못하게 하니 기가 죽을 수밖에 없다. 지금 많은 가족은 매우 강압적으로 자식을 묶어 놓고 있고 이것은 자신이 원하는 사회를 만들고자 하는 적극적인 움직임, 곧 사회 운동을 묶어 놓은 결과를 낳고 있다.

지금은 '효'의 개념을 다시 해석해야 할 때이다. 부모라는 개인의 안녕을 택할 것인지, 부모로부터 이어져 온 삶의 연속성을 중시할 것인지에 따라서 '효'의 개념은 판이하게 달라진다. 극도의 단편적이고 이기적인 삶을 살도록 부추기는 자본주의 사회에서 '효'의 개념을 다시 살리는 것은 많은 장점을 가질 것이다. 그러나 그것이 많은 부작용을 낳는 것은 바로 '효'의 개념을 집단적 문화의 수준이 아니라 개인적인 차원에서만 이해하기 때문이다. 원래 유교적 '효'의 개념은 개인의 안녕을 위한 것이라기보다, 세대를 이어져 가는 삶을 지혜롭게 유지해 가기 위한 철학이다. 삶을 길게 내다보는 것, 삶이란 한 사람의 평생에 끝나는 것이 아니며, 그 삶은 윗세대부터 받은 것과 아래로 물려줄 것 사이에 있다는 것을 가르치는 종교이다. 근대적 상황에서 '봉건적'인 효를 강요하는 것처럼 모든 사람을 불행하게 하는 일도 없을 것이다. 근대적 사회에 살면서 자식을 소유적인 봉건적 사랑으로 사랑한다면 오히려 세대간의 단절이 더욱 빨리 일어날 것이고, 그것은 어떤 면에서 지금 우리 사회에서 일고 있는 '파편화' 현상을 촉진시키고 있다. 현대의 부모들은 자식을 위해서 종종 자신에게 가장 감정적으로 힘들고 불행한 선택을 해야 한다는 사실을 알아야 할 것이며, 자식 역시 부모를 떠날 용기를 가질 수 있어야 한다. 그런 결심이 실은 장기적으로 볼 때 부모와 자녀 모두가 행복해지는 길일 가능성이 높기 때문에 ······

사실상 근대사는 집을 떠나는 자들이 이루어 가는 역사가 아닌가? "왜?"란 질문을 물음으로 신분제를 타파했고, 새로운 민주 정권을 들여앉히며, "지구는 둥글다"고 외치면서 새로운 발명품을 만들어 내고, 또 전혀 새로운 자기 표현의 방식들(예술)을 이루어 나갔다. 그런 면에서 근대적 인간은 '봉건'과 결별하고 집을 떠나야 했고 지금 우리 중에 많은 사람들은 그런 '떠남'이 필요하다는 것을 절실하게 느끼고 있다. 사회 운동을 하려는 사람들은 이 문제를 회피하지 않고 정면으로 다루어야 한다. 어느 정도의 경제적, 공간적 자립을 이루어 내는 것, 아니면 적어도 가족에의 의존을 최소화하기 위해서 최선을 다하는 것, 아니면 가족을 변화시켜 가는 것을 자신의 사회 운동의 최종 목표로 삼을 수도 있다. 부모를 돈을 주는 재원으로만 생각하고, 부모와의 상호 작용을 그런 전략적 차원에서 만들어 가는 식의 타협은 사회 전체를 이중성으로 몰아넣을 뿐이다.

 이것은 부부 관계에서도 마찬가지이다. 직장에서는 근대적인 모습으로 일하다가 집으로 돌아가면 봉건적 아내나 남편으로 변신하는 경우 역시 일관성 없음에서 오는 자기 파괴를 경험하게 된다. 서구의 경우를 보면 자본주의 사회는 가족 관계에 있어서도 상당히 합리적인 방식의 관계를 맺어 갈 것을 요구하지만, 그것이 가족 성원들이 시장의 원리 대로 서로를 이용하는 극단으로 몰고 가지 않게 하는 여러 가지 장치들을 발전시켜 왔다. 그런데 피상적 근대성과 계산하는 방식만을 배운, 근대적 공공성의 개념을 만들어 가지 못한 우리 사회에서 가족은 가족 성원을 가차없이 이중적 인간으로, 그리고 가정을 가장 비인간적인 계산의 공간으로 만들어 버리고 있는 것이다. 가족은 이제 개인의 자율성과 안정감을 줄 수 있는 곳, 자유와 소속감을 동시에 줄 수 있는 곳이어야 한다. 앞으로 그런 대안적 가정을 만들어 가기 위한 운동이 활발하게 일어야 할 것이며, 모든 사회 운동의 밑바탕에 새로운 가족 공동체를 만드는 운동이 깔려 있어야 할 것이다.

맺음말

 앞으로 일어날 사회 운동의 모습은 어떤 것일까? 90년대에, 그리고 21세기에 일어날 사회 운동은 자기의 일상적 삶에서부터 시작되는 운동이 주류를 이루게 될 것으로 생각된다.[3] 그것은 곧 '당위론'에 입각한 이타적이고 엘리트적인 운동이 아니라 구시대적 관점에서 보면 상당히 '이기적'인 운동일 것인데, 그 이기성은 길게 내다볼 수 있는 이기성이기 때문에 실은 이타성과 자연스럽게 만나는 지점을 담보하고 있다. 그 운동은 각자의 체험이 시작이 되는, 자신이 막연히 느껴온 다양한 억압을 자신의 말로 풀어내는, 자신을 버려 두지 않기 위해 일으키는 운동인 만큼 '현재'(자신)를 열어 남과 만나 가는 '개방적인' 성격을 지닐 것이고, 그러한 운동 과정에서 개인은 자기 속에 있는 여러 개의 '자신'들을 발견하게 될 것이다.

각자는 거울 속에서 여러 가지 양태로 타자화되어 온 자신을 만나 보게 될 것이다. 식민지 지식인으로서, 여자로서, 남자로서, 눌려 사는 신세대로서, 지방대 출신으로서, 특정 지역 출신으로서, 대학을 다니지 못한 사람으로서, 사회에서 '비정상적'이라고 규정한 가정에서 태어난 사람으로서, 사회가 '못생겼다'고 규정한 얼굴을 가진 사람으로서, 신체 장애자로서, 왼손잡이로서, 오염된 물을 마시고 소음을 참아 낼 수밖에 없는 무기력한 주민으로서의 자신을 만나리라는 것이다. 그리고 그러한 자신의 모습을 기피하기보다 좋아하기 시작할 것이다. 분열된 자아와 정직하게 대면하고 추스려 가는 데서부터 새로운 운동은 시작된다.

억압당해 온 자신을 바라보면서 자신의 주변화된 위치를 상대적 박탈감으로서가 아니라 새로운 행동을 시작하는 지점으로 삼아갈 수 있게 된다면 우리 자신과 사회는 새롭게 태어날 수 있다. 주변적 지점에서 사회적 모순을 꿰뚫어 보는 통찰력을 가지게 되는 것은 동시에 자기 속에 있는 여러 가지 가능성들을 보게 되는 것을 의미한다. 끊임없이 자신을 남과 비교함으로써 상대적 박탈감을 느끼던 때와는 달리 자신 안에 있는 창조성의 발휘를 통해 스스로를 느낄 수 있게 되고, 부정을 통한 정체성이 아니라 긍정을 통한 정체성을 갖게 되는 것은 새로운 사회 운동을 벌여 갈 주체들이 가지게 되는 중요한 체험적 자각일 것이다. 더 이상 조직적 대결의 형태가 아닌,

---

3) 새로운 사회 운동에 관한 책으로 정수복 편역, 1993, 《새로운 사회 운동과 참여민주주의》, 문학과 지성사 ; 그리고 김지하, 1991, 《뭉치면 죽고 헤치면 산다》, 동광출판사 ; 카프라 스프레트낙, 1990, 《녹색 정치》, 정신세계사를 참고할 것.

자기 성찰을 바탕으로 하는 운동의 형식, 저항적 행위와 생산적 행위가 함께 가는 운동이 일어날 때 자신을 살리는 길이 곧 사회를 살리는 길이 되는 삶의 양식이 만들어지고, 그 사회는 나름대로 건강성을 회복하게 될 것이다.

우리는 스스로를 소외의 상태 / 타자화된 상태에 남겨 두지 않기 위해서, 사회 운동에 참여하지 않을 수 없고, 새로운 준거 집단을 만들어 가지 않을 수 없다. 자신을 "공동체에 주고 싶지 않아서 사회 운동에 참여하고 싶지 않다"고 말하는 이들이 있다. 그렇다고 자신의 삶을 거대한 억압의 소용돌이 속에 묻어 버릴 것인가? 아니면 "자신을 공동체에 주고 싶지 않은 사람"들끼리 모여서 자신들이 원하는 것을 이루기 위해서 운동을 벌여야 할 것인가? '참지 못하는 이들'의 정당이 생기고 '지친 자들의 정당'도 생기면 새로운 사회를 만들어 갈 터전이 마련될 것이다.

이제 단순히 적을 격파하는 운동이 아니라 자신의 삶을 '일구는' 운동, 외부에서 온 타도할 대상에게 증오의 눈길을 보내면서 에너지를 생산해 내는 것이 아니라, 우리 속에 있는 가능성을 찾아내고, 서로의 관계를 착실하게 다지면서 자생적 힘을 길러 가는 본격적인 사회 운동이 이제는 일어나야 한다. 근대적 '공공성'의 차원에서 자신의 개인적 문제를 읽어 냄으로 폭넓게 환경 운동, 교육 운동, 소비자 운동과 매체 운동 등이 다양하게 일어나고, 각자가 일상성에 주체적으로 다가가는 운동이 일어날 때 비로소 우리는 거대하고 교묘한 장치로 우리를 옭아매는 '구조'와 맞서 지속적으로 운동을 벌여갈 수 있게 된다.

일상적 삶의 불편을 참지 않고 삶의 질을 요구하는 광범위한 생활 정치 운동을 벌여가기 위해, 각자는 자신의 가족 생활과 자신이 하는 일(전공)과 '공공적 선'을 연결시키는 방법을 찾아 나서야 할 것이다. 이를 위해서 우리는 적어도 두 가지 점에 신경을 써야 할 것이다. 우선 기존의 진리에 대해 끊임없이 회의하면서, '왜?'라는 질문을 늘상 던지면서 생산적 비판력을 길러 가야 한다. 절대주의적 사고를 버리고 상대주의적으로 생각하는 버릇을 가지라는 것이다. 다음으로 타인을 배려하는 여유를 가지는 것, 그리고 더 나아가 자기와 다른 성향과 능력을 가진 사람들을 존중함으로 유기체적인 협동을 이루어 갈 수 있어야 한다. 그럼으로써 다시 스승과 선배와 동지를 얻게 되고 삶의 즐거움을 되찾게 될 것이다.

그러기 위해 우리는 더 똑똑해지고, 부지런하며 지혜로와져야 한다. 시간은 없다. 우리는 너무 오랫동안 해야 할일을 미루어 왔지 않은가? 생각해 보면 하고 싶은 일만 해도 시간이 모자라고 만나고 싶은 사람만 만나도 시간이 모자란다는 것을 알게 될 것이다. 이제 참을성은 더 이상 미덕이 될 수 없다. 그것은 우리를 지치게 하고 무관심하고 무기력하게 만들 뿐이다. 그만 포기할 것은 포기하고, 건질 것을 건지자. 사회 운동이 자칫 취미 생활로 전락해 버릴 위험성을 경계하면서 급진성을 잃지 않는 것, 우리 시대 사회 운동이 줄다리기해야 할 부분은 바로 이 부분이다. ■

이인철, 〈젊은 날의 초상 I〉, 1991

'반문화' 운동과 '신세대'

■ 이 글은 계명대학교 대학원에서 주최한
〈정보 사회의 권력과 문화〉라는 주제의
학술 세미나를 계기로 쓴 글이다.
사실은 얼마 전부터 '신세대' 문제가
사회 운동의 방향과 내용을 결정하는
관건이 되리라는 생각에서
수업을 통해서나 다른 모임을 통해서
토론의 자리를 마련하고, 또 관찰을 해오던 터였다.
1992 – 1993년 〈문화 인류학〉과 〈민속지 연구〉
과목에서는 신세대와 반문화에 대해 강의를 하였고
〈헤어〉와 〈도어즈〉 영화를 보면서
깊이 있는 토론도 나누었다.
무엇인가를 시작해야겠다고 생각하면서
그것이 무엇인지 잘 보이지 않아 답답해 하는
젊은이들이 만들어 갈 문화 운동의 지평에 대해
생각해 보려는 글이다.

장막을 걷어라
너의 좁은 눈으로
이 세상을 떠 보자
창문을 열어라
춤추는 산들 바람을
한번 더 느껴 보자
가벼운 풀밭 위로
나를 걷게 해주게
온갖 새들의 노래 듣고 싶소
울고 웃고 싶소
내 마음을 만져 줘
나도 행복의 나라로 갈테야

글을 쓰는 요즈음 젊은이들이 술렁거리는 것을 느낀다. 곳곳에서 '신세대' 논의가 일고, 대학교 세미나 장에는 문화 / 권력 / 담론 / 신세대 / 사랑 / 성 등의 단어가 주를 이룬다. 90년대 후반으로 들어서면서 젊은이들 중심으로 새로운 사회 운동이 뜰 것인가? 그것은 무엇을 겨냥하는 운동일까? 그것은 통합된 하나의 운동일까 여러 가지로 분리된 다양한 형태의 움직임들일까?

앞으로의 사회 운동은 80년대 사회 운동의 연속선상에서 전개되어야 한다는 주장은 여전히 유효하다. 하지만 주장을 한다고 사회 운동이 뜨는 것은 아니다. 사회 운동은 사람이 움직여야 뜨는 것이다. 80년대에 제기되었던 문제를 중심으로 광범위한 환경 운동, 여성 운동, 정치적 민주화 운동, 경제 정의 실현을 위한 운동 등이 지속되어야 하겠지만, 그런 구체적 과업을 가진 운동이 활성화되기 위해서라도, 보다 근원적인 차원에서 젊은이들 자신을 위한 '재활력화' 운동이 일어야 할 것이라는 생각을 나는 요즘 하고 있다.

내가 여기서 말하는 젊은이들의 '술렁거림'은 미국에서 1960-70년대에 일었던 '반문화' 운동을 연상시키는 데가 있다.[1] 그리고 실제로 젊은이들 중에는 당시 미국에서 뿌리내렸던 반체제적인 '반문

---

1) '반문화 운동'이란 영어로 counter culture를 말하는데, 직역을 하면 '대항 문화'

화' 내지 자유주의적 히피 문화에 대한 친화력을 느끼는 이들이 늘고 있다. 이 숫자는 아직 매우 작고, 그런 면에서 내 이야기는 단편적인 관찰에 의한 이야기에 그치게 될지 모르지만, 적어도 내가 살고 있는 신촌 중심의 공간에서는 중요한 의미로 부각되고 있고, 검토되어야 할 주제임에 틀림없다. 왜 요즘 와서 갑자기 '반문화'라든가 '히피 풍'에 대한 관심이 일고 있는가? 도대체 '반문화' 운동이란 어떤 것이며, 이들이 생각하는 '반문화'란 또 어떤 것인가? 우리가 여전히 미국의 문화적 식민지 상태에 있기 때문에 이러는가, 아니면 지금 젊은이들이 직면해 있는 현실이 히피 운동이 일던 당시와 유사성을 지니고 있기 때문인가? 이런 질문을 던지며 젊은이들의 삶에 대해 생각해 보자.

앞에 쓴 한대수의 〈행복의 나라로〉라는 노래를 모르는 젊은이들은 별로 없을 것이다. 이 노래는 전투적인 데모와 비감한 '운동권' 노래를 부른 후에 학생들이 뒤풀이에 가면 즐겨 부르던 노래였고, 운동을 하지 않는 학생들도 좋아하는 노래 중에 하나이다. 한대수는 70년대 통기타 바람을 일으킨 가수 중 하나로, '자유'와 '자기이고 싶은 욕구'의 좌절에 대한 노래들을 주로 불렀다. 정치적 / 조직적 투쟁이 거세게 일어날 때 이런 부류의 노래는 '타도 대상'이 되기도 하였지만, 여전히 많은 젊은이들의 마음을 사로잡은 노래였는데, 그것은 이 노래들이 젊은이들이 마음 깊이 하고 싶어한 말을 해 주고 있기 때문이었을 것이다. 한대수의 〈물 좀 주소〉, 〈슬픈 옥이〉, 〈마지막 꿈〉과 같은 노래들을 들어 보면 '방향을 상실한 피난민적인' 한국 사회와 진부하고 천박한 기성 세대의 삶에 대한 고발이 담겨 있다. 위선적이고 탐욕적인 부모 세대에 대한 비판과 인간으로 살고 싶은 '갈증'과 '몸부림'을 느끼게 된다.

한대수가 노래를 통해 다룬 주제는 실은 1960년대에 거대하게 일었던 미국의 '대항 문화' 운동에서 찾아볼 수 있는 것들이기도 하다. 한대수 자신이 1960년대 청소년기를 미국에서 보냈고, 한국

라는 표현이 더 적절할 것이다. 그러나 '반문화'라는 단어가 실제로 어떤 느낌으로 다가오며, 그 현상을 생생하게 전해 주는 면이 있어서 이 단어를 그대로 쓰기로 한다.

으로 돌아오기 전에 밥 딜런 같은 포크 가수들과 뉴욕에서 어울렸다는 점에서 그들의 영향을 많이 받았음에는 틀림없다. 그러나 무엇보다도 그의 노래는 그 자신 두 개의 문화, 두 개의 언어 사이에서 어느 쪽에도 들지 못하는 '주변인'으로 자랐고, 욕심 많은 부모 세대의 압력 속에서, 또 익명의 도시 속에서 살아온 경험의 소산일 것이다. 주목할 것은 바로 한대수처럼 두 개의 문화권 — 동양과 서양, 기성의 문화와 새로운 문화 — 사이에서, 욕심 많은 부모 세대의 압력을 무겁게 느끼고 사는 젊은이들이 지금 이 땅에 늘어나고 있다는 것이다. 〈헤어〉와 〈도어즈〉를 보고 쓴 한 학생의 글을 길지만 인용해 본다.[2]

두 영화에서 공통적으로 형상화하고 있는 것은 히피 문화의 재음미였다. 장발에 너저분한 옷차림, 섹스와 알코올, 마약과 같은 몰이성적 기제를 통한 무규범적 생활이 그들의 문화이다. 그러나 이들을 단순히 그러한 차원에서 이해해서는 안된다. 이미 존재하고 있는 잣대 위에서 이들을 판단해서는 안된다는 것이다. 왜냐하면 그들의 기본적 가정이 이러한 사회적 틀(규범과 질서)로부터의 탈피이기 때문이다. 그들이 가졌던 가장 원초적인 질문은 아마 다음과 같은 것일 것이다.

"우리의 삶의 주변에는 법, 도덕, 규칙, 관습, 합리라는 미명하에 사회 체제 유지 기제가 널려 있다. 왜 이러한 기제가 그저 정당화되는가? 이것들은 내가 선택하지 않았음에도 불구하고 나의 삶과 정신을 제한한다. 이를 묵인해야 하는가? 다수의 행위가 합리일 수도 없고, 설령 합리라 하더라도 나를 포기하고 그 합리에 맞춰야 할 이유는 없는 것이다."

히피 문화는 나를 감싸고 있는 고정된 틀로부터의 탈출을 의미한

---

2) 〈Hair〉는 Milos Forman이 감독한 영화로 1979년에 제작되었다. 이 영화는 반문화를 이상화시킨 유명한 록 뮤지컬로, 1960년대 중반 브로드웨이 무대에서 장기 공연된 작품을 영화화한 것이다. 〈도어즈〉는 실제 있었던 미국의 한 록 그룹의 형성과 해체 과정을 통해 1970년대 전후 반문화 운동의 일면을 잘 그려내 주고 있다. 영화 주인공 짐 모리슨은 반문화 정신을 시적으로 노래한 상징적 인물로 남아 있다. 이외에 케틀린 비겔로우의 〈폭풍 속으로 Point Break〉도 반문화가 어떤 것인지를 알아보는 데 도움이 되는 영화다.

다. 그러기에 그들의 외면적 행위에 대한 어떠한 가치 판단도 무가치하다. 월남전에 대한 그들의 반전 운동은 시의 적절했다. 그들의 반전 운동은 그들의 정신에 반하는 체계적 억압이었기에, 이성이 아닌 인간 본연의 자유 의지에 의한 것이기에 더욱 높이 평가받아야 한다. 〈도어즈〉의 주인공 짐 모리슨은 파격적인 무대 행위를 한다. 술과 마약에 취해 비틀거리고, 야수와 같은 소리를 지르며, 옷을 벗어 던진다. 그의 행동은 자기 표출이며 영혼의 외침이다. 나를 감싼 억압의 틀을 벗어버린다. 나의 삶을 나의 표현의 시간으로 삼고 나의 위안의 시간으로 삼는다. 그러기에 그의 행동을 다른 사람에게 미칠 영향을 통해 판단해서는 그를 이해할 수 없다.

히피 문화는 반대의 문화, 반문명, 반국가의 문화가 아니다. 히피는 자유의 문화이며 실존의 문화이다. 거대 대중 사회 속에서 주체로서의 나를 찾기 위한 인간적 괴로움의 표현이다. 그것은 어떠한 잣대 위에 놓여져서도 안된다. 그저 '너'의 삶의 모습을 보는 것으로 충분하다. (사회학과 3, 일권)

나는 이 학생의 글에서 한대수의 노래를 듣는다. 목이 말라서 "물 좀 주소"라고 하는데 웬 잔말이 그리 많느냐는 한대수의 소리를 듣는다는 말이다. 지금 대중 매체를 통해 무성하게 일고 있는 〈신세대〉들의 목소리라는 것과 한대수의 '신음 소리 같은 흥얼거림' 사이에는 분명 유사성이 있다. '개성 있는 자기 자신이고 싶어하고', 기성 세대를 닮지 않겠다는 몸짓을 단호하게 내보이는, 그냥 살아 있다는 느낌을 가지고 살고 싶어하는 면에서 그러하다는 것이다. 〈신세대〉라는 단어는 지금 젊은이들 사이에 이런 욕망을 표현하게 하는 매제로 서서히 만들어지고 있는 단어가 아닌가?

〈신세대〉라는 단어가 부각되고 있는 배경을 살펴보자. 세대에 따른 문화적 차이는 사회가 변하는 한 있기 마련인데, 그런 면에서 세대 문화는 늘 있어 왔을 것이다. 이것을 구태여 '신세대 문화'라 부르고자 할 때는 그 말을 둘러싸고 무엇인가 새로운 일이 벌어지는 것을 암시한다. 이 단어가 부각되고 있는 현장에는 "누군가가 변화를 원한다"는 의지가 전해지고 그들이 무엇인가를 하겠다는 의도가 깔리기 시작한다. 그것은 매우 달라지고 싶어하는 젊은 세대 중 일부일 수도 있고, 젊은 세대가 기성 세대와 달라지는 것을 우려하는 집단일 수도 있고 그도 저도 아닌 '말 만들기 좋아하는' 대중 매체 사람들일 수도 있다. 다시 말해서, 기성 문화와 단절을 하려는 의도에서, 또는 한 문화 안에 사는 사람들은 아무리 사회가 분화하더라도 같은 생각을 하고 있어야 한다는 획일적이고 보수적인 생각에서, 소비 광고 사회의 또 다른 '선정적' 단어를 만들어 내려는 의도에서, 혹은 그 외 또 다른 이유로 이 단어를 부각시키고자 하는 사람들이 있었을 것이라는 것이다. 그렇게 만들어진 단어를 다른 많은 사람들이 사용하기 시작했다면 이 단어를 중심으로 하나의 새로운 '정치적 영역'이 생기게 된다. 〈신세대〉는 바로 그러한 새로운 정치적 공간을 만들고자 하는지도 모른다. 마치 미국에서 1960년대에 일었던 반문화 운동이 그랬듯이. 이제, 미국 사회의 신세대와 반문화 운동에 대해 간략히 살펴보자. 나는 마침 반문화 운동이 활발하게 일던 시기에 미국 유학을 하고 있었다. 아래의 글은 그러한 체험적 관찰과 몇 권의 책을 참고로 정리한 것이다.

먼저 세대 갈등의 성격에 대해 간략히 짚고 넘어가자. 산업 자본주의 사회는 그 변동의 속도와 개인 위주의 분업 사회라는 속성상 세대간에 첨예한 갈등을 낳기 마련이다. 이동과 직업상에 연속성이 없으며, 과학 기술이 급속하게 변하는 상황에서는 아랫 세대가 윗 세대보다 고도의 전문 기술성을 가지고 있을 가능성이 높다. 특히 과학 기술주의를 바탕으로 한 업적 위주의 사회로 나갈 때 연장자의 권위가 도전받지 않고 유지되기는 매우 어렵다. 이런 상황에서는 기성 세대에 대한 저항이 불가피하며, 각 사회는 나름대로 젊은 세대의 문화를 포용해 가는 기재를 발달시켜 갈 수밖에 없었다. 그리고 그런 기제가 제대로 마련되지 않은 경우에 기성 세대는 젊은 이들의 거센 저항을 감수하지 않으면 안되었다. 산업화의 속도가 비교적 완만하고 다원주의적인 유럽 사회에 비하여 미국 사회는 젊은이들의 저항이 거센 편의 사회에 속한다. 이민 사회의 속성상 통합성과 획일성을 강조해 온 문화적 특성과도 관련이 있을 것이다. 가장 대표적인 젊은이들의 저항의 표상으로서 우리는 영화 배우 제임스 딘을 기억한다. 그의 저항은 '이유 없는 반항'이라고 불리웠고 한때 열병처럼 전세계의 젊은이들 사이에 파급되었었다. 그러나 지배 문화에서는 이들의 저항을 아이도 아니고, 어른도 아닌 변경에서 불안해 하는 사춘기적 / 생물학적 저항이라는 식으로 처리하려고 했었다. 자라면서 불가피하게 거쳐야 하는 과정이라고 기성 세대 이론가들은 판정을 내렸던 것이다. 그런데 60년대 후반부터 이 '이유 없는 반항'은 '이유 있는 반항'으로 거세게 일기 시작했던 것이다.

1960년대 미국 젊은이들의 저항

프라이델과 브린클리가 쓴 《미국 현대사》 24장 〈혼란한 사회〉 첫머리에는 "1960년대는 미국에서 정치적 혼란을 낳았을 뿐 아니라, 문화적 변화는 너무나 심각하여 사람들은 그것을 약간 과장시켜 '혁명'이라고 부를 정도였다"고 쓰고 있다.[3] 베트남 전쟁과 국내의 인종 문제로 미국은 2차 세계 대전 이래로 가장 심각한 위기 의식을 체험하고 있었다는 것인데, 저자는 이어서 이 시대는 정치적 위기와 문화적 변화가 거의 분간될 수 없을 정도로 맞붙어 있어서 "문화가 그토록 광범위하게 정치화된 것은 미국 역사상 유례를 찾아볼 수 없었다"고 적고 있다.[4] 베트남 전쟁으로 미국은 진퇴 양난에 빠져 있었고, 인종 차별에 관한 위기는 더욱 심각해지고 있었던 것이다. 특히 백인과의 협력을 통한 평화적 개선이라는 방법에 환멸을 느낀 흑인들은 인종 문제에 대한 새로운 접근을 모색하면서 폭력 사용의 불가피성을 논의하거나, 분리주의를 주상하는 '블랙 파워'의 철학으로 기울기 시작하였다. 이런 와중에 킹 목사와 케네디가 암살되었고, 혼란은 가중되었다. 준비되지 않은 이런 위기 상황에서 결국 미국 사회는 자유주의적 개혁보다는 안정을 택하게 된다. '조

---

3) F.프라이델·A.브린클리, 1985, 《미국 현대사 1900-1981: 격변하는 정치, 경제, 사회, 문화》, 박무성 옮김, 대학문화사, 530쪽.
4) 같은 책, 532쪽.

용한 다수'는 "본질적으로 건전하고 안정된 사회를 분열시킨 저항 집단과 과격주의자들에게 그들의 분노의 화살을 돌렸고,"[5] "국민의 대다수가 근본적인 사회 변화보다는 안정의 회복에 보다 관심이 있었다는 것을 보여 주었다"[6]고 저자는 말하고 있다. 간단히 말하면 보수 반동적인 체제로 성급하게 선회함으로 미국은 1960년대의 위기 상황을 일단 마무리를 짓게 된다는 것이다.

정치적 위기 상황이 마무리 되었다고 해서 그 동안에 일었던 파문과 혼란이 정리되는 것은 아니다. 보수적인 성향의 '조용한 다수'에 의해 찾아진 안정은 일시적이거나 부분적일 수밖에 없다. 극심한 혼란의 와중에서 자기 사회의 '진짜 모습'을 보게 된 사람들은 주변적인 집단만이 아니라 중심에 있던 많은 중산층 백인 젊은이들을 포함한다. 그리고 자기 사회의 모순을 보게 된 이들은 기존 체제에 대해 심각한 도전을 하기 시작하였는데, 그들의 도전은 기존의 정치적 저항과는 다른, 상당히 포괄적이고 근원적인 차원에서의 도전을 포함한다.

1960년과 70년대 젊은이들이 일으킨 운동은 신좌파와 반문화 운동이라는 두 갈래의 흐름에서 이루어졌다는 식으로 정리가 되고 있는데, 이 둘은 사실 밀접하게 연결이 되고 있다. 먼저 신좌파 운동을 보면, 이 운동은 민권 운동과 베트남 전쟁 반대 운동의 과정에서 자기 사회의 폭력성과 이중성을 체험하게 된 대학생들의 급진화한 운동이라고 보면 무방할 것이다. 이들은 〈민주 사회를 향한 학생들 Students for a Democratic Society〉이라는 조직을 결성하고 강령을 발표하는데 그 중에는 다음과 같은 내용이 들어 있다.

"우리들 중 많은 사람들이 자기 만족 속에서 자라왔다. 그러나 우리가 자라감에 따라서 우리의 생활적 안락함은 무시하기에는 너무나 고통스러운 사건들에 의해서 침범당했다."[7]

---

5) 같은 책, 526쪽.
6) 같은 책, 528쪽.
7) 같은 책, 532쪽.

자신의 사회를 새롭게 분석해 내고자 한 이들은 1920-30년대 구좌파들의 언설을 빌리면서 또한 당시에 나온 체제 변혁적 서적들을 탐독했다. 당시에 이들이 즐겨 읽은 대표적인 '의식화 서적'으로는 미국 청년들이 공허하고 무의미한 생활로 빠져드는 과정을 파헤친 폴 굿먼 Paul Goodman의 《부조리의 성장 Growing Up Absurd》(1960), 소수의 기업과 군부 지도자들 수중에 권력이 집중되어 있는 현상을 분석한 C. 라이트 밀즈의 《파워 엘리트》(1956)[8], 비인간화되고 억압적인 현대 사회의 삶을 밝힌 《일차원적 인간》(1964)[9] 등이다. 이들은 미국 사회 체제를 근본적으로 바꾸어 가고자 여러 가지 사안을 제시했지만, 그 중에 크게 성공을 한 운동은 반전 운동이었다. 이들은 반전 운동을 징병을 거부하는 대규모 국가 운동으로 확대시키는 데 결정적으로 중요한 역할을 했다. 징집 영장을 불태우는 일은 대학 캠퍼스에서 흔한 반전 운동의 모습이었고 많은 젊은이들이 징집을 거부하여 징역을 살거나 캐나다나 스웨덴과 같은 외국으로 도망을 갔다. 이들 출신 중 상당수는 ― 제인 폰다의 남편이었던 톰 헤이든과 같은 사람이 대표적인 인물이다 ― 나중에 정치 일선에 나서게 된다.

베트남 전쟁이 마무리된 후에 신좌파 운동은 대학내 캠퍼스 문제로 운동의 대상을 좁히게 되고 캠퍼스 건물을 파괴하고 방화와 폭발물 사건을 일으키는 등의 과정을 거치면서 힘을 잃어 갔다. 이들이 내건 정치적 사안들은 현실적으로 너무 과격하거나, 사회 의식을 환기시키기 위해서 폭력을 사용하기도 하는 등 급진적 전술을 쓴 것으로 인해서 수적으로도 구성원을 늘리지 못하고 고립화되어 갔던 것이다.

1960년대 상황을 거치면서 자기 사회가 지닌 불공평과 비인간성을 체험적으로 알게 된 젊은이들이 다 신좌파 운동에 참여한 것은 아니었다. 오히려 더 많은 수의 젊은이들은 반문화 운동에 참여하였는데, 신좌파들이 기존의 정치적 언설로 체제 전복을 꿈꾸었다면 이들은 자기 사회의 배반을 보다 감성적으로 받아들이고 표현한 편

---

8) 이 책은 한길사에서 같은 제목으로 번역되어 나와 있다(진덕규 옮김, 1979).
9) 이 책은 차인석 번역으로 1982년 삼성출판사에서 펴냈다.

이었다. 그런 면에서 이들의 저항은 신좌파의 저항보다 더욱 근원적인 측면이 있으면서 동시에 그들이 내보인 저항이나 대안은 덜 분석적이고 정리되지 않았다는 특성을 보인다.

반문화적 실천을 한 젊은이들은 그전까지의 사회 운동에서 보았던 조직화와 여론 형성의 차원에 별로 신경을 쓰지 않았다. 젊은이들은 자신들이 앞으로 채택해야 할 틀에 짜인 삶의 방식을 거부하고 자신이 원하는 방식대로 살겠다는 결연한 의지를 보였고, 그것을 실천하는 데 더 많은 에너지를 쏟게 된다. 탐욕의 네온사인으로 칠해진 도시를 떠나 자연으로 돌아가려는 히피들, 과학주의를 거부하며 동양의 신비주의를 택하는 수도자들, 기존의 폐쇄적 가족 제도를 거부하며 공동체적 삶의 양식을 실험하는 공동체주의자들, 성적 관계를 맺음으로 인간 사이의 벽을 허물어 가고자 한 성해방주의자들과 환각제에 의존하여 신비의 여행을 떠나는 이들에 이르기까지, 당시의 젊은이들은 각양 각색의 삶을 실험해 나갔다. 이것이 하나의 거대한 대항 문화의 물결을 만들어 갔던 것이다.

그 '젊은이 대중'의 움직임에는 그것을 주도하는 조직이나 이론가가 따로 없었다. 그 움직임은 조직해 낼 성질의 것이 아니었다. 신좌파들의 텍스트였던 해방의 변증법을 말한 마르쿠제나 유토피아적 공동체를 말한 폴 굿먼 등의 저서를 읽었으며 동시에 이들은 동양적 사유를 노래한 긴즈버그나 거짓에 싸인 사회를 비꼬며 자유를 노래한 가수 밥 딜런을 숭배했다. 반문화 운동에 참여한 것으로 후대에 기록되는 당시의 변혁 지향적 젊은이들 중 대부분은 자신들이 사회 운동을 한다고 생각하지 않았을지도 모른다. 한대수처럼 '행복의 나라'를 그리며 그냥 자신이 원하는 대로 살고자 집을 떠났고, 실험을 했고, 노래를 불렀고, 새로운 삶의 방식을 찾아 나섰다.

이들 운동이 그나마 공통적 이념적 지향성을 가졌다면, 그것은 당시 유행하던 대중 음악의 파급에 힘입은 면이 없지 않다. 1960년대와 70년대 젊은이들의 '저항'을 이끌어 갔던 것은 어려운 이론 서적도 선동문도 아닌, 밥 딜런과 존 바에즈와 사이먼 앤 가펑클과 비틀즈의 서사적인 노래들이었고, 지미 헨드릭스와 자니스 죠플린과 짐 모리슨과 핑크 플로이드의 연주와 외침과 속삭임들이었다. 이들 대중 문화의 기수들은 반전 노래를 불렀으며[10] 의사 소통이 단절된 사회, 더 이상 울 줄도 모르는 무감각한 외톨이의 삶, 그리고 물신주의를 비판했다.[11] 젊은이들은 각자가 자라온 환경과 개성에 맞게 저항의 방법들을 선택하여서, 노래를 짓고 부르며 살거나, 초현실적 미술 운동을 벌이는가 하면, 아메리칸 인디언 전설에 심취하기도 했고, 요가와 좌선과 자연식으로 새로운 금욕적 생활로 들어가기도 했다.

그러나 이들의 움직임은 각계 각 방면에서 변화를 불러일으킨 것은 사실이며, 그들이 공통적으로 싫어한 체제파(the establishment)에게까지 파급되어 지배 문화를 상당히 바꾸어 갔다. 그 거대한 문화 운동 와중에서 자란 세대는 이제 미합중국의 대통령이 되고 기성 세대가 되었다. 그 나라의 보수 세력은 여전하고, 그런 면에서는 60년대의 대항 문화 운동은 테오도르 로작이 원하는 방향으로 갔다기 보다는 마빈 해리스가 비판한 대로 '경제적 어려움을 모르는 철부지들'의 즉흥적 몸짓에 그치고 말았는지도 모른다. 그러나 그렇게 평가해 버리기에는 부당한 면이 없지 않다. 반문화 운동의 와중에서 자신과 사회를 연결시켜 내는 것을 알게 된 이들이 여전히 활약을 계속하고 있기 때문이다. 이들은 나이 50이 되어서도 여전히 여성 운동과 환경 운동과 영화 운동의 선두에서 지속적으로 사회 운동을 벌여 가고 있다.

《반문화 만들기》라는 책을 쓴 테오도르 로작은 이러한 60년대 젊

---

10) 밥 딜런, 존 바에즈, 피터 폴 앤 메리가 부른 〈All my bags are packed, I am ready to go〉, 〈Where have all the flowers gone〉과 같은 노래들이 그것이다. 이런 류의 노래들은 김민기, 양희은 등에 의해서 70년대에 우리나라에서도 유행을 했다.

11) 사이몬과 가펑클이 부른 〈I am an Rock〉이라는 노래에는 "Rock don't feel pain, and the island never cry"라는 구절이 나온다. 또한 "And the people bow and pray to the neon god they made"라는 〈Sound of Silence〉 노래 가사를 통해 물신화된 사회를 고발한다. 이 분야와 관련하여 최근에 나온 참고할 책으로 노래 운동을 펼친 가수들에 대한 책이 있다. 임진모, 1993,《팝 리얼리즘, 팝 아티스트: 인물로 본 록과 팝의 역사》, 도서출판 대륙.

은이들의 움직임에 대해 17세기 과학 혁명 이후에 진행된 과학 기술주의 / 전체주의 지배 체제에 대한 최대의 반란이며 거대한 기계 속의 부속으로 인간을 전락시키는 것을 막아낼 의미 깊은 움직임이라고 말했다.[12] 그는 이들의 움직임을 자연을 '정복'하고, 급기야는 사람을 '정복'해 버린 극도의 비인간적이고 기계적인 현대 문명의 방향을 돌려놓을 수 있는 마지막 희망으로 보았다. 특히 '객관적 인식'이라는 과학주의에 대해 도전함으로써 인식론적 질문을 새롭게 할 것을 요구한 문화 혁명적 운동이며, 이들이 60년대에 일으킨 광범위한 문화 / 정치 운동은 정치와 교육과 문화와 인간 관계 전면에 걸친 근원적 변화를 가져왔다고 로작은 평가하고 있다.

당시 반문화 운동을 매우 부정적으로 보는 이들도 없지 않다. 유물론자이면서 합리주의자인 인류학자 마빈 해리스는 "반문화는 '객관적 인식'이라는 미스테리로부터 세계를 구해낼 것이다. 반문화는 과학적 세계관을 무너뜨리고, 그 대신 '반지적(反知的)'인 능력들이 최우위를 차지하는 새로운 문화를 창조할 것이다"라는 로작이나, "논리 / 합리성 / 분석 / 원칙 등을 의심하는 제3의 의식"을 가져야 한다는 찰스 라이히는 매우 순진한 유심론자들이라고 하면서 해리스는 반문화를 전면적으로 비판한다.[13] 그는 이 운동에 참여한 젊은이들이란 고작 "환각제나 사용하면서 모택동을 만나기 위해 두들기고 부딪치고 노래한" 배부른 대학생들에 지나지 않는다고 보았다. 마약을 복용하고 피우면서 감각을 강조하며 '두뇌 여행'이나 떠나는 도피적인 '아이'들이었다는 것이다. 해리스에게 반문화란 일상적 삶에서 소외감을 느낀 중산층 출신의 대학 교육을 받은 청년들이 만들어 낸 하나의 생활 방식일 뿐이며, 자체의 몽상 속에서만 천년 왕국을 건설한 운동이라고 말한다. 그는 "수백만의 소위 교육 받은 청년들이 연합체 국가를 '악한 마법'이기나 한 것처럼 보면서, 키스를 하는 것이 어떤 정치 의식의 형태보다 효과적이고 현

---

12) Theodore Roszak, 1969, *The Making of Counter Culture*, New York: Anchor Books.
13) 마빈 해리스, 1982, 《문화의 수수께끼》, 한길사, 200쪽.

실적인"[14] 악의 제거 방법이라고 진지하게 믿고 있었다면서 그들의 정치적 순진함을 비꼬았다. 해리스는 이들 중산층의 아이들은 인종 문제와 계급 문제를 도외시하였고,[15] 운동의 방식에서도 어떤 카리스마적인 지도자나 도덕적 질서에 대한 비전도 제시하지 못한 채 반도덕적인 상대주의에 빠져서 '합리적인 정치 참여의 발전'만을 지연시킨 혹세 무민적 광란을 벌였을 뿐이라고까지 표현하고 있다.

이 운동에 대한 평가는 그리 쉽게 내려질 것 같지 않다. 해리스가 말한 대로 카리스마적인 지도자도 없었고 하나의 통일된 비전도 없었으며, 꼭 이루어야 한다는 구체적 목표를 설정한 적도 없으므로, 그 운동이 얼마나 성공을 했는지를 가늠할 기준도 분명치 않다. 더구나 그 운동은 문화 / 정치적인 것이었기 때문에 그 효과가 즉각적으로 드러날 성질의 것이 아니다. 이 운동이 기본적으로 과학 기술주의와 물질 만능주의에 젖어들던 젊은이들이 자신의 실존을 위해 일으킨 측면이 있다는 점과, 제국주의적이고 관료적 권위주의 국가, 그리고 기성 세대의 이중적 생활 습관에 반기를 든 운동이라는 점에서 많은 이들이 동의를 한다. 그러나 또한 이 운동은 세계에서 가장 부유하고 강력한 사회에 태어나서 풍요를 즐기며 자란 세대의 안일한 자기 찾기에 지나지 않는다는 말에도 수긍을 해야 할 것 같다.

이 운동이 좀더 체계적으로 일어났다면 상황은 더욱 호전되었을까? 당시 유럽에서 일어난 학생 운동들은 좀더 정치적이고 조직화되었던 편이다. 프랑스의 68년 5월 항쟁이나 독일의 녹색당 운동이 그 대표적인 운동들일 것이다. 미국에서의 운동이 좀더 조직화되고 정치화되었더라면 상황은 많이 달라졌을까?

1990년대 한국 젊은이들의 저항

이런 질문을 던지면서 이제 미국의 60년대에서 다시 우리에게로

---

14) 같은 책, 211쪽.
15) 같은 책, 208쪽.

박은국, 〈무제〉, 1994

권위주의적인 어른들로부터의 해방, 창공을 나는 새처럼 자유롭고
싶은 욕망, 감성을 희생시키지 않는 삶을 살고자 하는 바람 등은 사실상 1960년대
이후부터 이 땅의 젊은이들 마음 속에 계속 꿈틀거렸던 어떤 것이었다.

돌아와 보자. 지금 우리들의 상태는 미국에 반문화 운동이 일어나던 당시와 매우 흡사한 데가 있다. 문화적으로는 획일적인 대중 사회란 점에서 미국과 우리는 유사성을 갖는다. 그 정도에 있어서는 엄청나게 차이가 나지만 적어도 이질적 하위 문화들을 잘 포용하고 살려 내기보다 흡수해 버리려는 획일주의의 면, 달리 말해서 다원주의가 결여된 면에서 미국과 우리는 문화적으로 상당히 비슷한 데가 있다는 것이다. 두번째로 우리는 반독재 투쟁과 급격한 변동으로 점철되었던 80년대를 지나면서 우리가 살고 있는 사회에 존재하는 갖가지 모순에 대해 알게 되었다. 한 차례 격렬한 투쟁을 거친 지금 그 모순이 여전히 존재하는 것을 보면서 풀어 갈 엄두를 내지 못하거나, 우리가 가진 정치적 언어의 한계를 느끼고 있다.

이런 정치적 상황의 다른 편에서는 전혀 새로운 젊은이들이 목소리를 낼 준비를 하고 있다. 물질적으로 풍요한 시대에 자랐고, 전쟁을 겪은 부모와 경험적 공유점이 적으며, 개인주의적이고 싶어하는 '아이'들이 자라고 있는 것이다. 히피들이 베트남 전쟁에 참전을 하라는 국가주의적 대의 명분에 어처구니 없어 하였듯이, 이들 역시 집단주의적 압력을 체질적으로 싫어한다. 이들은 대부분 정치와는 무관하게 살고 싶어하지만 삶에서 느끼는 상실감 / 소외감 / 고독감을 주체하기 어려워서 반문화 운동에 참여했던 히피들이 그랬던 것처럼 무엇인가 새로운 것이 일어나기를 기다리고 있다. 이들은 이제 더 이상 기성 세대의 압력을 받으려 하지 않는다. 이들은 기성 세대와 문화적 단절을 원하고 있다.

최근에 〈미메시스〉라는 집단이 쓴 《신세대, 네 멋대로 해라》라는 선언문적인 책에 그러한 생각이 잘 표현되고 있다. 길어서 발췌식으로 싣는다.[16]

> 오늘날 수많은 신세대들은 기성 세대와의 모든 대화와 모든 교류를 거부하고 있다. 그것은 신세대들의 대단히 현명한 사고 방식이다. 인간이 가지고 있는 명예로운 생활 양식 가운데 하나는 '버티는 것'이다. 자신들의 생활 양식을 포기할 의사는 없으나 그 생활 양식의 올바름과 인간적 명예를 이성적으로 주장할 수 없는 신세대들에게 있어서 선택의 여지가 있었는가? 기성 세대와의 모든 교류를 거부하고 자신들의 감성에 입각한 실천을 하는 것, 그것만이 유일하게 자신들의 감성적 활동을 지킬 수 있는 수단이었던 것이다. 그러나 거기에는 하나의 함정이 있다. '버티는 것' 다시 말해 '개기는 것'은 인간이 고립된 채 자신의 명예를 지키기 위한 최소한의 행동일 뿐이다. 우리가 버티는 이유는 무엇인가? 그저 자신의 감성을 인정해 주지 않는 자들과 함께 살면서 평생 그들과 교류하지 않고 버티기만 하다가 생을 마감할 것인가? 그러나 사실 버티는 것조차도 쉬운 일은 아니다.
>
> 우리는 자신들의 꿈을 기성 세대와의 타협없이 실현시키고자 하는 신

---

16) 미메시스, 1993, 《신세대, 네 멋대로 해라: 더 이상 탄원은 없다, 돌파하라》, 15-19쪽에서 발췌.

세대를 수없이 보아 왔다 …… 그들은 그러한 자신의 꿈을 실현시키기 위해서 열심히 돈을 벌고 있다. 신세대들은 기성 세대, 자신이 아버지 어머니라 부르는 사람들에게 의지하고 싶어하지 않는다. 그들은 자신들의 간절한 소원이 이루어지기를 기대하며 하루하루 롯데리아에서, 커피 전문점에서, 24시간 편의점에서 자신들의 꿈을 이루는 데 필요한 돈을 벌고 있다. 그러면서 서서히 그들 중 많은 신세대들이 그들이 꿈에도 상상하기조차 싫어했던 어른들을 닮아 가고 있다. 기성 세대는 그것을 보고 '철이 들었다'고 표현한다. 우리는 우리의 나이가 18세에서 멈추기를 바란다. (17-18쪽)

단언컨대 우리는 나이를 먹지 않을 것이다. 철이 들 생각은 추호도 없다. 우리는 우리를 이해해 달라고 기성 세대에게 탄원하지 않는다. 우리가 원하는 것은 오직 '자유' 그뿐이기 때문이다. 우리는 누구를 해치거나 인간 관계 전부가 파괴되기를 원하지 않는다. 우리는 오히려 기성 세대가 우리 편이 된다면 이제까지 그들이 우리에게 가했던 수많은 억압과 폭력을 용서할 준비가 되어 있다. 하지만 끝까지 우리들의 자유를, 새처럼 창공을 드높이 날고 싶은 우리들의 감성을 억압한다면 우리는 절대로 타협하지 않을 것이다. (19쪽)

여기서 우리는 청소년기에 즐겨 읽은 헤세의 소설에 나오는 "알에서 깨어나라, 비상하라!"는 문구를 연상하게 된다. '자기 발견'과 '자기 성장'이 중요해지는 근대 사회로 접어들면서 불가피하게 일어나는 독립과 자율의 문제가 이들의 주요 관심사인 것을 알게 된다. 미메시스의 필자는 알에서 깨어나서 전문가로 우뚝 설 것을 다음과 같이 다짐한다.

90년대의 신세대는 최고의 전문가적 기질을 발휘하며 자신들의 세계를 구축하고 있다. 결코 만만히 대하거나 무시할 수 없는 사고와 행동을 추구한다. 따라서 우리들의 글은 결단코 계몽주의자들처럼 '교육적'인 태도를 취하지 않는다. 우리는 우리를 아직도 철없는 어린애로 바라보며 우리를 우습게 보는 구세대에게 우리의 생각이 얼마나 포괄적이고 근본적이고 무시할 수 없는 능력을 갖고 있는지를 똑똑히 보

여 줄 생각이다. (15쪽)

이 글에서 나타나 있는 몇 개의 소망들, 예를 들어 권위주의적인 어른들로부터의 해방, 자기 실현의 욕구, 창공을 나는 새처럼 자유롭고 싶은 욕망과 감성을 희생시키지 않는 삶을 살고자 하는 바람 등은 사실상 1960년대 이후부터 이 땅의 젊은이들 마음 속에 계속 꿈틀거렸던 어떤 것이었다. 역사적으로 젊은이들이 자신의 소리를 내고자 한 꿈틀거림을 잠시 생각해 보자. 1970년대 대중 가요들 속에서도 분명 이런 자유주의적인 분위기를 읽어 낼 수 있다. 미국 문화가 지배적 영향을 미쳤던 당시 상황을 고려해 본다면 미국의 반문화 운동의 영향도 있었을 것이고, 또한 해방 후 사회가 좀 안정되면서 생긴 자생적 측면도 있었을 것인데, 당시 젊은이들은 기성 세대와는 차별성을 두고 싶어하는 옷차림, 남녀간에 반말을 하는 것 등 반권위주의적 몸짓을 드러내기 시작했다. 비틀즈의 노래가 인기를 모았고 한대수와 양희은과 김민기 등의 가수들을 중심으로 '통기타' 바람이 불었다.

그러나 이런 분위기는 기성 세대의 심기를 심하게 건드렸고, 자유로움의 표상으로 머리를 기른 장발족들은 가위를 가지고 다니는 경찰들에 의해 정성껏 기른 머리칼을 잘렸다. 자유를 구가하는 움직임은 통제 일변도의 사회 분위기와 행정적 통제 아래 펴나갈 수가 없었다. 그 즈음 민중 운동이 뜨고, 김민기 같은 '의식 있는' 가수들이 민중 계열로 선회를 했듯이, 젊은이들의 움직임은 대학생 중심의 정치 운동으로 모아진다. 그 이후 세대라든가 문화 운동의 문제는 더 이상 거론되지 않았고, 민혁 지향적 운동권에서도 그런 이슈는 '개량 노선'으로 타도의 대상이 된다.

90년대에 들어서서 신세대가 '기성 세대'의 심기를 다시 건드리기 시작한다. 〈뉴 키즈 온 더 블록〉이라는 록 그룹 공연 도중에 청소년들이 깔리는 사고가 발생한 것을 계기로 기성 언론은 '무절제한 청소년들의 광란'을 심하게 나무라고 응징하려 했다. 그리고 건전한 청소년 문화를 정립하는 것이 시급하다는 데 입을 모았다. 곧이어 신촌에 생기기 시작한 록 카페의 '왜색 문화적 성격'과 '퇴폐

성'에 대한 지적이 일었다. 그리고 그 화살은 압구정동의 '오렌지족'으로 날아갔다. 기성 언론은 자신들과 좀 다른 모습으로 나타난 이들을 '과잉 소비,' '졸부의 자식들,' '무국적 문화의 소비자들'이라고 비난했다. 이어서 좀더 포괄적인 모습의 '신세대론'이 대중매체의 주요 주제로 등장하기 시작했는데, 주로 그들의 '색다른' 직업관과 인생관이 거론되었다. 보수적 언설에서 '신세대'는 아무하고나 성관계를 맺는 이기적이고 버릇이 없는 '아이'들로 그려 내었다.

기성 언론이 어른들이 '호통'을 치는 목소리로 신세대를 나무랄 때, 다른 한편에서는 이들을 부추기는 대중 매체가 또한 있었다. 이 '어린애들'이 그들 나름의 '일과 사랑과 우정'의 세계를 가지고 있음을 보여 주고 그것을 격려한 사례는 〈미메시스〉와 같은 선언문적 책이 나오기 전부터 있었던 것인데, 예를 들어 1992년에 인기를 끌었던 텔레비전 드라마 〈사랑이 뭐길래〉나 〈질투〉 같은 것이 그것이다. 1993년에 방영한 〈파일럿〉 같은 프로 역시 신세대의 모습을 발랄하게 그려 냄으로, 기존의 삶과는 좀 다르게 살고자 하는 이들을 부추겼다. 주목할 점은 전형적인 신세대 영화에는 부모들이 부재중이다. 〈미메시스〉가 젊은이들의 목소리를 대변한다고 보기 어렵지만 적어도 그들이 한 말 중에서 '부모'로부터의 독립이라든가, 기성 세대처럼 살고 싶지 않다는 말은 지금 대다수의 젊은이들이 하고 싶어하는 말일 것이다.

〈미메시스〉가 낸 선언서는 젊은이들 사이에 많은 논란을 가져올 것이지만, 그것이 지닌 한 가지 중요한 의미는 지금 많은 젊은이들이 '신세대'라는 단어를 보통 명사가 아닌 고유 명사로 만들고 싶어한다는 점에서 찾아질 것이다. 신세대와 구세대는 늘 있어온 보통 명사이지만 이들은 지금 자신들과 기성 세대와의 차이를 과장법을 써서라도 강조하고 싶어한다. 이들은 기성 이데올로기를 걷어내고 자신들의 감성에 충실하는 '신세대'를 '만들고자' 나섰다. 이들은 기성 세대와 의도적으로 문화적 단절을 선언하고 싶어하고 자신들의 내면의 소리를 듣고 또 만들어 가겠다는 다짐을 하고 있다. 부모 세대와는 다른 삶을 살아가겠다는 것이다.

박은국, 〈부유 인간〉, 1993

기득권을 유지하려는 기성 세대와 '희생을 통한 자기 만족'을 추구하는 부모 세대는 여전히 그들에게 심한 스트레스를 주고 있다. 엄청난 외부적인 억압으로부터의 탈출구 찾기에 급급한 이들은 그래서 위태롭기도 하다.

자라오는 세대의 언어는 분명히 많이 달라졌다. 그들은 합법화하고 정당화하는 기존의 설명틀을 거부하면서 이렇게 말한다. "재미있잖아요?" 재미있으니까 하고, 자기가 좋으니까 하겠다는 것이다. 이들의 언어를 저항으로 받아들이지 못하고 곧이곧대로 이해하는 어른들은 대단히 심각하게 고민할 수밖에 없다. "재미있어서 한다니?" 한번도 재미를 본 적이 없는 세대에게 이 말처럼 충격적인 말은 없을 것이다. 그리고 자라나는 새세대는 바로 그 점을 노린다. 논리와 설득으로 만날 수 없음을 분명히 하고 싶어하는 것이다. 70년대 경제 성장과 확대된 전자 매체의 산물, 기난을 모르고 대이나 텔레비전 광고를 통해 글자를 익혔으며 소비의 재미를 일찍이 안 이들은 정신없이 일하는 부모 세대를 이해할 수 없고 또 이해하고 싶어하지 않는다. 그냥 그들로부터 벗어나고 싶어할 뿐이다.

이들은 영원히 '아이'라고 불리우고 싶어하고 어른늘의 간섭이 없는 곳에서 자기들끼리만 놀고 싶어한다. 그런데 이들은 팽창하는 자본주의 사회의 산물이면서 다른 한편으로는 여전히 억압적인 부모와 권위주의 체제의 산물 — 순응적이면서 저항적인 — 이다. 사

'반문화' 운동과 '신세대' 197

고의 자유로움을 체계적으로 막고 있는 입시 위주 교육 제도는 여전히 버티고 있고, 기득권을 유지하려는 엄청난 기성 세대와 '희생을 통한 자기 만족'을 추구하는 부모 세대는 여전히 그들에게 심한 스트레스를 주고 있다. 엄청난 외부적인 억압으로부터의 탈출구 찾기에 급급한 이들은 그래서 위태롭기도 하다. 새로움을 만들어 가기에 그들은 너무 외롭고 힘이 없다. 손쉬운 해방감을 만끽하고 싶어하면서 갖가지 상실과 상대적 박탈감으로 시달리고 있다. 구세대의 눈에는 "재미로 ……" 사는 듯하지만 사실상 이들에게는 참으로 힘겨운 삶일지도 모른다.

그래선지 '신세대'에 대한 말은 무성하고 달라지고 싶어하는 젊은이들은 많지만 막상 그들이 원하는 만큼 달라진 '신세대'는 찾아보기 어렵다. 자신의 삶을 주체적으로 선택하고 나선 젊은이들은 찾아보기 힘들다는 것이다. 신촌의 록 카페를 중심으로 젊은이 문화를 연구한 안영노는 논문[17]에서 80년대 후반부터 록 카페와 같이 젊은이들이 자신들의 개성을 표현하고 집단적 소속감을 느끼며 나아가 어른들에 대한 의식적 거부감을 드러내는 공간들이 생기기 시작한 것에 주목하면서, 이런 곳을 찾는 젊은이들이 다양한 자기 표현을 해내는 듯하지만 실은 자신들이 거부하고 싶어하는 획일적인 어른 문화와 소비 문화에 쉽게 편입되어 버리는 경향을 보인다고 하였다.

그럼에도 불구하고 이들은 여전히 술렁이고 있다. 이들 본격적인 산업 자본주의화의 산물인 세대는 더 이상은 봉건적 문화를 받아들일 수 없을 정도로 달라져 버렸다. 윗세대로부터 물려받은 문화적 자생력도 별로 없고 오히려 다국적 문화 속에서 더욱 방황하는 듯도 하지만, 이들은 생존에 급급하는 '피난민적 문화'와는 더 이상 어울리지 않는다. 오히려 급격하게 일고 있는 소비 자본주의화 과정에서 자기를 지켜가야 할 세대들이다. 내가 젊은 세대에게 나름대로 우리 문화를 바꾸어 갈 잠재력을 보는 것은 본격적인 소비 사회의 산물인 만큼 이들은 '경제'라든가 '자본주의'라는 것이 단순

---

17) 안영노, 1992, 〈록 카페를 통하여 본 젊은이 문화〉, 연세대 사회학과 석사 논문.

한 타도의 대상이 아니라 다스려야 할 대상이라는 것을 체득하고 있고, 자기 삶의 중요성, 그리고 자기 표현의 필요성을 느끼고 있다고 생각하기 때문이다. 그러나 한편 반봉건 / 신식민주의적 근대화 과정을 거쳐온 우리는 너무 오랫동안 세대 모순을 방치해 두었었다. 그리고 너무 오랫동안 문화의 주체가 될 수 있다는 감을 잃고 살아왔다. 그래서 자신의 삶을 바꾸어 가는 운동의 주체로 나서는 것이 낯설다. 이들 젊은이들이 광범위한 세대 운동을 일으키려면 적어도 이와 관련하여 풀어 가야 할 두 가지 딜레마가 있다.

첫번째 딜레마는 식민지적 근대화를 해온 우리 사회가 너무 오랫동안 세대간의 갈등을 방치해 왔으며, 이에 따라 개별적으로 그 갈등을 처리하는 특이한 기재를 발달시켜 왔다는 점과 관련된다. 예를 들어 부모와의 사이에 존재하는 세대간의 갈등을 젊은이들은 해결하려 들지 않는다. 어릴 때부터 그러한 갈등에 잘 길들여져 왔거나 그 갈등이 너무나 엄청나서 도저히 해결할 수 없다고 느껴서 아예 회피하는 것이 습관화된 것이다. '갈등에 길들여진 부부'가 헤어지지 못하듯이 갈등에 길들여져 서로를 괴롭히면서 살고 있는 경우가 많다. 이 점은 부모로부터 경제적 자립이 어려웠던 사회적 상황과도 관련이 된다. 경제적 자립이 가능해진 지금에도 그러한 회피 기재가 체질화되어서 부모와의 관계를 건강한 관계로 풀어내지 못하고 서로에게 부담을 주는 식으로 유지해 가는 경우가 많다. 갈등을 대화를 통해서라든가, 아니면 집단적으로 대항 문화적 운동을 통해 해결해 갈 수 있다는 생각을 하지 못하고 재생산하는 기재가 문화적으로 만들어져 버린 것이다.

두번째 딜레마는 군사주의 / 권위주의의 문제이다. 일제에 의한 근대화 과정이 군국주의적이고 권위주의적인 삶을 강요해 왔다는 것을 우리는 잘 알고 있다. 그리고 그런 과정은 실은 아주 최근까지 지속되었다. 최근에 문민 정부가 들어섰다고 '신한국 창조'에 대한 말이 일고 있지만, 그것은 말처럼 쉽게 창조되는 것은 아니다. 오히려 문민 정부가 들어서면서 우리는 마치 오랫동안 덮어두었던 상처를 보듯 우리 자신들을 돌아보게 되었는데, 그 모습은 실망스럽게도 아주 권위주의적이고 군국주의적인 모습이다. 고삐 풀린 망아지처럼 위험한 모습이다. 장기간의 군사 독재 사회 속에서 자란 사람들이어서 그 문화를 넘어선다는 것이 무엇인지, 권위주의적이지 않은 언어가 어떤 것인지를 잘 알지 못하고 있으며, 자신들이 되고 싶은 것과 될 수 있는 것 사이의 거리가 너무 멀다. 신세대 역시 이 문제를 그대로 드러내 보이고 있다.

반권위주의와 자율을 열렬하게 원하는 '신세대'들은 실은 매우 타율적인 체제에 오랫동안 길들여져 온 사람들이다. 입시 위주의 교육 현장에서 하루 열두어 시간을 책상 앞에 붙어 앉아서 불필요한 지식을 암기하는 데 바쳐 온 '경력' 때문에 이들은 자유를 누리는 것이 무엇인지, 창조적이 된다는 것이 어떤 것인지 잘 알지 못한다. 이 점에 관해 강영희는 매우 통찰력 있는 글을 써 내고 있다.[18]

"무엇이 문제의 핵심인가? 그것은 오늘날의 신세대들이 1983년 3월 2일 5공화국이 던져 준 무마조의 선물인 중고생 복장 자율화에 의해 제복이 없는 학창 시절을 보낸 '개성의 세대'이자 또한 1980년대에서 오늘날에 이르기까지 모순이 극에 달한 제도 교육에 의해 학창 시절을 보낸 '몰개성의 세대'라는 사실간의 극심한 괴리이다. 다시 말해서 복장 자율화에 의해 형성된 개성의 세대를 둘러싸고 있던 사지 선다형 제도 교육의 벽은 이들에게 진정한 개성을 획득할 수 있는 기회를 허락하지 않았으며, 이것은 이들에게 역으로 '반권위주의적 개성'에 대한 강렬한 지향을 심어 주었던 것이다. '개성적 몰개성의 세대'인 이들이 20대에 접어들 무렵, 우리 사회에서는 민주화 운동의 거대한 물결이 휘몰아쳤으나 곧이어 현실 사회주의권의 몰락이라는 세계사적 격변과 함께 위로부터의 점진적 개혁으로 체제 속에 흡수되고 말았으며, 또한 70년대 정책 일변도 경제 성장의 결실이 사회 전반에 흘러 넘쳐 후기 자본주의적 풍요로 넘쳐 나기 시작했다. 그 결과 이들의 '개성적 몰개성'은 일상과 욕망만이 배타적으로 강조되는 후기 자본주의적 상품 경제의 메카니즘과 맞아떨어지는 차원에서 사회 속에 편입되었다."

---

18) 강영희, 〈신세대와 구세대의 고뇌 어린 화해〉, 《길》, 1993년 9월호, 162-163쪽.

강영희의 분석대로 학교에 가서 권위 / 군사주의적인 입시 위주 교육을 받으면서 자란 이 세대는 다른 한편으로 풍요로운 소비 사회의 맛을 들인 새로운 세대이어서 반권위주의적 저항과 개성적 인간이 되려는 욕구를 강하게 가지고 있으면서 자신들 속에 그 '적'을 그대로 안고 있다. 그렇다고 이들이 자신 속에 내재화되어 있는 권위주의적 / 군국주의적 경향들, 근육질 문화와 독재적 성향과 맞서 자기 성찰을 해낼 훈련이 되어 있느냐 하면 그렇지도 못하다. 그래서 열심히 돌파구를 찾고 있지만 소비 사회의 유혹 쪽으로 더 쉽게 기울어져 버린다. 기성 세대에 대한 거부, 사회에 대한 거부의 몸짓을 보인다는 점에서 이들은 미국의 반문화 운동 세대와 비슷한 점을 보이지만 이들은 자본주의에 대한 분명한 거부의 몸짓은 보이지 않고 있다.

그러면 60년대에 미국에서 거대한 반문화 운동을 일으켰던 젊은 이들과 이들은 어떻게 다른가? 우선 미국의 '아이들'이 거대 기술 관료 사회의 아이들로서 그 체제에 항거했다면 우리의 '아이들'은 먼저 반봉건 / 신식민 / 국가 독점적 자본주의화의 아이들이다. 따라서 그들이 항거하려는 체제는 상당히 다른 모습을 하고 있다. 반봉건 / 신식민 / 가부장제의 교묘한 접합이 이루어 낸 전통적 / 관습적 규범과 권위주의적 / 군사적 / 획일주의적 언어에서 벗어나야 하는 것이다.

이들은 지금 무엇보다 절실하게 봉건적 가족과 권위주의적인 사회로부터 탈피하기를 원하고 있으며 그래서 오히려 '최고의 전문가'가 되는 꿈을 키우고 있다. 전문가가 되는 길만이 가족으로부터, 집단주의적 일터에서부터 자유로울 수 있기 때문이다. 이들은 또한 공평하고 합리적인 경쟁이 보장되는 사회에 살고 싶어한다. 이 면에서 이들은 공평한 경쟁이 보장되는 업적 위주의 사회를 원한다. 사실 권위주의와 탐욕과 극도로 억압적인 획일주의 언설에서 벗어나는 것이 지금 이들이 자기 자신으로서 존재하기 위해 가장 먼저 이루어 내야 하는 일일지도 모른다. 그들이 기성 세대와 섣부르게 타협을 하는 것은 모두에게 불행을 가져올 뿐이라는 것을 알아차리고 현존하는 갈등을 직시하면서 해결해 가고자 한다면 어쩌면 그들은 근대 사상 처음으로 세대간 문화의 단절을 통해 문화적 변혁을 이루어 낼 수도 있을 것이다.

그러나 이들은 미국의 신세대에 비해 이중 삼중의 문제를 안고 있으면서 문화적 대안은 별로 가지고 있지 못한 어려운 상황에 있다. 예를 들어 이들은 기성 세대와 달라지기 위해서 '최고의 프로'가 되려고 노력을 하면서 동시에 '최고의 프로'가 칭송을 받는 자유 경쟁적 자본주의 체제를 거부해야 하는 두 가지 일을 한꺼번에 해낼 수 있어야 하는 것이다. '프로'가 되려는 이들의 욕구는 자칫 기술 관료주의 속에 빠져들 위험성을 가지고 있기 때문이다. 이들은 미국이라는 '부잣집의 아이들'처럼 모든 것을 떨치고 자기 성찰이나 사회적 분석 없이 무조건 자신이 원하는 것을 해나가기에는 가진 것이 너무 없다. 우선 자신이 원하는 것이 무엇인지를 모르는 경우가 많지 않은가? 자신들이 빈약한 문화적 자원과 빈약한 교육을 받은 존재라는 것을 먼저 직시할 필요가 있다.

우선 젊은 세대는 자신들이 얼마나 획일적이고 배타적이며 국수주의적인 언어에 길들여져 있는지를 성찰해 낼 수 있어야 한다. 자신들이 스스로 개인주의라고 생각하는 것은 실은 개인주의가 아니라 '기능주의적 개체' 의식에 불과한 것은 아닌지? 깊이 있는 성찰이라는 것을 도구적이고 인과적인 사고로 해내려고 하고 있지는 않는지? 기성 세대로부터 물려받은 이중성, 신분 의식, 성차별 의식, 생존에 대한 만성화된 공포심, 이런 것들을 여전히 안고 있는 것은 아닌지? 그래서 "네 멋대로 해라"라는 방법론적 메시지를 곧이곧대로 해석해 버리지는 않는지? 90년대 이 땅을 살고 있는 젊은이들은 1960년대 반문화 운동을 일으킨 젊은이들과 막연히 동일시를 하면서 모방을 하기보다 심각한 자기 성찰을 하면서 대항 문화에서 대안 문화로까지 이어지는 운동을 벌여야 하는 것은 아닌지 물어야 할 것이다.

좌표를 상실했다고 방황하는 젊은이들이 자기 성찰을 하는 훈련을 하면서 '이유 있는 반항'을 시작할 때가 된 것 같다. 젊은이들이 반문화적 사회 운동을 일으킨다면, 그런 운동에 참여하여 자기 삶을 추스리기 시작한다면, 구태여 사회 운동이라는 단어가 부담스럽다면, 그냥 자신이 원하는 삶의 방식대로 살아가기 시작한다면, 어떻게 될까? 자기 자신을 위해 생활 협동 조합도 만들고 새로운 영화도 만들고 자기를 위한 노래들을 짓기 시작한다면, 그러는 가운데 환경 문제와 분단 문제와 여성 문제와 노동 문제와 표현의 자유에 관한 문제가 자신의 문제와 밀접하게 연결되어 있다는 것을 알기 시작한다면 신세대의 '이유 있는 반항'은 분명 이 땅을 자유롭고 풍요롭게 만들어 갈 수 있지 않을까?

　이런 일을 하고자 한다면 '신세대'들이 가장 먼저 해내야 할 것은 획일주의로부터 벗어나는 일이다. 자신들이 하나의 획일적 집단이 아니라는 사실을 알아야 한다는 것이다. 자기 개성을 살려내듯이 신세대 내부의 차이들을 존중해야 한다. 자신들을 하나의 통합된 모습으로 드러내 보이고자 하는 성급함과 획일주의와 집단주의적 방식을 확실하게 탈피할 수 있어야 반문화 운동은 뜰 수 있다. 자신들 사이의 차이를 무시하거나, 자신 내면에 공존하는 여러 개의 목소리를 무시하고 거부하는 문화 운동이란 성공할 수 없다. 신세대 운동은 각자의 생활의 현장에서 일어나야 하고, 각자의 일터와 놀이터에서, 각 대학 캠퍼스를 중심으로, 지역을 중심으로, 또 구체적인 과제와 놀이를 통해 다양한 스타일로 일어야 할 것이다. 전국 조직이란 것이 있을 수 없으며 필요하지도 않다. 그것들간의 연결은 다양한 문화 예술적 장르와 매체를 통해 엮어지고 걸러질 것이다. 가장 중요한 것은 구체적 운동의 현장, 곧 자신의 일상적 삶의 과정을 재발견하는 점이다. 그러한 삶의 여정 속에서 자신이 원하는 사회를 미리 살아 보고, 사회 속에 심어 가는 것이다. ■

5장
공간 읽기와 문화 만들기

이인철, 〈신촌 풍경〉, 1991

압구정 '공간'을 바라보는 시선들
문화 정치적 실천을 위하여

■ 〈뉴 키즈 온 더 블럭〉이라는 팝 그룹이
국내 공연을 한 것을 계기로 '무절제한 청소년'을
성토하는 언설이 무성하게 일었다. 이어서
새로 자라나는 세대를 이해하기보다는
기존의 규범적 시각에서 규정해 버리려는
파시스트적 목소리는 더욱 커졌고,
신촌의 록 카페나 압구정동의 로데오 거리가
공격의 대상이 되는 듯했다. 그 언설은
'보수' 쪽과 '진보' 쪽 모두에서 일었고,
그 목소리가 지니고 있는 폭력성은 줄어들 줄 몰랐다.
그 동안 우리 사회가 얼마나 분화되었는지를
애써 인정하지 않으려는 목소리들이 끔찍하게 느껴졌다.
다양성을 포용해 내는 시선이 필요하다.
이런 생각을 하고 있을 때 마침 〈현실 문화 연구〉 모임의
엄혁 씨와 윤석남 씨에게서 압구정동을 주제로
책을 내겠다고 참여해 달라는 연락이 왔다.
참여하는 필자들과 서로 잘 알지도 못하고
기본 전제들이 다른 글쓴이들을 마구 섞어 놓은 것 같아서
망설이다가 강한 주장을 펼치기보다는 시각적인 자료들로
'보여 주기'를 하겠다는 말에 끌려서 참여하기로 했다.
이 글은 《압구정동: 유토피아 디스토피아》란 제목으로
1992년 12월에 〈현실 문화 연구〉 모임이 펴낸 책에
같은 제목으로 실렸다.

저자가 드러난 글쓰기 시대

압구정동에 관한 기사나 글을 읽을 때면 압구정동에 관한 새로운 지식보다 글쓴이의 머리 속이 더 잘 들여다 보인다. 글쓴이의 감정과 사고 방식이 너무나 확연하게 드러나 있어서 그냥 지나치기가 힘들다는 말이다. 이것은 우리 사회가 '이념 과잉'의 시대에 있다는 단서일 수 있지만, 동시에 급격한 변혁기를 거친 우리 사회를 총체적으로 정리해서 말해 줄 '위대한 작가'를 이제는 더 이상 기대하기 힘들 것이라는 시대 파악과도 연결시켜서 생각해 보아야 할 것이다. 이를 포스트 모던적 상황이라고 불러도 좋고 제3세계적 혼란이라고 불러도 좋으며, 동구권의 몰락에 충격을 받은 일시적 진공 상태라고 불러도 좋으나 하여간 상황은 이전과는 매우 달라져 있어서 기존의 사유의 틀로서 생산적 토론을 하기는 매우 어렵게 되었다.

이런 시대일수록 규정적인 사고를 피하고 '낯선' 상황을 그 자체로 느끼고 이해해 가려는 태도가 필요해진다. 전제가 없는 사고란 있을 수 없지만 자신이 가진 전제를 거리를 두고 보려는 자세가 필요하다는 것이다. 상황을 절대적으로 판단하기보다 상대적으로 이해해 가는 것, 실제 현장에 들어가서 '안'의 사람으로 보고 듣고 느껴 보는 것, 새로운 현상과 자신이 가지고 있는 생각 사이에 마찰이 일면 언제든지 자신의 가설을 수정하기 위해 틈새를 비워 두는 것이 중요하다는 것이다. 문화적 상대주의의 관점과 '내부인의 관점'을 중시하는 '열린 현실 읽기'의 자세가 절실히 필요할 정도로 우리는 서로 많이 달라져 버렸다.

나는 먼저 이 글에서 압구정동을 이야기하면서 우리가 드러내고 있는 여러 시선들에 대해서 이야기하고자 한다. 압구정동에 대한 언설에 드러나 있는 색깔과 감정이 어떤 것이며 어디에서 연유하는지에 대해 함께 생각해 보면서 압구정동을 생각해 보고 또 '우리'를 생각해 보려는 것이다. 그런 글들을 상당히 저항적으로 불편해하며, 또는 동의하며 읽어 가는 나 자신의 독해 방식 역시 이 글에 어김없이 드러날 것이다. 자, 이제 저자가 더 이상 숨겨져 있지 않은 글 쓰기와 글 읽기를 해보도록 하자.

  내가 이 글에서 이야기를 끌어 내기 위해 인용하는 주요 텍스트는 김응교 시인이 쓴 〈강남이 서야 조국이 산다 : 안정 제일주의와 신중산층 문학〉 연재물의 첫번째 글, 소설가 이순원 씨의 〈압구정동 24시〉(《영레이디》 1992), 역시 같은 이가 쓴 〈우리는 매일 30센티미터씩 압구정동으로 가는 꿈을 꾸고 있다〉(《한국인》 1992년 6월호), 강윤주 기자가 쓴 〈로데오 2 : 서울 강남의 그 새 유흥가와 젊은이들〉(《샘이 깊은 물》 1992년 8월호), 오민수 기자가 쓴 〈욕망의 '해방구' 압구정〉과 〈'계층 문화' 싹이 트는가?〉(《시사저널》 1992년 1월 16일자), 김동길 씨의 〈누가 바둑돌을 검다고만 잘라 말할 수 있겠는가?〉(《레이디 경향》 1992년 9월호)이다. 그리고 1992년 가을 학기 내가 담당한 〈문화 인류학〉 시간에 참여 관찰 기록으로 낸 학생들의 〈압구정동 방문기〉가 참고가 되고 있다.

  여기에 선택된 텍스트는 어떤 뚜렷한 기준에 의한 것은 아니다. 아직 그런 분류를 할 정도로 많은 글이 나온 상태도 아니다. 마치 인류학자가 현장에 들어가서 열심히 골몰하다 보면 중요한 이해의 실마리를 '우연히' 찾게 되듯이 나 역시 이 텍스트에서 중요한 실마리를 우연히 찾아 낸 부분이 없지 않다. 동시에 한 목소리로 말하기보다 많은 목소리를 엮어서 토론을 하는 방식으로 글을 쓰면 덜 '독단적'이 될 수 있을지도 모른다는 생각도 이런 번잡한 글을 쓰게 하는 데 나름대로 작용을 하였다. 그런 면에서 이 글은 딱히 체계화된 압구정동의 문화 기술지도 아니고 압구정동에 대한 체계적인 담론 분석도 아니다. 그런 본격적인 작업에 들어가기 전에 지나가야 할 과정, 곧 자신들이 가진 '시선'에 대해 성찰해 보기 위한 글로 읽어 낸다면 크게 잘못되지 않을 것이다.

압구정동에 있는 두 개의 공간

  글쓰는 사람이 가지는 시대 의식, 자신의 계급적 지위, 나이, 그리고 공간에 대해 갖는 친숙감의 정도에 따라서 글의 내용은 크게 달라진다. 먼저 압구정동에 관한 언설에서 가장 두드러지는 시선은 압구정동을 부패한 자본주의의 온상 내지 괴물 같은 인간들을 복제해 내는 공간으로 보는 시선이다. 지금까지 나온 '압구정동'에 대한 다수의 글은 문인들이 쓴 것인데 이런 시선을 가지고 있는 글이 주를 이룬다. 한 예문을 읽어 보자.

이 거리의 세계관이 무시하고 있는 것은 다름 아닌 우리 사회에 내재하고 있는 거대한 모순 구조이다. 다시 말해서 촉감마저 간드러지는 이러한 고급 직물을 만든 생산자들의 목소리는 이 거리 그 어느 곳에서도 들리지 않고, 자본의 세계만 버젓이 가슴을 내미는 오만한 거리인 것이다.
무자비한 파괴와 살인적인 속도로 대중을 이루는 컴퓨터의 세계, 투명 플라스틱 안에 파리 세 마리를 놓고 밀봉하여 관찰하는 아이, 높은 곳에서 병아리를 떨어뜨리고 쫓아 내려가서 누구 병아리가 더 오래 살아 있는가를 보는 그런 놀이 …… 비만과 권태 ……
신사동에서 압구정동까지는 한국 자본주의의 진열장이었다. 그 쇼케이스의 진열품들은 한국 자본주의의 풍요로운 세련만이 아니라 천박성을 벌거벗겨 드러내고 있었다.

여기에 나타난 진술을 보면 압구정동이 '자본주의'라든가 '천박성' 등 추상적이거나 감각적인 언어로 쉽게 규정지어 버려진 느낌을 갖게 된다. 이와 대조적인, 한 학생의 글을 읽어 보자.

압구정동, 요사이 이곳에 대해 이러쿵저러쿵 말이 많다. 퇴폐 향락적 저질 문화의 온상이라든지 방황하는 젊은이들의 일탈 행각의 장이라든지 사치와 과소비의 본거리라는 등등 …… 정말로 대한민국에서 제일 말이 많은 동네 중에 하나임은 틀림없다.
나는 학교를 오갈 때마다 이곳을 지나친다. 가장 눈에 먼저 띠는 것은 매력적인 여자들이고 휘황 찬란한 옷가게며 음식점, 그리고 카페들이다. 이 말많은 동네에 대해서 나도 문제 의식을 느껴 보고 싶었다. 하지만 과연 무엇이 문제일까? 여자들의 미끈한 각선미에 조금은 주눅이 들고 세련되고 요란한 옷차림에 약간 기가 죽어 본 경험이 있지만 그건 그만큼 내가 자신감이 없어서 꿀리는 것이지 압구정동을 탓할 일이 아니다. 확실히 압구정동은 외래 문화의 냄새가 진한 곳이 정체성 위기에 시달리는 이들은 어디서건 자신을 남들과 구별할 수 있는 기준을 찾아 내려고 한다. 끊임없는 차별화를 통해 자신을 확인하고 싶어하는 것이다. 그런데 그 차별화는 차별화만을 위한 차별화이어서 몹시 공허하다.

다. 왜 그런지 모르겠고 또 왜 그러면 안되는지도 모르겠다. 맥도날드에 앉아서 햄버거를 먹는 사람은 친미 매국노들이며 로바다야끼에서 일식류를 먹는 사람은 또 과거의 치욕도 기억 못하는 천하에 어리석은 족속들인가? 확신하건대 그들은 단지 자신들의 취향이 맞는 곳에 찾아 들었을 뿐이다. 자전거를 타는 게 싫으면 여의도 광장에 가지 말고 M.T. 가기 싫으면 대성리에 가지 말라. 마찬가지로 왜색과 미색 문화가 싫고 소비성 분위기가 싫으면 압구정동에 가지 말라. 하지만 그곳에 가는 사람들을 탓하지도 말라. 그런 것, 내가 미니 스커트를 입은 미인에게 느끼는 같잖은 열등감과 크게 다를 게 없는 것 아닌가? (심리학과 2, 윤아)

이 글에서 우리는 흥미롭게도 앞의 글이 한 것과 같은, 규정을 내리고 간섭을 하려는 태도에 대한 반감을 읽어 내게 된다. 판단 과잉 세대와 판단 중지의 세대의 묘한 대조를 보는 듯하다. 이 두 글과는 또 좀 다른 각도에서 쓴 글을 읽어 보자.

물론 강남에는 유흥업소가 많다는 소문이 자자하다. 그 사실은 부인하기 어렵다. 그러나 한 번이라도 그 어느 유흥업소를 급습하여 인생을 즐기는 그들의 주민등록증을 조사해 보자. 현주소가 압구정동인 사람은 열에 하나도 안될 것이다. 먹으러 오고 놀러 오는 곳이 압구정동이 아닌가.

영어에는 '스케입고트'scapegoat 라는 낱말이 있다. 우리 말로 옮기면 '희생양'이라고 할 수 있을 것이다. 마치 퇴폐 풍조에 물이 든 한심한 젊은이들이 압구정동에 우글우글한 것처럼 보도하려고 왜 결심한 것일까? …… 압구정동을 서울에서, 크게는 한국에서, 분리시키려는 일종의 '음모'가 있는 것 아닌가? …… 강북의 여자들은 구식이라 커피에 설탕과 프림을 다 넣어 먹는데, 여의도 사는 여자들은 프림만 타지 설탕은 거부, 그런데 압구정동 사는 '특수 여성들'은 설탕도 프림도 치지 않고 오로지 '블랙'으로만 마신다고 한다. 일종의 야유 아닌가? …… 교육 수준이 높고 사회적으로는 어느 정도 성공한 사람들이 압구정동에 모여 산다는 사실을 부인하려 하지 않는다. 그러나 이 지역에 사는 남녀들, 특히 젊은이들은 마치 조국도 인생도 모르고 오로지 향락이나 추구하는 한심한 족속들로 몰아치는 일은 앞으로 없어야 하리라고 믿는다.[1]

강남 출신 국회의원 김동길 씨는 이 글에서 자신의 지역구인 압구정동이 사치와 퇴폐의 거리로 매도되는 것을 변호하고 있다. 압구정을 퇴폐적으로 만드는 것은 압구정 주민보다 타지역 사람들일 가능성이 크다는 것이다. 주민들에게 압구정동은 그냥 살기 편리한 곳이다. 한 학생의 면접 기록에 나타났듯이 그곳은 "교통이 편리하고 같은 수준의 사람들이 모여 살아서 눈치볼 일도 없고 학교가 좋으며 주위에 백화점과 같은 대형 유통 시설이 있어서 장보기가 편리하고 문화 예술 공연장이 많아서 문화 생활을 하는 데 어려움이 덜한"(사회학과 4, 대영) 지역이다.

앞의 텍스트에서 보듯이 압구정동을 보는 시선이 다양하고 게다가 압구정동은 두 개의 다른 공간으로 나뉘어져 있다. 먼저 공간 구

---

1) 김동길, 1992, 〈누가 바둑돌을 검다고만 잘라 말할 수 있겠는가?〉, 《레이디 경향》, 1992년 9월, 167쪽.

분에 대해 잠시 생각해 보자. 압구정동에는 아파트를 중심으로 한 주거 공간과 전문적인 소비 공간이 함께 있다. 압구정동에 새로운 주거 공간이 형성되는 과정을 간략히 살펴보자.

압구정동은 다른 많은 새로운 공간과 마찬가지로 한국의 경제 발전의 산물로 태어난 공간이다. 고층 아파트가 들어서기 시작한 1975년부터 이 지역의 인구가 불어나게 되었으며 1979년에 성산 대교가, 1985년에 동호 대교가 준공되었고 이와 함께 지하철 3호선이 개통되면서 압구정동은 교통의 요지이면서 안정된 중산층이 모여드는 주거 공간을 형성하게 된다.

이 새로운 주거 공간은 편리하고 현대적인 생활을 하고자 하는 사람들을 끌어들였다. 각 계층이 섞여 살면서 서로 담을 쌓고 사는 기존의 지역에 비해 비슷한 계층이 모여 살아서 직접적 교류는 없더라도 나름대로 독특한 생활 방식이 뿌리내릴 수 있게 되었는데 이 지역의 실질적 주인공은 자녀들을 '착실하게 성공 가도'를 달릴 수 있도록 지원하는 것을 인생의 목표로 하고 있으며 일상적 삶에서 '합리성'을 이루어 내고자 하는 교육 수준이 높은 중산층 주부들이라고 할 수 있다. 학군과 쇼핑 센터가 이들이 만들어 낸 특징적 공간일 것이다.

이들의 소비 양태는 새롭다. 무조건 돈을 아끼다가 한꺼번에 흥청망청 써 버리는 기존의 소비 방식과는 매우 다른 소비 태도를 보이고 있다. 《시사저널》의 오민수 기자는 "압구정파는 '주머니 걱정은 안하는' 풍요의 세대이지만 모두가 과소비의 선두 주자는 아니다. 카페에서 자기 것은 자기가 계산하는 더치페이가 일상화되어 있듯이 '필요할 때 필요한 만큼만 쓴다'는 나름대로의 원칙을 가진 부류도 많다"고 쓰고 있는데 이런 태도는 실은 이곳 지역 주민들이 취하고 있는 태도이기도 하다. 돈을 계획해서 쓰는 것은 자본주의 사회의 안정된 중산층이 갖는 일반적인 태도상의 특징이다. 돈과 상품이 생활 세계를 지배하는 사회를 우리는 늘 경계해야 하지만 그것이 합리적인 소비 태도를 거부하는 것과 직결되어서는 안될 것이다.

압구정동 근처에 있는 시민 공원을 방문한 한 학생은 토요일 오후마다 아이들에게 축구를 가르치며 아르바이트를 하는 대학생을 만나서 어리벙벙했다고 한다. 한달에 아이 한 명당 3만 원씩을 받고 체육학과 학생이 여러 명의 아이들과 놀아 주고 있더라는 것이다. 보고서를 쓴 학생은 이런 풍속도에 대해 놀라고 한심해 하였지만 그것은 생각해 보면 그리 놀랄 일도 아니다. 상대적으로 볼 때 좁은 아파트 공간에 갇혀 입시 스트레스를 받고 사는 아이를 체육 과외를 시키는 부모가 돈이 있으면서도 아이를 텔레비전이나 보이며 열악한 상태에 놓아 두는 부모에 비해 한결 합리적인 경제 행위를 하고 있다고 할 수 있다.

압구정동을 곱게 보지 않는 시선은 압구정동의 주거 공간 형성 과정에 대해서도 의혹의 눈길을 보낸다. 시인 김응교의 글을 다시 한번 인용해 본다.

80년대 중반 한때는 구현대 아파트 단지에서만 국회의원이 20명 이상 살 정도로 압구정동이 순식간에 '파워 지역화'된 이유를 알기 위해서는 현대 건설의 아파트 건설업 진출 과정을 살펴볼 필요가 있다. 알고 보면 특혜를 받아 신도시를 개발하고 그 땅에다 지은 아파트를 힘 있는 인사들에게 특혜 분양한 데서 오늘의 압구정동 구도는 이미 짜인 것이다. 75년, 활처럼 구부러진 경관 좋은 강변에 23개동 1천 5백 62 가구 분의 아파트가 최초로 압구정동에 건설되기 시작했다. 이어서 현대는 로비용으로 특혜 분양을 하기 위해서 일반 분양 몫을 아예 없앴던 것이다. 78년 7월, 검찰 수사 결과 특혜 대상은 청와대, 안기부 …… 변호사 등 힘 있는 곳의 인사들이 총망라된 것으로 밝혀져 국민에게 일대 충격을 안겨 주었다 …… 정경 유착에 입주하지 않을 수 없는 상황이 합해져, 압구정동 현대 아파트는 어느 면에서 '울며 겨자 먹기'식으로 파워 집단의 주거 지역으로 형성된 것이다. 이후 계속해서 건설된 아파트들도 자연 비슷한 계층의 입주자들로 채워지면서 압구정동 아파트 단지 주민 구성의 특징은 보다 분명해지게 됐다. 아주 짧은 기간에 이루어진 높은 수준의 사회, 경제적 지위 소유 집단의 이주였다.

압구정동이 애초에 특혜 분양 건으로 사회적 물의를 일으킨 것은 사실이다. 그러나 그 특혜 분양을 매우 강조하는 언설은 그곳 주민들이 시도해 가는 나름대로 새로운 행위들을 '기이한 행동'으로 그려 내는 언설과 맥을 같이하는 부분이 있다. 자본주의화의 단계에 따라 '합리적' 소비의 기준이 달라지고 신뢰 관계의 유형이 달라지며 그런 면에서 다른 차원의 공동체 의식 — 뒤르껭이 말하는 유기체적 연대감과 같은 — 이 생겨야 하는 것은 아닌가? 그런 식의 여지를 남겨 두는 시각의 열림 내지 참을성이 없을 때 우리는 자칫 성급하게 '희생양'을 만들게 된다.

한편 로데오 거리를 중심으로 한 압구정동은 이 주거 공간과 구분되는 지역이다. 압구정동을 "욕망과 쾌락의 배설 더미가 버려지는 곳"으로 세간의 이목을 집중하게 한 곳은 바로 이 상가가 밀집해 있는 소비 전문 지역이다. 이 공간은 한국의 경제 성장과 그로 인해 생긴 소비 양태의 변화에 따라 필연적으로 태어나게 되어 있는 공간이며 신촌이나 신사동 등지에 소비 공간들이 확장되거나 새롭게 생긴 것과 맥을 같이한다. 그것은 세계 어느 큰 도시에나 있기 마련인 고급품 판매장이자 새로운 소비 상품을 만들어 내는 중심지로서, 막상 터를 잡은 곳은 압구정동이지만, 실은 새로운 도시 계획에 따라 교통의 요지이면서 많은 새로운 가게들을 흡수할 수 있는 공간이 있는 곳이면 어디든 생길 수 있었다. 그런 면에서 압구정동에 그런 공간이 들어서게 된 것은 우연에 의한 것이지 압구정동 주민과는 직접적 관계가 없으며, 오히려 명동에서 활약하던 유명 디자이너들이 그곳으로 옮겨 갔다거나 최고급 패션가와 패션 학교, 그리고 새로운 이벤트 회사들이 줄지어 그곳에 들어서게 된 사건이 여기서는 더 중요한 변수로 작용하였다고 보아야 할 것이다. 오민수 기자가 이 부분을 잘 간파해 내고 있다. 오민수 씨는 이 취재 기사를 '일방적인 질타와 부정'을 지양하고 "일찍이 우리가 겪어 보지 못한, 그러나 우리가 마주치고 있는 후기 산업 사회의 새로운 징후들에 대한 '열린 논의'의 한 계기가 되기를 희망하는 뜻"에서 썼다고 기사 머리에 밝히고 있다.

압구정동을 오늘의 압구정동으로 만든 요인은 먼저 80년대 중반까지 한국 최고의 부촌으로 꼽힌 현대 아파트이지만, 80년대 중반부터 명동에서 이주한 패션가와 '분위기 좋은' 카페가 손꼽힌다. 한국 첨단 패션의 메카로 떠오른, 이른바 로데오 거리는 갤러리아 백화점 동관 앞 사거리에서 강남구청으로 내려가는 대로변 양편에 쇼윈도를 내놓은 약 4백 미터에 이르는 패션가를 일컫는데, 미국 베벌리 힐스의 세계적인 패션 거리인 '로데오 드라이브'에서 본떴다고 한다. …… 이 로데오 거리는 패션 디자이너 하용수 씨가 86년 첫발을 디디면서 형성되기 시작했다. 패션가는 미용실과 카페 등 상류 사회의 소비 공간을 '데리고 다닌다.' 압구정동은 이미 80년대 초반부터 분위기 좋은 카페들이 문을 열었지만, 아직 '압구정동'은 아니었다. 패션가가 들어서면서 오늘의 압구정동의 틀이 세워지기 시작한 것이다. 모델 라인과 같은 모델 양성소가 동참했고 40여 곳이 넘는 미용실들이 간판을 달았다. 모델과 관련 있는 광고 제작사, 쇼이벤트 회사, 모델 에이전시, 사진 스튜디오 등이 강을 건너 압구정동으로 모여들었다. 패션에 민감한 연예인들이 압구정동을 자주 찾는 것은 당연했다. 어떤 설계도에 따른 것은 아니겠지만 패션가와 연예인, 모델들, 즉 자본주의의 '꽃'들이 압구정동을 만들어 낸 것이다. …… 이들은 기성 세대로부터는 '부모 잘 만나서 팔자 한번 늘어진, 철없는 젊은애들'쯤으로 치부되기도 하지만 광고업계로부터는 벌써부터 감성 시대의 예비 소비자로 주목받는 층이기도 하다. …… 한마디로 압구정동은 모두에게 열린 '젊음의 용광로'가 아니라 특유의 생활 양식이 몸에 밴 사람들만이 누리는 '폐쇄 공간'이다.

'압구정파'라든가 '압구정족'이라든가 하는 것은 그런 면에서 원칙적으로 압구정 주민과는 분리해서 생각해야 하며 사실상 이 공간은 자신의 삶이 숨막힌다고 느끼는 이들에게 해방의 공간으로 상징화되는 특수한 공간이다. 압구정식 치장과 가벼움에 역겨움을 느낀다거나 전혀 끌리지 않는다는 등의 선호에서 차이가 나지만 일단은 그것이 '세련됨', '개성'과 관련되어 나타나는 새로운 공간이며 학생들의 표현을 따르면 "자신감과 개방적인 느낌"을 주고 "무슨 짓을 해도 신경쓰지 않아서 편한" 곳으로 인지되고 있다. 아래의 광고문이 그런 느낌을 아주 잘 표현해 주고 있다.

"고향에서는 혼전 정사도 문제적이지만 압구정동에서는 근친 상간도 문제될 것이 없다. 절대로 우리들은 살아서 고향에 내려갈 수 없는 존재들이다." — 이인화의 《내가 누구인지 말할 수 있는 자는 누구인가?》 소설의 신문 광고문 중에서

이 시대가 단절과 파편화의 시대임을 부정하는 이는 드물 것이다. 가끔 절충과 접합을 이루어 내는 데 성공하기도 하지만 더 이상 우리 사회를 유기체적인 전체로 보기에는 너무나 비동시적인 것들이 함께 있다. 하버마스의 표현을 빌면 삶이 극단적으로 식민화되어 버렸고 르페브르의 표현을 빌면 자투리 시간 속에서 삶의 기억을 되살리기조차 어려워진 기계 부속물로 우리는 급속히 전락해 가는 과정에 있다. 젊은이들은 개성 시대를 사는 인물답게 행동하라는 메시지를 계속 받으면서 자신들의 개성을 만들어 내지 못하여 괴로와하고 있다. 자신들이 그런 면에서 매우 억압당하고 있다고 느끼지만 어떻게 해야 할지를 알 수 없어 하는 많은 젊은이들은 방황 끝에 상품으로 팔고 있는 '생활 방식'을 사는 것으로 '개성' 있는 인간이 될 수 있다는 착각을 하기에 이른다. 서른세 가지 아이스크림을 고르고 여러 유형의 애인을 사귀며 록 카페 대신 재즈 카페를 가면서 자신을 찾아 보려 한다. 정체성 위기에 시달리는 이들은 어디서건 자신을 남들과 구별할 수 있는 기준을 찾아 내려고 하고 한번 찾은 구별화를 통해 자신을 확인하고 싶어한다. 젊은이들이 배타적으로 보이는 것은 실제 의도가 그래서가 아니라 바로 자신의 부류를 확인하고 그 속에 파묻히고 싶어하는 경향 때문에 그렇게 비치는 깃이다.

특히 이들은 기성 세대가 만들어 낸 문화에서 탈출하고 싶어한다. 눈길을 주면 돌려버리는 지하철 속과 달리 눈길을 주면 자연스럽게 받아주는 록 카페가 그들은 좋다. 이 개성 추구 세대는 일상의 억압에서 탈출하려는 욕구가 매우 강하며, 특히 획일주의적이고 집단주의적 냄새를 싫어한다. 인간적 교류에는 여러 방식이 있음을 모르는 어른들, 록 카페를 가면 무조건 색안경을 끼고 보는 사람들, 조용하게 이야기를 나눌 때 가는 공간과 눈길을 맞추며 노래를 듣

고 싶을 때 가는 공간과 그외 다양한 공간이 있음을 모르는 기성 세대를 경멸하고 싶어한다. 이들은 어른들이 아예 보이지 않는 곳에 있고 싶어하며 그들에게 '어른'은 나이가 서너 살만 많아도 어른이다. 이들이 어른을 피하면서 동시에 사사건건 차별화를 해내려 하는 것은 바로 이런 사회적 상황이 창출한 욕구에서이다. 압구정동에서 '부킹'('즉석 짝짓기')이 성행하고 '물 좋은 곳'을 열심히 찾아 다니는 것, 스스럼없이 성형 수술을 하면서 강렬한 자기 표현을 해내려는 것도 '현재'가 너무나 불만스러운 젊은 세대가 가진 기성 세대에 대한 저항과 자기 상실감에서 비롯되는 면이 있음을 알아야 할 것이다.

실제로 이 소비 공간에는 여러 유형의 사람들이 모여든다. 압구정동을 가깝게 보고 있는 아래에 실린 학생의 글이 그 현상을 이해하는 데 도움을 주고 있다.

압구정동에 오는 사람들은 대개 네 부류로 나누어진다. 첫째 유형은 중산층 가정 출신으로 비싼 과외를 받으며 강남 지역 고등학교를 졸업하고 대학에 들어간 무리로 한달 40-50만원 가량을 쓰며 더러는 자동차를 가지고 있다. 이들의 생활은 소비적이나 대개의 경우 정도를 지나치지는 않으며 가정이나 학교, 친구 관계에서도 원만하다. 이러한 부류는 우리 학교에서도 흔히 찾아 볼 수 있다. 두번째 유형은 20대 중반으로 대학원 재학중이거나 외국 유학 중이거나 부모의 재산으로 개인 사업을 하는 경우로 한달에 유흥비로만 100만 원 이상을 소비한다. 이런 부류의 사람들은 자가용을 소유하고 유명 디자이너의 의류를 입고 나이트 클럽이나 룸 살롱 등에서 수입 양주를 마신다. 소비 지향적 삶을 지향하는 이들의 문화는 휴대 전화라는 도구로서 상징될 수 있는데 이들은 특별히 일에 매어 있지 않음으로 어디서나 휴대 전화를 통해 서로 어울릴 수 있다. 세번째 유형은 자신의 외모를 도구화해서 소비적 문화에 편승하려는 젊은 여성들로 차밍 스쿨이라는 학원에 다닌다. 강남에 위치한 차밍 스쿨과 인치 바이 인치와 같은 체형 관리 기관에 다니고 여름이면 인공 자외선으로 일광욕을 한다. 자신의 외모 관리에 많은 돈과 시간을 투자하고 유명 나이트 클럽에 출입하며 마음에 들면 그곳에서 만난 남자와 잠자리를 같이하기도 한다. 네번째 유형은 이런 사람들이 이루어 내는 문화를 준거로 하여 자기를 규정지으려는 주변에 있는 많은 사람들이다. 비정상적인 수단으로 돈을 벌어 아무런 비전 없이 소비와 향락에 몰두한다. (사회학과 3, 우형)

이와 관련하여 〈샘이 깊은 물〉 기자가 쓴 기사의 일부를 읽어 보자. "'우리 부모님은 은근히 물좋은 애들이랑 노는 걸 부추기는 듯도 하다'고 말하는 한 대학 일학년생을 만났다. …… 어른들은 기왕이면 이곳에서 놀 때에도 더 예쁘고 더 떵떵거리는 집안의 애들과 노는 걸 바라는 듯한 느낌이 든다고 했다. 그럼에도 불구하고 그이는 술집에서 호스테스하는 여자에게서 '부킹'을 받아 보기도 했고 낮에 커피 전문점에서 죽어라 일해서 번 돈으로 이곳에서 노는 여자애도 만나 봤으니 부모님의 기대에는 별로 부응하지 못하고 있는 듯하다며 웃었다."

압구정동에는 다양한 부류의 사람들이 다양한 의도를 가지고 모이고 있고, 또한 이를 보는 다양한 시선들이 존재한다는 것이 이제는 상당히 분명히 밝혀졌을 것이다. 이제 다양한 시선들에 대해서 좀더 자세히 살펴보자.

지배적 시선이 부추기는 '소외'와 '죄의식', 그리고 자본주의 비판

강한 주장이나 감상 뒤에 깔려 있는 압구정동에 대한 언설을 정리해 보면 대략 세 가지 공통적인 주제가 두드러진다. 하나는 '소외'에 대한 것이고 두번째는 '소비'에 대한 것, 세번째는 '우리 것'에 대한 생각이다. 그러면 먼저 압구정동에 관한 언설에서 가장 빈번하게 나타나는 소외와 저항감에 대해 살펴보도록 하자.

앞에서 말했듯이 압구정동에는 새로운 소비 공간이 생기기 시작했고 그것은 불과 4, 5년의 역사를 지녔다. 그곳에서는 "돈이 없으면 갈 곳이 없다"는 말을 피부로 느낄 수 있다. 그런 면에서 돈이 없어도 갈 곳이 있고 자주는 아니더라도 어디든지 가 볼 수 있다고

"왜요? 좋잖아요?" 이 한마디는 신세대가 즐겨 사용하는 말이다.

생각하며 지금까지 잘살아온 사람들에게 이곳은 매우 불쾌한 곳이다. "자신있게 압구정동을 활보하지 못하는 자신의 초라함, 그리고 이 모든 자본주의적 소비의 왜곡된 산물에 대한 반항심"이 이곳에 온 이방인들이 주로 갖게 되는 감정이라고 두성(사회학과 4)군은 말하고 있다.

관련하여 〈압구정동 24시〉라는 제목의 현장 스케치 기사를 읽어 보자. 《압구정동에는 비상구가 없다》는 소설을 쓴 작가 이순원은 "이 땅의 신흥 상류층의 대명사이자 넘치는 부의 상징인 '압구정동'은 그 명성에 걸맞게 오늘도 최첨단 패션으로 치장한 '물좋은' 남녀들이 한데 어우러져 현란한 젊음을 연출하고 있다. 이방인으로서는 넘기 힘든 패션, 금전, 그리고 사고 방식과 윤리관의 문턱 저 안에서 펼쳐지고 있는 정경과 압구정동의 실체를 작가의 눈을 통해 엿본다"는 소개글 아래 《영 레이디》에 이렇게 쓰고 있다.

그곳은 그냥 단순한 젊음의 쇼윈도가 아니라 '현란한 젊음의 쇼윈도'이다. …… 자연스럽게 남을 훔쳐보고 또 자연스럽게 자신을 드러내 보이는, 신세대 모두들의 '해방구'가 아니라 일부 선택받은 압구정동 신세들만의 '해방 진지', 압구정동 카페들은 하나같이 그런 분위기를 하고 있다. …… 업소에서는 '좋은 물'을 끌어들이기 위해 패션 모델이나 광고 모델 등을 풀어 놓는 작전을 사용하는 게 보통이라고 한다. 그러면 이내 어디가 물이 좋다고 소문이 나기 마련이고 그곳으로 다시 물이 몰려 온다는 것이다. …… 멤버십 나이트 클럽, 웨이터들이 문앞에 서 있다가 멤버십 카드를 가진 손님들만 통과시켜 주는 이곳은 압구정동의 속성을 함축하고 있는 상징적인 존재라고 할 수 있다. 이곳에 드나들 수 있는 사람들은 그들의 말마따나 우선 물이 좋아야 함은 물론 그에 걸맞게 '부티'가 나야 한다는 기본 조건을 갖추고 있어야 한다. …… (부의 소유에 따른) 노골적인 차별 대우가 클럽에만 있는 것이 아니다. (손님 유치를 위한 명함을 나누어 줄 때도) 물 좋고 세련미가 있는 사람들만 그들에게 선택되는 '영광'을 안게 되는 것이다. '아무나 끌어들여 업소 분위기 흐릴 일 있나'는 것이 그들의 대답이다.

이 글에서 우리는 압구정동의 소비 공간에서는 소비에 의한 계층화가 엄격히 이루어지고 있다는 것을 알게 되고 또한 그 점을 인정하지 않으려는 저항 내지 소외감이 우리 사회에 강하게 존재하고 있다는 것을 알게 된다. 이러한 저항은 넓게는 돈 있고 권력 있는 이들, 좁게는 정치 권력에 대한 불신에서 비롯한다. 《한국인》에 실린 같은 작가의 글을 보자.

정상적인 방법에 의한 부의 축적으로는 압구정동에 편입하는 것이 불가능하다는 것을 알면서도, 우리는 내일 조금씩 그곳으로 다가가는 꿈을 꾼다. 압구정동은 이제 한 동네의 이름이 아니다. 그곳은 상류층의 대명사요, 부의 상징인 동시에 졸부들의 끝없는 욕망과 타락의 전시장이다. 물질적 풍요를 바탕으로 한 부패와 타락을 기득권처럼 향유하는 것이 바로 압구정동식 삶이다.

우리나라의 경제 성장의 과정을 조금만 자세히 안다면 돈이 많은 사람들의 상당수가 비정상적인 방법으로 치부를 한 사람들이거나 그들의 자식들일 것이라는 점을 부인하기 힘들다. 그런 부류들이 호화로운 소비 생활을 하는 것을 보면서 그 축에 끼이지 못하는 사람들은 마치 자신의 몫을 빼앗긴 듯한 느낌을 갖게 되고 그것이 바로 상대적 박탈감과 저항감을 낳는다는 것은 이미 상식화되어 있는 부분이다. 압구정동이 대단한 구경거리이며 화제거리이며 요기거리가 되는 것은 바로 이런 사회 심리적 바탕과 연결되어 있다. 그러나 나는 이런 사회 심리적 바탕에 뿌리를 둔 자본주의 비판이 갖는 함정이 염려스러울 때가 많다. 여기에 대해 나름대로 분석을 해내고 있는 오민수 기자의 글을 다시 인용해 본다.

동족상잔의 비극 6·25 전쟁은 기존의 모든 가치와 질서를 무너뜨렸다. 전쟁이 휩쓸고 지나간 폐허 위에서 싹이 튼 한국의 자본주의는 모든 이에게 동일한 출발선을 강요했다. …… 너나할것없이 똑같은 출발선에서 시작한 기성 세대는 "출신 성분에 따라 향유하는 문화가 다를 수 있다"는 논리에 체질적으로 익숙하지 못하다. …… 뒤틀린 경제성장 때문에 졸부들의 무절제한 과소비와 허겁지겁 이를 뒤쫓는 하류층의 모방 소비가 악순환을 거듭해 왔다. …… 기성 세대의 '똑같은 출발선' 논리가 여전히 젊은 세대에게도 먹혀 들고 있기 때문에 압구정파의 화려한 유흥 구조가 계층과 상관없이 모든 지역에 확산될 수도 있다. 만약 지역을 막론하고 이런 풍조가 만연한다면 빈부의 구별 없이 온 사회가 과소비 열풍에 휩싸이는 부정적 결과를 낳고 말 것이다.

"출발선이 같아서 같아야 한다"는 생각은 인격적 평등과는 다른 차원의 같음을 말한다. 실제로 이제까지 소비의 면에서 사람들은 평등했다. 〈우묵배미의 사랑〉 등 하층민의 삶을 그린 영화에서 보면 "우리라고 그런 곳에 못들어가겠어?" 하면서 주인공 남자가 자신의 봉급에 비해 거액의 돈을 써야 하는 카페나 호텔에 여자를 데리고 들어가는 경우를 본다. 소비에 있어서는 누가 자주 쓰는지 못쓰는지에 차이가 있었지만 못들어가는 데는 없었다. 이렇게 다 같아야 한다는 생각은 실은 농경적인 동질주의와 집단주의에 바탕을 두고 있기도 하지만 그보다 더 직접적으로는 최근세사와 관련이 깊은 것이다.

근대화란 어떤 면에서 '사회적 발전이 고르지 못한 기간' 또는 '비동시적인 것의 동시성'으로 특징지어지는 기간이다.[2] 제3세계의 경우 이런 현상은 더욱 강화되어 나타나며 급격한 경제 성장기를 거쳐 온 우리나라는 아마도 세계에서 가장 현저하게 이런 양상을 보이고 있는 사회일 것이다. 그나마 몇 세기에 걸쳐서 근대화를 이룬 서양은 그 혼탁한 시기를 나름대로 문화적으로 해결해 가는 방안을 마련할 수 있었다. 그 방안에 대한 비판은 여전히 일고 있으며 근원적 회의를 하기도 하지만 하여간 나름대로 적극적으로 해결을 시도해 왔다. 우리의 경우는 고르지 못한 발전에 대해 속수 무책으로 수수 방관하면서 '있는 사람은 더 있고 없는 사람은 더 없어지는 식의 발전'을 초래했다. 그런데 그러한 과정에서 생략해 버린 것이 있다. 대개의 경우 유능한 권력 집단은 그렇게 된 것에 대해서 설명을 준비해 둔다. 그래서 권력 집단에 들지 않은 사람들이 억울해 하지 않도록 이데올로기적 관리를 한다. 그런 면에서 우리 사회의 권력 집단은 매우 무능하고 또 안정되어 있지 않다. 그래서 있는 사람이나 없는 사람이나 모두가 불안해 하고 상대적으로 박탈당했다는 느낌을 가지고 산다. 모두가 같아야 한다는 생각은 어떤 면에서 우리 사회의 중요한 에너지원일 수 있다. 그러나 동시에 모두를 끌어내리는, 우리가 흔히 '물귀신'이라고 부르는 결과를 초래한다. '다 같아야 한다'는 것에 대한 감성은 그 자체로 부정적인 것은 아니지만 부정적인 방향으로 작용할 가능성이 매우 높으며 지금 그런 낌새를 보이고 있다. 이를 긍정적인 방향으로 살려내기 위해서는 앞으로 사회 분화를 어떻게 이루어 내고 또 받아들여 가야 할지에 대한 논의가 활발하게 일어야 한다. 이것은 곧 보다 포괄적인 자본주의 비판, 특히 '같음과 다름'을 어떻게 다루어 낼 것인가의 문제와 연결된다.

새로 자라오는 세대는 어릴 때부터 영상 매체에 길들여져 왔다는 점에서 매우 다르고, 있지도 않을 내일을 위해서 허리띠를 졸라매

---

[2] 프레드릭 제임슨, 1991, 〈모던에서 포스트 모던으로〉, 《외국문학》, 겨울호, 51쪽.

는 부모 세대에 대한 저항을 지녔기에 다르고, 점점 더 경쟁적이 되어 가는 사회에서 '발전' 이데올로기에 속아 '조국'을 외쳐 대기보다 자기 실속을 차려야 한다는 것을 알아차려서 섣불리 '선동'당하지 않기에 다르다. 본격적인 '자본주의 시대의 아이들'이란 면에서 기성 세대와는 매우 다르다. "왜요? 좋잖아요?"라는 한마디로 기성 세대를 가볍게 따돌리는 이들, 이제 우리들은 우리 속의 '차이'를 인정해야 하고 그 '차이'를 바탕으로 새로움을 살려 낼 생각을 해야 할 시대에 살고 있다. 차이를 외면해 온 획일주의 시대를 이제는 보내야 한다는 것이다.

압구정동에 대한 논의에서 두드러지는 두번째 시선은 소비에 대한 것이다. 항간의 경제적 설명을 빌리면 80년대 후반에 한국의 자본이 수출 활로가 위축되는 위기를 피하기 위해 내수 시장을 공략하기로 했고 그러한 경제 조건이 문화 논리와 결합하여 내구 소비재 구조로의 조정이 이루어졌다. 87년 노동자 운동과 물가 안정 속에 이루어진 실질적 임금 상승이 이러한 상황과 결합하여 새로운 소비 문화를 촉진하는 변수로 작용하였고 다국적 자본의 국내 진출은 이러한 방향으로의 변화를 더욱 가속화하였다. 물론 논의들은 주로 '생산한 자가 보이지 않는 소비' 그리고 특히 과잉 소비에 대한 비판이 많다. 그런데 문제는 이런 반응이 '소비' 자체에 대한 거부감으로 드러나고 이런 비난의 소리는 자칫 "어떻게 잘 소비하느냐"에 대해 정작 이루어져야 할 언설을 막아버린다는 점에 있다. 앞에서 이미 지적하였듯이 경제 발전의 어느 단계에 들어서면 제대로 소비해 내는 것이 무엇보다도 중요해진다. 열심히 벌어서 잘 쓰는 것, 이것은 자본주의 사회의 기본 원리이고 그 원리가 제대로 실행되지 않을 때 사회는 병적인 현상을 일으킨다. 문화적 삶도 시장의 수준에 따라 좌우되기 때문에 시장의 수준을 높인다는 것은 그 사회의 질을 높이는 것과 같다. 제대로 된 영화를 보고자 하는 소비자가 있어야 좋은 영화가 생산되며 제대로 된 컴퓨터 소프트 웨어를 필요로 하는 소비자가 있어야 제대로 된 프로그램이 만들어진다. 제대로 대화하고 즐겁게 사람들을 만나고 싶어하는 사람이 있어야 그런 만남이 가능한 공간이 생기고 거리 연극을 신나게 보아 주는 관객이 있어야 거리 예술도 꽃필 수 있는 것이다. 그러기 위해서는 소비에 대한 언설 자체를 막는 역할을 하는 '죄의식'을 조장하는 것은 문제가 된다. "각자 열심히 벌어 분수대로 살자"는 구호는 '벌이'의 정의가 서 있지 않은 사회에서는 조심해서 사용해야 하는 말이다. 그러나 그렇다고 해서 소비에 대한 언설을 묶어 두고 결국 음성적으로 내버려 두는 일은 더욱 피해야 할 일이다.

어떤 면에서 소비는 노는 것과도 관련이 된다. 퇴행적 자본주의를 나무라면서 원론적인 주장만 되풀이하는 사람이 아니라면 황폐한 일상을 사는 현대인에게 놀이가 필요하다는 것쯤은 상식으로 알고 있을 것이다. 단순히 스트레스를 푸는 놀이보다 창조적 에너지를 낼 수 있는 놀이를 할 수 있어야 하겠지만 욕심대로 안되면 스트레스를 푸는 놀이만이라도 할 수 있어야 병들지 않는다. 이 면에서 소비에 대해, 놀이에 대해 색안경을 끼고 보는, 생산에만 집착하는 언설은 매우 억압적이다.[3]

소비와 놀이에 대한 적극적인 언설이 억압되고 있음을 보면서 나는 우리가 자본주의 사회에 대해서 매우 무지하다는 것을 다시 한 번 확인한다. 자본주의 사회는 노동을 통제하고 관리할 뿐 아니라 일상적 삶까지 철저하게 관리 통제할 기술과 조직을 갖추는 방향으로 나아가고 있다. '보이지 않는 권력'이 다수의 구성원들에게 어떻게 놀아야 하고 어떻게 느껴야 하는지를 가르치는 사회로 이행해 가고 있다는 것이다. 우리는 지금 이러한 전체주의적 관리 사회로 치닫는 것을 막아야 한다. '사람'을 빼돌리고 정신없이 가고 있는 자본주의적 전개에 브레이크를 거는 길은 삶은 살아볼 만하다고 느낄 수 있는 장을 만드는 것이고 그것은 놀이와 축제를 우리 속에서 다시 일으키는 일이다. 그리고 그것은 자본주의적 원리를 외면한다고 되는 것이 아니라 그 원리를 제대로 알고 이용해 가면서 이루어 낼 수 있다. 생산 패러다임 안에서 우리의 문제를 풀려고 하는 것은 너무나 안일하다. 보다 전략석이고 지밀하게 자신에 대한 사랑을 계속할 수 있게 하는 방법을 모색해 나가야 할 때가 아닌가?

---

[3] 앙리 르페브르, 1990, 《현대 세계의 일상성》, 박정자 옮김, 세계일보. 여기서 논의되는 문제와 연결하여 중요한 통찰력을 보이고 있는 책이다.

새로운 세대를 계속 위축시키고 있는 '소비'와 '놀이'에 대한 언설은 그런 면에서 매우 위험하다.

이제 세번째 주제로 넘어가 보자. 위의 것과 비슷한 형식으로 젊은이들이 적극적 문화 만들기를 해내는 것을 막고 있는 또 하나의 죄의식이 있다. 그것은 '우리 것'에 대한 언설이다. 앞에서 인용한 글들에서도 나타나듯 압구정동 문화가 '왜색,' '미색' 또는 '무국적 문화'라고 비난받는 부분이 그것이다. 아래의 대학생의 글에서 그런 생각을 읽어 보자.

우리 경제 사정이 더 나아지면 앞으로 제2, 제3의 압구정이 생길는지도 모른다. 지나치게 향락, 퇴폐적이지만 않다면 어쩌면 압구정에서의 삶과 같은 것이 더 바람직한지도 모른다. 하지만 우리 모두는 한 가지 잊고 있는 것이 있다. 그것은 바로 '우리의 것'이다. 서양식으로 산다고 해서 반드시 나쁘다는 것은 아니다. 우리의 것만을 옳다고 주장하는 것도 나쁘다. 하지만 살아가는 데 있어 과연 우리는 어떤 뿌리를 가지고 살아 왔는지를 잊지 않는 것이 가장 중요할 것이다. (사회학과 4, 대영)

압구정동에는 외국 것이 금방 들어온다. 실제로 일본의 문물이 일주일이면 위성 방송을 통해, 잡지를 통해, 직접 건너오는 사람들을 통해 쉽게 새것이 전해 온다. 세계 여러 나라의 첨단적 소비재와 감각적 패션이 이곳에 다 몰려 있다고들 한다. 그런데 도시 중심으로 재편되는 듯한 세계 규모의 자본주의 체제는 이러한 공간을 곳곳에 창출해 놓고 있으며 문화적 혼합과 혼성의 상황을 초래하였다. 지금 우리가 '우리'의 '본질적'인 것을 고수한다는 것은 무엇을 의미할까? "〈뉴 키즈 온 더 블럭〉을 보고 환호하는 것보다 〈서태지와 아이들〉을 보고 환호하는 것이 낫다"고 하던 어느 교수의 이야기는 순진한 이야기인 것 같지만 일리가 있다. '우리'를 이야기하려면 지금 여기에 있는 우리들의 모습에서 시작해야 하지 않을까? 이미 서양화될대로 서양화된 우리를 놓고 서양화되지 않은 어떤 '고유한' 우리를 찾아보려 한다면 긴 식민지적 상황을 겨우 빠져 나온 우리는 또 한번 우리를 소외시키고 말게 될 것이다. 복고적 민족주의에 빠져 제자리걸음을 하는 일은 없어야 한다는 것이다.

우리는 '뉴 키즈'와는 왕래가 없지만 서태지와는 만날 수 있고 또 많은 또 다른 서태지를 만들 수 있고 그런 가운데 새로운 서태지를 만들어 갈 수 있다는 지역성에 주목해 보자. 서태지가 제기하는 기호는 우리들의 일상적 삶 속에서 우리들에 의해서 사용되고 변화될 수 있는 부분이다. 새로운 창조를 위해서는 제대로 된 모방가가 필요하고 서태지와 같이 '무분별한' 모방가도 필요하다. 대중문화를 변화시키려면 그것을 공략하면서 동시에 그 속을 파고드는 이중 전략을 써야 하듯이 서태지를 모방적이라고 외면하기보다 그의 출현에 적극적 의미를 부여하면서 문화를 만들어 가는 과정이 더 필요하다는 것이다. 실제로 적극적 관중을 만들어 가는 것이 중요하다는 것이다.

한 예를 들어 보자. 서태지가 모자에 달고 다니는 가격 표시는 미국의 흑인 랩 가수를 흉내낸 것인데, 그것은 미국에서는 '훔쳤다'는 표시라고 한다. 가격표를 달고 다니는 것을 유행시킨 오리지널 흑인 가수들이 몸담고 있는 미국의 흑인 소수민 문화를 이해하지 않으면 알 수 없는 의미의 차원이다. 이들이 목에 걸고 다니는 목걸이 표시 역시 벤츠나 롤스 로이스 등과 같은 최고급 차의 상징물로서 역시 흑인 청소년들이 반항적 행위로 해온 일을 암시하는 것이라 한다. 그것을 〈서태지와 아이들〉이 흉내냈을 때 우리의 관객은 어떻게 받아들이는가? 나는 얼마 전《동아일보》〈아침을 열며〉난에서 박완서 씨가 그런 면을 '기존의 위선을 깔아뭉개고 싱싱하게 태어남, 새로움에 대한 갈망'과 연결시켜 내는 것을 읽고 참으로 '새로움'을 느꼈다. 담론은 지역적인 것이고 지역적일수록 효과가 난다. 서태지는 우리가 만들어 갈 수 있는 공간에 들어와 있다는 면에서 똑같은 노래를 부르고 똑같은 흉내를 내더라도 서양 가수와는 다르다. 문화적 혼성 시대의 자기 찾기는 동질 시대의 그것과 다를 수밖에 없다.

결국 '외부에 대한 개방성'과 '자기 정체성의 확보'라는 과제가 떠오르게 되는데 이 둘은 동전의 앞뒤면이다. 자기가 약할 때 개방을 하기는 어렵다. 문화적 빈곤, 자기 문화 내의 차이성을 보지 않는 것, 자기 삶을 관리하지 않는 것, 자기에 대한 배려를 소홀히 하는 것과 '모방을 열성적으로 하는 것 / 모방을 적극 반대하는 것'은 함께 간다. 다국적 기업의 시대에, 국경을 넘어선 잦은 문화 교류의 시대에, 그리고 서구의 절대 권위가 흔들거리기 시작한 시대에, 우리는 '모방'을 새롭게 생각해 볼 수 있어야 한다. 강력한 대중 매체와 정보 교류 속에서 사실상 새로운 것은 나올 대로 다 나왔다. 이제 새로운 조합이 있을 뿐이며 그 조합은 공동체가 있을 때 의미를 지닌다. 그렇지 않는 경우는 떠다니는 개인들의 일시적 위안과 도피를 부추켜 온 거대한 문화 산업에 휩말려들 수밖에 없다.

문화 정치적 실천과 새로운 공간 만들기

압구정동에 대한 언설을 보면서 다시 한번 우리는 현재 일고 있는 여러 수준에서의 변화를 아직 제대로 읽어 내지 못하고 있으며 읽어 내려고 하지도 않고 있다는 생각을 하게 된다. 압구정동에서 일어나고 있는 현상을 보면서 불안해지지 않는 것은 아니다. "이념 과잉 시대가 채 끝나기도 전에 부의 상징인 압구정동을 중심으로 압구정파는 서서히 자기 색깔을 드러내기 시작했다"는 오민수 기자의 지적은 맞는 말이다. 그들은 매우 걱정스러울 정도로 탈이념적이고 탈정치적이고 유아적이다. 그러나 그들 못지않게 나를 불안하게 하는 것은 그 공간을 새롭게 만들어 갈 수 있다는 전망이 빠져 있는 언설이다. 우리는 거대한 기치적 문화 앞에서 자포자기한 심정으로 서 있곤 한다. 무엇을 어디서부터 어떻게 시작할 수 있단 말인가? 그럼에도 불구하고 해야 할 일이 있다면 사회적 징후를 징후로서 차분하게 읽어 내어 성급한 판단과 단속을 하려 들지 않는 일이다.

우리는 물질 문화라는 개념을 잃어버릴 정도로 물질적인 것에 집착하고 생산에 집착하는 패러다임 속에 묶여 있지 않는가? 그래서 더욱 극단적인 도덕주의적 표방 가치를 앞에 내세우는 것이 아닌가? 사회 구성원 모두가 늘 막연한 죄의식 상태에서 주체적이기를 포기한 사회. 주체적이도록 허용한 사회에서는 반사회적인 행동을 했을 때 책임을 질 주체가 있다. 그것은 아예 주체적일 수 없게 하는 것과는 엄청난 차이가 있다.

나는 '압구정동 현상'을 이해해 가려는 과정에서 이제 주민들이 자신의 공간을 확보하는 운동을 적극적으로 벌여 가야 하는 때임을 알게 되었다. 공간은 문화이며 도시 개발은 비전을 가진 것이어야 한다. 그리고 그때의 공간은 주민들이 만나는 장, 즉흥적 흥을 낼 수 있는 공간이 반드시 들어 있어야 한다. 거리극을 통해 환경 문제를 이야기하며 여름밤이면 전광판에서 상영되는 영화를 보고 어른과 아이가 함께 어울려 춤을 추며 가족들이 함께 부르는 노래방을 왜 가져서는 안되는가? 우리는 그 동안 얼마나 순응적이었는지, 그럼으로써 우리가 얻은 것은 무엇이었는지? 이제 각자 자기 공간을 찾기 시작해야 한다. 남의 집 담장 안을 기웃거릴 시간도, 이유도 없다. 자기 속에 집을 짓는 일, 자기의 공간, 자기의 문화를 만들어 가는 일이 시급하다. 교차로의 불안함은 여전히 여기에 남아 있다. 그러나 그 교차로는 우리의 집이 될 수도 있다.

다시 압구정동으로 돌아와서 글을 끝맺어 보자. 나는 문화 만들기의 관점에서 압구정동을 살려 내고 싶다. 지역 주민의 공간으로 압구정동은 새로운 교육을 실현해 내고 합리적인 소비 생활을 실험해 가는 공간이 되었으면 좋겠다. 그 내용은 물론 주민들이 채우는 것이다. 압구정동 주민은 아니지만 서울의 주민으로서, 우리나라와 또 보다 나은 인류 문화를 만드는 일에 애정을 가진 사람으로서 나는 적어도 그곳 주민들이 자기의 삶을 관리하고 창조해 가는 주민 운동의 주체로 나서기를 기대한다. 지역 운동이 현 자본주의의 위기를 뚫어 갈 거의 유일한 힘이 나올 수 있는 곳이라고 믿고 있기 때문이다.

압구정동에 있는 소비 공간에 대해서 나는 두 가지 생각을 한다. 하나는 서울이 혐오스러운 공간이 아니라 나름대로 개성 있는 공간이 되어야 한다는 점에서이고, 다른 하나는 그곳이 새로운 소비 상품 생산의 공간이 될 수 있을 것이라는 점에서이다. 서울이 나름대로의 빛깔과 삶의 숨결을 담아 내기까지 무척 시간이 걸릴 것이고 때때로 이미 너무 늦어 버렸다고 느끼지만, 나는 압구정동 중심가를 인사동과 명동과 종로와 동숭동 대학로와 신촌 거리와 같은 차원에서 새로운 소비와 예술 문화의 공간으로 만들어 가는 구상을 해본다. 이 면에서 나는 동숭동 대학로를 차가 안다니는 문화 공간으로 만들겠다던 서울시가 성급하게 그 실험을 중단한 것에 대해 불만이다. 실험을 하기 위해서는 충분한 시간이 주어져야 한다. 나는 서울에 차가 안다니는 공간이 있어야 된다고 생각하며 동숭동뿐만 아니라 인사동과 신촌 대학로와 명동과 종로 등지 여러 군데에 실험적인 문화 공간으로 확보해 두어야 한다고 생각한다. 충분한 실험이 가능한 긴 시간 동안 말이다. 이제 이태원 같은 식민지 공간은 문을 닫아야 할 것이고, 주민들이 '죄의식' 없이 놀고 내일을 위한 창조적 에너지를 충전해 갈 수 있는 공간을 많이 열어 가야 할 것이다.

두번째로 나는 압구정동이 신촌이나 이태원과는 또 다른, 생산지로서의 가능성에 주목한다. 압구정파가 90년대 청년 문화를 대표할 것인지 등에 대한 논의를 하기보다 그들의 존재를 일본의 아까사까족이나 록뽄기족, 또는 아오야마족과 같은 선상에서 이해하려는 시선을 갖는다면 우리는 더 많은 것을 얻게 될 것이다. 록뽄기라든가 아까사까 거리는 원래 지하철역 근처의 상가 지역으로 60년대 이후 소비 지향적인 청소년들이 몰려들었고 70년대에는 오토바이 폭주족들이 몰려들어 화제 거리가 된 곳이다. 이곳의 주인공들은 '압구정족'처럼 본격적인 자본주의 문화가 양산해 낸, 생산보다는 소비에, 일보다는 노는 것에 더 관심이 많은 새로운 젊은이들이었다. 이곳은 이들이 또래로 몰려다니면서 노는 공간이었는데 이제는 새로운 패션이 만들어지는 색채를 가진 곳이 되었다. 기성 세대의 눈살을 찌푸리게 해온 이 공간과 이 공간을 메운 젊은이들은 실은 마냥 퇴폐적일 수 있었다. 그러나 그것은 사회 구성원들이 만들기에 따라 달라질 수 있다. 일본은 강렬한 자기 표현의 욕구를 가진 소비족을 새로운 패션과 새로운 상품을 개발해 가는 실험 시장의 구매자로 활용을 하였고 현재 일본의 아까사까가 세계 수준의 패션 중심지가 된 것도 이들의 감각과 소비성을 제대로 활용해 내었기 때문이다. 지금 우리나라에 들어와 있는 커피숍 등 색다른 체인 스토어로부터 패션에 이르기까지 우리의 눈을 끄는 많은 상품은 아마도 거의가 이런 첨단 거리에서 새로운 감각을 지닌 이들의 엄정한 감정을 받아 탄생한 모형들일 것이다.

같은 맥락에서 나는 첨단 소비 활동이 일어나는 공간의 측면에서 압구정동 거리를 상상해 본다. 세계의 많은 사람들이 와 보고 싶어 하는 거리를 구상해 본다. 값싼 노동력에 의존하는 시대는 가고 아이디어의 싸움이 시작되었다. 신상품들이 각축전을 벌이는 세계 시장이 광범위하게 형성되고 있다. 세계적 규모로 일어나는 문화적 자본주의 질서 속에서 안일하게 일해서 살아 남기를 기대하기는 힘들게 되었다. 문화적 상품이 지니는 가치는 효용성보다 '새로움'과 그것이 담고 있는 '인간적 숨결'에 있다. 새로운 아이디어를 실험해 볼 공간이나 인간적 숨결을 확인해 갈 시간이 없는 상황에서 이러한 상품이 나오리라고 기대하기는 어렵다.

닷새마다 서는 5일장도 계속 서야 하고 동대문 시장과 남대문 시장도 그 나름의 스타일로 살아 남아야 하지만 전혀 새로운 스타일의 상업 공간을 만들어 내는 것도 지금 우리에게는 중요하다. 그러기 위해서는 상인과 소비자를 포함한 주민의 주인 의식을 높임과 동시에 새로운 감각 세대들이 자신들의 가능성을 한껏 펼쳐 보일 수 있는 그들의 공간을 즐길 수 있게 하는 것도 필요하다. 압구정동은 '천민 자본주의'의 '꽃'일 뿐이기에, '졸부'들의 멋모르는 철부지 자식들이나 우글거리는 곳이기에, 아예 그렇게 될 가능성은 없다고 단정하고 경계한다고 상황이 좋아질 리는 없다. 또한 죄의식에 시달리면서 구차한 변명을 꾸며 대는 동안 우리의 삶은 급속히 황폐해 가고 있다.

'압구정' 공간은 지금 만들어지고 있고, 그것은 한국인으로서, 서울 주민으로서, 그리고 압구정 주민으로서 '우리'가 만들어 가는 것이다. 그러기 위해 압구정동의 중심은 보다 지역적인 공간이면서 세계적인 공간이어야 하고 보다 많은 문화적 발언을 할 수 있는 공간이어야 한다. '향락,' '퇴폐,' '편중된 부,' '무분별한 모방,' '무절제한 수용,' '배금주의,' '모방 심리,' '이기주의,' '귀족 문화,' '저질 문화,' '구조적 모순의 노정' 등의 단어로 주로 논의되고 있는 압구정동에 대한 언설의 내용과 방식이 마음에 들지 않지만 그것은 한편 정치적 허무주의가 휩쓸고 있는 이 시대에 희망적인 몸짓이기도 하다. 여전히 커다란 '우리'를 거머안고 있으려는 표현이기도 하기 때문이다. 중요한 것은 그러한 보다 큰 '우리'에 대한 애정에서 나오는 언설을 보다 구체적인 '우리' 그리고 '자신'에 대한 배려와 연결하며 보다 적극적으로 새로운 삶의 공간을 만들어 가는 것일 것이다. '자기 돌보기'를 게을리하고 외면하기 위한 언설이 아니라 자신을 세우기 위한 언설을 만들어 가야 한다는 것이다.

자, 이제 압구정동을 다시 한번 가보자. 그리고는 그곳을 읽음으로써 자신이 서 있는 시간과 자신이 몸담고 있는 공간을 되돌아보자. ■

'우리' 일상의 공간, 신촌 속으로

■ 등교길에 매일 지나치는 신촌을 나는 얼마나 알고 있는가?
내가 가고 싶어하는 공간이 신촌에는 있는가? 오랜만에 만난 옛친구를
초대할 만한 곳이나 아이들의 손을 잡고 가고 싶은 곳이
신촌 어딘가에 마련되어 있는가? 신촌은 마냥 지저분하며,
마냥 복작거리며, 식민주의적 절충주의로 나를 억압하는 공간은 아닌가?
나는 왜 신촌 거리에 나서면 무엇에 쫓기듯, 도망치듯 걸어가는가?
20여년 전 대학에 다니던 때도 이리 걸었을까? 이렇게 사는 것도
사는 것이라 할 수 있는가? 신촌에 정을 붙이자.
우리 손으로 다시 만들어 가는 것, 불가능할까?
■ 이런 질문을 묻는 사람은 나뿐이 아니었다. 1991년부터 정치학과
이신행 교수가 정치학 개론 시간에 신촌을 다루었고, 봉원동 주민 자치 모임,
그리고 신촌 대학생 모임도 만들어졌다. 전통찻집 주인들 중심으로
〈새터를 지키는 모임〉도 만들어졌고, 상인들 중심으로 신촌 축제도
본격적으로 부활하였다. 신촌 지역 대학 신문들도
지역 공간과 신촌 문화에 관한 기사를 집중적으로 다루었다.
신촌을 알아 나가는 효과적인 방법으로 학부 강의를 열었다.
신촌을 발로 뛰어다니게 함으로 신촌에 정을 붙이게 하고 학문이란 것이
실은 딴것이 아니라 자기 삶에 성붙이는 일이라는 것을 알게 해주고 싶었다.
또한 너무 익숙해진 신촌을 낯설게 바라보려면, '공간'으로 읽어 내는 방법이
적당할 것 같아서 건축학과 연결을 하여 보았다. 마침 교내 환경 문제로 모인
교수 모임에서 건축학과 김성우 교수를 만나 의논 끝에 함께 세미나를
하기로 한 것이다. 이 글은 바로 그런 수업 과정을 쓴 것으로
연세대학교에서 펴내는 계간지 《진리·자유》 1993년 여름호
〈신촌 문화와 대학 문화〉라는 특집 기획물로 일부가 실렸으며, 1993년
8월에 있었던 신촌 지역 대학생을 위한 대화 모임을 위해 새로 쓴 것이다.

신촌 속으로

나는 지금 신촌으로 가고 있다
부딪친다
빠져든다
놀아난다
던진다 / 참는다 / 도망쳐 나온다

나는 지금 신촌을 바라본다
듣는다
읽는다 / 맡는다 / 느낀다
어루만진다

신촌은
먼지 가득히 쌓인 조각난 거울
깨진 조각을 짜맞춘다
거울을 닦는다

신촌에 대해 이야기하면서
자신에 대해 이야기한다
신촌에 대해 이야기하지 않음으로
자신에 대해 이야기하지 않는다

들어가는 글 : 문화 읽기와 문화 만들기

문화란 무엇인가? 그것은 나를 둘러싸고 있는 공간이며 시간이다. 그것은 나를 만들어 온 무엇이자 내가 또 만들어 가는 무엇이다. 나는 문화의 구성물이면서 문화의 창조자이다. 나는 문화가 시키는 대로 사물을 바라보고 행동을 결정하지만 나는 그 문화를 종종 배반하고 반역을 꾀한다. 그럼으로써 나를 살리고, 그 문화도 살려낸다. 이제 반역의 계절이 왔다.
지금까지 우리는 문화를 물적 토대의 반영물 정도로 보아 왔다.

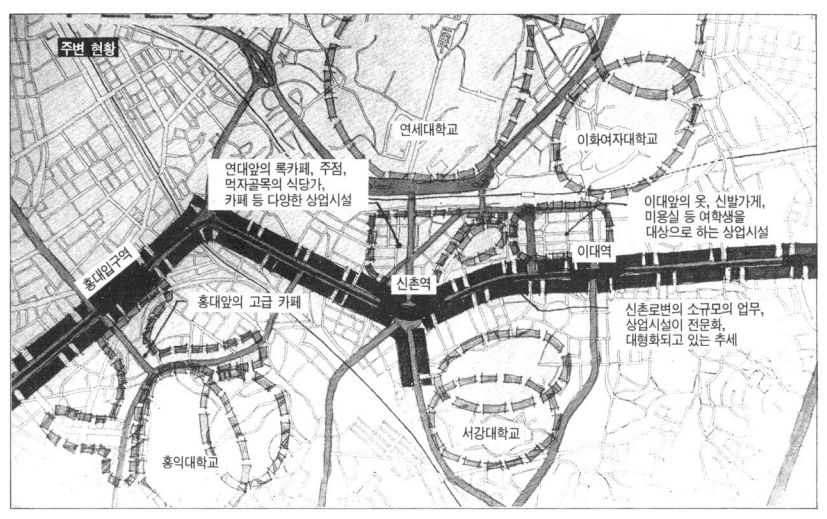

신촌 상업 분포 지도

우리의 역사를 보면 실상이 그러했다. "모든 것은 물질적인 것에 의해 좌우된다"는 경제 결정론이나, "문화는 사회 구성원 모두에게 고루 공유되고 학습된 통합된 관념 체계"라는 규범적이고 구조 기능주의적 전제가 그대로 통하는 사회였다. 그곳에 사람은 없었다. 사람의 목소리는 부재했다.

'구조'의 개혁만이 살길이다고 외치던 함성과 달리 또 한 덩어리의 사람들이 있다. 정치가의 큰 목소리와 관료들의 불친절한 표정과 국정 교과서와 KBS, 그리고는 헐리웃의 달콤한 사랑 이야기가 바로 '우리'였다. 신문에 오르내리는 '국민적 정서'로 존재하는 '우리'들이다. 그 '우리'는 언론이 연출하는 정치 사정극을 구경하면서 이제는 연속극보다 뉴스를 즐겨 보게 되었다.

그런데 문화는 그런 게 아니라고 우기는 사람들이 생겨났다. 문화는 "커뮤니케이션이고, 여러 종류의 상충된 원리를 포용하고 있으며, 각기 다른 이해 관계를 가진 구성원들에 의해 끊임없이 새롭게 만들어지는, 개방된 불안정 체계"라고 말하고 싶어하는 사람들이 생기고 있다. 이들은 지식과 권력 간의 밀접한 관계를 보라고 말한다. 진리란 영원한 것이 아니고, 권력을 더 가진 사람들의 의견이었음을 말한다. 그러므로 평등한 사회를 원한다면 권력의 작용에 대해 좀더 알고 나서 문화를 이야기하라고 한다. 사회 구성원의 머리 속에 있는 어떤 가치의 덩어리가 문화라고? 그들은 코웃음친다. 문화는 바로 사람이 처해 있는 조건이며 서로의 정보를 나누는 방법론이야. 삶의 조건을 단순화시키지 말라고 말한다. 조건이란 지금까지 우리가 매달려 온 '자본주의'라든가 '관리 기술 사회'라든가 '가부장제' 등 추상화된 몇 개의 단어가 아닐세. 그것은 다양한 이해 관계를 가진 사회 구성원들이 상호 작용하는 다양한 시간과 공간 구성이란 말일세. 그 움직임이 아직 보이지 않는다는 말인가? 그대들 눈에는? 이제 문화를 연구하는 사람들은 물적 조건의 반영이며 지배자의 논리라는 식으로 규정된 문화를 보려고 시간을 낭비하지 말게나. 또 무작정 절대 불변의 진리를 찾겠다면서 잡다한 지식과 가치의 뭉치 따위에 연연하지 말게나. 그러한 가치를 갖도록 하는 기제와 조건을 보다 세밀하게 읽어 가도록 하게. 자, 이제 보이는가?

네모난 교실에 70명의 학생들이 들어앉아 있다. 높은 교단에 올라선 교수를 바라보고 있다. 교탁에 강의 노트를 올려 놓고 무엇인가를 떠드는 교수의 이야기를 듣는 듯하다가 듣지 않는다. 그럴 때일수록 듣는 듯한 표정을 짓는다. 그러다 들으니 좀 재미있는 말을 한다. 질문이 생긴다. 질문을 한다. 교수가 내려다본다. 뭐라고 답하는데 미진하다. 또 들으려다 졸고 있는 옆 친구를 보고 그만둔다. 기존의 강의 공간은 그 배치 자체로 학생과 교수 사이의 커뮤니케이션을 미리 제한하고 들어간다. "강단 위에서 굽어보는 사람의 말을 그대로 믿어. 뭘 시간도 없는데 질문은 해? 한 학기에 책 두 권의 진도는 나가야 된단 말이야." 교실은 말하고 있다.

부부가 말다툼을 하고 있다. 남이 보기에는 사소한 일로, 식사 후에 논쟁이 벌어졌다. 아내는 자신의 공간인 부엌 개수대 앞에서 그릇을 씻으며 불만을 신나게 털어놓는다. 남편은 뭔가 할 말을 다하지 못한다. 왜 이리 불편하지? 잘못한 것은 없는데 …… 응접실로 가서 말하자고! 아내는 들은 척도 않고 계속 그릇을 씻으면서 할 말을 하고 있다. 빌어먹을, 오늘도 영락없이 당하고 마는군. 부부 싸움의 장소를 부엌으로 할 것인지, 남편의 서재로 할 것인지에 따라서 싸움의 결과는 매우 달라진다.

　최근에 신촌에 급격히 들어선 커피 전문점에 들어가 보자. 환하게 트인 공간이 마음에 들지 않는가? 좀 어두컴컴한 다방이 편안하다고? 그러면 당신은 신세대는 아닌 모양이다. 그런데 친구를 만나 20여 분 이야기를 하고 나니 나가고 싶어진다. 무엇인지 뚜렷하지는 않지만 그리 편하다는 느낌이 아니다. 그리 시끄럽지도 않은데 시끄러운 것 같고 깔끔하고 정돈되어 있는데 부산스러운 것 같다. 실은 그 공간은 손님들이 오래 머물러 있기에 불편할 정도의 거리로 좌석 배치를 하고 있다. 오래 앉아 있으면 장사가 안되기 때문에 실내 공간을 의도적으로 그렇게 배치했다는 것을 손님들은 모르지만 느끼게 되고, 그들의 의도대로 30분 정도의 주기로 자리를 뜨고 있다.

　붐비는 공원의 벤치 길이가 얼마인지 아니? 잠자기 가장 불편한 길이. 누우면 무릎 정도에서 끊기는 길이다. 이렇게 이제 인간 공학을 통해 사람들의 행위가 규제된다. 세밀하게 조정된 공간 구성을 통해. 말에만 문법이 있는 것이 아니다. 공간에도 문법이 있으며, 문법을 아는 사람이 곧 타인을 통제할 자격을 얻는다. 문화 연구가들보다 상업적 실내 디자인 전문가들이 이런 원리를 앞서 알아 왔고 활용해 왔다는 사실에서 우리는 상업주의 사회의 특성을 보게 된다. 학문의 무용성에 대해 다시 한번 생각해 본다.

　우리는 그 동안 이러한 미묘한 공간적 배치에 대해 그리 심각하게 생각해 보지 않았었다. 신촌은 어떤가? 신촌은 무엇을 할 수 있게 만들어진 공간이며, 무엇을 하고 싶어하게 하는 공간인가?

식민지적 절충 상황

　우리나라의 대부분의 도시가 개성이 없는 것은 우리의 근대사적 전개 방식과 관련이 있다. 식민지적 절충주의. 무엇이든 단기적 생존 수단의 차원에서 만들어지고 부숴진다. 그래서 아무데나, 무엇이든 있을 수 있다. 봉건과 근대와 탈근대가, 간판에서도, 화장실의 모습, 상품을 진열한 방식, 가게 주인의 표정에서도 함께 섞여 나타난다. 사람들은 그런 모든 것을 수용한다. "있는 것이 있을 수 있는 것"이라고, 더 이상을 요구하면 피곤해진다면서 극도의 참을성으로 불편을 감내한다.

장기적 계획을 세운다는 것은 불가능했다. 장기적 계획이란 실은 실속 없는 명분이거나 사기극이다. 도시 계획은 욕심 있고 능력 있는 소수와 그들에게 빌붙어 있는 건축 관계자의 주물럭거림의 산물이다. 없는 사람들이 비집고 들어선 무허가 건물들, 살아보려고 끊임없이 새로운 가게를 열어 보는 영세 가게 주인들이 그나마 도시의 풍속도를 만든다.

주요 대학이 5개나 몰려 있다는 신촌도 예외는 아니다. 그러나 이제 신촌은 근대적 / 도시적 소비 공간으로서 '변화'해지고 있다.

도시적 소비 공간으로서의 신촌

신촌은 80년대 중반까지, 다시 말해서 우리 사회가 본격적인 소비 사회로 진입하기 전까지는 주민 중심의 생활권이자 몇천 명 수준의 대학생들이 책을 사 보거나 점심을 먹고 당구를 치는 정도의 소비 공간이었다. 그러나 국민 소비 수준이 올라가고 — 학생들의 소비 수준 역시 아르바이트가 허용되면서 올라갔다 — 지하철이 들어서면서, 대학생 정원이 크게 늘어나면서, 또 주변의 무교동 등 유흥가가 서울시에 의해 정리되면서 신촌은 급격하게 주요한 유흥의 공간으로 떠올랐다. 그리고 비대해지기만 하는 서울의 한 부도심으로 부상하고 있다. 신촌은 지금 '촌티'와 '지저분함'을 벗은 '깨끗한' '도시적' — 이 둘은 같이 가는 상징이다 — 유흥과 소비 공간으로 떠오르고 있다. 신촌은 명실 공히 익명성의 공간, 부유하는 도시인을 유혹하는 공간으로 이제 자리를 잡아가고 있는 것이다.

이러한 변화를 감지한 상인들이 있었다. 상당한 수준의 상업적 계산과 전략을 가지고 들어선 〈그레이스 백화점〉의 주인이라든가 구의회 의원인 〈형제 갈비〉 사장 등이 근대화의 물결을 주체적으로 타고 있는 경우들일 것이다. 그들은 자본주의적 적자 생존 세계의 승자들이다. 장기적 계획을 할 줄 알고, 원하는 것을 기획하고 추진하는 힘이 있다. 특히 신촌 시장을 그레이스 백화점으로 만들어 낸 사장은 상당히 유능한 분임이 틀림없다. 시장 사람들을 거의 다 그 레이스로 끌어들였고 현대적인 것과 이전 것을 잘 절충해 내고 있다. 크리스탈 백화점이나 다주 쇼핑과 비교해 보면 차이가 확연해진다. 그는 신촌 지역에 대한 기업가로서의 책임을 다하고자 한다는 생각을 기회가 있을 때마다 천명한다. 백화점 근처에 벤치라든가 영 플라자, 그리고 9층의 연주회장도 그래서 만들었다. 이 주체적 '기업인'들은 때마침 일을 해보고 싶어하는 구청장과 뜻이 맞아 축제를 벌이고 있다. 이들은 그런 장소를 만들어 놓아도 제대로 활용할 줄 모르는 학생들이나 주민들이 한심하고 안타깝다. "세상은 억수로 넓고, 할일은 징하게 많다"고 느끼는 사람들이 신촌에 몇 있고 이들이 열심히 움직이고 있는 것이다.

그런데 크리스탈 백화점은 망했고 다주 쇼핑은 파리만 날리고 있다. 그런 가운데서도 자구책을 구하지 않는다. 건물에 식수가 나오지 않아도 고치지 않고 각자 집에서 가져온 것으로 해결한다. 노년인 건물 주인이 빨리 자식에게 관리권을 인계하거나 기다리고, 신촌 축제 때 소외된 것을 불평하고, 너무 손해보지 않고 가게를 팔고 나갈 수 있기만을 기다린다. 건물 주인은 그런데 무엇을 하는가? 신촌에 십수 년씩 장사를 해오던 분들은 이제 그냥 사그라질 준비나 하고 있다. 개인별로 살아 남으려 눈치를 보는 것 외에 다른 방법 — 예를 들어 옛날의 장터와 같은 열린 시장을 만들어 백화점과 경쟁하기보다는 보완적으로 나아가는 것, 로터리 주변의 점보는 집의 개발, 서민을 위한 먹자 골목을 꾸려 보기 — 을 생각해 보려고 않는다. 그나마 풍물 거리 음식점 주인들끼리는 사우나를 함께 가는 모임도 있다는데 그런 모임이나마 있으면 시작을 해볼 수나 있을텐데 ......

신촌 로터리를 떠나 연세대 쪽으로 오면 상황은 좀 다르다. 젊은이들의 유흥 공간의 첨단을 가는 공간이 여기라 한다. 사회의 전반적 소비 수순이 올라가면서 젊은이늘도 새로운 소비 양상을 보인다. 록 카페에 가는 것을 왜 나쁘게 보는가? 외국에서 수입된 노래이기에? 음악 소리가 너무 커서 대화가 되지 않으므로? 부킹이 일어나므로? 그것은 록 카페가 생기기 이전부터 벌어지던 일이 아닌

신촌은 80년대 중반, 우리 사회가 본격적인 소비 사회로 진입하기 전까지는 주민 중심의 생활권이자 몇천 명 수준의 대학생들이 책을 사 보거나 점심을 먹고 당구를 치는 정도의 소비 공간이었다. 그러나 국민 소비 수준이 올라가고 — 학생들의 소비 수준 역시 아르바이트가 허용되면서 올라갔다 — 지하철이 들어서면서, 대학생 정원이 크게 늘어나면서, 또 주변의 무교동 등 유흥가가 서울시에 의해 정리되면서 신촌은 급격하게 새로운 유흥의 공간으로 떠올랐다.

가? 실험적인 상업 공간들이 많이 생길수록 좋다. 아직도 나는 신촌에서 내 마음에 드는 공간을 찾지 못했다.

신촌이 소비화되는 것에 대한 걱정을 줄이자. 돈을 잘 쓰는 것이 무엇인지를 이야기해야 할 때이지 돈을 쓰는 것을 나쁘게 이야기할 때는 아니다. 중요한 것은 소비자들이 자신이 참으로 원하는 것이 무엇인지를 빨리 알아 가는 것이다. 그래서 자신들을 중심으로 신촌의 상권이 이루어질 수 있도록 해야 한다.

대학가로서의 신촌?

얼마 전까지만 해도 신촌에는 대학 문화적 빛깔을 지닌 공간이 분명히 존재했다. 학생 운동이 가열되기 전에는 낭만적이고 엘리트적인 청년 문화의 빛깔을 띠었다면, 학생 운동이 치열했던 80년대에는 동아리 중심의 토론과 유흥 공간이 나름대로 분명한 빛깔로 대학생 문화를 만들었다. 신촌의 뒤풀이 공간은 어느 면에서 80년대에 학생 운동권적 신명의 산실이었다. 밤마다 운동 가요는 거리에 울려 퍼졌다. 그런데 지금 그 뒤풀이 공간은 급격하게 모습을 바꾸고 있다. 열 명, 스무 명씩 들어가서 죽치고 앉아서 토론하고 운동 가요를 부를 수 있는 공간이 사라지고 서너 명씩 들어가서 담소하는 공간으로 변하고 있는 것이다.

뒤풀이 공간은 록 뮤직을 주로 트는 '우드 스톡'이나 '존 레논'의 뮤직 비디오를 전문적으로 트는 카페나 전통 음악을 들을 수 있는 〈가온누리〉 찻집 등 소비객의 다양해진 기호에 맞추려는 공간들이 곳곳에 들어섰고, 초현대식 실내 장식을 한 비싼 카페들이 들어서고 있다. 마치 노가다 아저씨들이 가는 돼지 갈비 소주집들이 자꾸 뒷골목으로 밀려가듯 이제 신촌에서 대학생만의 공간은 사라지는 듯한 느낌을 받는다. 이는 대학생 문화라는 것이 딱히 있지 않는, 대중 사회로 들어서는 지표로 받아들일 수도 있고, "먹고 마시고 떠드는 소비 공간"으로서 신촌을 선호하는 직장인들과 대학생들의 기호가 비슷해지고, 따라서 신촌의 문화적 빛깔이 획일화되어 간다고 보아도 된다. 하여간 그것은 엄청난 소비 산업의 힘에 의해 새롭게 형성되고 있는 우리 사회의 한 단면이자, 내세울 만한 대학생 문화의 부재를 암시하는 지표임은 분명하다.

대학생이 아닌 신세대들의 공간?

본격적인 산업화가 추진된 지금, 사회는 전면적으로 새로운 단계로 들어서고 있다. 그것은 소비와 대중 매체와 친화력을 가진 '신세대'의 이름으로 축약되어 매스컴을 장식하고 있는데, 이 신세대는 지금 출현 과정에 있는 만큼 조심스럽게 논의해야 할 주제이다. 한 가지 분명한 것은 이들은 더 이상 기존의 봉건성을 입어 내지는 않을 것이라는 점이다. 대학생들을 예로 들어 보자. 그들 중 다수는 더 이상 엘리트주의적이지 않다. 그리고 집단주의적으로 묶이기를 싫어한다. 이들은 산업화가 이루어 낸 '풍요'를 맛본 세대이며 적어도 빈곤의 공포에서는 벗어나 있다. 그리고 이들은 출세하거나 생존을 감당하느라 정신이 없는 부모로부터 떨어져 대중 매체가 길러 낸 세대이다. 그런 면에서 이들은 부모 세대와 끈이 약하다. 그들은 그들로부터 정신적 독립을 하고자 하며 그들과 달라지고 싶어 한다. 이 점에서 이들은 오히려 60·70년대 서구에서 사회적 위선을 거부하며 일어난 신좌파나 반문화 운동을 일으킨 히피들과 가깝게 느껴지는 부분이 있다.

그러면서 이들은 매우 지쳐 있다. 입시 위주의 교육에 지쳐 있고 매우 단순한 논리로 대중을 동원하려 해온 우파나 좌파의 언설에도 식상해 있다. 그렇다고 새로운 대안이 보이는 것도 아니고 자기들 스스로가 히피들처럼 '자유'를 위하여 많은 것을 포기할 자신도 없다. 60·70년대 미국 젊은이들의 저항을 가능하게 했던 조건, 곧 거대한 힘과 풍요를 가진 국가에서 살고 있는 것도 아닌, 마음 한구석에 장래에 대한 커다란 불안을 안고 있으면서, 80년대 변혁 운동의 와중에서 오히려 '사회 운동'이라는 것에 주눅이 들어 버린 세대. 갈림길인 것 같으면서 앞으로 가는 길의 모습이 전혀 보이지 않는 불안한 상태에서 젊은이들은 방황한다. 그리고 그러던 젊은이 중에 많은 이들이 소비의 세계를 선택한다. 적당히 벌어서 잘 쓰고 즐겁게 시간을 때우기. 신촌이라는 공간이 획일화되어 가는 것의 이면에는 이러한 문화적 풍향이 작용하고 있다.

획일적인 신세대 문화. 하얗게 분칠한 얼굴에 빨간 입술로 여자들은 하나같은 모습을 하고, 남자들은 머리 스타일에 신경을 써서 유행에 떨어지지 않으려 애쓴다. 집안에서는 그런 대로 효자 노릇을 하고, 학교 와서는 그런 대로 하기 싫은 공부를 하지만, 노는 공간만은 자신이 원하는 공간을 선택하고 싶어한다. 그 공간은 자신들의 억제된 욕망을 위로할 수 있는 공간이어야 한다. 그래서 원칙적으로는 남에게 신경을 쓰지 않고 자유로운 분위기가 좋아서 간다지만 실은 같은 빛깔을 지닌 '물' 속에 있고자 하는 것이다. 록 카페에 가면 느끼게 되는 획일성과 폐쇄성은 바로 이렇게 자기 정체성을 그곳에 가는 것으로나마 확립해 가야 하는 젊은이 세대의 조건과 관련이 된다. 록 카페가 급격하게 젊은이 층에서 유행처럼 번진 것은 바로 이런 신세대 문화의 형성과 관련해서 이해해야 할 부분이라는 것이다. 룸 살롱이라는 퇴폐적 공간에 비하여 젊음을 느낄 수 있고 '끼리끼리 있다'는 느낌을 가질 수 있는 록 카페는 실은 시대적으로 매우 필요한 공간이라고 보아야 할 것이다.

나는 록 카페가 좀더 빨리 들어섰더라면 젊은이 문화가 좀더 나아질 수 있었을 것이라고 생각한다. 그러나 기성 세대는 젊은이들이 스스로의 삶의 공간을 창출하도록 내버려 두질 못한다. 가족의 이름으로, 선배의 이름으로 그들을 끊임없이 호출하고 죄의식을 심어 둔다.

그러나 이제 사회적 조건은 감수성을 바꾸어 놓았다. 신세대는 '어른 눈을 피해서' '히피'로 갈까 아니면 '여피'가 될까, 아니면 '펑크'로 새버릴까 방황 중이다. 운동권 문화가 휩쓸고 간 자리에는 별로 남아 있는 것이 없다. 앞으로 이들 젊은이들이 강한 상업주의적 물결을 타고 어떻게 자신들이 원하는 문화를 만들어 갈 수 있을까? 신촌은 이 질문에 한 중요한 단서를 제공할 수 있는 공간이기에 더욱 중요하다.

지역 자치로 향하는 시대에 관의 역할

새로운 구청장의 열성은 대단하다. 신촌 축제를 열성적으로 주도해 가고, 또 90년대에 들어서서 도시 계획을 다시 할 계획을 단단히 세우고 있다. 한 명의 의욕 있는 목민관이 지금 시대에 얼마나 일을 해낼지 보여줄 모양이다. 서대문 문화 회관도 지었고, 수영장도 들어섰다. 뚜렷하게 신촌 지역을 활성화할 의지를 천명하고 있다. 건축 규제나 까다로운 영업 규제도 좀 풀고 '퇴폐' 영업소를 근절하자는 식으로 보수적 국민 정서를 부추기거나 하는 일을 이제 하지 않으리라 믿는다.

공무원은 무사 안일을 기도하고, 돈을 좀 번 사람들일수록 자기 집 마당에 돈을 숨겨두고, 끼리끼리만 놀려드는 시대에 지역 축제를 과감히 벌이고, 또 〈신촌 문화 거리〉 조성에 대한 방안을 모색하는 것은 분명 고무적인 사건이다. 그러나 일하는 방식은 여전히 일회적이고 단기적이다. 예를 들어 〈신촌 문화 거리〉 공모전을 6개월의 기간을 두고 한다거나, 축제 기획을 신촌을 잘 파악하고 있지 못한 기획사에 맡겨 버리는 일 등이 그러하다. 모름지기 이러한 일은 장기적인 안목에서 제대로 축적 가능한 형태로 이루어져야 하며, 작은 움직임이라도 자생적인 움직임을 끌어올려야 한다. 외부 대행 기관의 힘을 빌려서 행사를 '치뤄 버리거나' 학생들이 짧은 시간 안에 적당히 낸 것들로 생색을 내는 수준에서는 지적 축적이 어렵다는 것이다. 축적할 가치가 있는 수준의 작품을 만들어 내기 위해서는 우선 신촌에 애착이 있는 사람들을 중심으로 치밀하고 책임있게 일을 꾸려 가는 모임을 만들고 지원해야 할 것이다.

이렇게 볼 때 신촌은 우리가 막연히 생각해 온 것처럼 대학촌도 아니고 복잡한 부도심지의 기능을 해내는 상태도 아니다. 신촌은 그냥, 오가는 많은 소비자들과 주민과 상인과 대학생들이 만들어 가는 공간일 뿐이다. 그리고 매우 열악한 곳인데도 불구하고 신촌은 상대적으로 사람들이 편안하게 느끼는 공간이다. 아직은 거대한 자본을 들인 건물이 소비자를 압도하지도 않고 대학생들을 위시한 젊은이들이 나름대로의 즐거움을 찾으며 몰려들기 때문이다. 외국인들이 신촌에 마음을 붙이기 쉽다고 하는 이유도 신촌이 딱히 국제적이어서라기보다는 상대적으로 안전하고, 덜 인위적이어서 그나마 다양성이 남아 있기 때문이라 생각한다. 그런 면에서 신촌은 딱히 주인은 없으면서 또 없다고 단정하기는 힘든 어중간한 상태에 있다고 하겠다. 이제 할일은 어떤 신촌을 원하는지를 말할 수 있는 주인을 만들어 가는 일일 것 같다. 보행자가 즐겁게 걸어 다닐 수 있는 신촌을 원하는가? 자신이 원하는 일을 쉽게 찾아서 즐길 수 있는 문화적 실험 공간을 원하는가? 젊은이들의 문화적 첨단 산업이 꽃피는 장소를 만들고자 하는가? 이제 누가 주인이 되겠는가?

그러면 어떻게?

식민적 절충 상황을 극복하기 위하여 우리는 무엇을 어떻게 해야 할까? 공공 영역의 확보와 수동성의 문제를 중심으로 이야기해 보자.

수동성과 자기 성찰의 능력에 관하여

신촌에 대한 연구를 하면서 내가 가장 놀란 부분은 우리의 극단적 수동성이었다. 여기서 우리는 학생을 포함한 신촌에 들락거리는 사람들과 주민, 관의 기획가나 상인 모두를 포함한다. 이것은 실은 신촌에 국한된 것이 아니라 다른 지역에도 해당될 문제일 것이다. 우리는 그 동안 참아 내는 선수로 길러졌다. 불편을 불편으로 미처 느끼기도 전에 그것을 받아들이고 적응해 버리는 타성에 젖어 있다. 그래서 우리는 불편을 고치기 위해 어떻게 고쳐야 할지에 대한 생각 자체를 하기 어려워한다. "생각을 하면 그만큼 피곤해진다"는, 전형적인 억압 집단의 사고 유형을 드러내고 있는 것이다. 대학원생도, 그리고 나도, 정도의 차이는 보일지라도, 이 점에서는 예외가 아니다.

불편을 잘 참아 낸다는 것은 자신의 권리를 포기한다는 말이기도 하다. 참다 보면 나중에는 자신이 원하는 것이 무엇인지도 모르게 된다. 사회 변혁을 원하는 사람들에게는 무감각해지는 것처럼 무서운 일이 없다. 무감각은 곧 자기 성찰을 포기하는 것과 이어진다. 자기 성찰을 하지 않을 때 기존의 규범이 힘을 갖게 되고 사람들은 '거대한' 권위를 찾아 헤맨다. 사회 운동을 하면서도 '법칙'을 찾고 자신의 삶은 '되는 대로 산다.'

공적 공간의 확보

 전형적인 식민주의적 절충 상태에 있는 신촌. 모든 것이 뒤섞여 있고 공존한다. 특히 공간상으로 보면 공공의 공간 — 공원이라든가 공공 도서관, 체육관 등 — 은 극히 적고 그것은 어쩌면 대학 안에 작으나마 그런 것이 있어서 더욱 빈곤한 상태로 남겨져 있는지도 모르겠다. 하여간 무척 복닥대는 곳이기 때문에 신촌 거리를 걸을 때면 공간의 절대 빈곤을 피부로 느끼곤 한다. 친척끼리 모여 살던 시대를 지나면서 도시는 광장을 필요로 하게 된다. 도시적 군중이 모여서 무엇인가를 할 수 있는 광장. 그런 광장이 신촌에는 없다. 대학원 수업 시간에 나온 것으로 새터 큰길을 확장하는 것, 교회 옆길과 풍물 거리를 차 안다니는 공간으로 하는 것, 철교 밑과 앞으로 문을 닫게 될 것 같은 국민학교 터가 주민들에게 남겨진 유일한 가능성 있는 공간이다.

 공동체적 삶을 원한다면 일차적으로 필요한 것은 공적 공간이다. 그런데 우리는 그런 공간에 대한 요구를 하지 않는다. 그저 열악한 사적 공간에서 어떻게든 부벼 본다거나 많은 돈을 내고 살 수 있는 사람만 편하게 지낼 권리가 있다는 논리를 받아들인다. 토지 공개념의 기본권에 대한 인식이 없는 것이다. 우리가 원하는 것은 이러한 사회가 아니다. 있는 사람이나 없는 사람이나 뜻이 있는 사람들이면 모여서 식사 후에 산보도 하고 담화도 하며, 일을 벌이고 즐길 수 있는 기본적인 공공 공간을 가져야 한다. 그런데 불행하게도 우리의 근대사는 공공 공간에 대한 개념을 없애 버렸다. 농촌 마을에서 볼 수 있는 모정이나 느티나무만을 없애 버린 것이 아니라 그 개념마저 없애 버렸다는 것이다. 모두가 개개인으로 살길을 찾아야 하고, 그런 가운데 서로 뺏고 빼앗긴다. 개인적으로 일을 해결하다가 그만 지쳐 버린다. 그나마 약수터가 그런 구실을 하기도 한다. 그러나 신촌에는 그런 공간이 없다. 신촌을 만들어 가기 위한 한 중요한 작업은 바로 공공 공간의 확보이어야 할 것이다. 공간의 확보란 곧 새로운 활동의 전개와도 연결이 된다.

 동시에 신촌은 의도적으로 만들어지기보다는 지금의 상태에서 자연스럽게 변해 가야 한다. 신촌에 대한 나름대로의 청사진을 자

자, 이제 신촌을 이미지로
떠올려 보자. 그 이미지에
맞추어 신촌을 만들어 보자.
우범 지역으로만 보이던
굴다리를 새로운 공간으로
창조해 내거나 버려진 벽에
하나의 그림을 그림으로써
우리는 참으로 많은 말을
한꺼번에 할 수 있게 될 것이다.
말은 이제 정말 지겹다.
작은 공간 하나를 새롭게
꾸밈으로써 우리는 공허하게
되돌아오는 말이 아닌
참말을 하게 되지 않을까?

연스럽게 만들어 가기 위해서는 기성 세대가 가진 '소비'나 '유흥'에 대한 생각은 크게 달라져야 할 것이며, '도시성'에 대한 개념화도 재조정되어야 할 것이다. 진보주의 사관에 입각한 개발 위주의 사고나 봉건 시대의 도덕 군자적 사고는 둘 다 지금 우리 앞에 닥친 문제를 풀어 가는 데 도움이 되지 못한다. 상인들 사이의 자유로운 실험과 경쟁이 가능한 공간, 소비자들의 적극적 권한 행사가 이루어지고 그것이 다시 상인들의 새로운 실험을 유도할 수 있는 곳, 대학 문화가 도시적 실험을 거쳐 대중화되는 마당, 신촌은 바로 그러한 곳이어야 할 것이다.

지금 신촌에 필요한 작업은 '정화 작업'이 아닐 것이다. 문화적 빈곤이 여실하게 드러나고 있는 지금, 그런 정화 작업은 더욱 시대적 역행을 부추기게 될 것이다. 지금 필요한 것은 문화적 욕구를 가진 이들로 하여금 판을 벌여 가게 하는 것, "하지 말라"는 말 대신 잘하는 모습을 보여 주는 것일 것이다. 그러므로 판을 제대로 벌여 가야 한다.

그런 면에서 신촌의 문화 읽기와 도시 만들기의 작업은 전초전이다. 수동성을 떨쳐 내는 의식화 과정이며, 자신의 권리를 선거권이라든가 노동 교섭권이라는 편협한 차원에서가 아니라 삶의 질을 높이는 차원에서 생각해 낼 수 있게 하는 과정이어야 한다. 이제 '상인용' 의식화 교재, '소비자용' 신촌 지도, '무사 안일을 탈피하려는 관을 위한 제안 몇 가지,' 이런 제목으로 소책자와 슬라이드 작품들이 나와야 할 것이다. 동시에 자신의 삶에 대한 개념을 바꾸어 줄 수 있는 활동들, 공간 구성안이 나올 수 있어야 하겠다.

사, 이제 신촌을 이미지로 떠올려 보자. 그 이미지에 맞추어 신촌을 만들어 보자. 우범 지역으로만 보이던 굴다리를 다시 꾸며 새로운 공간으로 창조해 내기. 버려진 벽에 하나의 그림을 그림으로써 우리는 참으로 많은 말을 한꺼번에 할 수 있게 될 것이다. 말은 이제 정말 지겹다. 작은 공간 하나를 새롭게 꾸밈으로써 우리는 공허하게 되돌아오는 말이 아닌 참말을 하게 된다.

신촌을 교실로 끌어들이기, 그리고 교실을 거울로 삼아 다시 우리를 들여다봄

학문이 삶을 연구하는 것이고 보면 우리 주변은 항상 연구의 주요 대상이다. 신촌은 그런 의미에서 학생들이 좋아하는 조사 현장이었고, 지금까지 〈사회 문제〉, 〈사회 조사 연습〉, 〈인류학 개론〉, 〈민속지 연구〉, 〈문화 이론〉 등의 강좌에서 실습을 할 때 학생들은 자주 신촌을 탐구의 대상으로 삼아 왔다.

특히 최근 인문 사회 과학에서 일고 있는 패러다임의 전환은 신촌 연구의 필요성을 더욱 높여 주고 있다. 국가 중심의 체제에서 국제화와 지역화의 문제가 동시에 제기되고, 삶의 질에 대한 논의가 일어나면서, 그리고 거대한 관리 소비 사회 체제에서 모두가 원하는 단일하고 확실한 지향점을 찾기 어렵다는 사실을 인식하게 되면서 사회 문제를 해결하려는 자세와 방법론에 큰 변화가 일고 있는 것이다. 점차 지식인들은 자신이 더 이상 거대한 진리를 말하는 권위 있는 대변자 역할을 할 수 없음을 깨닫게 되었고, 그러한 가운데서 자신의 역할은 자신이 몸담고 있는 지역 공동체 안에서 문화를 읽어 가고 커뮤니케이션을 활발하게 해가는 영역에서 찾아야 함을 깨달아 가고 있다.

이 글에서 나는 1993년 봄 학기에 신촌을 연구 대상으로 한 과목으로서, 내가 관여한 두 강좌, 곧 〈민속지 연구〉와 건축 공학과 김성우 교수와 함께한 대학원 세미나를 소개함으로 신촌을 바라보는 시각과 신촌을 새롭게 만들어 가기 위한 방법론에 대해 이야기를 풀어 보고자 한다. 〈사회학 특강〉 대학원 수업은 건축 공학과의 〈도시 설계〉 수업과 합반을 하여, 공간과 문화 사이의 관계를 살펴보고자 하였고, 학부 2·3학년 〈민속지 연구〉에서는 신촌 문화를 읽어 내는 작업을 하였다.

민속지 연구 (Ethnographic Studies)

사회학과 2·3학년 전공 선택 과목인 이 강좌는 '문화'를 읽어 내고 그것을 서술해 가는 방법을 다루는 과목이다. 이번 강의에서는 19세기 전형적 서구 근대 지식인 중 한 사람인 자연 과학자 그리피스가 쓴 《은자의 나라, 한국 2 : 문화와 풍속》편을 읽는 것으로부터 시작하였다. 인류학이 성립되기 전에 쓰여진 자료들과 영화를 본 후, 서구 제국주의가 절정에 달했던 시대의 '과학적' 민족지를 읽었고, 그 다음에 포스트 모던 시대의 문화 기술과 문화 비평의 양식에 대해 살펴보았다.

시대에 따른 글쓰기의 변화를 통해 알아보려 한 것은 '진리'에 관한 언설이 지닌 '권력성'과 '주관성'에 관한 것이었다. 사회 과학자들이 인류 보편의 사회적 법칙을 손쉽게 발견할 수 있으리라고 낙관한 시대가 있었다. 그러나 지금 우리는 한 문화에 대한 '정확하고 객관적인' 서술이란 가능하지 않다는 비관론으로 나아가고 있다. 관찰을 하고 글을 쓰는 행위를 하면서 연구자가 아무리 노력을 한다고 해도 그것은 자신이 가진 특유의 안경(전제)에 따라 굴절될 수밖에 없고, 따라서 절대적 객관성을 확보했다고 생각해서는 안된다는 것이다. 인문 사회 과학적 진리는 궁극적으로 간주관적일 수밖에 없다는 생각을 하게 된 것이다.

물론 이런 인식의 변화 역시 역사적 산물이다. 기존의 진리로 알려진 것들에 대한 회의와, 현실보다 가공적 현실이 더 현실적으로 인지되는 대중 매체 사회의 특징, 그리고 갈수록 분화되는 사회에서 표면화되고 있는 집단적 갈등이 그 배경에 깔려 있다. 재현 representation의 위기라 불리우는 이러한 상황에서 현실을 재현해 내려는 사회 과학자의 입지에 대한 문제가 심각하게 제기되었고 그 문제는 공동체적 관여의 문제로 풀리고 있다. 연구자와 연구 대상이 맺고 있는 관계에 따라 재현의 내용과 방식이 크게 달라지고 그 결과의 유용성도 달라진다는 것이다. 여기서 연구자의 태도는 연구하는 대상 위에 군림하는 것이 아니라 공동체적 연대감을 느끼고, 그 공동체가 지닌 문제를 해결하려는 자세로 잠여를 해야 하는 식이어야 한다. 관찰을 할 시점에서는 철저하게 거리를 두고 보도록 방법론적 노력을 기울이되, 연구 자체는 연구자 자신의 삶과 공동체적 삶으로부터 유리되어서는 안된다는 것이다. 이러한 '문화 기

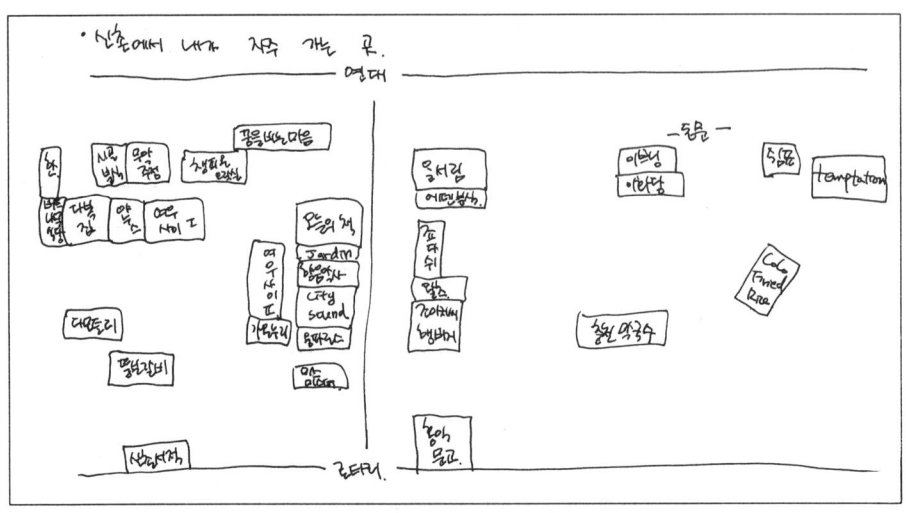

신촌을 읽어 가는 작업에서 중요한 것은 신촌을 단순히 거리와 건물과 자본이
움직이는 공간이 아니라 사람들이 만들어 가는 공간이라는 인식을 갖는 것이다.

술'에 대한 새로운 관점은 '방관자적' 기능론이나 기술 공학적 입장에서 나온 자세를 지양한다. 그것이 지닌 '보편성'을 가장한 제국주의적 속성을 간파하면서 유용성에 대한 의문을 본격적으로 제기하게 된 것이다.

문화 기술에 대한 이러한 시대적 변화를 논의한 후에 신촌 문화 읽기의 작업으로 들어갔다. 산업 자본주의화와 유통의 관계, 소비 사회와 대중 매체의 생리, 최근에 유행처럼 일기 시작한 국제화와 전통 문화 찾기, 획일주의와 절충주의적 식민주의, 그리고 일상성의 문화에 대해서 논의를 하면서 대학생 자신들이 어떤 문화 속에 살고 있는지를 신촌이라는 현장을 중심으로 살펴보았다.

신촌을 읽어 가는 작업에서 중요한 것은 신촌을 단순히 거리와 건물과 자본이 움직이는 공간이 아니라 사람들이 만들어 가는 공간이라는 인식을 갖는 것이다. 그리고 그 공간에 나름대로 애착을 가져야만 깊이 있는 연구를 할 수 있다. 그래서 우리가 한 첫작업은 각자가 머리 속에 가지고 있는 신촌을 지도로 그려 보는 일이었다. 이 〈인지 지도〉 그리기는 학생들이 자신이 할 작업을 보다 공간적이고 입체적으로 구상하는 데 큰 도움을 주었다.

신촌을 어떻게 보아야 할지에 대한 토론을 하여 시각을 정리한 후에 신촌의 역사적 기류를 파악하고, 신촌에 있는 개성 있는 카페나 활동을 찾아보았다. 신촌 축제 때 기획을 해낸 팀도 있었고, 새로운 캠퍼스 문화 만들기 팀도 작업에 들어갔다. 연구 결과 보고서 중에서 흥미로운 부분들을 살펴보자.

1) 신촌 역사 연구팀: 현재 신촌 지역의 인구는 학생, 상업 인구를 포함한 주민, 그리고 유동 인구까지를 포함하면 30-40만 이상이 될 것이며, 부도심으로서의 역할을 서서히 맡아 가고 있다. 신촌이 지금과 같은 모습을 가지게 된 것은 크게는 우리나라의 경제 성장에 따른 도시화와 소비 사회화와 관련이 깊고, 작게는 1983년도의 지하철의 개통과 야간 통행 금지 해제, 대학생 증원과 아르바이트 허용 등과 관련이 있다. 1987년 이후 신촌에 새로운 건축 붐이 일었고, 대학생 과외가 허용되면서 소비 수준이 크게 높아졌다. 1990년대부터 〈록 카페〉가 성행하게 된 것은 대학생 문화의 쇠퇴와, 젊은이들만의 공간을 확보하고자 하는 신세대적 욕망이 동시에 작용한 것으로 볼 수 있다. 지금은 〈커피 전문점〉, 24시간 편의점 등 편리하고 깨끗하고 환한 실내 장식적 공간들이 많이 들어서고 있다. 학생들 나름의 분위기를 지녔던 뒤풀이 공간이 적어지면서 최근 학생들 역시 유동 소비 인구화하는 경향이 뚜렷해지고 있다. 그레이스 백화점이 가져 올 파급 효과가 주목된다.

2) 신촌 문화팀: 지금 신촌 문화를 주도하고 있는 집단이 누구이며 그들의 문화적 성격은 어떠한가? 자신의 행위의 당위성에 대해 따져 보기보다는 "재밌잖아요?"로 모든 질문에 답이 된다고 생각하는 신세대 문화의 온상인가? 오늘의 젊은이 문화의 특성은 감각, 이미지, 계산의 문화로 보이며, 이러한 특성들은 자본주의적 논리에 순응하는 측면을 보이면서 동시에 서항적인 면모를 보인다. 변화의 소용돌이 속에 있는 것이다. 대학생들의 치열한 만남과 토론의 장소인 뒤풀이 공간이나 노가다 아저씨들이 가던 소주집들이 사라지면서 신촌 문화는 더욱 획일화되고 있다.

제2회 신촌 축제 사진. 전통 풍물과 근대적 거리극들이 자연스럽게 어울리기 시작했다.

신촌 문화의 소비적 경향을 보자. 그러한 경향을 무작정 극복의 대상으로 보는 시각은 문제 해결에 도움이 되지 못한다. 소비는 생산과 맞물려 있는 중요한 인간 행위의 일부분이며, 이러한 현실을 인정한 상태에서 대항 / 대안 문화의 가능성을 찾아 나서야 한다. 그런 면에서 이번 축제는 여러 가지 문제점이 있었음에도 불구하고 의미 있는 시작이라고 생각한다. 먹거리 골목에서는 "옛날 신촌은 ……" 등의 이야기가 주민과 학생들 사이에 오갈 수 있었고, 많은 사람들이 신촌 거리를 다시 보고 정을 들이는 계기가 되었다. 그리고 사소하지만 중요한 것으로 신촌에 공중 화장실을 만들어야 한다는 것도 알게 되었다. 신촌을 남의 공간이 아니라 자기 공간이라고 생각할 때 그 동안 보이지 않았던 많은 것들이 보이기 시작한다. 올해 두번째로 있은 이번 축제는 전반적 기획을 맡은 전문 기획사가 비전이 없고 신촌을 너무 모르고 있었으며, 지역 축제의 의미도 잘 파악하고 있지 못해서, "아래로부터의 창의력과 기운"을 끌어내고 모아내지 못한 것이 아쉽다.

3) 신촌 축제 기획팀: 축제 때 작은 카페에서 문화 공간 기획을 해 보았다. 막상 일을 추진하다 보니까 우리가 얼마나 문화적으로 수동적인지를 알 수 있었다. 대학 안에도 실은 축제 때 내놓을 만한 문화가 거의 없다시피하다. 판을 펼쳐 놓아도 그 판을 통해 놀 줄 모른다. 단적으로 문화적 욕구 없이 살아온 것이다. 차전 놀이와 줄다리기 등은 그나마 신명을 내게 한 행사였다. 그렇지만 우리가 바

신촌 축제 거리 설치물과 바닥그림.
차량 통행을 금지한 공간에서 오랫만에 도시인들은 거리를 활보해 본다.

람직하게 생각하고 있는, 스스로 즐겁게 "놀면서 일하는 식"과는 거리가 멀다. 이런 식으로 가다가는 우리 모두가 급격히 고도의 세련성을 가지고 공격해 올 상업주의적 향락 산업에 말려들 수밖에 없을 것이다. 어렵더라도 문화적 향유자로서, 자기 표현이 얼마나 삶에 필요한 것인지를 알아 가는 훈련 마당이 지속적으로 펼쳐져야 할 것이다.

4) 카페팀: 우리는 돈벌이만 생각하지 않고 나름대로 철학을 가지고 카페라는 공간을 문화적 공간으로 꾸며온 곳을 조사하였다. 카페들을 둘러본 결과, 80년대의 개성 있는 카페 주인들은 대부분이 낭만적이고 고집 불통인 순교자형이었다. 그들은 폐쇄성이 강했다. 90년대에는 큰 욕심 없이 작은 카페를 내고 즐겁게 사는 신세대적 카페 주인이 나타나고 있고, 다른 한편에서는 소비자의 욕구를 아주 잘 파악해서 그 욕구에 맞는 카페를 차리는 고도의 상업성을 확보한 경향이 나타나고 있다. 개성 있는 카페들을 자세히 살펴보니까 꼭 돈이 없어서라기보다는 아이디어가 빈곤한 것이 문제라는 생각이 들었다. 돈이 없으면 주주제, 회원제 카페를 구상해 볼 수도 있다. 신세대 주인들이 자신의 일을 문화 운동의 일환으로 파악할 열린 시각을 가진다면 그들이 가진 문화적 잠재력은 매우 클 것으로 보인다. 그런 면에서 뜻있는 연세대 졸업생들이 신촌에서 생업이면서 문화적 활동을 동시에 하는 일을 벌여갈 수 있으면 좋겠다. 어린이 책방인 〈초방〉은 그런 면에서 좋은 모델이 된다.

신촌 축제에서 먹거리 장터를 열고 있는 농민들과 제주도 돌하루방 사진.

조사 결과를 바탕으로 카페 지도를 그렸다. 문화적 활동을 활성화하기 위해서 그러한 공간에서 이벤트를 벌이는 것을 장려하고 그 활동을 제때제때 홍보하는 신촌 문화 활동 지도를 수시로 만들어 배포, 게시할 필요가 있다는 것이다. 구체적으로 그러한 홍보 활동을 담당할, 아주 새로운 일을 벌여 갈 수 있는 기획사가 필요하며, 그 일을 전담할 창의적이고 책임 있는 사람들이 있어야 한다고 의견을 모았다. 그러기 위해서는 기금이 필요하기 때문에 신촌 지역 대학생들을 대상으로 〈500원 모금 운동〉을 펼칠 수도 있다.

현장 연구 과정을 통해 자신이 앉아 놀던 공간을 새롭게 읽어 내기 시작한 학생들은 그곳을 새롭게 만들어 갈 주인으로서 거듭나기도 한다. 선생의 의도보다 한결 앞서가는 그들을 보는 즐거움은 크다. 학생들은 앞으로 신촌을 다루는 수업을 매년 정규적으로 열어 그 작업 결과를 축적하여 나갈 수 있게 해달라는 부탁을 하였다. 수업 결과를 〈신촌 문화 연구〉 시리즈물로 엮어서 후배들이 그것을 바탕으로 보다 수준 높은 연구를 해갈 수 있게 하면서 동시에 현장 연구를 한 결과가 축적되어 신촌 축제를 벌이거나 장기적으로 신촌을 보다 살기 좋은 곳으로 만들어 가는 데 실질적인 도움이 될 수 있게 하였으면 좋겠다는 것이었다.

이과와 문과 대학원생들이 함께한 세미나

건축 공학과와 함께 한 대학원 수업은 문화와 공간에 대한 새로운 인식을 바탕으로 신촌을 설계해 본다는 '거대한' 포부를 가지고 시작된 강좌였다. 나는 특히 거대 이론에 기대어서 사물을 보는 것에만 길들여져서, 스스로 사물을 보고 의미를 만들어 가는 것을 아예 포기하곤 하는 우리 사회 과학도들이 이 세미나를 통해서 사물을 스스로 읽어 내는 훈련을 함과 동시에, 공간도 '읽을 거리'임을 알게 되는 기회가 되기를 바랐다. 건축 공학과 쪽에서는 사회 과학도들과 작업을 함께 함으로써 보다 폭넓은 작업을 할 수 있기를 바랐던 것 같다. 마침 신촌을 대학 문화 공간으로 만들자는 움직임도 일고 있어서 구태여 많은 설명을 하지 않아도 신촌 연구의 의미를 학생 스스로가 잘 파악해 가는 것 같았다. 구청에서는 신촌을 새롭게 설계해 보는 구상들을 장려하기 위해서 6월 말에 공모전을 한다고 공표를 한 상태였다. 이런 작업은 상아탑에 있는 사람들이 늘 가지고 있는 콤플렉스인 '학문을 위한 학문'을 하는 것에 대한 염려도 덜어 주고 학제간 협력을 통해 문제를 풀어 가는 훈련도 될 것이며 자신의 모습을 다시 보는 계기도 될 것이어서 상당한 기대 속에 학기가 시작되었다.

이 작업은 전반부에는 문화와 건축을 연결시켜 상당히 새로운 스타일의 건축학을 하는 분들의 특강 위주로 진행되었다. 그러면서 동시에 연대 앞 신촌 지역을 나누어 작업에 들어갔다. '신촌'보다는 '새터'라는 단어를 가능한 한 쓰도록 하자라고 약속을 하였다. 그래서 우리가 조사 지역으로 나눈 것은 1) 풍물거리 2) 로터리 3) 새터 큰 길 4) 철뚝 5) 뒤풀이 골목 6) 바람산 동네였고 따로 7) 마스터 플랜과 8) 교통을 다루는 팀을 두었다.

서울시의 도시 개발을 담당하고 있는 강홍빈 박사라든가, 건축계에서 매우 독창적인 일을 벌여 가고 있는 김진애외 정기용 박사, 인류학적 현장 조사 방법을 건축학에 연결시켜 온 이희봉 교수, 서울 지역 교통을 전문으로 연구하는 유완 교수나, 조경학의 주영규 교수, 도시 건축 전공의 신기철 교수 등 다양하고 개성 있는 분들의 이야기를 통해 우리들이 하는 일의 의미를 폭넓게 짚어 나갔다.

• 외부 특강

첫시간에 현재 행정 당국에서는 아직 신촌 지역 장기 개발 계획

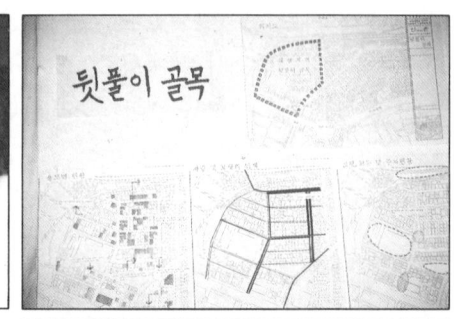

건축 공학과와 함께 한 대학원 수업은
문화와 공간에 대한 새로운 인식을
바탕으로 신촌을 설계해 본다는
'거대한' 포부를 가지고 시작된
강좌였다. 나는 특히 거대 이론에
기대어서 사물을 보는 것에 길들여져서,
스스로 사물을 보고 의미를 만들어 가는
것을 아예 포기하곤 하는 우리 사회
과학도들이 이 세미나를 통해서 사물을
스스로 읽어 내는 훈련을 함과 동시에,
공간도 '읽을 거리'임을 알게 되는
기회가 되기를 바랐다.

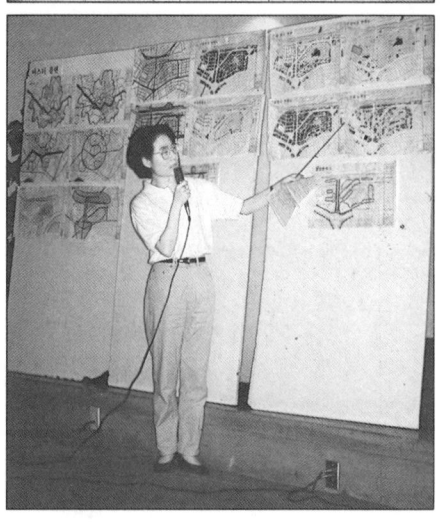

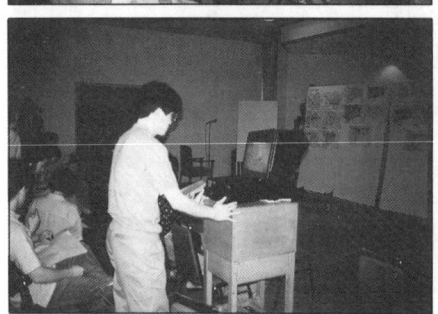

같은 것이 세워져 있지 않으며 지금 시에서는 관 주도의 개발이 아니라 지역 단위가 스스로 지역 개발 구상을 해나가는 식으로 개발 원칙을 잡아가고 있다는 이야기를 강홍빈 선생으로부터 들었다. 시에서 세워 둔 계획이 있으면 그것을 토대로 탄탄한 토론을 펼쳐 볼 수 있을 터인데 그런 자료가 없다는 것은 유감스러운 일이다. 그러나 하여간 그런 만큼 이런 작업이 많아야 하리라는 생각을 하면서 학생들도 책임감을 느끼는 듯하였다.

강홍빈 선생은 지금까지 사람들이 공간과 건축물에 눌려 살았다면 이제는 사람과 공간의 교감이 일어나는 구조물이 나와야 한다는 것과 서울은 몹시 폐쇄적인 쇼비니스트 도시이지만, 이제 세계적으로, 또 지역적으로 열린 도시가 되어야 함을 강조했다. 대학처럼 지역적이면서 국제적인 성격을 지닌 곳도 별로 없으므로 대학이 선두 주자가 되어야 한다면서 학생들이 패기 있게 신촌을 전략 공간으로 삼아 본격적인 탐험을 시작해 주기를 바랐다.

건축의 문화적 차원을 중시하는 강홍빈 선생이나 이희봉 선생은 100쪽의 자료보다 현장에 있는 한 사람과의 인터뷰가 더 중요할 수 있다는 점을 강조하면서 객관적이면서 동시에 주관적인 체험을 매개로 해서 사람과 역사, 물건이 어우러져 있는 작품을 만들어 갈 것을 당부했다. 새로운 공간을 읽는 방법론으로 '낯설게 하기'의 방법, 그리고 전공에 매달리지 말고 삶의 체험을 다양하게 하는 것이 전공을 잘해 내는 데 얼마나 중요한지를 강조했다. 젊은이 특유의 상상력을 동원해서 여러 가지 실험을 해주기를 바란다면서 이 수업이 문화와 공간을 연결해 가는 새로운 시도인 만큼 그 과정을 기록하며 하나의 모델로 남겨 두라는 당부도 남겼다.

김진애 선생은 서울을 문화 / 공간적으로 읽어 가는 방법을 슬라이드를 통해 보여 주었으며, 특히 신촌 도시 계획을 이야기할 때 대학 캠퍼스가 도움이 되기보다는 방해가 될 수 있다는 점을 염두에 두라고 말함으로써, 신촌을 대학이 있는 곳으로만 생각하는 대학 중심적 편견을 바로잡아 주었다. 또한 문화 / 공간적 분석도 필요하지만 지금 시점에서 신촌 개발에 가장 관심을 가진 구체적 이해 집단을 알아내는 것이 더욱 중요하며 따라서 경제 분석을 해내야 한다고 했다. '산업적 엥커'가 어디에 있는지를 알아내고 각 이해 집단이 서로 어떻게 묶일 수 있는지를 알아내지 않으면 실제 작업과 연결시켜 내기 어려울 것이고, 결국 공론만 하게 된다는 것이었다.

정기용 선생은 건축을 중심으로 폭넓은 문화 비평론을 펼쳐 주었다. 우리들은 그 동안 항상 겉만 보아온 경향이 있었으며, 또 보이는 것만 보는 경향이 있는데, 모르는 것을 보려면 보는 방법을 바꾸어야 한다고 일러주었다. 도시와 소리, 도시의 풍경적 요소, 철거촌 사람들이 이루어 낸 공간 사용의 절묘한 방식, '여행을 파는' 여행사들이 해낸 이미지화 등을 읽어 낼 수 있어야 한다는 것이다. 그는 또한 탈식민화에 대해서도 언급을 하였는데, 예를 들어 오리지널을 보려고 않고 모방만 하면서 동시에 모방을 하면 욕을 하는 우리들의 이율 배반적 태도를 비판하면서 탈식민화할 방법을 생각해 보라고 했다. 탈식민화의 방법을 아직 뚜렷하게 정리하고 있지는 못하지만 자신은 설계할 땅과 대화함으로 설익은 모방으로부터 자신을 지키려고 노력한다고 하였다. 그는 최근에 일고 있는 '한국적인 것' 찾기의 움직임의 위험성을 지적했다. 박제화된 '한국적인 것'을 이야기할수록 한국적인 것은 사라진다는 것이다. 그것은 "있는 것을 그대로 보는 것"을 막는 또 하나의 언설인 만큼 위험한 것이다.

이런 외부 강의를 들으면서 신촌에 대한 현장 조사를 동시에 진행하였는데, 전반부는 기본 지도를 만들고 연구 분담조를 짜는 것, 각 조별로 교통량과 현지 조사를 하고, 거리와 지역 이름을 정하였다. 그 이후에는 구체적 설계 작업으로 들어가서 수시로 중간 발표를 하였다. 이 과목의 결과물은 다른 지면을 통해 정리될 것이지만, 적어도 이과와 문과 계열의 학생들이 공동 작업을 하면서 각자가 많은 것을 얻었던 것으로 보인다. 그리고 사람을 고려한 도시 설계를 한다는 것이 지금과 같은 상황에서 얼마나 필요하며, 또 얼마나 어려운 일인지도 알게 되었다.

- **수업 평가와 학제간 협동**

외부 특강의 내용이 세미나에서 계획한 것과 아주 잘 맞아들어 갔으므로 따로 토론이 필요 없이 오리엔테이션이 잘되고 있다고 생각하고 있었다. 적어도 나 자신은 특강을 통해 많은 것을 배웠다. 그런데 실제 조별 발표를 하다 보니 특강 내용이 제대로 소화되지 않고 있는 것이 드러나기 시작하였다. 늘 절감하는 것이지만 같은 강의를 들어도 각기 자기 수준에서 소화를 해내는 것인 만큼, 학생들을 위해 좀더 자세한 오리엔테이션이 필요했던 것이다. 우선 한 학기는 신촌을 서서히 배회하면서 이 작업의 의미를 토론하는 데 보내고, 다음 학기에 가서야 본격적 작업을 했어야 했다. 시간 배치를 적절하게 하지 못했다는 점에서 이번 학기의 결과물이 엉성한 것은 일차적으로 교수의 책임이 크다는 것을 인정해야 할 것 같다.

그러나 무엇보다도 신촌이라는 공간을 만들어 가는 작업에 있어서 가장 중요한 것은 학생 자신들이 그 작업에 어떤 의미를 두고 있는지일 것이다. 문화와 공간을 읽어 가는 능력은 학생 자신이 일상적 삶을 살아가면서 가져온 문제 해결 태도와 능력과도 관련이 된다. 살면서 자기에게 맞지 않으면 그것을 스스로 고쳐 나가려는 식으로 살아온 학생과, 시키는 대로 순종하며 살아온 학생 간의 차이가 연구 과정에서 매우 현저하게 드러난다는 것이다. 실제로 자기가 원하는 삶을 살기 위해 무엇을 해야 할지를 잘 알고, 평소에 스스로 문제를 해결해 간 사람에게 이런 작업은 아주 쉽고 즐거운 일일 수 있다. 그러나 정답만 찾는 식으로 머리를 굴리는 경우에 이런 작업은 전혀 진전을 볼 수가 없다.

나는 종종 학생들이 너무나 참을성이 많다는 점에 감복하곤 한다. 그리고 그런 참을성이 바로 자신의 삶을 담보로 잡혀서 얻어낸 수동성의 결과라는 데 생각이 미치면 절망적이 되곤 한다. 깊이 있는 작업은 자신이 삶에서 느끼는 절실한 문제 의식에서 나오는 것이다. 그런데 주체적으로 느끼고 참을 수 없어 하면서 투쟁하는 것은 한두 시간의 친절한 강의로 메워질 수 있는 부분이 아니다.

이번 수업을 하면서 학과별 차이점과 공통점을 관찰할 수 있었는데, 사회 과학 분야 학생들은 직접적으로 인용할 책이 없는 상태에서 속수 무책으로 한동안 전혀 생산적이지 못하였다. 마치 기성 세대 평론가들이 외국 책에서 읽은 근사한 이론적 지식이 없이는 평론을 쓰지 못하듯이, 우리 주변을 돌아보면서 그 속에서 통찰력이 담긴 이슈를 발견하거나 깊이 있는 이론적 논의를 발전시키는 데 큰 어려움을 겪고 있었다.

　건축 공학과 학생들은 그들 나름대로 '건축학적'으로 해야 하는 작업들, 예를 들어 지도 작업을 해내야 하였는데, 밤을 새우며 거의 매주 지도 작업을 해오는 그들을 보면서 우리 산업계를 보는 듯했다. 얼마 전에 기업계에 있는 분과 이야기하는 중에 이런 말이 나왔었다. 우리 산업계는 '적당한 제품을 적당하게 포장'해서 재빠르게 내놓는 바람에 살아 남는다는 말이었다. 밤을 새우며 뭔가를 내놓기는 하는데 충분한 논리도, 자기 나름의 통찰력도 없다 보니 중간 발표 이후로는 진전을 보지 못하고 제자리걸음만 하고 있었다. 시간에 쫓기고, 자신이 왜 하는지에 대해서도 충분히 고민을 해보지 않은 상태에서 어떻게 좋은 작품이 나올 수 있을까?

　두 분야에서 차이를 보이는 것 같지만 실은 자신의 삶에서 작업을 시작하는 것에는 매우 서툴다는 점에서는 둘 다가 공통적이며, 특히 대안과 연결하여 생각해 본 적이 별로 없다는 점을 주목해서 보아야 할 것이다. 사실상 이런 경향은 뿌리 뽑힌 사회의 학문 풍토를 단적으로 반영한다 하겠다. 지금도 대학 캠퍼스에서는 이론 강좌는 대만원을 이룬다. 새로운 이론 사조에는 뒤져서는 안되므로 …… 그러나 자신의 삶과 주변을 좀더 낫게 하려는 모임에는 모이지들 않는다. 오래 전에 그것이 가능하리라는 것을 포기했으므로.

　학과별 분위기 차이도 만만치 않은 문제였다. 건축 공학과는 연구실 체제로 조직화되어 있어서 학생과 교수 사이가 사회학과의 경우와는 매우 달랐다. 활발한 토론보다는 작업을 제때 해내기 위한 위계 서열 체제의 성격이 짙었는데, 이런 분위기는 작업을 빨리 진행시키기에는 효과적일 수 있지만 우리가 하려는 새로운 작업을 하기에는 약점으로 작용하는 변수이다. 반대로 사회학과 학생들은 문제가 머리 속에 잡히지 않는 한 움직이려 들지 않았고, 나중에는 버티다가 건축 공학과 학생들이 하는 작업에 '하청'을 받아 교통량을 세는 일 등을 마지못해 하였다. 사회학과 학생들은 실제로 거리에 오랫동안 나가 있어 보니까 나중에 많은 도움이 되었다는 고백을 하기도 했지만, 이런 식의 '하향적 작업 방식'에 불만이 많았다.

"그래서 어쨌다는 것이냐?"는 질문을 묻기 전에 손발이 먼저 움직이는 건축 공학과 학생들과 작업하기가 너무 어렵다는 것이 중론이었다. 건축 공학과 학생들은 그들대로 말만 잘하는 사회학과 학생들과 어울리기 힘들어 하였다.

학제간의 만남에서 서로 의견이 맞지 않아 삐걱거리는 팀이 있는가 하면 협동이 잘되는 팀도 있었는데, 그것은 두어 가지 요인에 따라 달리 나타났다. 물론 가장 중요한 요인은 조원들이 공유하고 있는 근본적 문제 의식의 정도일 것인데, 이 점에서는 충분한 의미 파악의 시간이 절대적으로 부족했다는 이유로 잘 안된 경우가 대부분이었다. 그러나 자신들이 맡은 공간이 자신들에게 친숙할수록 나름대로 작업의 진행이 잘되었다. 예를 들어 뒤풀이 골목을 맡은 팀은 바로 자신들이 주로 다니던 공간을 다루게 된 만큼 신촌의 부도심적 기능을 읽어 내야 하는 신촌 로터리팀에 비해 월등하게 공간/문화를 읽어 내고 대안 제시를 잘해 낼 수 있었다.

실제로 도시 설계와 새로운 공간 구성물 만드는 작업이 난항이었던 또 다른 이유는 우리가 바탕으로 삼아야 할 자료가 너무 없었다는 점과 '보수적' 상식을 바꾸기가 매우 어려웠다는 점에서 찾아볼 수 있다. 우선 배우는 과정에 있는 학생들일수록 무엇인가 확실한 자료를 바탕으로 할 때 많이, 그리고 확실하게 배울 수 있다. 불확실성이 높은 상황에서 계획을 세우기란 누구에게나 힘들다. 개인 자신들이 늘상 몸담아 온 공간을 그냥 받아들이고 그곳에 적응할 생각만 하고 살아왔던 한계를 인정한다 하더라도 대학원생들이 이러한 연구를 시작하는 데 도움이 될 기초 연구가 너무나 안되어 있었다는 사실이 이런 작업을 해가는 데 가장 심각한 어려움이었다는 생각이다.

동시에 우리 사회를 지배하고 있는 '엘리트주의'와 '개발 위주'의 사고가 여전히 많은 학생들 사이에 뿌리내리고 있었다. 도시 계획을 "위에서 전문가늘이 연구하여 지저분한 것을 없애고 빈 자리에 새 것을 세우는" 식으로 내면화하고 있는 경우가 많았고, 이것은 중고교 시절에 익힌 '새마을 운동식' 사고가 대학에 와서도 변하지 않았다는 것을 뜻한다. 입시 위주 교육의 또 다른 부산물로 '유흥'

이나 '소비'에 대한 인식이 매우 봉건적이거나 '도시성'에 대한 감각이 상당히 둔한 학생도 적지 않음을 보게 된다. 사물을 거리를 두고 성찰해 내는 데 익숙하지 않은 이들에게 '개발이 아닌 관리'의 개념으로 도시를 보자든가 "도시를 읽어 내자"든가 "사람 중심으로 생각해 보자"는 등의 주장이 가슴에 가 닿을 수 있었을까? 그런 면에서 이번 세미나 시간에는 동상 이몽을 하는 시간이 많았고, 작업이 급했던 만큼 그 정도가 더욱 심했던 것 같다.

다시 수업을 끝내고 마치는 글

학제간의 협동은 말처럼 쉽지 않다. 그러나 빨리 시작할수록 좋다. 학생들은 학기 마무리 부분에 와서야 겨우 신촌을 '다르게 읽어 내기' 시작하였고, "신촌을 만들어 간다"는 사실에 대한 감을 잡아 가게 되었다. 이제 이들은 적어도 주민을 의식화하는 교재를 만든 다거나 신촌의 이미지화를 위한 작업을 시작할 준비가 된 것이다. 적어도 그들 중 몇 명은 이제 문화와 공간을 '적당히'가 아니라 '본격적으로' 읽어 가려 할 것이다. 적어도 지금 우리가 당면해 있는 복잡한 문제를 풀어 내기 위해서는 학제간의 협력이 매우 필요하며, 때로는 편협한 기존의 학문 분과별 전문성은 방해가 된다는 것을 이번 세미나를 들은 학생들은 알게 되었을 것이라 생각한다. 10년 후에 이들 학생 중에서 훌륭한 문화 비평가와 새로운 건축 분야를 개척해 가는 건축가들이 많이 나올 것을 기대해 본다.

학생들만이 아니라 나 자신도 무척 어려운 한 학기를 보냈다. 자기 성찰, 삶 속에서 '진리'를 읽어 내는 것이 이 문화에서는 엄청나게 어렵다는 사실을 인정해야 할 때마다 힘이 빠진다. 세대가 달라지면 좀 나아질 줄 알았는데 전혀 그렇지가 않다. 오히려 체계적으로 감성 훈련을 해야 할 모양이다. 학생들 스스로가 문화적 주체임을 느낄 수 있는 수업과 학내 활동이 많아졌으면 좋겠다. 신촌의 거리 이름을 지으면서 역사적 순간에 참여하고 있다는 생각에 숙연해지더라는 학생의 말이 생각난다. 우리는 실은 늘 역사적 순간을 살고 있는 것이 아닌가! ■

함께 읽기

일본 기행

■ 나는 오랫동안 일본을 피해 왔다. 그냥 존재하지 않는 것처럼 생각해 왔다. 어릴 때부터 그 나라에 대해 가져온 느낌 때문이었다. 그래서 잠시 잠시 일본을 거쳐 다니면서도 일본에 대해 별 관심을 두지 않았다. 유학 시절에 만난 일본인 교수와 친구들도 없지 않았고, 나는 그들을 좋아했지만 막연히 그들을 구태여 일본 문화의 '주변인'들이라고 생각해 왔다. 1990년 초반에 일본 재단의 초청으로, 본격적으로 일본 사회를 관찰하고 알아보리라는 결심으로 일본을 방문했고, 그것을 편지 형식으로 기록했다. 이 편지글은 《여성신문》에 1990년 4월 13일부터 7회에 걸쳐 연재하였고, 편지글을 시작하는 '언님께'라는 말은 고 고정희 시인이 만들어 낸 말로서 '어진이,' '어진 님,' '언니' 등의 이미지로 생각해서 들으면 된다.

그들이 꿈꾸는 두 개의 표준형,
소녀다움과 당당함

언님께.

서울을 떠나온 지 꼭 일주일째, 이제는 여행하는 생활에 익숙해졌습니다. 작년 5월에 일본 재단에서 2주일간 일본 여행을 해볼 생각이 있냐고 물어 왔을 때 가겠다고 선뜻 승락을 한 것은 어차피 '알아야 할 이웃'이라는 생각에서였지요. 그 나라의 초대로 가면 그 나라 사람들의 사는 방식을 보다 쉽게 알 수 있으리라는 계산도 있었어요. 마음 한구석에 불편함이 없진 않습니다. 19세기 말 신사 유람단 생각이 언뜻 나더라구요. 일본에의 기술 종속의 정도를 이미 잘 알고 있는 터에 그 나라에서 주는 돈으로 여행한다는 것이 그리 가쁘기만 한 것은 아니었다는 것이지요. 하여간 국제화를 서둘고 있는 일본 정부의 배려로 나는 아주 훌륭한 통역관과 단둘이 가고 싶은 곳을 가 보고, 만나고 싶은 사람들을 만나 보는 호강을 두 주일간 누리게 되었지요. 인류학자답지 않게 일본에 대해서만은 말, 노래, 옷 같은 것에서도 감정적 거부감이 있는 내가 말입니다. 어떤 면에서 일본을 바로 보고 그 감정을 어떤 식으로든 처리하기 위해 떠나온 것입니다.

이번 여행에서 내가 보고자 한 것은 세 가지입니다. 하나는 페미니즘 관계, 이곳 여성들의 생활과 변화를 위한 집단적 움직임을 보고자 합니다. 두번째는 고도 기술 사회가 어떤 방향으로 향하고 있는지를 그 분야에서는 약간 앞서가고 있다고 할 수 있는 이 나라의 상황을 살펴봄으로 가늠해 보려고 합니다. 세번째는 지방 자치 관계예요. 궁극적으로 민주 사회란 자발적 공동체 내지 지역 공동체의 활성화 없이는 이루어질 수 없지 않습니까? 여행 일정은 동경에서 시작해서 오끼나와, 오사까, 교또 그리고 특별히 지방의 활성화를 위해 전통 부활적 이벤

일본 여성들은 우리가 가진 고정 관념과 달리 매우 다양한 영역에서 활달한 삶을 살고 있다.

전통북을 치는 사람 — 원래는 남자들이 했는데 요즘에는 여성들간에 인기가 높다고 한다.

트를 벌이고 있는 가나자와에서 마칩니다. 이제부터 여성 운동가, 학자, 소설가, 지방 유지, 학교 교사들을 주로 만나게 되고 제 관심 분야와 관련된 연구 기관, 박물관, 그리고 특별 프로그램 등에 참여하게 될 것입니다.

오늘은 이곳의 일반적 여성의 삶에 관해 내가 보고 듣고 느낀 바를 정리해 볼까 합니다. 우리들 머리 속에 있는 일본 여성에 대한 이미지는 하얗게 분칠한 얼굴에 동그란 눈, 그리고 빨간 입술의 인형 같은 모습, 부드럽게 들리기 위해 꾸며대는 목소리, 전족을 했던 중국 여성과는 다르지만 기모노와 꿇어앉는 자세 때문에 몸에 밴 부자연스러움 등이었을 겁니다. 실제로 이런 모습은 지배 문화 속에 아직 그대로 남아 있습니다. 지하철 속에서 화장 안 한 여자를 찾아보기 힘들고, 정성 들여 기른 긴머리가 눈에 자주 띄죠. 얼굴에 정성을 들였다는 표시를 늘 내고 있다고 할까요? 그것이 일본 문화적 한 특성으로 간주되는 인위적 아름다움, 또는 부지런함의 표시일 수도 있겠고, 또는 깨끗하고 어려 보이고 싶어하는 성향으로도 볼 수 있을 텐데, 그 전형적 모습은 가수나 탤런트에게서 찾아볼 수 있습니다.

얼마 전까지는 발랄한 모습의 가수가 인기였다는데 지금 부상되고 있는 〈쌍둥이〉라는 두 소녀 가수는 쌍둥이가 아니면서도 똑같아 보이는, 그야말로 인형 같은 소녀들입니다. 한 여성학자는 그 모습을 두고 익명성과 몰개성의 상징이라고 합디다. 수줍은 소녀의 이미지가 새롭게 부각되고 있는 것은 너무 똑똑하고 강해진 여성에 대한 반발에서 나온 반동적 인기일 가능성이 높다는 것이지요. 한편 이것은 다분히 상업주의의 장난인 만큼 크게 걱정할 것은 아니라고 봅니다. 얼마 안 있어 싫증날 때쯤 되면 또 발랄한 모습이 등장할 터이고 이제 여성에 대한 이미지는 매우 다양해질 터이니까 말입니다.

대중이 좋아하는 이미지란 것이 전통적 이미지를 깔면서 상업적 조작에 의해 만들어지는 것이라면, 일본은 희고 단정하고 어린 듯한 여성상을 선호하면서 동시에 사회 변화에 따라 다양한 여성 이미지가 과장된 형태로 역시 부각되어 왔다고 보아야겠지요. 하여간 우리가 갖고 있는 여성 이미지와는 상당히 거리가 먼 것만은 사실이고 이것은 나를 안도케 합니다. 우리나라의 여성 이미지가 보다 당당하고 어른스럽다는 생각에서가 아니라 두 문화 간의 차이가 아직 엄청 크다는 점에서의 안도감입니다. 요즘 우리나라 TV나 잡지가 일본 것을 많이 모방한다는 점에서 문화적 동질화에 대해 내심 걱정스러웠거든요. 어쨌든 다수의 일본 여성들은(또 남성들도) 여전히 표준적 이미지에 맞추려고 상당히 애를 쓰고 있는 것이 사실이고 우리나라도 이 점에서는 큰 차이가 없지요. 오늘은 이 표준형에 맞추려는 여성들의 삶에 대해 좀더 얘기를 할까 합니다.

다음의 논의는 나의 통역사 이이다 씨의 의견을 상당히 참고하고 있습니다. 그는 서울 신촌에서 6년간 산 경험이 있는 37세의 일본인인데 매우 독립적이고 이지적인 여성입니다. 그는 별로 전통적 표준형에 구애받지 않고 살고 있기 때문에 표준형에 대해 보다 잘 파악을 하고 있다고도 할 수 있어요. 길거리에서 흔히 볼 수 있는 표준형 아가씨들은 아마 2년 내지 4년제 대학을 졸업하고 직장을 다니고 있는 경우라고 할 수 있을 겁니다. 이 젊은 독신 여성들은 돈 쓸 일도 별로 없어서 주로 외국에 여행 가서 돈을 쓰고, 소녀 만화를 열심히 보고, 화장도 정성껏 하고, 데이트를 열심히 하는 이들이지요. 지금 젊은 세대 여성들은 애인이 둘이기를 원한다는데 하나는 돈 있는 남자로서 많은 선물을 사주는 남자이고, 다른 하나는 아주 깨끗하고 예쁘게 생긴 남자랍니다. 부자 남자는 나이가 많을 것이고 결혼을 했건 안했건 그건 별 상관이 없답니다. 잘생긴 남자는 어릴 터이고, 키는 큰데, 털 없이 매끄러운 피부에 약간의 썬탠을 한 빛깔의 소년이 인기라는군요. 물질적 요건을 갖춘 애인, 그리고 자신이 꿈에 그리는 '달걀 같은 소년'과의 사랑이 주제가 되는 겁니다. 여기서 나는 선진 자본주의 사회에서의 인간

쌍둥이 아닌 쌍둥이같이 보이는 가수.
가수들은 소녀들의 패션을
'표준화'시키는 모델이기도 하다.

의 내적 분열을 단적으로 보는 것 같았습니다. 물질적 보호를 받는 소녀이고자 하면서 예쁜 소년을 데리고 놀고 싶어하는 욕구, 상대방 남성들도 이들과 마찬가지로 두 개의 자아를 또한 갖고 있겠지요.

더 이상 소녀인 척하지 못할 나이쯤 되면 이들은 결혼을 한답니다. 현재 일본에는 관광 사업, 외국어 교육 사업과 함께 결혼 중매 사업이 크게 흥행하고 있습니다. 현 결혼 시장의 특징은 진취적 여성들이 전반적으로 결혼을 늦게 하거나 안하려는 추세가 있어 신부가 모자라는 현상이라고 합니다. 그런데 남성들은 꽉 짜여진 조직 속에서 승진 가능성도 거의 없고 해서 30대가 되면 '행복한 가정'에 보다 가치를 두게 되고, 심심한 50대 어머니들 역시 자식 결혼에 지대한 의미를 두다 보니 짝짓기 사업이 많은 돈을 버는 인기 사업으로 크게 부상된 것이지요.

아이는 하나나 둘, 직장은 결혼과 동시에 그만두는 경우가 많고, 아이를 하나만 가지고 싶은 부부 중엔 꼭 딸 하나만 가지고 싶다는 쪽이 65%로 더 많은데 이유는 딸을 기르면 더 재미있기 때문이랍니다. 인형처럼 꾸며 주고 서양 이름 같은 이국적 이름을 지어 주고, 자신이 하지 못했던 것을 딸과 함께 하려는 욕구를 가졌다는 뜻입니다. 이때 아이는 극단적으로 말하면 장난감입니다.

아이가 학교 갈 즈음이면 여성은 이제 또 자신으로 돌아오게 되고 그래서 시간제 직장을 구하기도 합니다. 자격증을 가진 경우나 제대로 된 직장을 다시 얻을 수 있는데 직장에 의미를 두는 여성들의 경우는 결혼 후에도 계속 일을 하는 경우가 대부분이니까 이들 결혼 지향적 표준형은 아무래도 소일거리로 일을 갖게 될 가능성이 더 높은 것이지요.

요즘에는 레이디 만화가 20대 말 30대 초인 젊은 주부들에게 인기라는데 그 내용은 성관계에 관한 것이 많이 담겨 있답니다. 만화가 아니라 실제로 새로 남자 애인을 사귀어 즐기는 경우도 꽤 있다는군요. 요즘 젊은 남편은 아내가 '당신은 사람은 좋은데 ……'라는 말을 하면 제

결혼 산업은 일본에서 매우 큰 산업 중 하나이다.

일본 기행 271

일 무서워한답니다. '남자로서 성적 능력이 없다'는 말이 뒤에 숨겨져 있는 것이지요. 하여간 성에 관한 한 상당히 금욕적인 우리에게는 좀 당황스런 추세라고 할까요? 그러나 한편 그런 쪽을 향해 우리의 '신세대' 부부들이 열심히 나아가고 있는 모습도 나타나고 있습니다. 텔레비전이 그런 면을 크게 부추기는 장본인이구요. 남의 일만은 아닐 겁니다.

이런 변화는 또 다른 한편의 변화 추세와 함께 이해되어야 합니다. 그 다른 추세란 것은 독신 생활을 하는 여성들의 증가와 관련됩니다. '행복한 결혼'의 환상을 일찍이 깨우친 독립적 여성들이 또 하나의 표준형으로 대두되고 있다는 말입니다.

독자적으로 회사를 차리거나 독자적 활동의 장을 가진, 일 욕심이 많고 창의적인 여성들, 또는 직장에서 매우 필요로 하는 사람이기 때문에 언제나 당당할 수 있는 프로인 여성이 그들이지요. 애인과는 결혼이라는 부담스러운 관계가 아닌 동거 생활을 즐기는 경향이 높다는데, 그래서 일본 사회는 내연의 관계도 상속이나 회사 혜택 등의 면에서 인정을 해주는 경우가 늘어가고 있답니다. 스키나 윈드 써핑, 화초 가꾸기, 그림 모으기 등 상당한 즐거움을 주는 취미들도 갖고 세계 여행도 그런 취미를 중심으로 다니는 이들 '세련된 여성'들은 세태에 대해서도 상당한 지식을 갖고 있습니다. 한마디로 이들은 복잡하고 구차한 '구식' 생활보다 간편하고 문화적인 세련도가 높은 생활을 선택한 것입니다.

이들이 갖고 있는 또 하나의 특징은 직장 생활에서의 훈련을 게을리하지 않는 한편 여가를 즐기는 것에 몰두하므로 사회의 모순을 알고 있더라도, 그것을 바꾸는 일에는 좀체 관여하지 않는 점일 듯합니다. 우리가 요즘 흔히 쓰는 방관자적 내지 패배주의적 지식인이라는 단어가 어울리겠지만, 막상 그렇게 부르니까 그들이 살고 있는 후기 산업 사회적 맥락에서는 뭔가 좀 부적절하다는 느낌이 드는, 하여간 주목할 집단이지요. 이 역시 선진 자

지하철 광고 표지판들. 외국인 모델들이 자주 등장한다.

본주의의 산물이기도 한데, 난 이들을 조금은 잘 알고 있습니다. 우리 졸업생 중에도 이런 성향의 세대가 출현하기 시작했으니까 말입니다. 그리고 이들이 그렇게 자기 속에 숨어 사는 것도 나 자신 실은 좀 이해하고 있습니다. 실제로 여성들이 직장에서 당당하게 살아 남는 것 자체가 더욱 어려운데다가 가부장적 사슬 속에서 자유롭고 싶다는 갈망은 상대적으로 더욱 컸었거든요. 그러니 강한 역사 의식보다 강한 자의식이 앞설 수밖에 없고 그들이 추구하는 것은 직업적 성공이며 높은 봉급이거나 자유스러운 직장 생활 그리고 즐거운 휴가일 수밖에 없지요. '참아도 너무 참았던' 윗세대 여성들의 삶을 보상이라도 하듯 이들은 개인의 자유를 즐기고 싶어하는 것이지요.

이들 마음 한구석에는 자기 자신이 새로운 형의 여성으로 살아가는 것 자체가 곧 사회 변화를 가져온다는 자부심도 있습니다. 난 이들을 좋아합니다. 실제로 달라지는 것 자체가 얼마나 어려운 일이었습니까? 그러나 요즘 그 생각이 달라지고 있습니다. 이런 식으로 가면 여성의 10-20%는 분명 '명예 남자'의 지위를 누릴 수 있을 겁니다. 능력 있는 여성들이 많고 또 남성보다 여성이 더 성취 동기가 높은 시대니까요. 그러나 그들이 '명예 남자'로 남아서 사회를 보다 낫게 이끌기보다 결국 흔들거리기 시작한 과학 기술주의 사회를 지탱하는 데 한몫을 하고 있지 않은지 나는 요즘 의심하기 시작한 것입니다. "여성도 사회로, 여성도 직장으로!"이 슬로건이 결국은 여성들로 하여금 자신들을 억압하는 체제 유지에 자발적으로 헌신케 하는 결과를 낳지 않았는가 하는 회의가 든다는 것이지요. 성급함에서 나온 기우일까요? 이것이 기우가 아닌 것은 다음 기회에 살펴볼 고도 기술 사회에서의 여성 노동 문제를 볼 때 보다 분명히 드러날 것입니다.

하여간 직장을 선택한 여성과 가정을 선택한 여성은 그 표정이나 삶의 방식에 있어 판이하게 다르고, 이 다름이 이제 이 사회에서는 상당히 자연스럽게 인정되고 있다는 것은 사실입니다. 우리 사회는 하나의 표준형밖에 인정하고 있지 않기 때문에 여성들은 더 많은 스트레스를 받고 있지만, 또한 두 개의 표준형이 생기는 것은 시간 문제임을 알게 됩니다. 두 개의 표준형에 속한 여성들은 그러나 현 체계 유지에 상당히 순기능적인 역할을 하고 있다는 점에서, 즉 적극적 역사 의식이 부족하다는 점에서는 공통점을 지닙니다. 이 두 표준형을 어떻게 정치화할지가 결국 여성 운동 대중화의 관건인 것이지요. 다시 쓰지요. 안녕히!

가까운 문제부터 풀어가는 '작은' 여성 운동

언님께.

일반적으로 사회 운동은 상황이 매우 억압적일 때, 그리고 그것을 다수 성원이 더 이상 참지 못하겠다고 느낄 때 일어납니다. 여성 해방 운동도 이런 맥락에서 이해되어야 할 사회적 현상인데 언님과 나는 일차적으로 지금의 객관적 상황이 여성에게 매우 억압적이라는 데 동의하고 있는 쪽이지요. 문제는 여성 자신들이 그 억압을 어떻게 느끼느냐의 차원인데, 만약 사회가 소위 공적 영역에서 활동할 적성을 가진 여성들을 제때제때 흡수하고, 또한 가정 영역에 남은 주부들에게 깨어지지 않는 희망 내지 매달릴 주요 역할을 적절히 부여하면 여성 해방 운동의 열기는 높아지지 않을 겁니다. 1960-70년대 영미 또는 불란서의 경우, 가정 영역에 남은 다수 여성들이 더 이상 매달릴 것이 없다는 결론을 내린 상황에서 운동의 열기가 높아졌음을 우리는 잘 알고 있습니다. 그러나 그 이후 '능력 있는' 여성들이 흡수되면서 운동의 열기는 급격히 사그라들었다고 보아야 할 겁니다. 우리나라나 일본의 경우는 여전히 가정의 안주인이 되는 것은 괜찮은 생활(직업)이라는 의식이 상당히 펼쳐져 있고 또 '정말로 못 말리는 여성'들은 나름대로 '명예 남자의 위치'를 차지할 수 있게 되어 있어서 아직은 운동의 열기가 그리 높지 않다고 봅니다.

일본의 경우 도이 사회당 당수의 존재라든가 남편의 월급에만 의존하는 가정이 전 가정의 30%에 불과하다는 사실, 독신 생활이 하나의 분명한 생활 양식으로 당당한 인정을 받고 있다는 점 등이 여성이 흡수되고 있는 단면이라면, 지난 번 편지에서 얘기한 여성들, 즉 학교 졸업 후 3-4년간 직장 생활을 즐긴 후 결혼하여 소꿉장난같이 아기자기하게 살림을 하며 사는 수많은 젊은 여성들은 또 다른 단면이겠지요. 이 두 집단은 실상 당사자의 입장에서는 상당히 자족한 삶을 누린다고도 볼 수 있을 겁니다.

실상 35세 이상 여성들의 상당수는 시간제 일을 하고 있는데 이런 취업 구조가 여성의 생활을 견딜 만하게 하는 데 크게 기여하는 셈이지요.

그러면 세대를 50대로 올라가 봅시다. 여기서는 우리와 더욱 흡사한 그림을 볼 수 있습니다. 어머니가 아들네 신혼 부부집에 매일 간다든지, 신입 사원이 한달 만에 상사로부터 작은 일로 꾸중을 들은 후 회사를 안 나오는데 그때 전화를 걸어 통고하는 사람이 본인이 아니고 바로 그 어머니라든지 하는 식의 '과잉 보호 어머니상'이 그 하나입니다. 또 하나의 이미지는 아기같이 의존적인 남편을 충실히 보살피는, 또는 보살피기를 거부하는 중노년 여성의 실상이지요. 내가 만난 중년 지식인 남성들은 한결같이 이 문제에 대해 나와 얘기를 하고 싶어했습니다. 이들은 여성 해방주의자라는 나를 만나 진의를 떠보고 싶었던 것입니다. 여성 문제에 관심을 갖고 있으면 남성 문제도 보아야 한다면서 '젖은 낙엽'이란 별명을 갖게 된 불쌍한 중년 남성에 대해 얘기를 해줍디다. '젖은 낙엽'이란 떨쳐 버릴래야 떨쳐 버릴 수 없어, 할수없이 집에 데리고 사는 남편의 모습을 비유한 것이지요. 차도 스스로 끓여 먹을 줄 모를 정도로 집에서는 아기같이 무능한 남편을 두고 하는 말입니다. 여자가 평균 수명이 길기 망정이지 반대였다면 사회 문제가 극심할 거라고 덧붙입디다.

이와 관련하여 흥미로운 점은 일본 주부들이 가계 관리권을 갖고 있기 때문에 여성의 권한이 매우 세다는 주장을 이곳 남성 지식인들이 예외없이 하고 있다는 것이지요. 어쩌면 우리나라의 표준 남성 지식인들과 생각이 그리 비슷할까요? 하여간 '젖은 낙엽'을 감히 쓸어 버리는 '냉정한' 여성들의 사례에 얘기가 돌아가자 나는 아내가 사랑으로서가 아니라 가정 주부의 역할 수행자로서 30여 년간 남편을 모셨다면 남편이 직장에서 은퇴할 즈음에 아내도 '남편 상사'로부터 은퇴할 권리가 주어져야 하지 않느냐고 반문을 하고 싶어집니다.

일본의 명문 여대 오차노미즈 대학교의 역대 총장 사진. 모두가 남자이다.

칠팔 년 전에 일본에서는 주부의 시각에서 본 가족과 부부 관계에 대한 몇 편의 소설이 큰 인기를 끌었다는데 그것은 주부들이 가사일을 얼마나 하기 싫어하는지, 또 남편을 얼마나 미워하는지에 대한 것이었답니다. 고혈압인 남편에게 그가 원하는 대로 기름진 음식을 마구 준 것은 미움 때문이라는 식의 소설, 또는 실제 그런 류의 고백이 많았다고 합니다. 정말 결혼 초부터 서로가 상대방의 입장에 서서 생각하는 버릇을 기르지 않으면 부부가 늙어서 이런 끔찍한 상황에 도달하게 되는 것은 너무나 빤한 결과지요. 이제 여성들도 그 동안의 사회 변화를 겪으면서, 앞으로 남은 20여 년만은 좀 자유롭게 살겠다는 권리 주장을 하기에 이른 것이며, 이런 현상은 건강한 사회를 이루기 위해 상당히 고무적인 움직임이라고 생각합니다. 물론 많은 남성들은 이런 현상에 대해 크게 불안해 하지요. 하여간 '50대에 과부되면 상팔자'라는 우리 사회의 악담에서처럼, 눌려 산 어머니들이 술렁거리기 시작한 것입니다. 동아시아의 과격한 '여성 반란'은 이렇게 50대 어머니들로부터 시작될지도 모르지요. 워낙 여성의 독립이 아이를 낳은 후에야 주어지는 사회였던

오차노미즈 대학 여성학 관련 연구진들.

만큼 여성으로서 주체적 자각을 갖기가 그만큼 늦어지는 면이 있는 것 같습니다. 잠재력의 얘기는 다시 하기로 하고 이제 차분히 지금 일고 있는 일본의 여성 운동을 살펴봅시다.

일본 여성 해방 운동의 특수성은 시민·주민 운동과의 관련에서 찾아진다고 합니다. 일본에는 활발한 주민 운동의 전통이 있어 왔는데, 수도를 놓고 길을 내는 등 지역 주민의 이익을 보호하는 데 목적이 있는 운동이지요. 이 운동의 참여자는 대다수가 여성이랍니다. 여성, 특히 가정 주부들은 시민 운동 내지 주민 운동의 '손발'로 열심히 일해 온 것이지요. 문제는 조직의 '머리'는 늘 남자들이었고 '손발'인 여성 자신들도 여성 문제에는 큰 관심을 보이지 않고 있다는 데 있답니다. 남성 주도적 시민 운동은 일반적으로 여성 해방 운동에 무관심하거나 이 운동을 적대적인 눈으로 보기도 한답니다. 이런 상황에서 현재 일본 여성 해방 운동은 대중화할 계기를 찾지 못하고 있는 상황인 것 같습니다. 그러나 지역 곳곳에서 자생적 소집단 운동 단체들이 각 영역에 걸친 활동을 매우 열렬하고 창조적으로 벌여가고 있는 것을 저는 느낄 수 있었습니다.

나는 동경과 교또에서 그런 두 소집회에 참석할 기회를 가졌지요. 동경 집회는 〈여성 연대망〉이라는 이름의 모임으로, 그날의 안건은 6월에 관서 지방에서 열리는 〈만국 꽃 페스티발〉에서 미인 대회를 할 계획이 있는데 그것을 어떻게 저지할지에 관해 토론하는 모임이었습니다. 역사가 70년 정도 되었다는 〈부인 민주신문사〉(매주 출간, 몇십만 부가 팔린다고 함)의 다다미 사무실에 저녁 6시부터 모인 40명 가량의 여성들은 각자 갖고 온 도시락을 먹으면서 미인 대회 반대 집회를 어떤 식으로 열 것인지를 의논하였습니다. 그들은 미국에서 있었던 〈미스 아메리카〉 반대 집회 장면을 녹화한 비디오를 통역을 해가면서 꼼꼼히 본 후, 미국에서처럼 연극과 퍼레이드를 하며 충격적인 이벤트를 만들어 여론을 환기시킬 건지 조용히 토론하는 식으로 여론을 끌 것인지를 놓고 열 띤 토론에 들어갔습니다.

장시간 토론한 끝에 조용히 하자는 식으로 의견이 모아졌고, 지방 중심으로 열리는(이곳에서는 이제 미인 대회는 지방 차원에서 주로 열리는 모양입니다) 미인 대회에서 반대 운동을 해온 한 여성 운동가의 조언을 들으면서 합작 푯말을 만든 후 이들은 헤어졌습니다. 이 모임 구성원은 60년대 말 열혈한 학생 운동가였던 사람들로부터 매우 독립적인 30-40대 취업 여성, 구타하는 남편과 이혼한 얌전하나 당찬, 그리고 위자료를 받아내어 구태여 일하지 않고 '운동'만 하며 살 수 있는 30대 초반 여성, 그리고 20대 학생에 이르기까지 다양하였는데, 흥미로운 것은 그들의 차림새나 표정이 우리가 흔히 서울의 여성 해방 운동 마당에서 보는 여성들과 너무나 흡사하다는 점이었습니다. 편한 복장에 진지하게 토론하는, 또는 짙은 화장에 까불면서 뒤치다꺼리를 하는 각각의 모습 속에 서울의 친구들을 연결시키고 있는 나 자신을 발견하고 혼자 웃었지요. 집회 후 '노바다야끼'에 갔는데 우리 외는 모두가 넥타이를 맨 남자 손님들이었습니다. 11시 반까지 오래 전부터 알던 친구들을 만난 듯 이야기를 나누었고 그들은 신나게 변하고 있는 한국에 무척 오고 싶다고 했습니다. 나는 모든 나라에 이렇게 금세 마음이 통하는 여성 해방주의자들이 있다는 사실에 흐뭇해 하며 국경이 없는 연대감을 그들을 통해 느낄 수 있었어요.

현재 일본 여성 해방 운동이 잡고 있는 주제는 매우 다양하나 성폭력 문제가 가장 강하게 부각되고 있는 부분인 것 같습니다. 이와 함께 광고, 포르노그라피 등이 문제시되고 있습니다. 미인 대회 반대도 이와 관련이 되며 또한 여성 노동 문제, 여성의 건강, 가족과 결혼에 대한 분석도 운동과 관련되어 활발히 논의되는 부분이라고 하겠습니다. 인상적이었던 부분은 이들이 자기 젓가락을 갖고 다니면서 식당의 일회용 젓가락을 사용하지 않는 것이었습니다. 이유는 불필요한 낭비를 않고 동시에 이

〈동경 부인 민주 신문〉 편집실에서 열린 여성 연대망 모임. 미인 대회 반대 집회 방식에 대해 미국의 사례를 비디오로 본 후 토론에 들어갔다.

미인 대회 반대를 위한 준비 모임을 가진 후 페미니스트들은 닭구이집에서 다정한 술자리를 벌였다. 목도리를 한 후나하시 선생은 1960년대 열렬한 학생 운동권 출신으로 지금은 많은 여성 운동가들의 사랑을 받는 소박하고 활발한 여성운동가이다.

와 관련하여 파괴되고 있는 인도네시아의 열대림과 그곳 여성 주민의 삶을 보호하기 위해서라고 했습니다. 젓가락 갖고 다니는 그 조그만 행동이 내게 많은 것을 생각하게 하였는데, 당장 호텔에서 날마다 빨아 갈아치우는 일본식 겉옷과 치솔부터 나는 사용하지 않게 됐습니다. 낭비를 거부하는 그 작은 행동이 여성과 지구의 생명을 생각하는 상징적인 행동이며 연대감을 표시하는 표적이기도 한 것입니다.

내가 참석한 두번째 모임은 교또에서의 모임이었습니다. 여성학을 강의하는 영문학, 역사학, 사회학 교수들, 통역관, 간호사 등 15명 가량이 모여 6백 엔짜리 도시락을 주문해서 먹으면서 이야기를 나누었습니다. 이 모임은 특히 내가 가는 것을 계기로 〈한국 여성 해방 운동〉을 알기 위해 모인 것이어서 먼저 내가 한국과 일본의 문화적 차이, 그리고 페미니스트적 그림에 나타난 운동적 메시지에 대해 주제 발표를 한 후 토론이 있었습니다. 나는 발표에서 일본과 한국이 매우 유사한 것 같으면서 실은 매우 다른 사회이며 여성 운동은 그런 전제하에서 비교 분석될 필요가 있음을 강조하였습니다. 구체적으로 일본과 한국은 동양에 속한다는 면에서 공통점을 갖습니다. 동양적 음양 원리와 서양의 이원론적 원리의 차이, 가족 집단주의와 개인주의, 모권과 부부권, 그리고 앞에서 지적한 소외된 중년 남성의 문제들이 바로 동양 문화권에 속한 한국과 일본이 공유한 부문입니다. 고도 경제 성장을 지고의 목표로 치달아 온 서구 모방적 산업화 과정 역시 상당히 공통적인 문제를 야기시키는 부분이나, 일인당 국민 총생산량, 그리고 산업화의 단계 면에서는 차이가 부각되어야 할 부분이지요. 세번째로 강조한 부분은 심층적 문화 심리 구조 내지 조직 원리의 차원이었습니다. 지에 나까네 씨가 강조한 것처럼 장(場), 또는 집단내 개인의 위치와 역할을 중시한 일본 사회에 비해 연결망과 개체의 속성을 중시한 한국 사회의 조직적 특성을 대조시켜 보았지요. 일본은 이론상 남편이 여성의 성을 따를 수도 있습니다. 부계성을 따르는 것이 아니라 부부 동성이 원칙이니까요. 일본 여성들이 결혼하면서 성을 바꾸는 것은 그 집단에 소속된 아내됨의 역할을 강조하고 그가 현재 속한 집단을 이전 속한 집단(친정)보다 강조하기 때문이며 한국은 부계 혈통 원칙을 절대적으로 강조하기 때문에 결혼 후에도 성을 갖지 않는다는 점을 예로 설명했지요.

이런 조직 원리상의 차이는 보다 안정적 체제, 점진적 개혁을 꾀한 일본적 경향과는 달리 상당히 혁신적 변혁을 꾀하는 한국적 경향의 차이로도 나타난다는 점을 덧붙였어요. 그 차이는 19세기경 일본 신하의 현실적 상소와 조선조 선비의 당위론적 상소에서 여실하게 드러나는 부분이지요. 그리고 이런 차이는 중화 질서 속에서의 한·일의 위치, 봉건제의 특징과 근대 자본주의 및 국민 국가 시대의 변천사를 통해 나타나게 된 역사적 산물임을 덧붙였습니다. 사회 운동면에서도 그 패턴이 그대로 나타나서 한국의 운동은 상당히 거창하게 일어나고 이론 지향적인 데 반해 일본은 보다 구체적인 삶의 장에서 문제를 끌어내는 경향이 큰 것 같다는 의견을 제시했지요. 좀 어렵습니까? 책 한 권을 써야 할 내용을 몇 줄로 줄이다 보니 쉽게 풀리지가 않는군요. 사실 내가 여기서 공통점보다 차이점을 구태여 강조한 것은 일본의 사회 운동은 우리와 상당히 다르게 일어나고 있기 때문이었습니다. 일본은 우리보다 더욱 학계와 운동계의 분리가 뚜렷하고, 운동 집단 역시 우리 시각에서는 상당히 사소한 주제를 놓고 움직이고 있어서 일면 답답하고 실망스러웠던 것은 사실입니다. 그래서 나름대로 그 문화적 차이를 부각시킴으로 이해해 보려고 한 것이었어요. 사실 일본 여성 해방 운동가들은 우리의 운동 상황을 보면서 실속은 없으면서 목소리만 크다고 하겠지요. 이론 논쟁으로 시간을 소비한다고 답답해 할 가능성이 충분히 있고 나는 우리가 이런 차이를 미리 아는 것이 상호 협력의 토대를 이루는 데 중요하다고 보았기 때문에 이를 강조했던 것

부인 민주 신문사 사무실에서는 무공해 식품과 세제를 팔기도 한다.

교또에 있는 페미니스트 책방의
주인이자 출판사를 하고 있는
나까니시 선생.
최근 '노인을 보살피는 여성'간의
협력 연결망을 조직하였다.

입니다. 서로 다른 전제와 성향을 가졌다는 것을 아는 것은 보다 건강한 협력 관계를 형성하는 첫걸음이거든요.

이런 나의 발표 내용에 대해, 거창하게 변혁 구도를 잡는 것은 소위 '후진국' 형이며 자신들도 20년 전에는 목소리를 높였었다는 반론이 있었습니다. 또 모녀 관계에 관한 그룹 연구와 영어로 페미니스트 글을 읽는 주부 모임을 이끌고 있다는 한 영문과 교수는 그렇게 스타일이 다르면 어떤 식으로 한·일 간의 유대를 맺을 수 있을지 크게 염려스러워 하였습니다. 또, 독신의 삶이 매우 자연스러운 형태로 자리잡고 있고 처녀성에 관한 강박 관념이 희박하며 주부가 지역 사회 운동에 활발히 참여한다는 점에서 일본이 여성에게 보다 살기 쉬운 곳이라는 말도 있었고 이를 산업화의 수준과 연결시키는 논의도 있었습니다.

하여튼 중요한 것은 실천적 운동일 것입니다. 며칠 전에 교또에 있는 여성 책방 중심으로 페미네트(Feminet)라는 또 하나의 새 모임이 만들어졌는데 그것은 〈노인을 보살피는 여성〉 모임으로 3일 만에 몇백 명이 연결되었다고 합니다. 결국 여성 해방 운동이 아이들, 노인, 남을 보살피고 관계 맺는 일을 사회 정면에 부각시키고 해결해 가지 않으면 안되는 것이라면 그런 면에서는 일본의 이런 조용한 움직임들은 매우 실속 있고 의미 깊은 움직임이라고 하겠지요.

앞으로 여성 운동의 한일 간의 교류는 여러 면에서 의미가 있을 것으로 봅니다. 우선 학문적으로는 유교 문화를 다시 강조하는 복고적 흐름을 함께 분석해 내는 것이 중요하다는 데 의견을 모았습니다. 한편 고도 기술화 사회에서의 가정 관리와 그로 인한 여성의 삶의 변화 내지 여성 노동 참여 문제는 우리가 일본의 경험에서 배울 점이 많은 영역일 것입니다. 그들의 경험이 성공이든, 실패든 말입니다.

성폭력과 포르노그라피 문제 역시 시급한 공동 연구와 연대 운동을 부르는 부분입니다. 운동 차원에서는 위의 주제와 아울러 건강 식품 생산과 깨끗한 지구 만드는 캠페인이 주요 영역이 될 것입니다. 젓가락을 갖고 다니는 것이 상징하듯 낭비하지 않는 삶, "작은 것이 아름답다"는 철학을 펼치고 실천해 갈 때 의식화는 생각보다 빨리 진전되리라는 기대를 가져 봅니다. 요즘 우리나라 TV 공익 광고에서 "여자도 할 수 있다"는 참신한 선언을 하기 시작했는데, "남자도 할 수 있다"는 선언이 동시에 나가야 할 것 같습니다. 가정내 남자의 무능력 역시 몹시 건강치 못한 개인과 건강치 못한 사회를 만들기 때문입니다. 또 다시 쓰지요

중앙 정부에 잠식돼 버린 오끼나와의 역사

언님께.

앞에서 민주 사회란 많은 자발적 공동체와 지역 공동체의 활성화 없이는 이루어질 수 없다는 내 신념을 잠깐 언급했었지요? 실제로 세계 차원의 정보 교류가 활발해지면서 국가 민족주의 이념은 상대화되는 경향이 현저해지고 있지 않습니까? 우리의 경우, 통일의 과제가 눈앞에 놓여 있고, 동·서양의 국가 형성 역사가 매우 다른 만큼 이런 흐름에 순진하게 편승할 입장이 아니지만, 하여간 카프라의 《전환의 시대》에 나오는 마지막 구절, "우주적으로 생각하고, 지역 차원에서 행동하라"는 말은 우리에게도 예외없이 귀중한 선언이라고 생각합니다.

특히 정보 과학 기술의 발달은 세계주의적이면서 동시에 지방 분권적 사회로의 이행을 보다 필연적으로 또 용이하게 만들고 있습니다. 조지 오웰이 경고했던, 소수에 의해 다수가 철저히 통제되는 사회를 원치 않는다면, 우리는 보다 많은 정보를 우리 스스로가 만들고 나누어 가는 사회를 만들어 가야 하는 겁니다. 이를 향한 첫단계에서 중요한 것은 국가를 상대화시켜 보는 것, 그래서 중

오끼나와 시장은 본토의 시장보다 덜 정리되어 있어서 한결 '시장'의 분위기가 난다. 돼지머리는 이곳 특유의 '물건'이다. 아래는 오끼나와에 있는 작은 식당.

앙 집권적 국가 체제에서 벗어나는 움직임을 일으키는 작업일 것입니다. 나는 이런 면에서 매우 중요한 사례가 되는 복잡 다단한 '근대 국가 편입의 역사'를 가진 오끼나와를 찾아 보았습니다.

오끼나와의 인구는 1백만이 넘습니다. 이곳은 실은 내가 늘 못잊어 하는 제주도와 흡사한 데가 많습니다. 섬이면서 지리적으로 주변적일 수밖에 없는 조건이 특히 그러하지요. 《휴식의 에너지》라는 책에서 소설가 오오시로 씨는 오끼나와의 인상을 다음과 같이 쓰고 있습니다. "시장에서 일하고 있는 것은 할머니로부터 어린아이까지 여성들뿐이다. 20년 전 한 여성 작가가 방문했을 때 그가 시장 아주머니에게 주인이 어디 있냐고 물으니, '어린애를 보며 놀고 있어요' 하며 웃었다. 별로 남편을 비웃고 있는 것도 아니면서 그녀의 자신감과 상냥함을 엿볼 수 있었다." 오끼나와에서는 "여자들이 노동하고 남자는 한가하다"는 말이 있답니다. 농업은 주로 남자가 하는 것으로 되어 있고 베짜기와 시장에 물건 파는 일은 여성의 일로 되어 있는데, 그래서 외부인에게는 그렇게 보인다는 해석도 있습니다. "남자 하나를 먹여 살리지 못하면 여자라고 할 수 없다"는 말도 있다는데 흥미롭지요? 여기에다 "여자 형제들이 남자 형제를 수호한다"는 신앙이 있다니 더욱 흥미로운 곳이라는 생각이 들지 않습니까?

오끼나와 비행장에서 택시를 타면서부터 내가 예상했던 일들이 일어났어요. 오끼나와에 간 날이 마침 2월 3일 입춘 전날, 일본 본토에서는 불교 사원마다 인기 연예인들이 나와 콩을 뿌리며 잡귀를 쫓는 세츠분 행사(節分祭)를 지내느라 법석이었는데 여기서는 잠잠합니다. 물어 보았더니 원래 절도 많지 않고 지낸다 해도 집에서 장난처럼 지내거나 말거나 한다는 것입니다. 본토처럼 거창한 신사도 없고 대신 무속이 성하답니다. 무덤도 특이한 제단 모습으로 오끼나와에 아주 특이한 정경을 보태고 있었습니다. 흥미로웠던 것은 운전 기사가 그런 이야기를 하면서 본토를 '일본'이라고 부른다는 사실입니다.

오끼나와를 '우리나라'라고 한다고 통역사 자신도 무척 놀라워하더군요. 도착한 날 오후 이곳에서 가장 큰 나하시에 묵으면서 지방 소설가 오오시로(大城立裕) 선생으로부터 들은 오끼나와의 일본 편입사를 적어 볼께요.

오끼나와는 중화와 일본 봉건 영주에게 조공을 바치긴 하였지만 16세기까지 매우 독립적인 왕국이었어요. 12세기부터 류꾸(琉球) 왕이 다스렸는데 백성들과 거리가 가까운 '민주적인' 왕국이었다고 합니다. 연극과 음악을 중시해서 그것을 전문으로 하는 기관이 있었고 왕을 보좌하는 무당이 있었는데, 왕은 백성들을 잘 입히고 잘 먹이는 사람이 되어야 한다는 생각을 무당을 포함한 신하들이 항시 왕에게 일깨워 주는 그런 나라였다고 합니다. 당시 이 섬은 중국과의 무역 창구였고 중국 문화를 숭상하였지요. 일본과는 일반인을 통한 교류는 좀 있었으나 공식적 관계는 없었던 모양입니다. 16세기 경부터 규슈 지역에 있던 사쯔마반이 그 세력을 뻗치게 되면서 "무역 창구가 되어 달라"고 부탁해 왔고 류꾸왕은 중국을 존중했으되, 일본(사쯔마반)은 그리 존경하지 않았기에 그 청을 거절했답니다. 17세기에 접어들면서 사쯔마반의 반주(영주)는 무력으로 류꾸 왕국을 점령하게 되었고, 이 사건 이후로 그전까지 일본과 그냥 좋게 지내던 오끼나와 주민들은 강한 반일 감정을 갖게 되었다고 합니다. 그러나 사쯔마반은 무역항을 얻기 위해 침략한 만큼 일반 생활에는 크게 간섭을 하지 않았대요. 오히려 근대 국가 형성을 추진한 명치 국가가 효율성과 문화적 통일성을 강조하기 시작한 때부터 "오끼나와의 불행은 시작되었다"고 오오시로 선생은 말하셨어요. 명치 국가는 근대적 학교를 세우고 오끼나와 사투리를 못 쓰게 하는 등 문화적 탄압을 하기 시작한 것입니다. 일본화가 곧 근대화라는 등식에서 정책이 세워졌고 문화적 동질화를 근대화와 동일시하는 '착각'이 지방 지식인들 사이에 그대로 심어졌다는군요.

오끼나와는 1945년 또 한번 비극적 역사 속에 휘말리

오끼나와의 무덤은 매우 특이하다. 그곳에서는 삶과 죽음이 매우 가까이 있음을 알게 된다.

오끼나와에서 존경받는 오오시로 선생. 오끼나와의 '강간'당한 역사를 한 소녀가 미군에게 강간당하는 것으로 소설화하여 아꾸다가와 상을 받은 소설가이자 극작가이다.

게 됩니다. 2차 대전 직전에 일본 당국은 본토를 지키기 위해 오끼나와에서 되도록 오래 전쟁을 끌게 했고, 벌써 충실한 천황의 신민이 된 많은 오끼나와 주민들은 일본 군부에 적극 협조하여 군수품을 만들고 전투에 대거 참여했답니다. 사태가 악화되자 일본은 일본군을 오끼나와에서 급격히 철수하면서 원주민들에게는 끝까지 싸우라고 당부하였답니다. 그래서 불필요하게 많은 사상자가 났고, 싸움에 패하자 굴 속에 들어가서 자살한 여학생들도 상당수 있었다는군요. (그때나 지금이나 감수성이 예민한 여학생들이 극성이었나 보지요?) 오끼나와 주민들은 열심히 싸우면 전쟁 후에 '진짜 일본인' 대우를 받을 수 있으리라는 기대를 갖고 있었다고 합니다. 전쟁에 지자 일본 국가는 오끼나와를 미국에 넘겨 주었고, 이러한 전투 경험과 국제 협상 과정을 보면서 오끼나와 주민들은 자신들이 차별당하고 버려진 국민이라는 점을 다시 확인하고 배신감을 갖게 되었답니다. 오오시로 선생은 미국에 편입될 때 개인적으로는 사투리를 못 쓰게 하는 일본의 탄압이 없어져서 해방되었다는 느낌을 가졌었다고 해요. 그리고 독립 국가가 되리라는 생각도 잠시 했었구요. 그러나 미군정 체제는 오로지 군사 문제로 들어온 만큼 다른 것은 이전 그대로 하게 두었고 따라서 교육이나 민간 행정은 여전히 명치 시대 이후 이어진 체계 대로 유지되었으며 주민 생활은 크게 달라지지 않았답니다.

그런데 1949년부터 일본으로 복귀하자는 운동이 일기 시작했답니다. 그 이유는 두 가지였어요. 하나는 미군정 체제에는 헌법이 없고 인권은 미군의 인권을 침해하지 않는 한 허용되는 식이므로 결국 주민의 기본적 인권이 전혀 인정되지 않는 상황이었다는 것이지요. 오오시로 선생이 쓴 〈칵테일 파티〉라는 단편은 (이것으로 아꾸다가와 상을 받으셨대요) 이때 상황을 그린 것으로, 피고로 고소될 수 없는 미군에 의해 강간당한 소녀가 주인공이랍니다. 두번째 이유는 경제적 이유였답니다. 50년대 말부터 일본 경제가 부활되기 시작했고 오끼나와는 이미 오랜 명치 국가 통치를 받아 독립 국가가 될 내적 체제를 이미 상당히 상실해 버린 상태였기 때문에 '구관이 명관'이라는 식으로 일본에 붙으려는 운동을 하게 되었다는 것이지요. 1972년 5월 15일 일본으로의 복귀가 이루어졌어요. 당시 미국은 오끼나와의 미군 관리를 일본에 위탁하고 싶어했기 때문에 모두가 원하는 대로 일이 된 셈이지요. 그래서 자동차 운행을 일시에 미국식 우측 통행에서 일본식 좌측 통행으로 바꾸는 등 주민들이 법석을 떤 모양입니다.

오오시로 선생과 오끼나와 전통 무용단 단장과의 만남

이때 정치적으로 일본 복귀 운동은 했지만 오끼나와 문화의 독자성을 강조하는 운동도 동시에 일어났다는 점을 오오시로 선생은 강조했어요. 지방 신문사 주최로 류꾸 음악과 무용을 되살리는 운동이 강하게 일어났다는군요. 선생은 문화적 독자성을 지키자는 운동을 아직까지 하고 있지만, 오끼나와 언어를 거의 잃어버린 상태이기 때문에 사실상 포기 상태에 있다고 합니다. 중앙 중심의 교육이 지속적으로 이루어져 왔고 라디오와 TV가 들어오면서, 오끼나와 방언을 아는 사람들이 급격히 사라졌다는 것이지요. 2차 대전 전까지만 해도 집에서는 방언을 사용했기 때문에 모두 오끼나와 말을 알고 있었는데 (못 쓰게 하니 더 썼겠지요) 2차 대전 후에는 방언 사용을 금하지도 않았는데 자연스럽게 대중 교육과 대중 매체의 영향으로 방언을 사용하지 않게 되었다는군요.

오끼나와 지식인들이 앞장서서 오끼나와 말을 사장시키고 일본화를 추진했다고 볼 수 있다고 그는 말했습니다. 특히 사범 학교 출신 교사들은 문부성의 막강한 힘에 기대어 있는 사람들인 만큼 오끼나와 말의 부활 등은 시도도 하려 들지 않았고 오로지 본토 지향적 획일성으로 밀고 나갔다고 선생은 아쉬워했습니다. 이분 역시 근대론자인 면이 있어서 오끼나와 방언이 감정 표현은 풍부하나 추상적인 사고 표현에는 약하여 근대화하면서 일본말을 쓸 수밖에 없었다는 식으로 언어가 사장되는 것의 불가피성을 언뜻 비추긴 하셨어요. 자신은 오끼나와 주

오끼나와 전통 무용을 되살리기 위한 움직임이 일고 있다. 오끼나와의 전통 무용이 '일본' 무용에 속하지 않는다는 이유로 한동안 대학에 과를 신설하지 못하다가 최근 신설되어 더욱 활기를 띠고 있다.

민의 성향 중 하나가 "표면적으로 반일이면서 잠재적으로는 친일"이라고 본다고 하셨는데, 이 말에서 나는 오끼나와의 운명은 오래 전에 결정되었다는 느낌을 받았지요.

오오시로 선생이 관여하는 연극을 예로 들어 더 구체적으로 살펴봅시다. 고전 연극은 류꾸 왕국 시대부터 무척 활발했는데 명치 때는 방언을 쓰지 말고 표준말을 쓰라고 공연 중에 경찰이 들어오기도 하였고, 그 가운데 새로운 구어체 연극도 생겼답니다. 특히 연극은 몰락한 류꾸 귀족들이 생계를 이어가기 위해 활성화하였고 19세기 말부터는 상당히 대중화되었답니다. 미군정에 편입되면서 당시 수용소에 수용되었던 고전 연극 배우들이 독자적인 오끼나와 문화 회복 운동을 벌이게 되면서 지방 순회 공연도 하였는데 미군정은 이런 활동은 일본으로부터 오끼나와가 정신적으로 멀어지는 기능을 하리라고 보아 환영하고 지원했다고 해요. 당시 다른 오락도 없어서 오끼나와 연극은 매우 번성했는데 50년대 이후 서양 영화의 수입으로 쇠퇴 일로에 들어섰고 TV가 나와서는 나하시에 전용 연극관이 하나도 남지 않게 되었다고 합니다. 3년 전부터 다시 자신을 중심으로 춤과 연극 회복 운동을 벌여 오끼나와 말로 하는 연극 순회 운동도 하고 있는데 아이들은 이미 말을 알아듣지 못해 외국 것 보듯이 한답디다. 어때요? 기분이 착잡하지 않습니까? 이것이 오오시로 선생께서 내게 들려주신 오끼나와 국가 편입의 역사입니다 편파적이고 주관적인 부분이 있겠지요. 그러나 바로 이것이 오끼나와를 사랑하는 한 지식인이 소화한 주관적 역사이기 때문에 우리에게 더욱 쉽게 이해가 가고 귀중한 것이 아니겠어요?

내가 물었지요. 현재 아이들이 배우는 교과서 중 오끼나와에 관한 역사는 누가 썼고 어떻게 가르치느냐고요. 대답인즉, 1년에 10시간 향토의 역사와 문물을 가르치는 시간이 할당되어 있긴 한데, 막상 교사 자신이 향토사를 모르는 실정이니 그나마의 10시간도 잘 활용하지 못하고 있다는군요. 특히 입시 위주 체제 때문에 입시에 안 나오는 향토사는 무시되고 있다는 대답이었습니다. 사실 일본으로 복귀되던 당시 교원 조합 간부들이 복귀 후 교육 운동의 방향에 관해 의논하러 선생을 찾아왔을 때 "첫째, 오끼나와 역사를 학교에서 가르쳐라. 둘째, 오끼나와에 있는 류꾸 대학 입시 과목에는 오끼나와 역사를 넣어라"고 했는데 그때도 그렇게 될 리가 없었다고 농담을 한 사람처럼 웃으십디다.

일본 국가는 안정된 관료들이 끌고 가는 체제이고, 그 통치 방식이 매우 '교묘'하며('교묘'하다는 단어에 이분은 매우 흡족해 하셨어요), 여전히 막강한 힘을 갖고 있는 문부성은 이질적 문화나, 소수 민족이 일본내에 있다는 것을 인정하지 않으려 하기 때문에 문제 해결은 매우 어렵다는 것이었어요. 오끼나와의 춤과 연극을 중심으로 한 전통 부활 움직임을 보면서, 그것이 단순한 여가 활동 수준이 아니라 지방민의 자부심과 자치성에 대한 인식으로 이어지기에는 상당한 거리가 있다는 것을 느꼈지요. 실망스런 느낌이었습니다.

오오시로 선생은 반문하셨어요. 한국 정부는 일본 정부보다 더 센 것 같은데 어떻게 감히 지방 분권 사회를 꿈꾸느냐고요. 그래서 나는 답했지요. 우리의 국가는 그리 안정되지 않았고 '교묘'하게 일을 꾸미지도 못하는데다가, 우리 백성은 쉽게 포기하지 않는 전통을 지녔노라고요. 어때요, 그 대답이?

사람을 통제하는 고도 기술 사회의 거대한 힘

언님께.

이곳은 소위 후기 산업 사회 단계로 접어들어서, 고도 기술화와 노동력 부족 현상이 실감이 납니다. 예를 들어 눈 치울 사람이 없으리라는 전제에서 새 건물의 도로 아

위 ― 자동 판매기에서 지하철 승차권을 사는 사람들.
아래 ― 지하철 안 풍경. 일본의 지하철은 깨끗하고 아직은 질서 정연하다. 그것은 문화적인 특징 이전에 물적 조건과 관련된다. 우리나라 지하철은 우선 너무 많은 사람들이 탄다. 아귀다툼을 해야 하는 것과 그렇게까지는 하지 않아도 되는 것에는 큰 차이가 있다.

래에 코일을 깔아서 눈이 오면 자동적으로 녹는 장치를 하였고, 호텔 서비스실에 아침 몇 시에 깨워달라고 전화를 하면 녹음 장치(컴퓨터)가 받아서 아침이 되면 자동으로 깨워 줍니다. 한국 사람이란 것도 입력이 되어서 "안녕히 주무셨습니까? 일어나실 시간입니다"라고 일본 액센트 우리말로 깨워 줍니다.

호텔방 냉장고에서 음료수를 꺼내 먹거나 영화를 보면 카운터에 자동으로 계산되고요, 지하철이나 비행장 표 접수도 거의 기계가 합니다.

지하철의 경우는 우리도 자동이라는 면에서는 마찬가지인데, 바로 그 선진 기술 상태에서 지하철을 만든 덕분(?)이지요. 지하철을 늦게 놓은 덕분에 인건비를 줄이는 장치도 함께 하게 된 것입니다. 오래 전에 만든 그런 장치가 없는 동경의 일본철의 경우를 보면 이것이 무슨 말인지 알게 됩니다. 이 회사에는 워낙에 있던 고용 인원을 해고할 수 없어서 지금도 역원들이 표 검사를 하고 있습니다. 손님이 내는 표를 일일이 찍는데, 그것이 힘들어서인지 집게를 든 손을 내내 찰싹이고 있어서 검표원이 기계 같다는 생각도 나게 합니다. 기계가 완벽히 해내는 일을 여전히 하고 있는 과도기적 사람들 …… 채플린의 〈모던 타임즈〉에서 사람이 기계의 운행 속도에 맞추느라 뼁뼁 돌아가더니, 한 세기가 지난 지금은 기계가 그 일을 다하게 되었지요. 그런데 한편에서는 이미 고용된 사람들이 갈 데가 없어져서는 안되기 때문에 여전히 그 일을 하고 있는 것입니다. 일이 있고 없는 것과 노동의 질의 문제는 또 다른 처리할 문제임을 알게 합니다. 자동화 시대에 대비하여 실업자 양산 문제를 잘 해결해야 한다는 것이지요. 예나 지금이나 과학 기술이 인간에 우선한다는 면에서 근본적으로 차이가 없는 시대임은 분명합니다. 그러나 과학 기술과 고용 구조 그리고 우리들의 일상적 생활 양식 사이의 엇물림은 고도 기술 사회로 갈수록 더 삐거덕거리기 시작한다는 느낌을 받습니다. 이 문제를 보다 구체적으로 여성 노동과 관련해서 살펴보기로

합시다.

내가 얘기를 나눈 분은 시바야마 에미꼬 씨인데 여성 노동에 관해 연구하는 독자적 연구자이면서 여성 노동 운동가이셔요. 나이는 50세, 작은 여자 대학을 졸업하고 고교 교사, 신문 기자로 일했으며 지금은 연구를 계속하면서 강연을 주로 다니는데 세 명의 아이, 남편과 동경 근교의 아담한 집에서 사십니다. 나는 통역사와 그 집에 가서 세 시간 정도 얘기를 나누었어요. 시바야마 선생은 1963년부터 여성 노동 문제에 관심을 두어 왔고, 특히 고도 기술화가 여성 노동 문제를 해결해 주리라는 낙관론이 어딘가 잘못된 것 같다는 '직관'에서 그 문제에 초점을 맞추고 연구해 왔다고 합니다. 일본에서는 정보화 내지 후기 산업 사회라는 말보다 고도 기술 사회라는 말을 많이 쓰고, 공장 자동화, 사무 자동화 등으로 보다 구체적 현상 서술 언어를 사용하는 편이 있어요. 이 분야는 워낙 새로운 분야라 학교에 있는 학자들도 아직 문제 파악을 잘하지 못하고 있다는군요. 제 기분으로는 이제 대학이라는 곳은 더 이상 급변하는 사회 현상을 적절히 연구해 낼 순발력을 갖추지 못했다는 느낌을 받았습니다. 선생은 노동 문제 강연 등으로 현장과 가깝게 부딪치며 지내다 보니 그 문제의 심각성을 쉽게 보게 되었다는데, 이런 문제에 시달리는 여성들을 모아 얘기를 나누고 때로는 그들이 주로 가는 마사지 집에 가서 직접 인터뷰를 하면서 연구를 해왔답니다. 이 과정에서 집회도 자주 갖고 책도 두 권을 편집해 여론 형성에 큰 기여를 한 것 같습니다. 두 책의 제목은 《ME 혁명과 여성 노동자》와 《여성들에의 충격》입니다. 그럼 일본의 자동화 과정과 여성 노동의 문제를 이분이 어떻게 분석하고 계신지 살펴봅시다.

1973년 1차 오일 파동 이후에 일본서 공장 자동화가 추진되었고 사무 자동화는 1980년에 들어서 추진되기 시작하였답니다. 일본은 정계와 재계가 결합하여 국가 주도로 마이크로 일렉트로닉 산업을 강력하게 육성하여 이

전통 공예를 전승하고 있는 여성들. 가나자와 축제 때 재연해 보이고 있다.

제 몇 년째 미국을 능가할 정도에 이르렀다고 이분은 보고 있어요. 85년부터는 '지능 학교,' '지능 건물,' '지능 도시' 등의 이름으로 불리는 컴퓨터가 통제하는 구체적 시스템이 본격적으로 출현하기 시작했고 1986년 통계에 의하면 30명 이상 고용한 사무실에 팩스가 없는 곳이 없고(100%) 60% 이상의 공장이 산업용 로보트나 자동 통제(NC) 선반을 갖고 있다는군요. 이에 따라 고용 구조가 크게 변할 수밖에 없게 되었고 여러 새로운 문제가 생기기 시작했습니다.

실제로 공장 자동화는 여성 노동에 그다지 큰 영향을 끼치지는 않았답니다. 반면 여성 노동의 30% 이상이 사무직에 종사해 온 만큼 80년대의 사무 자동화가 여성 노동에 미친 파급 효과는 매우 컸답니다. 당시 매스컴은 사무 자동화로 사무직 노동자들이 편하게 일하고 많은 여가를 즐기게 될 것이라고 선전했고, 노동 조합 편에서도 기계에 의한 통제가 강화될까봐 약간 걱정을 하면서도 낙관론에 표를 던졌답니다. 새 기술이 '힘들고 더러운 일'을 대신하게 됨으로 모두가 '가볍고 깨끗한' 일만 하게 되리라는 강연회가 산업체 주최로 곳곳에서 열렸고 여성 자신들도 노동 환경이 좋아지리라는 기대를 상당히 가졌답니다. 그런데 자신이 강연을 하러 다니면서 자동화가 먼저 된 은행이나 증권 회사 등에서 일하는 여성들을 만나 보니 "일하기 힘들어졌다"고 하소연하는 빈도가 늘어나더랍니다. 그들이 하소연하는 것은 주로 생리통, 두통, 시력 장애, 비정상적 출산 등이 건강 문제였어요. 그래서 선생은 1982년 몇 명 뜻을 함께 하는 사람들과 모여 〈사무 자동화 체제에서 일하는 여성 발언대〉라는 집회를 열었고, 거기서 각자의 문제를 발표하게 하였는데 모두 2백50명이 참가한 큰 대회였으며, 그 후 보고서가 나왔습니다. 이때부터 사람들은 자동화, 컴퓨터화의 부정적인 측면에 대해서도 생각하기 시작했고, 특히 자동화 이후 증가된 젊은층 여성 노동에 대한 논의가 활발히 일기 시작했대요. 현재 단말기 앞에서 상당히 단순한

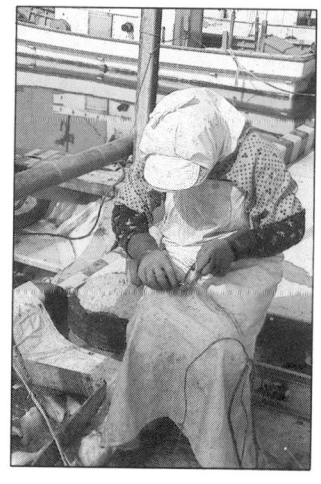

그물을 손보고 있는 여성 어민.
주로 부부가 함께 일한다고 한다.

조작을 반복적으로 하고 있는 노동력의 대부분은 여성들입니다. 우리도 은행에 가거나 표를 사러 가 보면 금방 볼 수 있잖아요?

하여간 자동화 이후 일이 편해졌다는 것은 사실이 아니고, 오히려 노동량에서나 알아야 할 지식의 양, 그리고 책임 면에서 일이 더 힘들어진 것이 사실이라고 시바야마 선생은 단언하셨어요. 그렇다고 임금이 올라간 것은 아니면서 말이지요. 사무 자동화 하면 능률이 60% 오른다는데 그러면 그것을 다루는 사람에게 적어도 60% 임금 상승은 있어야 한다는 것이 아니냐고 이분은 반문하였어요.

시바야마 선생은 일본이 장시간 노동에, 휴가도 제대로 안 받는 것으로 유명한 나라라고 비판하면서, 보통 연휴가가 18일인데 일본인이 평균 8일밖에 안 쓴다는 노동청 연구가 나와 있다고 했어요. 이 자료는 일본 사람들이 이렇게 자신의 권리를 쓰지 않고 있다는 것을 보여줌과 동시에 고용주들이 휴가를 많이 쓰려는 경향을 통제하는 면에서도 이용된다고 하였어요. 유급 휴가도 제대로 안 쓰고 시간외 근무까지 하는 것이 일본 노동자들의 현상태라고 한심한 표정을 짓습니다. 그가 연구한 바에 따르면 반도체·전기·식품·담배 공장 등의 경우에 공통적으로 나타나는 일관된 원칙이 있답니다. 그것은 새로 사들인 비싼 기계는 24시간 돌리는 것이 수지 타산상 낫다는 상식에서 출발합니다. 일본의 노동 기준법상 여성 노동은 22시에서 5시까지 금지되어 있답니다. 그래서 바로 그 일곱 시간은 남자를 고용해서 일을 시키고 나머지 17시간은 여성들이 2교대로 일하게 한다는군요. 그런데 요즘 추세는 4일간 12시간 노동을 하는 식으로 노동 시간을 조정해 가고 있으며, 이들 사무직 미혼 여성들은 3일 노는 것이 좋다고 12시간을 계속 일하는 것을 불만 없이 따르고 있고, 이것이 직업병을 더욱 악화시킨다는 것입니다. 시바야마 선생이 여기서 강조하고자 한 것은 자동화가 되어도 노동 시간은 짧아지지 않고 또 임금도 오르지 않았다는 경험적 사실이며, 더 나아가 그것은 자동화 자체가 가져온 결과가 아니라 일본 회사가 기계를 사용, 운영하는 방식이 가져온 점이라는 것입니다. 기술 자체도 한 특정 집단들이 모여 개발하는 만큼 가치 중립적이라고 보기는 힘드니 만들어진 기계를 사용할 때는 더욱더 가치가 개입되어 노동자가 어이없이 착취당하는 결과를 초래하게 된다는 것이지요. 고용주 측에서는 "과도기니 잠깐 참아라"고 말하겠지만 짚고 넘어가지 않을 수 없는 문제입니다.

더욱 심각한 문제는 자동화에 따라 많은 여성 노동자들이 아직 '이름도 채 붙지 않은' 병으로 시달리고 있다는 것입니다. 문제의 심각성은 안 쓰던 기계와 장시간 씨름하는 데서 오는 병과 후유증에 대해 우리가 아직 잘 모르고 있다는 데 있습니다. 안 쓰던 기계를 갑자기 오래 쓰는 것, 그것도 눈으로 총집중해서 하는 노동은 눈만이 아니라 뇌에 큰 부담을 준다는 가설이 있는데 생리가 없어지고 코피가 나며 위궤양 증세를 보이게 되는 것과도 연결이 된답니다. 특히 자율 신경이 불안정한 사람이 이런 일을 하게 되면 집에 돌아와서도 식구와 말도 안하고 우울증에 걸리는 율이 높다고 합니다. 전자파에 대한 것은 아직 확실히 모르지만 분명히 생긴 증세만 하여도 이렇게 다양하게 나타나고 있습니다.

좀전까지만 해도 "여자와 사기 그릇을 내돌리면 깨진다"고 집안에 가두어 두더니, 곧 여자는 참을성 있고 손놀림이 부드럽고 공장에서 장시간 노동을 해야 했지요. 이제 그 미혼 노동력은 또 참을성 있고 꼼꼼하게 기계 앞에서 바쁘게 돌아가는 일을 맡게 된 것입니다. 요즘은 일본 노동 운동 내에서도 결국 기업에 이용당한 것이라는 반성과 여성 노동을 재평가해야 한다는 자각이 일고 있다고는 하는데, 하여간 남성뿐 아니라 많은 여성이 노동자가 되어가는 과정을 여기서 여실히 볼 수 있게 됩니다. 여성이 원해서라기보다 경제 구조의 변화에 따라서 이런 변화가 일고 있다는 점에 주목해야 할 것 같습니다.

한편 컴퓨터 산업은 보다 유연한 사고를 가진 사람들을 필요로 하여 우수한 여성 두뇌가 앞으로 많이 발탁, 활용될 것이라고 보는 시각이 있어요. 이 점에 관해서도 낙관론은 금물이라고 시바야마 선생은 경고합니다. 1985년에 남녀 고용 평등법이 제정되어 상당수의 여성 시스템 엔지니어들이 진출하여 각 영역에서 활약하고 있는데 이 일은 워낙 경쟁이 심하고 초집중을 요하는 장기간 근무여서 남자들도 10년 이상을 버티기가 힘들다는군요. 즉, 내조하는 마누라 있는 남자들도 버티기 힘든 직업이라는 거지요. 가정을 갖기를 포기한 여성에게나 가능한 직업이라는 것입니다. 여전히 4년제 정보 공학과에는 남성이 다수고 여성은 그 밑의 대학에 주로 가는 경향에 비추어 새 정보화 관계 산업도 이대로 두면 남성 주도적 산업일 것은 상당히 자명한 일입니다. 지금까지 기술 개발을 해온 집단도, 기술 도입 관계를 결정하는 집단도, 노동 조합 지도부도 남성들이었다는 사실을 너무 가볍게 생각해서는 안된다는 시바야마 선생의 지적은 새겨들어야 할 부분입니다.

이 문제를 좀더 확대하여 정리해 봅시다. 지금까지 최하층을 제외하고는 여성들은 각자 나름대로 일을 할지, 집안에 머무를지 선택을 할 수 있었는데 이제 그 상황은 크게 바뀌어 가고 있습니다. 현재 일본은 50% 이상의 기혼 여성이 일을 하는 상황이 되었습니다. 그리고 다수의 여성이 일을 하지 않으면 안된다는 점이 중요합니다. 최근 여성 취업율이 높아졌는데, 이 추세는 계속될 것이고, 그런 변화의 배경에는 여러 상황 변화가 관련되어 있습니다. 가장 큰 요인은 상대적 빈곤 때문이랍니다. 예를 들어 보지요. 고도 기술 사회에 들어서서 기존의 남성 노동력 관리 방식이 크게 바뀌고 많은 중년 남성이 쓸모가 없게 되면서 현재 일본에는 고용 불안이 생기고 있는데, 특히 40-50세 연배에 있는 가장의 고용 불안은 가정에 큰 걱정거리가 되고 있답니다. 이 시기는 사실 아이들이

일본의 페미니스트 우에노 시즈꼬 씨는 가나자와 축제에 참여하기 위해 고향을 찾았다. 자신이 졸업한 고등학교 교사들 앞에서 담화하는 시간을 가졌는데, 큰 환영을 받았다. 아래 사진은 강사를 소개하는 교장 선생님.

고등학교 다니는 때로 돈이 가장 많이 필요한 시기이므로 불가피하게 여성들이 직장을 가져야 한다는 겁니다. 현재 일본의 평균 자녀수가 1.6명이고 1959년생을 중심으로 보면 평균 35.5세에 막내가 취학을 하여 81.4세까지 사는 것으로 통계가 나와 있습니다. 1905년에 태어난 여성들의 경우 44.5세에 막내가 학교를 가게 되고 평균 수명이 63.5세인 데 비하여 매우 큰 차이를 보이는 것입니다. 하여간 35세부터 여성의 재취업율이 증가하기 시작하는데 35세 이후에 직장을 갖게 되는 것은 대개 이런 경제적 연유에서이고, 경력이 없는 만큼 이들은 대개가 가게, 식당 등에서 일하거나 단순한 업무들을 할 수밖에 없답니다. 물론 35세쯤이면 아이들도 커서 여성도 사회 생활을 해보고 싶어하게 되고, 이것이 서로 맞아떨어져 여성의 취업이 급격히 늘어나고 있는 것이라고 생각합니다. 그래서 현재 일본에는 여성 직업 소개소나 직업 소개 책자가 무척 많아요.

은행에서 일하던 여성들은 이미 배운 기술이 있으므로 3-4년 애 기른 후 다시 은행 일을 보게 되는데, 그때는 파트타임으로 일하거나 창구에 앉지 못하고('늙었으므로') 다른 방에서 창구에서와 똑같은 일을 하게 된답니다. 여자를 업무 능력에 따라 평가하지 않고 꽃으로 보는 경향이 끈질기게 남아 있는 것이지요. 또 많은 30대 여성들은 손님 늘이기 운동원으로 은행 등에 고용되는데, 여성들은 원래 착실하기 때문에 은행에 고용되면 자기 돈을 다 그리로 옮기고 친척과 친지까지 끌고 오기 때문에 은행 측에서는 매우 이득을 본다는 겁니다. 우리나라의 경우 아마 책 판매 회사나 보험 회사에서 여성들을 고용하는 것이 이와 비슷한 경우지요?

기혼 여성이 취업이 한결같이 저임금이고, 자신이 기져온 기존의 관계망을 돈벌이에 끌어들여야 한다는 것을 보면서 저는 사람을 무섭게 부려먹는 시장 원리의 사회를 다시 한번 절감하게 되었습니다.

노동의 여성화는 시골에서도 두드러지게 나타나고 있

습니다. 온천에 갔을 때 눈에 뜨인 것은 문 앞에서 인사하고 짐을 나르는 소녀들이었어요. 서양 유니폼을 입은 소녀들로, 호텔 로비의 선물 가게 점원 노릇과, 커피 끓이는 일을 같이 하고 있었어요. 이미 '여성화'될 대로 여성화된 소녀들이라 가방을 나를 때도 하나씩 겨우 나르더라구요. (좀 있다가 청년인 남자보이가 한 명 나타나 무거운 짐을 한꺼번에 방으로 날랐지요.) 방에 들자 기모노를 단정히 차려 입은 50대 여성이 손님 모두를 마음 편하게 모시는 숙련된 주부로서의 능력을 발휘하여 자신 있으면서도 조심스럽게 손님의 구성과 성격을 파악하여 서비스를 맡아하고 있었습니다. 식사도 방에서 했는데 호스티스로서의 숙련된 모습을 유감없이 발휘하고 있었어요. 각층 주방은 이 중년 호스티스들만의 공간인데 일이 없을 때는 안방에 모인 아줌마들처럼 모여 웃음꽃을 피웁니다. 중년이 되어 이렇게 모여서 일하고 주부로서 그 동안 닦아 온 자신의 (인간 관계를 다루고, 식사 대접을 하는) 실력을 발휘하는 것은 꽤 괜찮다는 생각도 듭니다. 목욕탕에 가면 같은 나이 정도의 청소부 아줌마가 계셔요. 수건이 잔뜩 든 큰 짐을 별로 무겁지 않게 들고 나가고 빗을 소독하고 쓰레기 청소를 하는 분이지요. 이렇게 눈에 보이는 일은 거의가 여성 종업원에 의해 수행되고 있었으며, 호텔 카운터와 전기 수리공 두 명만이 내가 본 남자 종업원이었어요. 남자들은 다들 농사를 짓는지 어디에서 뭘하는지 무척 궁금합니다.

결국 여성은 산업 구조의 변화에 따라 노동 시장에 나오기 마련인 것이며, 우리가 아무 손도 쓰지 않는다면 서비스 직종에, 그리고 눈이 빠지게 단말기와 씨름해야 하는 하위 사무직에 몰려 있게 된다는 것은 자명한 사실입니다. 물론 각 집에 고립되어 가사 노동에 종사하는 것보다 이 호텔 아주머니들처럼 모여서 일하는 것이 여성 자신들에게도 나은지 모릅니다. 그리고 특히 노동 조합 운동이 활발할 수 있다면 더욱 그렇겠습니다. 그러나 이런 소규모 기업에서 노동 조합 활동은 아직 그리 활발하게

교토의 작은 전통 여관에서 아침 여섯시부터 밤 아홉시까지 일하는 매니저 겸 종업원. 이제 일이 힘에 부친다고 한다.

이루어지고 있지 않은 듯합니다. 또한 노동 운동이 지속적으로 전개될 가능성은 실상 매스 미디어의 위력과 그 외 유인 기제가 많은 후기 산업 사회로 갈수록 희박해지는 경향을 보이는데, 그렇다면 상황은 별로 나아지지 않고 결국 여성들이 이제까지 하던 일 외에 또 하나의 일을 더하는 결과만 낳는 것이 아니겠습니까? 가정 일에 대한 근본적인 재평가가 새롭게 내려지지 않는 한 문제 해결은 어려운 것이 아닐까요? 여기서 우리는 여성 노동을 사회화하는 것만을 여성 운동의 목표로 삼는 것이 잘못된 것임을 알게 됩니다.

시바야마 선생은 여성의 노동자화는 피하기 힘든 추세이고 보면, 시급히, 육아 휴가 · 노인 봉양 휴가 등으로 여성이 가정에서 해온 노동을 제도화해 나가야 한다는 식의 해결안을 제시했어요. 그리고 마침 그 달에 있는 지방 선거에서 주요 5당이 모두 남녀 육아 휴가 법안을 밀고 있는 것은 좋은 징조라고 했습니다. 그래도 뭔가 여전히 속고 있다는 기분이 들지 않습니까? 누구도 확실히 파악하고 있지 않지만 많은 사람을 은근하고 끈질기게 눌러대는 이 거대한 힘을 막아서야겠습니다. 벗들이 무척 보고 싶습니다. 안녕.

문화와 기술 간의 올바른 관계 만들어 가야

언님께.

인간의 삶을 먼저 생각하는 시대는 과연 올까요? 지난번 편지에서 우리보다 탈산업화 내지 고도 기술 사회에 먼저 들어선 일본에서 노동력의 고령화와 여성화가 현저하고 일하기 싫고 편히기만 하려는 젊은이들이 늘어나는 후기 산업 사회적 노쇠 징후를 보게 된다고 썼었지요?

나는 이러한 고도 기술 사회는 어디로 향하고 있으며 일본은 정보화 사회를 어떻게 준비하고 있는지를 가늠할 단서를 얻기 위하여 여러 군데를 기웃거렸습니다. 처음 방문한 곳은 문부성 산하 연구소인 일본 국문학 연구 자료관이었는데 그곳에서는 명치 이전까지 방대한 고전 문학 자료, 특히 절과 도서관, 개인 소장 고문서를 모두 붓글씨체 그대로의 영상 자료로 콤팩트 디스크에 넣고 통신망으로 보낼 수 있는 체제를 개발하고 있었습니다. 전산화를 통하여 글, 영상, 소리 등을 담을 수 있는 원본 자료의 유통 체제가 개발되면 더 이상 국문학은 새 자료를 찾고 그것에 주관적 해석을 다는 수준의 학문에 머무르지 않고 큰 변신을 하게 될 것이라고 책임자 야수나가 박사가 말했습니다. 어휘 분석, 단어와 의미의 변화 등 그전에는 거의 불가능했던 많은 문제들을 전산화의 도움으로 해결해 낼 수 있을 것이며, 방대한 시기에 걸친 자료 분석을 통하여 보다 객관적인 해석을 해나가는 발전된 형태의 인문 과학이 될 것이라는 것입니다. 컴퓨터 과학자인 야수나가 씨는 자신의 창조적이고 획기적인 작업에 큰 자부심과 즐거움을 느끼고 있는 분이었는데, 하이꾸를 읽어 낼 인공 지능까지 생각하고 있었습니다.

그는 자신이 과학 기술과 문학을 연결하는 중요한 작업을 하고 있다는 점에서 큰 긍지와 자신감을 갖고 있었으며 이 작업이 세계에서도 가장 앞선 프로젝트임을 자부하고 있는 듯하였습니다. 나는 최근 영국의 국영 방송인 비비씨와 역사 인류학자 팀이 5년에 걸친 장기 공동 작업에 따라 엄청난 양의 역사 문헌, 사진, 영화, 소리 등을 입력하여 만든 디스크에 대해 얘기했으나 그는 별 관심을 보이지 않았습니다. 현재 자기가 하는 개발 자체에 너무 바쁘고 막힘이 없기 때문에 다른 곳에 견학 갈 필요성을 전혀 느끼고 있지 않는 것이라 하겠습니다. 이분은 자신이 개발해 낸 체제를 상세히 설명해 주셨는데, 나는 그 설명을 들으면서 조만간 이런 작업을 토대로 국문학과 역사학이 엄청난 비약을 하게 되리라는 확실한 감을 잡게 되었어요. 인간 자신에 대한 연구가 보다 체계적이고 종합적일 수 있게 돕는 기구가 나왔다는 것은 분명 고무적인 사실입니다. 아직은 연구자들이 제대로 활동을 못하고 있고 (국문학자들은 기계 사용을 꺼리는 매우 보수성이 강한 집단이라고 합니다) 개발이 끝난 상태가 아니지만 문학의 전산화를 시도하는 이 작업은 한 세대가 가기 전에 학계의 큰 변혁을 가져옴과 동시에 일본이 세계에 공헌하는 주요 작업이 될 것이라고 나는 믿게 되었습니다.

나는 상당히 부러운 마음으로 동경에 있는 또 다른 연구소인 일본 선진 연구소(NIRA: National Institute of Research Advanced)를 들러 보았습니다. 그 기관은 주로 학계간의 장기 연구를 기획, 지원, 관장하고 출판하는 일을 하고 있는데 내가 보고자 한 정보화 관련 연구가 세계 질서, 기술과 문화, 지방 분권과 세계화 등의 분야에 걸쳐 이미 상당히 진행되고 있었습니다. 그러나 그 연구의 언어가 아직 전기 산업 사회적 단계에 머무는 감이 있고, 과학 기술주의에 대한 낙관론들이 여전히 지배하고 있어서 새로 오는 사회에 대해 보다 통찰력 있는 질문을 던지는 준비는 아직 되어 있지 않다는 느낌을 받았습니다. 어차피 사람은 천천히 움직일 수밖에 없지 않습니까? 다음 날 문화부 장관을 지낸 적이 있고 한·일 관계에도 큰 관심을 가진 분을 만나 이 분야에 대한 견해를 여쭈었더니 그의 대답 역시 그리 흡족한 것이 아니었어요. 정보화 사회에서 국가란 무엇이며 인간의 삶은 어떠할지 등의 문제는 오히려 한국 지식인들이 더 심각하게 제기하고 고민하는 것 같다면서 한국 지식인들의 이 자세를 칭찬하실 뿐 일본 지식인들의 고민에 대해 자세히 들을 수는 없었습니다. 내가 방문한 대학 연구소 역시 크게 다를 바는 없었으나, 게이요 대학에서는 올해 환경·문화학과가 새로 생겨서 그 분야를 앞으로 전문적으로 다룰 것이라고 하였습니다. 적어도 신설학과나 신설 연구소를 통해 새롭게 제기되는 문제를 제도적으로 풀어가는 노력은 꾸준히 지속되고 있다고 보아야겠지요.

오사까에서는 국립 민족학 연구소에 들러 자료 정리

상태와 비디오 테크를 돌아보았어요. 비디오 테크는 전시된 민족학 자료를 보충하는 의미에서 자신이 원하는 테이프를 골라 영화를 볼 수 있는 체제로, 6년 전 보았을 때도 그랬지만 여전히 몹시 욕심나는 기구였습니다. 6년 전과 달라진 것은 테이프가 자주 망가져서 콤팩트 디스크로 바꾼 점이었고, 실망스럽게도 한국 관련 프로그램 내용은 그때보다 크게 나아진 것이 없었습니다. 우리 쪽에서 민속·역사·인류학 관계로 좋은 작품을 전혀 내지 못하고 있음에 대해 반성을 했습니다.

일본도 하드웨어에 치중하는 경향에서 아직 크게 벗어나고 있지 않음을 여러 곳에서 엿볼 수 있었습니다. 박물관 전시장의 동아시아 부분 전시를 보면서 안타까움은 여전했습니다. 결국 이론이나 철학이 없는 전시는 우리들에게 쉽게 다가오지 못하는데 그 이론이나 철학이란 것이 가장 결여된 시대에 우리가 살고 있다는 것을 새삼 절감합니다. 정보화가 우리에게 안겨줄 큰 선물이 있다면 아마도 그것은 인류의 유산이 우리 현대인의 삶에 보다 가깝게 생생한 의미로 다가올 수 있게 돕는 도구로서일 것입니다. 박물관은 이제 많은 영상 매체와 전시 기술에 힘입어 시민들에게 다가가기 쉬운 기제를 갖추어 가고 있습니다. 탈정치화되고 고립 분산된 시민들이 과거를 체험하고 타문화를 체험하며 새로운 역사 의식을 갖도록, 즉 전시품을 감상할 토대를 길러 주는 역할을 이제 박물관은 해나가야 한다는 것입니다. 현재의 하드웨어는 그 역할을 충분히 해낼 수 있다는 것이 아마도 내가 민족학 박물관에서 확인한 가장 중요한 사실일 것입니다. 그리고 더 중요한 것으로 소프트웨어가 안되어 있다는 것도 내가 거기서 확인한 사실이구요.

자신에 대한 성찰이 시대의 과제인 지금 나치의 유태인 수용소 박물관은 우리에게 군국주의와 인종주의 그리고 인간 혐오의 집단 감정에 대해 경고를 하는 시민 교육의 장이어야 할 것입니다. 히로시마의 박물관은 생명을 파리 목숨처럼 여기는 원자력 시대의 비극을, 그리고 방사능 오염의 무서운 후유증을 생생하게 드러내 주어야 하고, 동경 대지진 때 학살당한 조선인과 중국인의 비극에 대한 전시관 역시 일본인 스스로가 전체주의 시대의 오늘과 내일을 돌아보게 하는 교육의 장이어야 한다는 것입니다. 민족학 박물관의 건물이 친밀감이 아니라 여전히 거리감과 압도감을 주는 식으로 지어진 것부터 후기 산업 시대의 선두 주자가 될 준비는 애당초 되어 있지 않았는지 모릅니다만 그 좋은 연구진과 시설에 대한 기대 내지 아쉬움은 여전히 남습니다.

교또에서 방문한 연구소는 국제 일본 문화 연구소인데 이것은 3년밖에 되지 않은, 아직 건물도 완공되지 않은 연구소였습니다. 일본 연구를 보다 국제적으로 학제적으로 그리고 집중적으로 하겠다는 의도에서 전임 교수진과 초대 교수진을 포함하여 역시 1백 명 정도의 연구원이 있는 연구소를 만들고 있었는데 연구소 직원들은 새 연구소답게 활기에 차 있었습니다. 아직 연구들은 본격적 궤도에 오르지 않았으나 국제간 정보를 활발하게 교환할 수 있는 연대망을 연결하고 보다 다각적이고 심층적으로 일본 문제를 연구할 수 있는 토대를 마련할 것으로 보입니다. 세계에 있는 일본 연구자에 관한 모든 기본 자료를 입력 중인데 한국 사람들이 이름을 영어로 쓸 때 너무 개성 있게 쓰고 있어서(!)(예를 들어 이씨가 Lee, Rhee 등으로) 어려움이 많다고 하였지요. 정보화 시대에 대비한 준비를 본격적으로 하고 있으며, 표준화 문제가 여기서도 제기되고 있는 것이지요.

이 여정의 마지막 장소인 북쪽 가나자와에서는 이시까와 현 교육 연수원에서 개발하고 있는 정보 교육 관계 사업과 한 국민학교를 돌아보았습니다. 각 학교와 교육청 간의 컴퓨터 연결이나 교과 과정을 지원한 컴퓨터 체제(CAI)가 잘 이루어지고 있었습니다. 이곳에서도 한 '외로운' 과학 기술자가 주로 개발을 하고 있었으며, 실제 이용도는 그리 높지 않다고 했습니다. 나는 이분을 보면서 과학 기술주의 사회가 만들어 낸 새로운 기술 개발 자체에 몰두하는 사람들이 곳곳에서 하드웨어는 열심히 만들어 내고 있는 셈인데, 막상 그것을 채울 준비는 전혀 되고 있지 않은 것을 느꼈습니다. 나는 여기서 그것을 미처 채우지 못한 사람들을 탓할 것인지, 어떤 기술이 무엇 때문에 어떻게 언제 누구에 의해 활용될지 제대로 생각해 보지도 않고 그저 만들기만 하는 사람들 — 그래서 원자탄도 나왔지요 — 을 나무랄 것인지 생각해 보았습니다.

여기까지 보면서 나는 작은 일에 충실하는 일본의 전통적 장인 정신과 서구를 따라가야 한다는 강박 관념이 과학 기술에 대한 낙관주의를 방치하는 결과를 가져온 것이 아닌가 생각하게 되었습니다. 자신의 문화적 토양에서 자생적으로 자란 경우에 비해 빌려온 입장에 있으면 기술과 문화 양자 간을 분리해 보게 되기 쉽고 그러다 보면 그 괴리가 커져도 별 문제 삼지 않을 가능성이 높다는 것입니다. 기술과 문화 간의 괴리가 클수록 그 기술이 가져올 지배력은 높아지고 그만큼 사회 구성원이 갖는 거리감과 위험 부담도 커지는 것이지요. 하버마스의 표현을 빌리면 생활 세계의 식민화가 가속화되는 것입니다.

과학 기술이 누구에 의해 왜 만들어지고 어떻게 분배되는지는 앞으로 보다 많이 주목할 문제입니다. 그 일차적 개발 목표를 현재 우리가 안고 있는 문제를 해결하기 위한 데서 찾아야 하지 고도 기술 그 자체에 막연한 기대를 건다면 사회의 미래는 참담할 수밖에 없습니다. 청각 장애자를 위한 컴퓨터 프로그램 개발이나 인문 과학 분야의 자료를 쉽게 구해 볼 수 있게 하는 것, 또는 공해를 없애고 지혜를 나누기 위한 지역 주민간의 자발적 전산망이 필요하지, 단순히 좀더 편리하기 위해, 좀더 나은 오디오 기계를 만들기 위해, 또는 통제를 잘할 수 있기 위해 전산화를 해서는 안된다는 것입니다.

과학에 대한 맹신은 세계 보편적 문제이나 일본은 서구보다 심하고 우리는 일본보다 심하다는 생각이 듭니다. 실례를 들어 보지요. 일본에서는 아직 소학교 컴퓨터

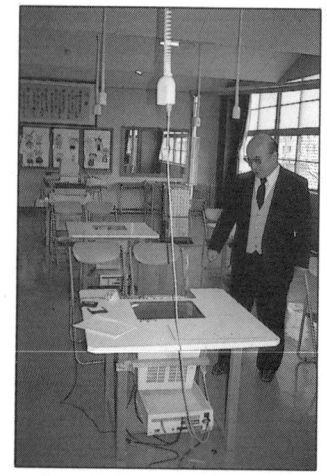

고노히나마치 교장 선생님이 1학년들이 사용하는 컴퓨터 프로그램을 보여주고 있다. 성급하지 않게 차분히 새 기술을 받아들이고 있는 것을 알 수 있다.

위 — 이 학교에는 동남 아시아 관계
자료가 특히 많이 수집되어 있다.
아래 — 컴퓨터실에 대한 설명을 듣는
유리꼬 이이다 씨(가운데).
그는 일본 여행 동안
통역을 맡아 주었다.

교육은 않고 있는 편입니다. 어릴 때는 보다 건강한 인간 관계의 토대를 마련하는 것이 더 중요하다는 이유에서랍니다. 전체 학생수가 1백56명인 가나자와 시내의 고노하나마치 소학교는 현내의 실험 컴퓨터 교육 지정 학교인데, 1984년부터 매우 자족적 차원에서 천천히 실험을 하고 있는 중입니다. 컴퓨터 기재는 후지쯔에서 1985년에 28대를 빌렸고 4년 후 학부모 회의에서 소형 컴퓨터 10대를 구입해 준 것이 전부입니다. 연구는 교원들이 중심이 되어 자율적으로 하며 교내 정기 연수회(매주 한번), 연구 수업, 그리고 하기 연수회를 교사끼리 하고 교육 위원회나 기업체에서 여는 강습회에 가끔 가서 중요 자료를 얻는다고 합니다. 가나자와 대학교 전산과 교수의 자문을 가끔 받기도 하나 돈이 없어 전문가는 따로 두지 못하고 시에서 연간 50만 엔 정도 나오는 보조비로 작은 연구를 하며 연말에 보고서를 제출한다고 합니다. 교사가 컴퓨터 연구를 한다고 특별히 담임 시간을 줄여 주는 것은 아니나(주 42시간) 가나자와 국교 교사들은 중학교 이상 교원이 갖는 전문 자격증을 따는 등 자발적으로 연구하는 분위기를 만들어 가고 있다고 합니다. 입시 준비가 본격적으로 시작되어 중·고교 교사들은 오히려 침체되나 국교 교사들은 매우 연구 의욕이 높다고 교장 선생님은 소학교 교사들의 자발성과 창의력을 높이 사셨습니다.

이 학교의 컴퓨터 교육은 크게 세 부분으로 나누어져 있는데 첫째는 정규 교과 과목 학습에 이용하는 것(산수·사회·음악·국어·자연 시간), 둘째는 정보 활동 능력 육성을 위한 것(도시 안내도 그리기, 공원내 시설을 설명하는 프로그램 짜기, 워드프로세서 사용, 먼 곳의 다른 학교와 통신하기 등), 세번째는 일상 생활 면에서의 활동(신체 검사 때 자신의 키와 몸무게를 직접 입력하고 그 수치를 평균과 비교하여 본다. 그리고 기록 문서로 남긴다든가, 상담키를 눌러서 "너무 살이 쪘으니 운동하라," "어떤 영양분을 좀더 많이 먹으라"는 등의 주의 사항을 듣는 등). 1학년의 경우는 주로 키 조작을 하는 것에 중점을 두는데, 어린이들의 흥미를 돋우기 위하여 미로 게임, 그림 그리기, 계산하기, 말 알아맞히기, 노래 알아맞히기 순으로 다섯 개를 제일 빨리 해낸 사람에게 챔피언 메달을 걸어 주는 등 흥미 위주로 하고 있었습니다. 이런 류의 경쟁을 시키는 것에 대해 부정적으로 보는 학부모도 있으나 아이들이 즐거워하는 것(비디오 녹화한 것을 통해)을 보니 효과가 매우 큰 것을 알 수 있었습니다.

위 — 고학년 컴퓨터실
아래 — 교장실

이 학교의 경우를 보면서 동경 중심의 극단적 중앙 집권 사회라고 일본 지식인들이 자기 사회를 심히 비판하고 있지만 그래도 일본은 우리보다는 지방 자치의 토대를 상당히 확보하고 있다는 생각이 들었습니다. 학교내에서 조용히 일고 있는 변화, 교사들에 의해 컴퓨터를 생활화해 가고 있는 움직임은 이 사회의 저력임이 분명합니다. 아주 좋은 시설을 구비해 놓고도 제대로 국민학교 컴퓨터 교육을 시행해 나갈 교사 인력이나 지원 체제가 없어 결국 아이들이 컴퓨터 게임이나 하게 되고 마는 한국 국민학교 컴퓨터 교육 현장을 아는 나로서 이 작은 지방 학교에서의 일은 상당한 자극이 아닐 수 없었습니다. 과학 기술을 우리의 것으로 만들지 못하고 모방하기에 급급해 온 것에 대한 심각한 반성이 있어야겠습니다.

컴퓨터가 무엇인지도 잘 모르면서 마구 컴퓨터 학원을 내고, 또 아이들을 그런 컴퓨터 학원에 겁없이 보내는 한국의 부모들을 한번 생각해 봅시다. 남자애들을 폭력적 컴퓨터 게임에 일찍부터 물들게 하고, 무단 복사나 하게 하면서, 아이들이 첨단을 가는 줄로만 착각하고 있는 상황과 비교해 보면 아직은 조용히 실험을 하고 있는, 그리고 컴퓨터 학원이 극성을 부리지 않는 일본이 우리보다는 한결 자신 있고 지혜롭게 정보화 시대를 준비하고 있음을 알 수 있는 것입니다.

이제 우리들은 제대로 된 소프트웨어가 나오는 사회를 만들기 위해 사회 운동을 펼쳐 나가야 할 것 같습니다. 좋은 프로그램을 찾을 수 없는 상태에서는 오히려 컴

학교 급식.
교장 선생님이 아이들 먹기 15분 전에
시식을 하게 되어 있다고 한다.

퓨터를 사지 않는 것이 좋습니다. 우리 아이들이 실험 대상이 되어서는 안되고 더구나 상혼에 휘둘려서는 안되겠다는 것입니다. 아이들은 친구들이 하는 컴퓨터 게임이 하고 싶어서 자꾸 사달라고 조를 겁니다. 그러면 우리가 먼저 컴퓨터 학원에 나가서 아이들이 무엇을 배우며, 정말 배울 가치가 있는 것을 배우는지 알아보아야겠지요. 아이들이 학원에서 배우는 것은 별 신통하고 어려운 것이 아닙니다. 타자를 일찍 배우는 것이 나쁠 거야 없겠지요. 그러나 문제는 그런 것을 마치 컴퓨터를 잘하는 것으로 착각하거나, 컴퓨터 게임을 하면서 마치 대단한 '신인류'가 된 것처럼 착각한 가운데 과학 기술에 대한 맹신과 신화가 이어져 간다는 것에 있습니다. 뭐가 뭔지 모르는 채 새것만 좋다고 쫓아가다가는 일상 생활을 메마른 사막처럼 내버려 두게 되는 결과를 초래하게 됩니다. 우리는 그런 사회를 원치 않는다는 것을 보다 분명히 해야 할 것입니다. 아이들이 함께 배우고 깨우쳐서 시대를 이끌어 가야 한다는 것이지요.

핵발전소 문제부터 농약에 이르기까지 과학 기술에 대한 맹신이 불러올 엄청난 재앙을 경고하고, 문화와 기술 간의 관계를 이제 우리 모두 바로 세워가기 시작해야 할 것입니다. 중요한 것은 '사람이 중시되는' 사회 기반을 확보해 가는 것이지 과학 기술 그 자체가 아닙니다. 특정한 역사적 시점에 특정한 기술이 출현하는 것은 결코 우연한 것이 아니며, 기술은 그래서 중립적이지 않습니다. 역사 의식이 없는 과학자들이 만들어 내는 과학 기술 시대의 종말이 어떤 모습일지는 이미 너무 분명히 보이지 않습니까? 대도시 서울이 사람이 살 곳입니까? 껍데기만 만드는 과학자들이 득세하는 시대가 아니라 그 안을 채우는 과학자가 존중되는 사회, 삶을 생각하는 사람들이 도구를 만드는 시대를 우리는 오게 해야 합니다. 다시 쓸께요. 안녕!

소프트웨어로 이루는 지역 문화의 활성화

언님께.

이곳에서는 전통의 발견과 지방 분권을 향한 기운이 일고 있습니다. 이 흐름을 특히 분명하게 볼 수 있었던 곳이 여정의 마지막 지점인 가나자와에서였습니다. 인구가 45만인 가나자와 시는 교또와 더불어 일본에서 전통 건물들이 잘 보존된 곳으로 알려진 아름다운 지방 도시입니다. (전쟁 때 문화재를 보존하려는 의도에서 미국이 이 두 도시에는 폭격을 하지 않았다고 합니다.) 히타치, 도시바, 동방 생명 등의 네온 광고와 나지막한 기와집과 10층 호텔 빌딩 등이 뒤섞여 있는 모습이 우리나라 전주나 진주 같은 중소 도시와 매우 흡사한 인상을 주는 곳입니다. 집안 대대로 내려오는 오래된 중소 기업이 많으며 큰 도시나 외국에 유학을 하고 고향으로 돌아와 가업을 잇는 큰아들들이 지역 활동의 중추를 이룬다는 점에서도 특징이 있다고 하겠습니다.

제가 이곳에 온 것은 매년 2월에 4박 5일간 계속되는 후도피아(foodopia, food + utopia가 합쳐진 것)라는 지방 행사를 관찰하기 위해서였는데 우선 제가 참여했던 프로그램 하나를 자세히 소개하지요.

5년째 계속되는 이 행사에 줄곧 참여해 왔다는 한 서독인 유학생의 말을 빌리면 이 행사는 자신(외국인)이 이 지역 문화의 진수를 직접 맛보고 소위 상류층 사람들과 만날 수 있는 아주 좋은 기회라고 합니다. 이 행사는 봉건 시대에 반주가 여러 지방 사람을 초대해서 최고의 음식을 대접하고 얘기를 나누는 관습을 다시 살리는 면에서 전통 부활적 의미를 띤다고 그는 강조하였습니다. 내가 그를 만난 곳은 일본 전신 전화국(NTT)이 주최하는 〈예술적 음식과 담화〉 기획 프로그램 중 첫날 행사인 일본 다도의 창시자 〈센리큐에 대한 현대적 해석〉이 시도된 어느 도예가의 스튜디오에서였습니다. 제한된 50명

가나자와 축제의 하이라이트 중 하나로 전통 도예가의 집에서 작은 모임이 열렸다.

전통 도예가 집의 가보인 그림.
다도의 아버지인 센리큐와
이 집 조상이 그려져 있다.

정도 손님 중 80%가 외국인이었는데 이 프로그램은 특별히 외국인들이 이 지역의 살아 있는 문화를 직접 경험하게 하는 목적에서 만들어졌답니다.

오후 4시 반부터 시작된 이 프로그램은 아주 전통적인 것과 초현대적인 것이 만나는 이벤트로 기획되어 있었습니다. 현대적 명상 음악이 최고 성능의 스피커를 통해 흘러나오는 뜰에서, 신사에서 행사할 때 쓰는 장작불 등잔을 밝혀 놓고 손님들은 얼마간 기다렸습니다. 어둠이 짙게 깔릴 무렵에 손님들은 전통 노래가 실제로 연주되는 전형적인 일본집 화롯가로 안내되었지요. 그 방에는 집주인인 도예가와 그 아들, 주최측 NTT 부사장과 직원들이 기다리고 있었습니다. 센리큐의 15대손, 평론가, 소설가, 수필가 등 주요 토론 손님들도 서양옷 위에 약식의 밝은 빛 일식 조끼를 입어 분위기를 화려하게 만들면서 단정히 꿇어앉아 있었습니다. 센리큐의 15대손이 되는 분은 지금 세계 각 주요 도시에 다도 연수원 지부를 갖고 있는 '사업가'인데 그 역시 이 모임을 위해 교또에서 왔답니다. 이 전통 가옥에서 연출되는 새로운 전통 만들기 작업은 이 집주인의 아들인 30대 청년에 의해 주도되었습니다. 이 집주인의 아들이자 역시 도예가인 청년이 일어와 영어로 모임의 취지와 절차를 설명한 후 다른 방으로 옮겨서 말차를 한 시간에 걸쳐서 마셨습니다. 이 청년이 자기 친구인 세계 각국의 도자기 장인들에게 주문해 만든 각양각색의 찻잔에 '식대로' 만든 말차를 마셨던 것입니다.

그 후 집안의 보물을 구경하였는데 그것은 작은 그림이었습니다. 센리큐가 이 지역에 있던 가가 반주(봉건 영주)의 초대로 왔을 때 이 집 조상을 도자기공으로 데려왔던 것인데 이곳 반주는 ㄱ에게 상을 베풀면서 머물기를 원해서 이 집 조상은 결국 이곳에 뿌리를 내리게 되었다는데, 족자 그림에는 센리큐와 도자기공이 스승 제자 관계 비슷한 모습으로 그려져 있었습니다. 화려하게 붉은 담요를 깐 방에서 6시부터 담백한 약주로 식사가 시작되었지요. 매화꽃으로 장식한 화려한 도시락, 꽃게 요리, 철철 넘치는 술잔, 그리고 새로 만난 사람들간의 대화 속에 식사는 9시 30분경까지 지속되었고 그 후에야 초대 손님에 의한 강의가 있었습니다. 강의 내용은 "다도란 원래 자유로운 것인데 차차 형식에 너무 치중하게 되어 버렸다. 다시 그 근본 철학을 살려 보다 자유로운 정신을 담아내는 것이 되어야 한다"는 것이었습니다.

행사에서 나의 흥미를 끈 것은 아버지 도예가였는데, 그는 전형적인 장인 스타일로 신경질적이며 깡마른 노인이었습니다. 자기 아들이 "선전하는 데에만 너무 취미가 있고 도자기 만드는 데는 소홀하다"며 핀잔을 주고 있었는데 그 나무람에 자랑스러움과 애정이 담뿍 담겨 있었습니다. 끝마무리에 와서 외국인 손님 편에서 서투른 일어로 고맙다는 인사가 있었습니다. "박물관이 아니라 살아 있는 전통, 변해 가는 전통을 보게 되어 무척 기쁘다, 내가 살고 있는 뉴욕서 만들어진 잔을 보니 더욱 반갑다"는 내용을 담은 치사였지요. 또 한번의 차 대접이 있은 후 전통 그림, 보자기, 엽서 등 선물을 건네받는 것으로 방안의 행사는 끝났습니다. 행사에서는 다섯 명의 매우 아름답고 숙련된 젊은 여성들이 기모노를 차려 입고 서비스를 했는데, 나중에 알고 보니 NTT 직원들이라고 했어요. 다도를 새롭게 익힌 신전통 세대 여성들인 것이지요. 밖에 나오니 역시 아들 도예가가 준비한 슬라이드(집안의 보물 사진)가 건물의 하얀 벽에 비치고 있었어요. 화톳불이 활활 타는 가운데 기다리는 택시들을 타고 우리는 호텔로 돌아왔습니다. 택시비는 이미 지불되어 있었어요. 5천 엔에 표를 사고 귀족적 대우를 철저히 받은 것입니다. 일본 전통 문화의 정교함과 혁신성에 감탄하면서 말입니다.

그 외 다른 행사들을 소개하면 대략 다음과 같습니다. 시장에서 〈시장 상점가 진흥 조합〉이 준비한 전통 요리 국시식 행사가 있었고 중앙 공원에서는 〈새 술 맛보기〉 행사가, 각 백화점에서는 1백 년 넘는 전통 기업들의 소개

위 — 다도에 대해 경청하고 있는 손님들.
아래 — 〈일본 전신 전화국(NTT)〉
여직원이 최고의 미식 요리를
손님께 대접하고 있다.

전시회가 〈오래 된 점포 100년 전〉이라는 주제로 열렸습니다. 흘러간 명화 상영, 옛 사무라이 집에서 열린 향토 예술 공연, 이 지방이 배출한 문학인 집에서의 낭송회, 요정에서 에도 시대 게이샤와 여성 생활에 대한 재연출 연회, 술 만드는 공장에서 여는 세계의 술과 일본 술의 만남, 그 외 신사에서 세계적으로 유명한 예술가들을 초대하여 음악회를 열었고 자동 판매기에서 뺀 국수를 먹으며 담화를 나누는 등 행사가 매우 다양했습니다.

이 행사는 주최측도 인정하듯이 아직 실험적인 행사입니다. 1988년에 그들이 펴낸 책 서문에서 이 행사의 의미를 다음과 같이 밝히고 있습니다.

"우리들은 가나자와를 중심으로 하는 이시가와 현의 새로운 겨울 제의를 '후도피아 가나자와'라고 명명했다. '지역 산업이 풍토 산업이다'고 하는 의미는 문화 생활의 소프트웨어가 존재하고 그것이 상품과 서비스의 개선과 만나는 것을 뜻한다. 특히 음식 문화는 정보 산업의 기초를 형성하고 이시가와 현의 문화 지도의 핵심이 되어 있다는 것을 재확인함으로써 후도피아 가나자와의 디자인이 출발하게 되었다."

이 축제는 크게 지역제, 시민제, 계절제 등 다섯 범주로 나누어져 있습니다.

1) 지역제 : '후도피아 가나자와'는 현민의 제의다. 현의 문화 자원, 산업 자원을 최고로 활용한 지역 활성화를 위한 뉴미디어인 것이다.

2) 시민제 : '후도피아 가나자와'는 1백20만 현민의 식생활의 전통을 다음 세대에 계승하고 더 풍부한 식생활을 창조하려는 제의다. 생활 문화의 기초는 음식 문화에 있다는 인식에서 출발하여 이를 예술, 과학, 스포츠 등 여러 분야의 놀이 문화와 연결하는 뉴미디어다.

3) 계절제 : '후도피아 가나자와'는 적설이 가져온 지방의 맛에 대한 감사제이다. 먹거리와 풍토의 관계를 향토의 재산으로서 영구히 지키고 가꾸어 가려는 기념제다. 설국의 지혜와 최신의 기술을 통합하여 새로운 겨울

지역 축제는 다양한 사람들의 축제이다. 〈시장 상점가 진흥 조합〉에서 마련한 전통 요리 시식 행사가 시장에서 있었다.

의 정경을 창조하려는 뉴미디어다.

4) 기업제 : '후도피아 가나자와'는 식생활과 관계되는 지방 산업의 진흥과 거기에 따르는 여러 가지 경제적, 문화적 파급 효과를 주체적으로 창조하려는 식품제다. 전국의 기업이 참여하는 정보 교환의 장소로서 지역 기업의 계속적, 건설적 자극을 추구하는 뉴미디어이다.

5) 국제제 : '후도피아 가나자와'는 인류와 먹거리와의 항구적 공존을 바라고 지구의 미래를 생각하는 과학제다. 인류의 예지를 결집하고 21세기의 식문화를 연구하기 위한 국제적인 뉴미디어이다.

이 행사를 기획한 분들을 만나 보았습니다. 젊은 사장, 또는 원래 마케팅을 전공한 분들로 자기들이 30대였던 10년 전부터 이 행사를 구상해 왔다고 합니다. 이 지역은 섬유와 기계 산업 위주로 발전하였는데 동시에 바다에 접하고 있고 전통 요리가 발달되어 있으며 문화재가 많아서 이런 조건을 최대한 살리는 소프트를 개발하면 새 산업 개발이 가능하다는 생각이 들었다는 것입니다.

〈예술적 음식과 담화〉를 주최한 일본 전신 전화국 부사장. 일본식 조끼를 입고 손님들을 만나고 있다.

일반적으로 이벤트를 벌일 때 특별 전시장 등 새로운 '하드(hard-ware)'를 만드는 데 많은 투자를 해야 하는데, 자기들은 기존 시설을 이용하여 전혀 새 투자를 하지 않고 오로지 '소프트'로 즉, 아이디어로만 하기로 구상을 했다고 합니다. 그래서 오래된 여관, 요정, 신사나 절, 사무라이집, 시장, 술공장, 공예가의 아틀리에, 백화점 전시장 등 기존 건물 속에 새로운 내용을 채우는 식으로 이벤트 기획을 한 것이며 우리가 갔던 도예가 집에서의 행사가 바로 그 전형적 경우였던 것입니다. 처음에는 도예가를 설득시키느라 힘이 들었는데 이제 그 뜻을 알아 일이 쉽게 진행된다고 합니다. 일본의 전통 공예가나 화가는 부유하고 귀족 취미가 있어서 말을 잘하면 기부도 곧잘 하는데, 이번에 선물로 준 그림도 최고의 화가가 그냥 준 것이라고 하였습니다. 우리가 먹은 식사는 실제는 3만엔짜리이며 NTT가 많은 돈을 국제 커뮤니케이션, 그리고 기업 이미지를 높이기 위해 기부하였다고 하였어요.
 자신들이 하고 있는 것은 궁극적으로 가나자와가 동경에 예속된 도시가 아니고 독립적 문화 도시라는 상표(브랜드라고 했다)화를 꾀하는 것이라고 그들은 말했습니다. 노도 반도(이 지역)의 어부들이 수확한 싱싱한 수산물로 요리한 것이 브랜드가 되지 못할 이유가 없으며, 고도의 도시 자체가 상품이라는 것입니다. 현 단계에서는 기업이나 방송국 지원으로 이곳 전통 문화를 재창출해 내는 것과 중앙의 유명 인물들을 불러와 예술·문화 활동을 활성화하는 것을 주요 메뉴로 하고 있는데, 이번 행사를 위해 가나자와 출신 인사를 포함하여 70여 명의 유명 인사들이 모여들었다고 했어요. 이들은 사례금을 적게 주어도 휴가겸 내려와서 행사에 기꺼이 참석하고, 반면 그들이 오는 것 자체는 주민의 자부심을 불러일으킨다고 했습니다. 지금까지 이곳에 인물이 나면 다 동경으로 불려가는 식이었는데 이제는 각곳 인사들을 다 불러들일 수 있다는 면에서 이 행사의 의의는 매우 크다고 합디다.
 이 기획의 효과는 확실히 커서 가나자와 이미지가 새롭게 부각되었으며 다른 지방에서도 이런 기획을 배우기 위해 많이 찾아온다고 해요. 경제적으로도 많이 도움이 되는데 한 예를 들어보면, 2월, 8월에는 호텔이 많이 비는데 이제 손님들로 붐비기 시작했으며, 젊은 사람들은 자신있게 새 기획들을 세울 수 있게 되었다고 합니다. 행사가 너무 고급이고 입장료가 비싸다는 비난이 있지만 기존 요정에서 이름난 강사를 불러서 하려면 어쩔 수 없고, 실제 지금은 그 값을 다 받고 있는 것도 아니라고 주최측은 말했습니다. 이런 고급화 경향은 처음 참가하라고 했을 때 주변 지역에서 안하겠다고 했기 때문에 어쩔 수 없이 가나자와 시의 부유층 중심이 된 것이라면서 이제 지방에서도 참가하고자 서두르므로 그 면은 점차 보완이 될 것이라고 내다보았습니다.
 그들이 목표한 대로 이 행사는 다기능적입니다. 한편

집안에 모셔둔 신주.

으로 외지에 갔다온 기업주 아들이나 진취적 젊은이들이 실력을 발휘할 자리이자 기업의 이미지를 크게 부각시킬 기회이며, 동시에 자신들이 보다 풍부한 문화적 생활을 할 수 있는 터전을 만든 셈입니다. 신문사와 방송국은 질이 높은 기사 거리를 갖게 되었고 중앙에서 볼 때는 지방 요리와 더불어 국제 요리를 개발시키는 계기이자 국제 관광을 촉진시켜 일본이 보다 선전될 기회가 될 수 있어서 좋으며, 일반 지방인들에게는 반복되는 일상 생활에 활력을 넣어 주고, 자부심을 갖게 되어 좋은 것입니다. 외국인들 역시 이 문화와 보다 가깝게 만나게 되어 일본의 좋은 친구가 되는 것입니다.

이렇게 "처남 좋고 매부 좋은" 행사에 함정이 없는 것은 아닙니다. 대기업에 의해 전통 문화가 상업주의로 기획, 왜곡될 가능성이 크고, 아이디어가 충만한 소수 세계급에 의해 지방 문화의 판도가 장악될 위험성, 유서 깊은 지방 기업주의 힘이 커져서 다른 중소 기업이 발붙이지 못하는 풍토를 만들 가능성은 남아 있습니다. 그럼에도 불구하고 내가 이 행사에서 보는 긍정적 측면은 지방 분권 시대를 준비하고 있다는 점에서입니다. 현대 유럽 공동체(EC)나 북미 국가들 중심으로 국제화와 지방 분권적 추세가 더욱 선명하게 드러나고 있지 않습니까? 국가 단위를 넘어 광역화될 경제 체제, 문화 체제를 생각해 봅시다. 우선 작은 지역들은 어떻게 경제적으로 살아 남을 건가요? 다음으로 그런 유동적 체계 속에서 모든 사람들이 국제인이 되는 것이 가능하지도, 바람직하지도 않다면 그들은 어떤 소속감을 갖고 살게 될 것이며, 무엇을 바라고 즐기면서 살게 될 것인가요? 이 두 문제를 풀어 갈 길은 결국 지역 공동체 문화를 재창출하고 자치성을 높이는 길뿐인 것입니다.

"모든 것은 서울로" 통하는 우리나라처럼 일본 역시 정도의 차이가 있을지 모르나 동경 중심성이 매우 강하여 그 문제점이 수시로 제기되어 왔다고 합니다. 최근 오사까 시가 21세기 협회(기업, 관료, 학자들의 모임)를 만드는 등 동경에 소속되지 않는 참신한 자율적 경제 문화 중심지를 만들려는 움직임들이 일고 있지만 아직 동경 중심 체제는 상당히 굳건하게 유지되고 있습니다. 가나자와 후도피아 기획 역시 작으나마 이 방면에서 아주 주요한 모델을 제시할 실험이라고 나는 봅니다. 특히 하드웨어를 더 이상 만들지 않고 소프트웨어를 채운다는 원칙이 그러합니다. 차분히 주위를 둘러보면 우리에게 없는 것은 하드웨어가 아니라 소프트웨어인 것은 쉽게 알 수 있습니다. 사실상 하드웨어는 과잉 상태에 있지 않은지요? 마치 휴가에는 할 일을 스스로 만들지 못하여 단체 관광 여행에 따라 나서고 여가에는 할 일이 TV 보기, 오락, 음란 비디오 보는 것이나 낮잠 자는 것이 고작이며, 전산 통신망을 통해 보내는 소식이 기껏 실없는 농담들인 것처럼, 기계가 만들어 낸 공간을 사람의 생각과 꿈과 아름다움으로 채우지 못하는 것이 문제라는 것입니다.

가나자와의 젊은 세대는 신통하게도 거대한 비행장과 호텔을 짓는 것보다 더 빨리 더 오래 손님을 끄는 방법을 이제 터득해 낸 것입니다. 경주·부여·안동·진주·전주·충무 또 부산 해운대에서 후도피아와 같은 기발한 이벤트를 벌이는 것은 어떨까요? 이제 기업과 매스미디어와 지역 주민은 한데 모여 지역을 살리기 위한 장기 기획을 세워 가야 할 때가 오고 있습니다. 전통도 살리고 자신의 일상적 삶을 살지우면서 이웃 지역과 이웃 나라와 새로운 생각을 주고 받는 시대를 우리도 서둘러 준비해야겠습니다. 보다 '소프트'한 우리들이 말입니다. 안녕.

짓밟힌 자매의 위령제로 새역사의 첫걸음을

언님께.

집으로 돌아가기 전날 밤입니다.

14일간의 일본 여정을 마무리하면서, 조용히 호텔방에 앉아 생각해 봅니다. 내가 만약 이 여행을 하지 않았다면 보지 못했을 부분, 책에서는 쉽게 배우기 힘들었던 부분이 무엇이었는지 말입니다.

마지막 밤에 가부키 공연을 본 것은 그런 면에서 많은 도움이 되었습니다. 10년 전 이색적이라는 느낌밖에 가지지 못했던 그 연극을 이번에 나는 런던의 최장기 공연 뮤지컬보다 더 흥미있게 감상하였던 것입니다. 그 동안에 읽어 온 글들도 도움이 되었지만 일본 문화를 피부로 부딪치며 보낸 두 주일이 내게 그만큼 문화적 이해를 두텁게 하는 감각적 토대가 되었던 것입니다. 네 시간 반 동안 가부키를 감상하면서 새롭게 확인하고 정리한 생각은 크게 장인 정신과 집단성의 문제에 관련된 것이었습니다.

가부키에서는 연기가 훌륭하다고 생각될 때 배우의 이름을 부르며 격려합니다. 예술가가 완벽한 연기를 해 내 주기를 바라는 것이지요. 일본인들은 완벽한 형식을 창출해 내는 데서 희열을 느끼고 있음을 알 수 있었습니다. 즉흥적으로 창출되는 신명 속에 하나되는 희열을 추구해 온 우리와는 상당히 다른 면모인 것이지요. 우리는 마당극에서 배우 이름을 부르지 않습니다. '얼쑤'를 연발하며 개개인이 제 흥에 겨워 하는데 그 흥이 마침 함께 어우러져 하나됨의 기운을 확인시킬 때 마당극은 성공하게 됩니다. 이 차이는 일본의 전문주의적 전통과 우리의 일반주의적 전통을 드러내 주는 좋은 사례라 하겠습니다.

일본의 장인 정신은 이미 널리 알려진 사실이지요. 나는 여행 도중에 일본이 상당히 오랫동안 우리와는 달리

신사를 찾는 일본인들은 대학 입학, 결혼, 사업 등 개인적인 운에 관한 것을 주로 빈다.

신사 참배자들의 이름을 등록하는 곳.

전문가를 중시해 온 사회를 이루어 왔음을 여러 곳에서 확인할 수 있었습니다. 이는 우리와 일본의 중세사가 매우 다른 방향으로 발전·형성되어 갔다는 점에 기인합니다. 12세기부터 시작된 일본의 봉건 시대는 절대적 권위와 권력(무력)을 독점한 도꾸가와 시대에 절정을 이루면서 소수의 야심가를 제외하고는 정치를 넘보기보다 차분히 자신만의 전문 영역을 확보해 나가는 것이 보다 유리한 체제를 만들어 왔던 것입니다. 여기서 일반인은 자신의 자리에서 맡은 일을 충실히 하는 것이 최상책이라는 사고 방식이 뿌리내리게 된 것이지요.

이 부분이 바로 우리 역사와 큰 차이를 보이는 부분입니다. 조선 시대 정치 권력은 일본 막부에 비해 상대적으로 약하고 책임 소재도 분산되어 있는 편입니다. 지방 영주들의 자식을 볼모로 수도에 잡아두는 식의 힘도, 그럴 필요도 없었지요. 그만큼 국가 형태나 도시화 과정 자체가 달랐습니다. 중화적 국제 질서에 보다 밀접히 편입되어 있던 우리는 유교 이념을 토대로 한 문치주의 체제 아래 무력이 아니라 공론을 통해 정당성을 확보해 가야 했던 왕과 그에 의해 위임된 신권을 나누어 갖는 무수한 관료와 낙향한 신하들, 그리고 그 자손들이 있었지요. 지배 계층이 두터웠던 만큼 나누어 먹을 것도 그만큼 적었을 것이고 적게 먹으면서도 그들은 언젠가는 자신이 또는 자기 자손이 큰 인물이 되리라는 꿈을 기르며 이상 사회론을 펼치고 정치 공론을 벌여 갔던 것입니다. 혼란기를 겪으면서 우리 지배층들은 더욱 가문의 이익에 충실했고, 피로 얽힌 씨족들끼리 뭉쳐서 자기것을 챙기기에 바빴습니다. 일제 강점기를 거치면서 이런 성향은 더욱 강화될 수밖에 없었을 겁니다. 그런 면에서 우리는 자신을 절대적으로 위탁하고 충성을 바칠 군주를 갖지 않았고, 전문적인 일에 몰두하지도 않았습니다. 오히려 이상 사회가 어떠해야 된다는 일반론을 펼치며 꿈을 꺾지 않고 살아 왔던 거지요. 이것이 일본이 전문가적 문화를 이루어 온 데 비해 우리가 일반론적 문화를 형성해 온 배경이라고 할 수 있습니다.

내가 여기서 강조하는 것은 개인의 차이가 아니라 이들이 상호 작용하면서 만들어 가는 문화적 각본, 그 기본 구도와 무대가 매우 다르다는 것입니다. 물론 그러한 무대에 맞추어 공연해 온 배우들 자체의 성격에도 차이는 있지요. 그러나 근본적인 차이는 집단으로 모여 행동하는 속에서 만들어지는 것이며 이런 집단적 공연 양식은 쉽게 바뀌지 않습니다. 이것이 바로 긴 역사를 통해 집단적 삶을 담아 온 틀이고 스타일이며 미래를 '그들'답게 또는 '우리'답게 만들어 갈 자원인 것이지요.

대학 합격을 기원하는 팻말.

이런 문화적 차이가 갖는 현대적 의미를 한번 생각해 봅시다. 일반적으로 일본인들은 우리에 비하여 추상적 논의를 별로 좋아하지 않습니다. 소수 지도자가 모든 이론적 작업을 하게 되어 있고 다수는 주어진 역할에 최선을 다하는 식의 분업이 이루어져 왔기 때문에 말입니다. 국제 기관에서 일하는 한 분이 미국이 최근 일본이 국제적 감각이 없고 자기만 잘살려고 한다고 비난하는 데 대한 내 견해를 물어왔습니다. 이곳 지식인들은 이런 비난에 대해 상당히 민감합니다. 일부의 우파 지식인들은 이제 일본도 클대로 다 컸으니 "노(아니다)!"라고 말할 때도 되었다고 하면서 일본 제일주의를 부추기기 시작했다고 합니다. 또 어떤 분은 "방향 감각, 이념이 없는 나라니까 불안해져서" 요즘 부쩍 그런 반응들이 나오기 시작했다고 했습니다. 전체를 보아야겠다는 각성이 일기 시작한 것이지요. 그러나 사회가 워낙 조직화되고, 변신을 급격히 해내는 식으로 짜여져 있지 않으며, 바로 이것이 현재 역사적 전환점에 선 일본의 가장 큰 고민이 되고 있는 게지요.

이와 관련하여 우리 사회는 가족 외에는 어떠한 집단의 정통성도 의심·대항하는 관계 유형을 만들어 왔다고 할 수 있습니다. 일본은 결국 집단이 승리한 관계 유형을 출현시켰다면 우리는 반대라고 할 수 있습니다. 한국인의 자아관은 가족과 밀접하게 연결되어 있으나 그 선을 넘으면 개인으로 집단과 끝없이 협상을 겁니다. 그러나 일본인들은 집단의 소속원으로 한번 결정하면 그 집단이 자신의 자아관의 핵심을 이룹니다. 우리 모두가 집단주의적 가족에서 자랐으므로 매우 유사한 감정적 토대를 가지나, 가족 단위를 넘어섰을 때 두 나라의 성원들이 보이는 행위 유형은 이렇게 판이할 수 있다는 것입니다. "회사를 가족처럼"이라는 슬로건은 우리에게는 허위이나 그들에게는 진실이 될 수 있으며, 우리의 집단성은 특수하고 일시적인 편이나 그들의 집단성은 보다 보편적이고 영구적인 편입니다. 이런 성향에 큰 변화가 오고 있다고 보는 분들이 계시지만 여전히 상대적 차이는 뚜렷이 존재하고 있다고 저는 봅니다.

역사의 전환점에 선 우리는 이제 새로운 관계를 이루어 가기 위해 이 커다란 차이를 바로 이해해 가기 시작해야 합니다. 나는 일본의 조선 침략도 이런 전망에서 보면 보다 쉽게 파악이 된다고 봅니다. 즉 전문성을 토대로 한 집단성이 최고의 가치가 되어 온 일본적 무대 장치 자체를 되살펴봐야 한다는 것입니다. 자체 조직이 비대해졌을 때 통제할 기제가 약하여 팽창주의로 가게 되는 경향을 말입니다. 또, 자국의 성장을 위해 전력 투구한 결과 국가간에 엄청난 격차를 보이는 세계 질서를 만드는 데 일본은 톡톡히 한몫을 하였습니다. 이제는 힘들고 더러운 일을 기피하는 젊은이를 대신해 무수한 불법 이민 노동자들을 불러들이고 있는 (물론 의도적인 것이 아니죠, 구조적 유인에 의한 것입니다. 참고로 방글라데쉬 1인당 국민 생산이 1백74불인데 일본은 그 1백 배가 넘습니다) 일본은 소위 선진 자본주의 국가의 공통적 문제를 보다 특수하게 안고 있습니다. '동양의 예외 국가'였던 그들은 이제 보다 근본적 차원에서 자아 성찰을 해야 할 때가 온 것인데, 이웃인 우리가 염려해야 하는 것은 바로 '세계 속의 몇 번째' 식의 사고가 아니면 스스로를 확인할 수 없었던 그 위계 서열적 집단성이지요. 집단성이 이루어 낸 힘을 무모한 파괴에 쏟게 될 상황을 이미 두 번

절에는 신사와는 좀 다른 문제로 간다.
죽음과 관련된 행사를 주로 한다.

심하게 당한 경험이 있는 우리는 깊이 우려하지 않을 수 없다는 것입니다.

일본의 위험은 그 의도성에 있는 것이 아니라 조직을 맹신하는 비의도적, 집단성 자체에서 나오는 것이며, 맹목적 힘의 폭발 가능성에 있다는 것이지요. 이웃인 우리에게 이것은 상당한 위협이며, 일본에 사는 다수 주민에게도 그러하다고 나는 봅니다. 이웃으로서 우리의 역할은 그들이 다시 '저지르지 않도록' 돕는 것인데, 비극적이게도 지금 우리는 오히려 그들의 길을 따라가느라 정신을 차리지 못하고 있습니다. 벌써 타일랜드나 인도네시아 등 외국 상사나 해외 공장이 차려진 곳에서는 우리를 제2의 추한 일본이라 부르고 있고 복제품이 항상 그렇듯 '제1'보다 더 추한 나라로 급격히 전락하고 있습니다.

물론 일본으로부터 배울 점은 매우 많습니다. 우리는 그들의 장인 정신을 높이 사고 작은 데서 기쁨을 찾는 성실함을 배울 필요가 있으며, 자기 집단내에 있는 모든 성원들의 요구를 가능한 한 충족시키고 보호하려는 경향을 본받아야 합니다. 나는 도시 곳곳에 있는 신사와 절이 어둡고 답답한 이들의 마음을 풀어 주는 것에서 상당히 좋은 인상을 받았습니다. 우리에게 이에 버금가는 공간은 무엇인가요? 약수터나 절이 보다 많으면 좋겠고 서낭당도 더 이상 버림받고 숨어드는 공간이 아니라 공적으로 빌 수 있는 겸손한 마음들이 만나는 공적 공간이 되었으면 좋겠다고 생각했습니다.

그러나 일본을 그대로 따라가겠다는 발상은 참으로 위험하다는 것이지요. 따라간다고 그렇게 될 리도 없고요. 그러나 일본의 36년간의 지배 기간 이후 우리의 모습이 상당히 뒤틀려 있는 것도 사실입니다. 근대 국가 건설과 산업화의 틀은 매우 흡사해져 버려서 현재까지 우리가 일본 기술과 자본에 크게 의존해 있는 것은 기정 사실입니다. 정치적으로도 박정희 대통령의 유신에서 민자당에 이르기까지 우리 정치가들은 일본을 맹목적으로 흠

교또의 도꾸가와 저택.
무사 중심의 전통을 엿보게 한다.

내냄으로 금전 결탁과 부패 정치를 그대로 재현하고 있지 않습니까? 정치 면만이 아니라 대중 매체 면에서도 창의력과 주체성의 결여를 여지없이 드러내며 혼란을 가중시키고 있지 않습니까? 극단적으로 생각해 봅시다. 우리가 원하는 것이 오로지 국민 총생산량의 증가라면 45년 전 일본에서 독립을 안한 것이 나았을 테지요. 그랬다면 지금 남한 반도의 GNP는 분명 지금의 두 배일 테니까요. 그것이 우리가 원하는 것입니까?

일본은 우리와 너무나 다른 나라이며 우리가 지향할 모델이 아닙니다. 고도 기술 사회의 문턱에서 우리는 과학 기술 주도적 시대를 바로잡고 우리 자신의 스타일을 이루어 나가야 합니다.

동시에 막강한 정보화 기술 진보에 따라 인간들의 삶이 보다 철저히 통제되는 시대의 암울한 미래를 보는 한국과 일본의 주민들은 이제 협력해 나가야 합니다. 국가 권력층의 결탁 차원이 아니라 지역 주민 차원에서 일본과 한국에 걸쳐 사는 양식 있는 사람들의 연계가 이루어져야 한다는 것입니다. 이는 국가의 실체를 분명히 보게 될 때 비로소 가능해질 수 있습니다. 올 정월에 언닙들과 함께 본 슬라이드가 생각나네요. 남양군도 근방 해저에 널려 있는 철모와 해골, 정신대에 끌려간 원혼의 비명을 강렬한 색상으로 그린 어느 일본인 여성 화가의 그림 말입니다. 그럼 여기서부터 시작을 할까요?

군국주의의 희생물로 무참히 짓밟히고 죽어 간 자매들이 혼을 편안히 잠들게 할 제익를 준비합시다 한반도와 일본 섬에 걸쳐 사는 주민들이 함께 모여서 역사를 바로잡고 새 역사를 만들어 가기 위한 첫걸음으로 위령제를 지냅시다. 우선 백 명의 모임으로 시작하여도 그것이 천 명으로, 만 명으로, 십만 명으로 늘어날 때 우리는 알게 될 것입니다. 역사는 선한 사람의 편에 있다는 것을, 그리고 자매애는 국가의 경계를 넘어 폭력의 시대를 생명의 시대로 바꾸어 가리라는 것을 말입니다. 만나서 많은 얘기 나눕시다. ■

하노이 기행

■ 베트남 여행이 가능해졌다는 소식을 듣고 꼭 가야겠다는 생각을 했다. 그 동안 별로 가 보고 싶은 곳이 없었는데, 베트남에 가면, 특히 북쪽에 가면 '제3세계적 발전'에 대해, 또 민족 문제와 계급 문제와 성 문제의 엇물림에 대해 새롭게 보아야 할 부분들이 보일 것 같았다. 그래서 1993년 겨울 방학에 길을 떠났다. 서울에도 이미 한두 권의 좋은 책이 출간되어 있었는데 읽지도 않고 〈인도차이나〉나 〈연인〉 따위의 영화를 본 기억과 신화적인 호치민에 대한 이야기, 여행 가이드 책만 가방에 챙겨 넣고는 그냥 가서 부딪치리라 생각하며 '지식인적이지 않은' 여행을 떠났다. 그런 만큼 이 기행문은 전문적인 지식과는 거리가 멀다. 특히 베트남 역사에 관한 부분은 여행하는 동안 벼락 공부를 통해, 그야말로 무지한 나 자신을 학습시키는 과정에서 쓴 글이다.

■ 상황은 말할 것도 없고, 남북 통일에 관한 입장들도 하루가 멀게 달라지고 있다. 어쩌면 이 글 역시 몇년 지나지 않아 몹시 엉뚱한 이야기를 하고 있는 글이 될지도 모르겠다. 이렇게 시기도 맞지 않고 비전문적인 기행문을 여기에 싣는 것은 앞으로 여행을 많이 하게 될 이들에게 어딘가 도움이 될 것이라는 생각과, 제3세계의 근대사와 '국가'란 것을 어떻게 바라보아야 할지에 관해 함께 생각해 보고 싶어서다.

길을 떠나며

경제 성장이 주춤해지면서 우리는 이제 스스로를 돌아보기 시작했다. 산업화와 자본주의, 그리고 '근대성'의 문제를 거리를 두고 바라보지 않으면 안되게 된 것이다. 현실적으로는 다국적 기업이 부각되는 세계 규모의 자본주의 시장에서 살아남아야 하고, 이것은 단순한 경제 차원의 전쟁이 아님을 우리는 알고 있다.

유럽 공동체의 형성이 이러한 세계 질서 개편의 차원을 가장 잘 보여 주는 경우일 것이다. 경제 대국인 미국과 일본에 적절하게 대처하면서 자체내 경제를 일으키기 위해 부상한 EC는 이제 우리에게 매우 친숙한 일상적 단어가 되어 있다. 유럽 공동체는 근대 국가 형성 이전의 문화적 배경을 바탕으로 해서 국가 단위의 절대성을 약화시키면서, 세계 규모의 자본주의 시대에 적절하게 대처하기 위해 생긴 새로운 생활 단위이자 연대망이 아닌가? 최근 들어 '세계 속의 동아시아'라든가 '환태평양 연대'라는 단어가 우리 주변에서 심심찮게 들려 오는 것은 이러한 급속한 세계 정세의 변화와 맥을 같이한다. 게다가 우리는 근대 국가주의 시대에 빚어진 남북 분단의 문제를 아직 해결하지 못하고 있지 않은가?

이런 일련의 문제 의식을 갖고 나는 방학 중에 베트남을 다녀왔다. 산업화를 향한 비상을 막 하고 있는 베트남의 기운을 느껴 보면서 '경제 성장'과 '근대성'의 문제를 생각해 보고 싶었고, 베트남의 역사와 문화를 통해 '민족주의' 문제를 다시 생각해 보고 싶었다. 아주 새로운 질서로 들어가고 있는 지금 시점에서 남북 통일이란 어떤 의미를 지니며, 통일을 이룬다면 어떤 식으로 이루어 내야 할지에 대해 베트남 역사는 무엇인가를 말해 줄 수 있을 것 같았기 때문이다.

덧붙여 우리들의 어줍잖은 제국주의적 성향이 걱정되기도 했다. 급하게 베트남에 기업들이 들어가기 시작하

십여 년 전까지만 해도 총부리를 들이대고 싸우던 베트남에 우리는 어떤 자격으로, 어떤 의도를 가지고 들어가고 있는가?

행상을 하는 베트남 여성.

고 있고 최근 신문에는 베트남 관련 기사가 부쩍 늘었다. 십여 년 전까지만 해도 총부리를 들이대고 싸우던 그곳에 우리는 어떤 자격으로, 어떤 의도를 가지고 들어가고 있는가? 지난해 12월에 베트남과 국교가 정상화되었고 이번 3월부터는 베트남 여행이 자유화된다고 한다. 한국의 흑백 텔레비전이 호치민시에서 인기리에 팔리고 있는 한편으로 한국 악덕 기업주에 대항하여 베트남 노동자들이 최근 들어 가장 큰 파업을 일으켰다는 외신 보도가 눈에 띈다.

나는 베트남 전문가로서가 아니라 한국 사회를 전문으로 연구하는 인류학자로서 하노이라고 불리우는, 근대사에서 매우 중요한 자리를 차지하는 아시아의 한 도시를 방문하였다. 이 글은 베트남에 관한 글이라기보다는 베트남을 통해 우리의 역사와 삶과 미래를 돌아보려는 기행문이다.

1993년 2월 8일 여행 첫날

홍콩을 거쳐 하노이로 가는 비행기에 몸을 실었다. 비행기에서 나누어 주는 신문에 마침 〈보트 피플 5만 명 귀국 러시〉라는 제목 아래 1면 톱기사로 베트남에 대한 기사가 있었다. 〈베트남 다시 본 18년〉, 〈본사 취재팀 전후 1천 800km 종단 기행〉이라는 활자가 계속 눈에 들어온다. "간판, 상품 등 다시 '사이공' 개명, 자고 나면 새 가게, 한국 음식점도 8곳이나 ……" 호치민 시로 이름을 바꾼 '해방의 도시' 사이공으로 취재를 떠난 3인의 기자단이 함빡 웃고 있다. 그렇지, 이제 베트남에 대해 더 이상 침묵해서는 안되겠지. 한달쯤 전, 베트남 참전 병사를 주인공으로 한 영화 〈하얀 전쟁〉을 보면서 우리도 이제 자기 성찰을 할 만큼 성숙해지고 있다는 생각을 했다. 이제 말들을 풀어갈 때가 온 것 같다.

홍콩까지 비행기는 단체 손님들로 초만원이었다. 이제

적어도 우리나라 사람들에게 국제 비행장은 더 이상 특수한 계층의 전유물이 아니라는 느낌을 준다. 농한기를 별러 외국 나들이를 하는 듯한 50대 부부들이 고추장 담은 이야기며 집안 이야기로 떠들썩했다.

홍콩에 도착했고, 홍콩 비행장에서는 많은 이민 노동자들이 비행장 분위기를 주도하고 있었다. 이제 국제적이 된다는 것은 사치가 아니라 생존이다. 막노동품을 팔러 가는 이들의 뒷모습, 그리고 그들과 매우 대조적인 모습을 한 국제 비즈니스맨들. 하노이로 향하는 대기실 분위기는 달랐다. 막노동자가 아니라 말쑥하게 차린 각 나라 비즈니스맨들이 모여 있었다. 빠릿빠릿한 넥타이족, 테니스 라켓을 든 자유로운 복장의 장년, 30대 초반에 들어선 화교같이 보이는 이들이 비즈니스 가방을 들고 이곳 저곳에 모여 이야기를 나누고 있었다. 이들이 바로 돈 냄새를 잘 맡는, 다국적 기업 시대의 주역들인가? 돈이 있는 곳이면 어디든 가는 국제적 인간, 국경이라는 것에 의미를 두지 않을 수 있는, 어디든 자신이 소지한 여권으로 쉽게 날아다닐 수 있는 강대국 출신의 자본주의 첨병들, 그들은 자신만만해 보였다.

GNP의 실질적 지표는 비행기 속에서 주는 식사에서부터 현저하게 드러난다. 싸구려 향수 냄새가 나는 냅킨에 대량 생산 체제가 아직 제대로 되지 않아서 '개성'대로 생긴 설탕 봉지, 입국 허가서의 종이질이나 기내에 마련된 잡지의 인쇄 상태, 비행장의 삐걱거리는 나무문과 시꺼먼 화장지, 이 모든 것이 내가 가고 있는 사회의 경제적 수준을 여실히 말해 주고 있었다. 포도주 대신 중국서 수입했다는 누런 종이에 싼 사과가 나왔다. 그러나 '토종닭' — 그들은 물론 이렇게 부르지 않을 것이다 — 요리와 고추 소스는 맛이 있었고, 이것이 여행 가이드 책에서 읽은 대로 앞으로 그곳에서 식사 걱정은 하지 않아도 되리라는 안도감을 갖게 한다.

각 좌석 앞에 끼어 있는 주간지 《사이공 타임즈》에서는(1993년 2월 4일자, 25쪽) "물건값이 하나로 통일되다

내가 머물렀던 호텔에서 내려다본 하노이 시내 뒷골목 모습.

하노이 시내에 있는
프랑스식 치즈와 햄 가게.

니 얼마나 좋은가!"(Only One Price How Nice!) 라는 제목의 글을 싣고 있었다. 물건값이 배급 시대에 매우 달랐던 점을 이야기하고 있는 모양이다. "국가가 한 물건의 가격을 몇 종류로 달리 정한 때를 알고 있다. 얼마 전까지만 해도 반 킬로의 설탕 배급을 받은 사람이 그것을 먹지 않고 열 배의 가격으로 시장에 팔기도 하였다는 것을 우리는 알고 있다." 시장 가격의 조정에 대해 이야기하는 대목이다. 나는 다시 한번 매우 다른 체제에 들어간다는 기분을 느꼈다. 이들은 우리가 너무나 당연히 여겨 온 '자본주의'에 대해서 이야기하면서 그 체제를 포용하려고 하고 있는 것이다.

폭격으로 인한 구멍이 논밭 중간 중간에 아직도 남아 있는 하노이, 나는 여권을 내밀면서 일본 천황이 "통석(痛惜) ······"이라 했던 말이 언뜻 생각났다. 그 폭격에 내가 책임이 있는가? 농민 운동을 조사하러 서울에 왔던 인류학 하는 미국 친구가 한국 사람들은 자기를, 자기가 개인적으로 제일 싫어하는 레이건 대통령 당사자인 것처럼 취급한다면서 서럽고 분해하던 생각도 났다. 어쨌든 이 나라는 우리가 근대사를 통해 유일하게 '공격성'을 드러내 보인 나라가 아닌가? 우리는 평화를 사랑하는 민족이라고 어릴 때부터 배워 왔고 실제로 나는 다른 나라를 짓밟지 않은 나라에 태어났다는 점을 항상 자랑스럽게 생각해 왔다. 그런데 베트남전 참전의 대목에서 우리는 어떻게 이야기할 수 있을까?

우리의 아이들은 이렇게 물어올 것이다. 우리는 힘이 없었을 뿐이었지 가해자가 되지 않으려고 의도적인 노력을 한 나라는 아니지 않느냐고 ······ 따져 보면 이 지구상 어디에 평화를 사랑하는 사람들만 사는 사회가 있냐고 대답할까? 특히 근대화의 소용돌이에 휘말려든 사회 중에서 그런 사회가 있을 수 있다고 생각하는 것 자체가 무지의 소치라고 말해 주면 납득할까? 나는 "우리는 평화를 사랑하는 민족"이라고 가르침으로써 자존심을 지켜 보려 했던 선조들의 애절함을 이해한다. 그러나 우리 아이들은 보다 논리적으로 진실을 알고 싶어할 것이다.

광고가 없는 비행장 안 분위기는 썰렁했고 돈을 바꿀 외환 창구가 없었다. 그냥 미국 달러를 쓰면 된다고 했다. 20대 전후의 군복을 입은 남녀가 주로 일을 보고 있었는데 이것은 몇주 전 오사까 공항에서 일하고 있던 70대를 넘은 고령의 남자들과 퍽 대조를 이룬다. 산업화의 나이와 주요 노동력이 되는 세대의 나이가 비례한다는 것을 시각적으로 보여 주는 경우이다. 열 명 정도의 사람들이 수속하는 비행장 안에 푯말을 들고 마중을 와 있었다. 나와 나의 동료는 우리를 초청해 준 〈정보학 연구소〉에서 보낸 차를 타고 40여 분 걸리는 시내로 왔다. 오는 도중에 거대한 삼성 전자 광고판이 눈에 띄었고, 먼지 나는 시골길에는 자전거와 구멍 가게들이 줄지어 있었다. 말레이시아나 네팔이나 아니면 우리나라 60년대 중소 도시 근방과 흡사한 거리를 달려 시내에 들어왔다.

식민지 시대 불란서식 가옥과 절충주의적 가옥이 자연스럽게 이웃하고 있다.

하노이 시내는 아름다운 호수를 둘러싸고 있었는데, 낡고 허물어져 가는 4, 5층 불란서식 가옥들로 가득했다. 불란서가 본격적으로 베트남을 식민지화하여 1954년에 물러날 때까지 그들은 정말 강력했던 것 같다. 도시 계획이 잘된 거리며 많은 호화 저택들과 거대한 교회가 그때를 상기시키며 서 있다. 자연 자원이 많은 따뜻한 곳을 찾아 나선 그들. 그들의 흔적은 아직도 여기 저기에 남아 있고, 최근에 우리나라에서 공연한 '뒤라스'가 쓰고 '장자끄 아누'가 감독한 〈연인〉에서 본 것 같은 시장 거리에 많은 사람들이 모여 살고 있다. 프랑스에서는 식민지 시대를 그린 향수 영화들이 많이 나오고 있는 모양이다. 이제 그들이 흥청거리며 살던 집에는 하노이 서민들이 집수리도 제대로 못한 채 한번 잘살아 보자는 의지를 굳히며 열심히 살고 있다.

지금 이곳은 각자가 재량껏 장사를 차리고 있는 사회인 것을 단번에 알 수 있었다. 사람들은 저마다 자기 분수에 맞게(?) 행상 거리를 만들어 장사를 한다. 한 책상

홍콩 미녀 배우들 사진.
국민학교 앞 가게에서 많이 팔린다.

에 겨우 펼쳐 놓을 만큼의 학용품을 갖춘 학용품상이라든가, 계란 몇 개와 쌀 두어 되를 놓고 파는 할머니, 차와 비스켓 몇 통으로 가게판을 벌인 아주머니, 그리고 길가 집은 거의가 가정집에 붙여서 생필품 구멍 가게를 내고 있다. 심지어는 공원에 몸무게 재는 체중기를 놓고 200동(20원)을 받는 할아버지도 있었다. 또 두어 개 테이블만 있는 술집이 즐비하고 홍콩 영화가 주를 이루는 비디오 가게와 가라오케 가게가 즐비했다. 자본주의 사회 여자들이 짓는 특유의 애교 있는 표정은 하노이 거리에서는 찾아보기 힘들지만, 홍콩 미녀 배우들의 요염한 얼굴 사진이 국민학교 앞 가게에서 1,000동의 거액에 팔리고 있었다. 아마도 친구 생일 선물로 사주겠지. 갑자기 모두가 장사꾼이 되어버린 사회. 다행히 여행객들이 많이 가는 곳의 상인들처럼 붙잡고 늘어지지 않는다. 간혹 볼 수 있는 거지들도 끈질기지는 않다. 아직은 돈귀신이 들리지 않았거나 주민들을 거지로 취급하는 버릇 나쁜 여행객들이 별로 오지 않았다는 증거로 볼 수 있겠다.

2월 9일 여행 둘쨋날

부릉부릉 오토바이의 엔진 거는 소리와 자동차 클랙슨 소리에 잠을 깼다. 이곳에 있는 몇 대 안되는 자동차들은 자전거과 오토바이로 숲을 이루는 거리를 헤치면서 다니느라고 내내 클랙슨을 누른다.

아침이면 각자가 팔거리를 챙겨서 나오는지 온 거리가 장수들로 가득 차는데 두부 장수, 빵 장수들이 소리를 지르며 다니고 10m정도 간격으로 있는 상수도 우물터 — 1930년대에 만든 것이라 한다 — 에는 이 닦는 사람, 빨래하는 사람, 식사 준비하는 사람들이 분주하게 — 그러나 정신없이 바쁜 나라에서 온 내 눈에는 여전히 한가롭게 — 하루를 준비하고 있다. 왜들 이렇게 즐겁게 보일까? 음식 시장이 발달해서 아침이면 국수, 비빔밥, 죽

등을 파는 행상들이 〈먹자 골목〉을 이루고 유명한 식당 앞에는 사람들이 줄을 지어 서 있다. 3,000동(250-300원) 짜리 소고기 우동집 앞에 제일 긴 줄이 늘어서 있다.

식당에서는 미원을 많이 쓰고 있었다. 연변에서 미원 때문에 음식을 못먹어 혼이 났다는 인류학자의 말이 생각난다. 그곳에서는 두부를 팔 때도 미원을 잔뜩 뿌려서 판다고 했다. 미원, 꼭 필요하지 않은 상품, 그러나 모두가 쓰게 되는 상품. 그런데 하노이에서 파는 미원은 인도네시아 미원이라고 쓰여 있었는데 한국서 로얄티를 받는 것인지 뭔지 모를 일이다. 하여간 많은 것이 복잡해지고 있다.

프랑스 식민지였던 때문인지 이곳의 커피는 농도가 진하다. 미국식 커피에 익숙해져 있는 나는 네 배쯤 물을 더 부어 농도를 맞춘 커피와 빵으로 아침을 먹었다. 여기는 불란서식 빵 한 가지뿐이고 한 공장에서 만드는 듯 했다. 그 빵을 먹으면서 나는 갑자기 이 나라가 사회주의 나라였다는 생각을 다시 한번 하게 되었고, 엉뚱하게도 제도 교육의 내용이 한 가지뿐이라는 면에서 우리나라도 사회주의 나라라는 생각을 했다. 똑같은 아이를 찍어 내는 사회.

8시에 연구소에서 차가 왔고 우리는 시내에서 좀 떨어진 곳에 있는 연구소로 안내되었다. 이번 여행에서 나는 공식적으로 말하면 곁다리로 간 경우이다. 개발 도상국에서는 인류학자를 좋아하지 않는다. 그들은 과학 기술자를 원한다. 근대화와 권력 엘리트, 특히 새롭게 형성되고 있는 국제적 기술 관료 문화에 대해 관심이 있는 나는 그곳에 특별 초청을 받아 가는 한국 과학 기술원 전산학과 교수와 동행을 하게 된 것이며, 그가 만나는 사람을 중심으로 우선 베트남을 알아보고자 하였다. 개발 도상국에서 가장 활발하게, 그리고 영향력 있게 움직이는 사람들은 바로 그들이니까 …… 기업체 쪽도 연구를 해야 하지만 하노이에는 아직 별로 많은 것 같지 않아서 뒤로 미루었다.

자전거와 오토바이로
숲을 이루는 거리. 여자들 역시 자전거를
애용하지만 전통적인 방식으로
행상을 하는 다수는 또한 여자들이다.

함께 간 '기술 관료'는 — 그는 이렇게 불리우는 것을 별로 좋아하지는 않는다 — 아시아 국가들을 연결해 내는 것에 관심이 많아서 벌써 중국, 인도, 타일란드 등지를 다니며 상담을 하면서 현황 파악을 해왔기 때문에 베트남의 현 상황을 재빨리 간파하는 모양이었다. 게다가 기술이나 경제를 축으로 사회를 이해하는 것은 문화를 축으로 할 때보다 단순한 작업이지 않은가? 그는 유럽 공동체가 굳건하게 연대를 맺어 가는 한편 미국과 일본이 거대하게 우리 주위에 버티고 있는 국제 환경 속에서 아시아 국가들이 그 힘에 대응하기 위해 연대하는 것은 매우 필요하고 시급한 일이며, 이러한 아시아 연대망 형성에 베트남이 여러 면에서 아주 중요한 역할을 할 것이라고 생각하고 있었다.

연구소는 시내에서 20분 정도 떨어진 교외에 있었다. 먼지가 풀풀 나는 넓은 시골길가에 하얀 현대 건물이 우뚝 들어서고 있는 중이었는데 그 미완성 건물의 2층에 연구소가 벌써 입주해 있었다. 언제 완공이 되느냐니까 연구소장은 씩 웃으면서 자신이 재량껏 돈을 끌어 와야 완공이 된다고 했다.

소장은 잠시 자기 나라에 대해 이야기를 했다. 전쟁 직후에는 쌀 배급도 제대로 못줄 정도로 상황이 나빴고 많은 사람들이 기아 상태에서 시달리기도 했는데 이제는 쌀을 수출할 정도로 좋아졌다고 자랑스러워 했다. 나와 함께 간 동료는 그에게 베트남의 차분한 인력을 바탕으로 공해 산업보다는 전산 계통의 산업을 많이 받아들여서 공해 산업을 건너뛰어 버리는 식의 산업화를 고려해 보라는 이야기를 하였는데 그는 귀담아듣는 것 같지 않았다. 그는 나라 전체의 발전 계획을 생각하기에는 당장 해야 할 일들이 너무 많았다. 당장 자신이 벌여 놓은 이 연구소를 꾸려 가는 일이 급하니까 그럴 여유가 없다고 하는 것이 아마도 더 적합한 표현일 것이다.

연구원 월급은 국가에서 주는 것이 10불 정도인데 실제로는 100불 정도 번다고 했다. 유능한 연구원들을 잡

하얀 현대식 건물이 시내에서 20분 정도 떨어진 교외에 자리잡은 새 연구소 건물이다. 아래는 옛 연구소 건물.

아두려면 EC 프로젝트니 외부 개발 지원금을 열심히 끌어 모아야 한다고 연구소장이 말했다. 지금으로서는 정부가 돈이 없기 때문에 연구소는 전적으로 연구소장의 능력에 따라 커지게도 되고 작아지게도 된다는 것이다. 어떤 면에서 이 연구소는 그의 개척 정신에 따라 운명이 결정되는 그의 왕국인 셈이다.

연구소 소장. 연구보다는 연구비 얻어 오는 것에서 두각을 나타내야 한다.

나는 이분을 보면서 우리 윗세대의 엘리트를 보다 잘 이해할 수 있게 되었다. 나는 이른바 지도층급에 속하는 기성 엘리트들이 가진 특이한 습관, 구체적으로 말하면 무엇이든지 우선 끌어 놓고 보자는 식의 일하는 방식에 아주 불만이 많다. 제대로 작업을 할 준비를 하지도 않은 채 무조건 연구비든 개발비든 받아 놓고 일을 벌여 놓기만 하는 것, 그래서 아주 열심히들 일을 하기는 하였는데 막상 보면 다시 제자리로 돌아와 있는, 그런 식의 일하는 방식이 아주 못마땅했다. 난 그것을 막연히 6·25 시대를 살아남은 '피난민 근성'이라고 생각해 왔다. 그런데 이 연구소장을 보면서 그것이 시대의 산물이며 내가 생각했던 것보다는 긍정적인 기능을 해왔다는 생각을 한다.

외국에 의존하는 근대화를 추진하는 상황에서 맨 먼저 필요한 인력은 차분하게 연구하는 학자도, 빈틈없는 계획을 세우는 기획가도 아니었다. 여러 가지 지원을 해 줄 수 있는 나라, 또는 기관들을 알아 내고 그들의 눈치를 잘 보아서 여러 가지 물건과 정보를 틀림없이 끌어오는 재주가 있는 사람들이 많이 필요했던 것이다. 그들은 차분히 머리를 쓰기보다 이 연구소장처럼 수백 통의 편지를 쓰면서 정신 없이 발로 뛰어다녀야 했을 것이다. 그리고 때로는 상대방의 수준에 맞춰 막무가내로 떼를 쓸 수밖에 없었을 것이다. 손에 넣을 수 있는 것이면 무엇이든 손에 넣고야 말았던 이들, 에너지 넘치는 그들의 수고를 우리는 어쩌면 충분히 인정하고 고마와하지 않았는지 모른다. 이제 무조건 '건수'만 올리는 때는 지났다. '떡 한 조각'을 얻어 내고 움켜쥐기에 급급한 시대를 넘어서서 제대로 된 떡을 우리 스스로가 만들어 가야 하는 시대에 접어들면서, 전세대 근대화 엘리트들의 노력을 새롭게 평가하고 반성할 작업을 해야 하겠다는 생각을 하노이에 와서 새삼스럽게 한다.

복도에는 차를 마시는 공간이 있고 나는 그곳에서 미적거리면서 자연스럽게 연구원들과 이야기를 나눌 기회를 만들었다. 한 명은 폴란드 유학생이며 세살 난 아이가 있고 오토바이를 가지고 있다고 했다. 집이 근처에 있고 점심 식사는 집에 가서 한다고 했다. 여기만 해도 시내와 달리 음식 파는 곳이 많지 않았다. 호치민시와 하노이가 많이 다르냐는 나의 물음에 그는 하노이는 역사의 전체적 흐름에 대해 많은 생각을 하는 편이지만, 사이공은 20여년 동안(1954-1975) 미국화되고 물질화된 반면 그런 역사 의식은 적다고 했다. 자기 생각으로는 자본주의화를 하되 인간적인 삶을 이루어 가려는 관심 아래서 해가야 되는데 그것에 대한 남북간 합의가 잘 이루어지지 않고 있다고 했다. 하노이 사람들이 사이공 사람들보다 외국인에게 친절하다고도 했다. 아마도 하노이는 이제 막 개방을 해서 그 개방의 기운과 함께 아직 외국인들과 상호 작용에서 직접적인 피해를 입지 않았기 때문일 거라는 생각을 혼자 했다.

막 대학을 졸업한 한 여성 연구원은 정치에는 관심이 없다면서 이렇게 말했다. "우리 소장이나 팀장은 그런 일에 관심이 많지만 우리 세대는 그런 것에 별 관심이 없어요. 나 자신을 어떻게 더 발전시킬 수 있을 것인지를 궁리해요." 중등학교에서 맑스에 관한 수업 시간이 따로 있었고 맑스와 헤겔을 비교하라는 시험을 친 적도 있지만 사회주의에 대해서는 그런 교과서 수준에서나 알고 있다고 했다 나중에 잘살게 되면 자기들의 사회주의적 과거가 알게 모르게 보다 인간적인 사회를 만들어 가는 데 도움이 될 거라고, 유럽 경제 공동체에서 지원한 프로젝트를 도와주러 잠시 왔던 영국인 연구원이 말해 준 적이 있는데 자기도 그런 정도로 생각하고 있다고 했다. 지

복도에 있는 차를 마시는 공간.
나는 그곳에서 자연스럽게 연구원들과
이야기를 나눌 수 있었다.
차 마시는 시간을 갖는 여유는
삶을 살아가는 데 꼭 필요한
여유가 아닐까?

금은 자신의 미래를 위해 실력 쌓기에 골몰할 뿐 딴 생각은 하지 않는다는 것이다.

연구원들은 모두 열심히들 일을 하고 있었는데 고위급 연구원들은 모두 동구권에 유학을 갔다 온 경력이 있는 이들이고 20대는 국내에서 대학을 다닌 사람들이었다. 연구소장은 17세 때 소련에 유학을 가서 공부를 했고 그 후에도 박사 학위를 받으러 가는 등 전부 14년간 소련에서 산 적이 있는 분이다. 베트남은 전쟁 중에 우수한 학생들을 사회주의권 국가, 주로 동독, 체코, 폴란드, 항가리, 북한, 러시아에 유학을 보냈다고 한다. 마치 우리들이 미국과 서구라파에 대거 유학을 갔듯이 …… 차이가 있다면 자본주의 사회에 간 유학생들은 스스로 학비를 벌기 위해 매우 고생을 하였을 것이나 사회주의권에 간 경우는 초대 국가의 지원으로 그런 고생을 할 필요는 없었을 것이다.

자신을 어떻게 더 발전시킬 수 있을 것인지 궁리하기에 바쁘다는, 대학을 갓 졸업한 신세대 여성 연구원. 자기 세대는 정치엔 별 관심이 없단다.

연구소의 작업 규모나 일하는 수준은 생각보다 약했다. 그러나 연구원 분위기는 상당히 자유롭고 활발했으며, 특히 소장이 들어온다고 긴장을 하거나 일어나거나 하지 않았고 매우 자연스럽게 농담을 주고받는 것을 보면서 그곳의 문화가 우리보다는 훨씬 덜 위계적임을 알 수 있었다. 덜 위계적이라는 것은 그만큼 일사 분란하게 움직이지 못한다는 것을 말하기도 하지만, 장기적으로 볼 때 일사 분란한 것은 위험하다. 이제까지 우리나라의 산업화가 유교적 권위주의와 일본식 군사 문화를 바탕으로 이루어진 것이며, 따라서 창조적이고 유연한 사람들이 필요해지는 단계에 들어서면 이것이 커다란 방해가 될 것이라는 점을 항상 기억해야 할 것이다.

나는 적어도 인간 관계 유형에서는 베트남 문화가 매우 가족 중심적이고 유교적이라는 말을 들었기 때문에 이러한 인간 관계의 비서열성은 매우 뜻밖의 것이었다. 이 자유로움은 어디서 오는가? 사회주의적 실천의 효과인가? 이쪽 지역 기후가 주는 낙천성과 유교에 비해 비세속적이고 윤회적인 불교적 세계관이 작용한 걸까? 중

식민 종주국이었던
프랑스 대통령 미테랑의
방문을 알리는 간판.
과거는 깨끗이 잊혀진 듯하다.

앙 집권적 전투가 아닌 지역 중심의 게릴라식의 전투 경험과도 관련이 있는가? 나는 이런 의문을 마음에 두고 관찰을 더 하기로 했다.

연구소장은 내일 프랑스 대통령 미테랑이 온다면서 과학 기술 장관이 연구소를 방문하게 될 것이라고 했다. 프랑스 대통령이 해방 이후 처음으로 공식적으로 이곳에 온다고? 나는 잠시 흥분했다. 어떤 감상적 재결합 장면이 연출될까? 그런데 그런 것이 아닌 모양이었다. 그는 베트남이 매우 어려웠던 시기인 지난 10여 년간 베트남을 가장 잘 이해해 주고 도와준 나라가 프랑스였다고 했고 그들이 자신들을 지배했던 식민 통치국이라는 점에 대해서는 까맣게 잊은 듯했다. 생각하기에도 자존심 상하기 때문인가? 아니면 프랑스 이후에 있던 미국과의 전쟁, 그리고 중국과의 갈등 등 여러 열강들과 그만큼 복잡하고 많은 사건이 일어났기 때문에 뒷전에 밀려나 버린 건가? 베트남은 그 동안 그들이 강조해 온 정치 중심적 시각을 경제 차원의 시각으로 크게 열어 가고 있다. 그들은 그 시각을 문화 차원에까지 확대해 열어 갈 수 있을까?

두번쨋날 오후

나는 외국 여행을 할 때 한 가지 원칙이 있는데 그것은 여러 도시를 돌아다니지 않는 것이다. 적어도 닷새 정도는 있어야 한 도시의 느낌을 가질 수 있다는 것이 내 지론이다. 여행 첫부분에 대략 도시 전체를 돌아보는 이른바 '시티 투어', 도시 관광을 간다. 우선 그것의 전체적 윤곽을 잡을 수 있으며 동시에 그곳 여행사들이 조직하여 보여 주는 시티 투어의 방식에서 그 나라에 대한 많은 것을 읽어 낼 수 있기 때문이다. 그런데 하노이에는 아직 그런 관광 프로그램은 조직되어 있지 않았다.

연구소에서 오전을 보낸 뒤 오후에 한 연구원의 안내로 역사 박물관을 보러 갔다. 대중 교통 수단이란 특별히 불

러야 오는 여행자용 택시와, 일반 서민용으로 자전거 앞에
탈 자리를 만들어 손님을 태우는 시클로라는 전근대적 교
통 수단밖에 없어서 연구소에서는 여행 기간 내내 차를 빌
려 주었다. 나는 여행을 가면 가능한 한 그곳의 대중 교통
을 사용하는 것을 원칙으로 하고 있으나 이곳 상황에 익숙
해질 때까지는 자동차를 빌려 타기로 했다.

자신의 집안이 무사 집안이라는, 베트남의 옛수도 휴
이에서 태어났다는 이 연구원은 소련에 유학을 한 경험
이 있는 30대 후반의 남자로, 최근에는 프랑스에도 다녀
왔다고 한다. 전쟁 중에 — 북베트남 소속이었음에도 —
〈미국의 소리〉를 듣고 배웠다는 영어 실력도 아주 훌륭
했다.

그는 자기 사회에 대해 다음과 같이 말했다. "서구인
들이 와서 우리 사회를 보고 '모든 불가능한 것이 가능
한 곳'이라고 말하죠. 뒤죽박죽이 된 사회, 자전거와 오
토바이와 자동차가 마구 차선을 어기면서 다니는 곳. 영
국식으로 좌행하다가 불란서식으로 우행하다가 보니 그
렇게 된 것인지 ……" 그래서 이런 곳에 사는 자기들을
대단한 적응력을 지닌 민족이라고 했다. 부끄러움도 자

부심도 담기지 않은 담담한 목소리로 …… 나는 서양 사
람들이 이와 똑같은 표현으로 우리나라를 언급하는 것을
여러 번 들었다. 식민지적 사회가 갖는 공통점, 뒤죽박죽
상태라는 규정, 어떤 기준에 의해 우리는, 또는 베트남은
뒤죽박죽일까? 뒤죽박죽된 상태를 정리하려면 어떻게 해
야 한다는 것일까? 서양 같은 사회를 만드는 것?

자전거 앞에 탈자리를 만들어
손님을 태우는 시클로라는 전근대적
교통 수단이 공공 버스나 택시가 없는
이곳에서는 여전히 편리한
주요 교통 수단이 되고 있다.

혼돈이란 결국 이해되지 않는 수준의 질서로도 볼 수
있다. 감당하지 못할 큰 충격을 받는 사람이 어떻게 뒤죽
박죽된 자기 자신을 추스려야 할지 모르듯, 한 사회도
그러하다. 하여간 뒤죽박죽 사회에 산다는 면에서 베트
남과 우리나라는 한 배를 타고 있는 것은 분명한 사실이
고, 이 뒤죽박죽의 상태는 결국 자신의 시선에서 풀어 가
야 한다는 점 역시 우리가 명심해야 할 점이다.

역사 박물관을 돌아보면서, 특히 중국의 침략으로부터

나라를 지키려 했던 때의 유적을 돌아보면서 그는 자기 의견을 말해 주었다. 자신들의 전쟁은 사회주의를 지키기 위한 전쟁이 아니었다는 것, 신식민지적 지배를 벗어나기 위한 해방 전쟁이었다고 말했다. 그 과정에서 공산주의 이데올로기가 상당히 매력적인 무기가 되어 준 것은 사실이라고 했다. 미소 양대 제국주의의 작용이 이 전쟁과 밀접한 관계가 있지 않는지? 따라서 베트남전은 안에서 생각하는 것처럼 그렇게 단순하게 보기는 어렵지 않은지? 나는 열강들의 실제적 역학 관계에 그가 얼마나 비중을 두고 있는지 묻고 싶었지만 웬지 말이 나오지 않았다. 인류학쟁이가 되다 보면 자신이 알고 싶은 정보를 얻기 위해 분위기를 깨는 짓을 해야 하지만 나는 차츰 그것을 하기가 꺼려진다. 해방 전쟁은 필요했고 많은 피를 흘렸지만 피할 수 없는 것이었다면서 이제 정치적 독립을 이루었으니 경제 개발에 힘써야 한다고 그는 결론을 지었다. 그렇다. 결국 가장 중요한 것은 그들 자신이 자신의 피홀림에 대해 내리고 있는 해석일 것이다. 그들은 자신을 지켜 내는 데 성공했고, 그 결과가 산업화에 뒤지는 '저개발'이었다 해도 그것은 부차적인 문제라고 당당하게 생각할 수 있다면 그들은 자신의 다음 번 문제를 또한 당당하게 풀어갈 것이 아닌가?

5년 전부터 '도이모이'라는 개방 정책을 펴기 시작했고 개방의 물결은 도처에 가득하다. 2-3년 전에 소련의 원조가 완전히 끊겨서 매우 힘들었지만 그래도 미리 개방을 하고 준비를 제대로 한 셈이어서 쿠바와 같이 되지 않고, 이제는 어려운 고비는 넘겼다고 다행스러워 했다. 쌀, 커피, 그리고 수산물을 많이 수출하고 있고 시장 활동이 급속하게 활발해지고 있다면서 자신감을 드러냈다. 동구권의 몰락을 보면서 자기들은 너무 급한 산업화는 위험하다는 것을 잘 알고 있다고 했다. 그 역시 남쪽에 있는 사람들이 너무 경제 개혁을 서두르고 있어서 걱정이라고 했지만 대체로 그는 낙관적으로 내다보고 있었다. 북쪽에는 전기(수력 발전)가 남아돌아서 전기가 모자

시클로 기사는 괜찮은 직업이다. 어울려 놀면서 쉬엄 쉬엄 일하고 외국인에게는 '바가지'를 씌운다.

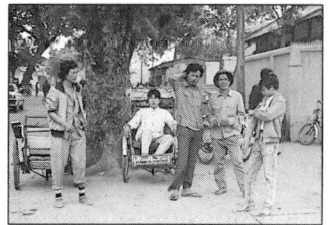

라는 남쪽으로 보내는 파이프를 깔고 있는 중이라면서 그런 식으로 남북 협력의 기반이 다져지고 있다고도 했다. 외국 투자가 사이공에 몰리는 것은 단순히 그곳 주민들이 영어를 잘하고 체제가 잡혀 있기 때문이기도 하겠지만 우파가 잘되기를 바라는 그쪽 사람들의 심리도 약간은 작용할 거라고 지나가는 식으로 언급했다. 아직도 이데올로기는 작용을 하고 있는 것이다.

　새로운 개혁을 추진하는 지금의 상태에서 정치적이 된다는 것은 공산당과 멀어지는 것을 의미하며 공산당과 관계를 끊었다가 서서히 새로운 목소리를 만들어 가게 될 것 같다고 연구원은 내다봤다. 하여간 "해방했으니 이제 이데올로기가 별 필요없다"는 말이 뇌리에서 사라지지 않는다. 그는 자신들의 해방 전쟁의 경험이 앞으로의 역사에서도 중요하게 살아남을 것이라는 말을 또한 남겼다. 민족과 계급, 그 묘한 관계는 아직 선명하게 밝혀지고 있지 않으며 특히 현실에서는 더욱 그러하다. 그래선지 그들은 과거를 잠시 덮어두기로 한 것 같았다.

　베트남의 역사 박물관은 아주 조그맣고 도자기 등 우리나라에서 볼 수 있는 것과 비슷한 물건들이 전시되어 있었다. 대강 구경을 하고 소수 민족에 대한 그림과 자료를 전시하고 있는 미술 박물관에 갔다. 이 박물관 역시 별로 볼 것이 없었다. 소수민에 대한 체계적 자료가 별로 없고 그들을 그린 그림이 주를 이루고 있다는 점이 특색이라면 특색일지 …… 박물관의 소장품의 질과 양은, 특히 근대사에서는, 국력과 비례한다는 사실을 나는 잠시 잊고 있었던 것이다.

　베트남이 우리와 다른 점 하나를 든다면 이 나라에는 소수 민족이 있다는 점일 것이다. 여기에는 60여 개의 소수 종족들이 살고 있고 그들이 전체 인구의 15% 정도가 된다고 했다. 이들이 동구라파에서처럼 정치적 불안 세력이 될 가능성도 있으며 그 중에 100만 정도의 중국인이 있는데 상권을 쥐고 있는 편이고 이것 역시 앞으로 문제의 소지가 될 수도 있다고 했다. 국제화 시대로 들어

베트남은 유교적 전통이 강한 나라이다. 공자를 모셔둔 문묘가 그대로 보존되어 있다.

서면서 화교들의 역할은 더욱 비중을 띠게 될 것이 분명하니 이제 그들을 '고향을 잃은 사람'으로 간주하는 차원은 벗어나야 할 것이라는 생각을 나 혼자 했다. 그들은 지금 급격하게 이루어지고 있는 세계 시장 안에서 활발하게 뛰고 있다. 그들이 돈만 버는 화교가 아니라 새로운 공동체적 사회를 만들어 가는 데 나름대로 긍정적 역할을 할 수 있도록 그 존재를 새롭게 부각시킬 필요가 있다는 생각이다.

공자를 모셔 둔 문묘가 근처에 있다기에 가 보았다. 베트남이 유교 문화를 얼마나 받아들였는지가 늘 나의 관심사였던 만큼 이곳을 방문하는 것은 의미 깊은 일이었다. 〈대성전〉이라는 한문이 새겨진 문이 시내 중간에 우뚝 서 있고, 입구에 들어서자마자 과거 급제한 사람들의 이름을 새겨 둔 돌비석들이 줄이어 있었다. 적어도 유교식 관료 체제가 채택되었던 역사의 한 면을 보여주는 분명한 사적이다. ㄷ 자 건물과 그 사이의 넓은 공간은 여느 대성전과 다름이 없는 구성을 가지고 있었다. 그런데 막상 중앙 건물에 들어서니 마치 석가모니불을 모셔 둔 것과 같은 큰 좌상이 모셔져 있다. 건물 치장도 화려하고 향을 피우라 했다. 모든 형태의 신비주의적 면을 배제하려 했던 우리나라 유교에 비해 훨씬 종교성을 유지하고 있다는 느낌을 강하게 받았다. 우리처럼 유교가 유일한 권위를 누린 것은 아니었던 것 같고, 그저 통치 집단 차원에서 여러 전통 중의 하나로서 받아들여졌다는 인상을 남긴다. 실제로 하노이에는 여러 형태의 절이 있었으며 문묘는 그 중의 하나라는 생각을 하게 한다.

저녁에는 시장에 들렀다. 시장은 그 사회에 대해 많은 것을 말해 준다. 시장 입구에 백열등이 화려해서 가보니까 우리나라 도깨비 시장과 같이 서양 물건을 파는 가게가 즐비하게 서 있었다. 초콜릿이며 술이며 땅콩이며 미제가 많았다. 작년에 베트남을 다녀온 친구가 베트남은 60년대 부산과 흡사한 분위기라고 했던 말이 생각났다. 선원들이 올 때 이런 저런 것들을 가져와 돈을 버는 것

공자 문묘의 큰 좌상.

일까? 물건이 귀한 상태에서 이런 물건들은 어떤 상징성을 가질까? 나는 어릴 때 부산에서 살았는데 병원에 가서 주사를 맞고 올 때면 어머니를 졸라 꼭 그런 식으로 초콜릿과 파인애플과 술을 쌓아 놓은 가게에 들러 초콜릿을 사먹었었다. 그리고 그 물건은 참으로 오랫동안 내게 선망의 물건 중 하나였던 것 같다. 도깨비 시장의 물건들은 아마도 많은 사람들의 머리 속에 오래 남아 있는 상품들일 것이다. 텔레비전 광고 이전에 물건 자체로 광고가 되는 그런 직접적 상품 광고!

도깨비 시장 물건 외에 시장에는 주로 생선과 채소, 과일 장수들이 많았는데 적극적으로 물건을 파는 그들의 모습을 보면서 이곳에 이미 시장 경제가 자리를 잡고 있고 앞으로 아주 빨리 확장할 것이라는 것을 직감적으로 느꼈다. 자본주의 정신이 이미 뿌리를 내리기 시작했다고 할까?

이곳은 지금 한창 삶의 많은 부분이 밖에서 이루어지고 있기 때문에 거리를 그냥 이리저리 쏘다니는 것만으로도 많은 것을 알게 된다. 안방과 사랑방을 다 열어젖히고 사니까 더욱 그렇다. 긴 전쟁에서 살아남은 기쁨과, 모두가 같은 선에서 출발하여 보다 나은 삶을 만들어 가려는 새로운 기운이 곳곳에 충만하다. 이들에 비해 생계가 확보된 선진 자본주의 사회에 사는 사람들은 얼마나 사는 것에 쪼들리고 있는지? 역시 인간의 삶은 동기와 욕망의 차원이 매우 중요하다는 것을 다시 한번 절감한다.

자본주의화를 옹호하는 쪽이나 자본주의를 변혁하자는 쪽에서나 다 같이 강조해 온 물질적 평등, 부의 분배를 통한 평등 사회의 실현이라는 목표는 지나치게 편협했던 것이 아닌가? 거대 규모의 사회에서 노동에서 소외되지 않는 삶이란 얼마나 어려운가? 그럼에도 불구하고, 일과 삶이 그렇게 양분화되지 않는, 보다 전인적인 발전의 차원에서 근대성의 문제는 다루어져 왔어야 했던 것이 아닌가?

위 ─ 시장 입구에는 우리 나라 도깨비 시장과 같이 서양 물건을 파는 가게들이 즐비하게 늘어서 있다.
아래 ─ 과일 가게.

2월 10일 여행 세번쨋날

식민지 시대 영화를 자랑하는 성당의 문은 굳게 닫혀 있다. 성당 앞은 새벽부터 아이들의 놀이터가 된다.

언제나 개발 도상국에 가면 아침 거리에서 깨어나는 생명의 소리를 듣는 듯한 느낌에 젖는다. 그래서 아침에 오래 산보를 하게 된다. 18,9세기 쯤에 지었을 법한 천주교 대성당은 시꺼멓게 때가 끼어 있었다. 서유럽에 서 있는 성당과 매우 흡사한 모습이지만 이 성당은 상당히 다른 운명에 처해 있는 것이다. 서유럽에서는 엄청난 돈을 들여서 성당의 때를 닦아 내고 내내 보수 공사를 하지 않는가? 그리고 때마다 성대한 음악 미사를 드려 여행객들을 끌어들이고 돈도 번다. 그런데 이 성당의 문은 굳게 닫혀 있다. 경제력이 높아지면 이 성당이 새로운 관광 명소로 부각이 될건지, 아니면 불란서 식민지 역사를 한 눈에 보여 주는 박물관으로 변신을 할지 ……

나는 오전에 〈사회 과학 여성 연구소〉에 들렀다. 부소장과 통역하는 연구원이 기다리고 있었는데, 내가 묻는 말에 답하기보다는 자신들이 준비해 놓은 틀에 박힌 브리핑을 해주었다. '관리'들의 뻔한 이야기는 늘 나를 질리게 한다. 그리고 제3세계 근대화 과정에서 관리들의 역할에 회의를 품게 한다. 대개 이들은 외국에서 원조가 오는 것에 따라 일하기 때문에 문제 의식도 이미 외부에서 규정되어진 틀에 맞추어져 있다. 물론 연구비를 주는 곳에서도 자신들이 생각했던 식의 연구 계획서가 들어와야 지원을 하니까 실제 삶에서 문제되는 것, 앞으로 문제가 될 것들을 효과적으로 집어 내지 못하는 것이다. 지금 이 연구소에서는 여성과 노동 문제를 가장 심각한 사안으로 다루고 있으며 특히 농촌에서 집단 농장이 없어지고 가구별 토지 소유화가 되면서 과중해진 여성의 노동량을 줄이는 문제가 시급한 과제라고 했다. 국가 보조가 줄어들면서 교육비가 많이 들게 되어서 여성들이 쉴 새 없이 일을 한다는 것이다. 어떻게 그들에게 그만 일하라고 할 수 있을까? 참으로 풀기 어려운 문제를 다루고 있다.

여성 문제는 심각하지 않다면서 유명한 여성 작가나 농업 종자 개발로 상을 받은 모범 사례를 늘어놓았다. 마침 그곳에서 나온 잡지에는 로맨틱 러브에 대한 기사가 실려 있어서 주의 깊게 보았더니 최근에 젊은이들이 너무 현실적으로 되어서 낭만적 사랑을 하지 않는다면서 그렇지 않았으면 좋겠다는 내용이었다. 낭만적 사랑은 근대화의 주요 각본이 아닌가? 여기에도 예외없이 남녀 간의 사랑이 논의의 주제로 부각되고 있는 것이다. 나는 통역하는 연구원에게 낭만적 사랑이란 급격한 도시화와 산업화 과정에서 부각되는 것으로 그것에 대한 집착과 그것에 갖는 환상적 효과가 다른 많은 인간 관계를 무가치하게 만들고 결국 우리들의 삶을 황폐하게 만들어 버리는 결과를 초래하기도 한다는 말을 했다. 그런데 그는 그런 분석에는 별로 관심이 없었다. 오로지 여성의 노동 문제가 자기들의 관심사라고 했다. 앞의 글에서 우려했던 것과는 달리 이곳은 앞으로 한참 로맨틱해질 것이다. 물질적인 것에 집착하면서 단 한 사람의 영원한 짝만 있으면 영원히 행복해질 것이라는 신화가 무성하게 퍼질 것이다.

호치민 기념관에 단체 참배하러 온 국민학교 어린이들. 영웅이 오랫동안 영웅일 수 있는 나라가 부럽다.

오후에는 하노이 대학에 갔다. 낡은 건물이었다. 보수가 제대로 되어 있지 않았고 창문과 문이 쇠막이가 되어 있어서 좀 음산한 느낌이었다. 학생들은 한산하게 캠퍼스를 거닐고 있었다. 전산학과 교수들이 모두 모여 우리를 맞이했다. 한 젊고 인상이 좋은 교수가 자기 과를 소개하더니 우리에게 단도 직입적으로 유학생을 보내고 싶은데 도와줄 수 없느냐고 물었다. 자기들은 전쟁 중에 고등학교를 졸업한 우수한 학생들을 외국에 유학을 보내 학문의 수준을 유지해 왔는데 최근 동구권의 몰락으로 그런 길이 끊겼다는 것이다. 유럽의 여러 나라에서 학생들을 데려가고 있지만 자신들이 보기에 상당히 좋은 경제 발전 모델인 한국에 가서 배워 올 수 있으면 아주 좋겠다는 것이었다. 그는 한국이 선박 산업에서부터 골고루 균형 있는 산업 발전을 한 나라이며 대만이나 싱가폴과는 달리 큰 나라이기 때문에 자기들에게는 가장 이상적인 모델이라 생각한다고 했다. 인구도 자기들과 비슷하게 6천 5백만 정도 되고 ― 남북 합하면 ― 문화적으로도 공통점이 많아서 더욱 한국에 끌린다는 것이었다. 그러니 한국에 있는 대학에서 장학금을 주어서 학생들을 훈련시켜 줄 수 없겠는지 물어 왔다. 그 말을 듣고 나니까 나는 갑자기 하노이에 들어오면서 내내 쫓아 있던 기분에서 풀려날 길을 알아낸 것 같았다. 그렇다. 유학생들을 많이 받아들이는 일을 도와야겠지.

이것은 정부나 우리나라 대학에서 마땅히 추진해야 할 일이다. 우리는 언제까지 받는 것만 생각하고 살까? 잘살게 되었으니 자선을 베풀자는 말은 물론 아니다. 앞으로 어차피 한국 기업이 많이 들어올 것이라면 그것을 준비하는 뜻에서, 그리고 현대사에서 베트남과 맺은 관계의 면에서 우리는 우리 몫을 정당하게 해내야 한다는 생각이다. 동시에 외국과의 교류가 매우 적은 우리 사회의 문화적 성숙을 위해서도 교환 학생 제도는 두 나라 모두에게 매우 좋은 효과를 가져올 것이다.

함께 좋은 방법을 찾아보자면서 나는 또 한번 내가 가지고 있는 강박 관념을 드러내는 질문을 던졌다. 그렇게 많은 유학생을 보내 그들에게 학문을 맡긴다면 국내 학문이 황폐해지지 않겠느냐고, 그보다는 자체내 사람을 기르는 체제를 마련하는 것이 더 시급하지 않느냐고 물었다. 우리나라의 식민지적인 학문 풍토의 예를 들면서 학문적 독자성의 문제에 대해 이야기했다. 그는 이번 세대가 세계 각국에 가서 최첨단 학문을 배워 오고, 그 동안 경제가 좀 일어서면 세계 각지에서 돌아온 학자들이 협력하여 국내 학문을 크게 일으키게 될 것이라고 했다. 그들이 정치적 독립을 위해 전쟁에서 보여준 것처럼 다음 세대에 가서는 학문적으로 해방을 이루어 낼 수 있기를 바라면서 대학을 나왔다. 러시아 유학을 갔던 러시아인처럼 생긴 교수, 헝가리에 유학을 갔던 헝가리적 인상을 풍기는 교수, 폴란드로 유학을 갔던 폴란드적인 교수

호치민 시에는 외국인 상사 주재원이나 방문객이 갑자기 늘었다. 호치민 기념관 앞에서 한 아이가 자신은 전쟁 고아라면서 외국인에게 팜플렛을 강매하고 있다.

들과 각각 악수를 나누면서 그들의 개성이 자기 학문의 바탕으로 녹아 드는 때를 생각해 본다.

저녁에 중심가를 돌아보았다. 산업화를 막 시작하고 있는 이 젊은 나라는 청년들의 세상이다. 북소리가 나기에 무슨 큰 볼거리라도 있을까 하고 들렀더니 야간 영어 학원의 종소리였다. 낮에는 학교, 밤에는 학원이라는 것인데 성황을 이루고 있었다. 석 달의 학비가 1,500원 가량이고 일주일에 세 번, 하루에 두 시간씩 영어 공부를 한다고 했다. 이런 학원이 하노이에만 21개가 있고 성업 중이라고 했다. 일본어와 영어가 인기라 했다. 학생들이 갑자기 나를 에워싸더니 영어 선생을 데려왔다. 30대 여성인 이 영어 선생은 정말 영어를 못했다. 그러더니 또 교장 선생에게 우리를 데리고 가서 차를 내왔다. 교장 선생님은 영어를 전혀 못했다. 어리둥절해 있는데 이제 교실에 들어가서 영어로 아무 이야기나 좀 해달라고 했다. 인류학자에게는 참으로 좋은 기회가 아닌가? 그러마고 교실에 들어갔는데 8세부터 20여세에 이르는 또래의 남녀가 30명 가량 흩어져 앉아서 책을 따라 읽고 있었다. 이들은 회화를 하고 싶어했고 그래서 나는 내 소개를 천천히 하면서 질문을 받았다.

야간 영어 학원은 늘 붐빈다. 영어 공부뿐만 아니라 청소년들의 사교 장소이자 놀이 장소로서 '근대적' 활동들이 일어나는 새로운 공간이다.

여기 저기서 앞으로 시장 경제 사회에서 살아남을 듯한, 살아 남을 뿐만 아니라 크게 성공할 듯한 진취적이고 악바리 같은 아이들이 다투어 질문을 해왔다. "네 이름이 뭐냐?" "베트남을 어떻게 생각하느냐?" "나이가 몇살이냐?" 영어 공부할 때 으레껏 하는 질문들. 이들은 열성과 진취성, 그리고 자기 과시력으로 이 경쟁에서 살아 남을 것이고, 이들이 이루어 낸 부와 지위가 2대까지 이어지면 그 집안은 중산층이 될 것이다. 그리고 그것이 3대까지 이어지면 그들은 귀족 흉내를 내기 시작할 테지. 지금 우리나라 어머니들이 하듯 결혼식에서 혼수를 자랑하며 자기 과시에 바빠질 것이다. 아니, 베트남은 그런 식의 근대화를 하지 않을 수 있기를 바란다.

한 5분 지나니까 교장 선생님이 와서 이제는 그만하

전통적인 행상을 하는 여자들. 본격적인 자본주의화가 이루어지기 전에는 어디를 가나 강한 생활력을 느끼게 하는 여자들이 눈에 띈다. 여자는 전근대적인 일을, 남자는 근대적인 일을 맡게 되는 것도 한결같이 나타나는 '보편적' 현상이다.

고 옆 교실에 가라고 했다. 열 개의 교실이 있으니 공평하게 하라는 지시인 셈이다. 이런 식으로 임시 교사를 변통을 하는 모양인데 나는 세 교실에 들어가고 나서는 목이 아파서 그만 하였다. 학생 중에는 내가 묵는 호텔의 종업원도 있었다. 이런 야간 학원은 영어 공부뿐만 아니라 청소년들의 사교 장소이자 놀이 장소의 역할을 하는 면에서 중요한 공간이다. 또래끼리 모여서 지낼 수 있고 또 연애 상대자를 만날 수 있는 곳이기도 해서 젊은이들 사이에는 인기라고 했다. 칠판은 사용하기 힘든 수준의 질 나쁜 것이었지만 책상과 걸상은 좋았고 천정이 높은 교실은 아주 넓었다.

이 열심히 공부하는 학원 바로 이웃에서는 춤음악이 확성기를 통해 흘러 나오고 있었다. 〈키쿠〉라는 일본 음식점과 맞붙어 있는 새로 지은 원형 건물에서 흘러 나오는 음악이었는데 바로 디스코텍이었다. 입장료는 우리 돈으로 1,000원이고 맥주가 한 캔에 2,000원인데 국내산은 없고 외국산만 판다고 했다. 벤드의 연주 실력은 형편이 없었고 복장도 후줄그레했다. 실내 디자인도 디자인이려니와 조명이 어두워 제대로 볼 수가 없었다. 여자들이 화장을 하고 한쪽 구석에 진을 치고 있었는데 9시가 되자 젊은 청년들이 너댓 명씩 몰려왔다. 아까 영어 학원에서 본 아이들과 별 구별이 없는 청년들이었다. 어디서 그런 돈이 나와서 이런 곳에 오는 것인지, 그리고 그렇게 신나게 춤을 추지도 않으면서 이런 어두컴컴한 곳을 찾아오는 것은 무엇 때문인지 생각해 보았다. 여자끼리, 또는 혼자, 또는 남녀가 무대 위로 몰려가서 춤을 추었다. 나는 사실 여행객들이 많이 올 것으로 생각을 했고 또 이런 곳에 나오는 여자들을 관찰할 생각으로 온 것인데 이 곳은 여행객들이 가는 '고급' 집은 아니었던 것 같다. 대부분이 하노이 청년들로, 지금 우리나라에서 떠들고 있는 이른바 '오렌지족'격에 해당하는 집단일까?

이들은 차차차니 록큰롤을 추면서 자신들이 새로운 감각을 가진 세대임을 과시하고 싶어하는 듯했다. '다름'을 과시해야 하는 세대. 서양화와 상승 욕구가 강한, 아니면 저항감이 강한? 왜 하필 이렇게 어두운 곳에서 서양 음악을 듣고 서양 춤을 추는 것이 신세대의 상징이 되어야 하는 건지, 또 원산지에서는 그렇지 않은 문화적 놀이가 수입되면서 더 음침해지고, 천박해지는 이유는 무엇인지? 분명 정부의 규제나 기존 문화의 보이지 않는 압력 때문일까? 좀더 개방적이고 융통성 있게 젊은이들을 위한 새로운 공간을 만들어 낼 수는 없을까? 이것은 우리 나라를 포함하여 급변하는 제3세계 나라에서 아직 해결되지 않고 있는 문제다.

하노이에는 다른 것에 비해 음식업이 상당히 성하다. 아기들의 이유식까지 만들어서 판다. 기후가 따뜻한 탓인지, 가사 노동을 공공화하려 한 사회주의의 영향 탓인지 잘 모르겠지만, 어쨌든 거리에서 손쉽게 식생활을 해결할 수 있는 것이 사실이다.

2월 11일 여행 네번쨋날

연구소 비서가 체류 허가서를 받으러 여권을 가지고 가서는 아직 허가가 나오지 않은 바람에 환불도 여태 하지 못했다. 그런데 이해 안가는 부분은 미국 달러가 어디서든 통한다는 것이다. 대략 일만 '동'이 일 달러인 셈인데 어디서든 달러를 받았다. 돈 바꾸는 일을 어떻게 할지 몰라 호텔 종업원에게 물어보고 있는데 지난 주에 서울을 다녀왔다는 호텔 투숙객이 말을 걸어왔다.

사회 심리학자이며 19년 전 사이공이 함락되기 전에 사이공을 떠나서 미국에서 살고 있다고 자기 소개를 했다. 기독교계 단체에서 고아 입양 일을 추진하고 있다고 했다. 한국도 그 일로 갔었다 한다. 스스로를 '옛날-애국자'라고 하는 그는 사이공이 더 재미있는 곳이라고 하면서 하노이는 놀러 갈 곳이 없다고 불평을 했다.

그는 베트남이 미국을 죽자사자 몰아내 놓고는 이제 달러를 자기네 돈으로 쓴다고 미국인들이 비웃는다고 말했다. 글쎄다. 달러를 쓴다고 해서 미국 경제에 종속되었다는 것은 아닐테고 이때의 달러는 그냥 세계적으로 가장 편리하게 유통되고 있는 화폐이기 때문이 아닌가? 아직 미국은 이곳 시장에 공식적으로 들어와 있지는 않고

홍콩 영화가 주를 이루는 비디오 가게. 이곳에는 텔레비전 방송국이 하나밖에 없다. 텔레비전 방영이 겨우 시작된 지금, 동시에 비디오와 노래방도 수입되어 대중 매체 문화는 상당히 복합적 양상을 보인다. 문화 식민주의적 현상이 가속화된다고도 할 수 있겠다.

있다. 그러니 달러 사용을 그런 식으로 해석할 수는 없을 것이나 하여간 왜 미국 달러를 그렇게 자연스럽게 쓰는지는 내게 여전히 의문으로 남아 있다. 경제학자에게 물어 보면 답이 나올지 ······

그는 사이공은 곧 방콕처럼 될 것이라고 했다. 환락의 도시, 여자 몸을 팔고 유흥업으로 큰 돈을 버는 곳. 그는 타일란드는 한번도 식민지가 된 적이 없지만 독립이라는 단어가 우습게 들릴 정도로 너무나 서구화되어 버렸다고 했다. 그는 베트남 전쟁 때 백만 이상이 외국으로 갔고 백만이 죽었다고 말하면서 2백만 정도만 남았는데 그 남은 인구는 어려서 전쟁에 대한 기억도 없고 별로 아는 것이 없다고 했다. 서양물을 좀 먹었기 때문에 자기들이 북쪽보다 빨리 개방을 할 수 있다고 생각하고 있는 것도 문제라고 했다. 그는 사이공을 이런 식으로 표현했다. "마치 19년 동안 갇혀 있다 풀린 개 같아요. 미친 듯이 날뛰지요. 정치적 지식인은 다 떠났고 ······" 내가 유도 신문을 하니까 그는 말했다. "그래요. 나 같은 사람들을 다시 불러들여야 하지요. 경험이 있고 옛날에 애국자였던 우리 같은 사람들을 불러오는 정책을 적극적으로 펼치는 것이 좋겠죠. 지금 고위 관직에는 남쪽 출신이 거의 없어요. 그러니 남쪽에서는 불만이 있죠. 남쪽 출신이 부총리인데 여자예요, 실권은 없죠." 그는 지금 많은 젊은 이들이 호치민시로 직장을 찾아간다고 했다. 통일을 하고 나도 갈등은 오래 남는다. 결국 어떤 식으로 연방제를 할 것인지, 전라도와 경상도의 지역 문제 역시 통일의 문제와 연결되어 있는 것 아닌가?

입국 첫날 여행 허가 신청을 한 것이 드디어 3일만에 허가서가 나와서 여권을 찾아 돈을 바꾸러 갔다. 관공서인 파출소와 은행은 역시 거대한 건물이었다. 높은 천정이 압도하는 그런 근대 건물 속은 어두웠다. 환불하는 곳에는 한 명이 하고도 남을 일을 네 명이 잡담을 하면서 시간을 끌며 하고 있었다. 돈을 세다가 서로 이야기를 하는 것을 보고 함께 간 연구소 비서가 몹시 분개했다. 이 새로운 세대는 효율성이 무엇인지를 알고 있기 때문에 그런 것을 참아 낼 수가 없는 것이다. 자신은 놀면서 쉬엄쉬엄 일하는 그런 사람들을 보면 참을 수 없다고 했다. 300불 정도 바꾸었는데 2백 몇십만 원이라 돈 다발 뭉치가 8개나 되었다.

돈을 바꾸고 호치민의 시신을 모셔 둔 모즐렘에 갔다. 11시가 아직 안되었는데 점심 시간이라고 밖에서나 구경하라고 했다. 할수없이 바깥 구경만 하였는데 시골에서 국민학교 어린이들이 여행을 와서 놀고 있었다. 공주 드레스를 입은 여자 아이, 특히 눈에 띄는 것은 여자 아이들이 덕지덕지 분을 발라 화장을 한 점이다. 아침이면 사람들이 길게 늘어서서 참배를 한다고 하는데 그는 정말 모든 사람의 존경을 받고 있는 듯했다. 영웅을 영웅으로 남겨 두는 나라가 좋은 나라가 아닐까? 모택동도 언제까지나 존경을 받을 존재인 듯한데 그러면 김일성은?

시장에 가서 쌀국수를 먹었다. 아주 별미이다. 점심 식사 후에 기차를 타겠다고 우겼는데 절차가 복잡하고 기차가 낡아서 타보는 것은 위험하다면서 차를 타고 근교에 있는 오래된 성곽을 둘러보고 절에 갔다 오라고 했다. 확실히 공중 교통망이 제대로 되어 있지 않다는 것을 알 수 있었다. 그래서 교외로 나갔다. 농촌은 생각보다 잘살고 있었다. 우리는 고대 한사군 때 전설과 비슷한 이야기를 가진 성곽과 절을 둘러보았다. 절을 지키는 마을 어른은 경건하고 성실했다. 마을에서 일 년에 한 명씩을 뽑아서 그 절을 지키게 한다는데 그는 그 일을 어느 성직자 못지않게 성심으로 수행하고 있었다. 우리나라의 사당지기와 비슷한 인상. 어른이었다. 이 어른의 존재는 베트남이 우리와 같이 혈연에만 집착하는 사회가 아니라 '마을 단위'가 매우 중요했던 지연 사회의 일면을 강하게 지녀 왔다는 사실을 암암리에 일러주는 것 같았다. 그리고 바로 이 점에서 그들은 끈질기게 전쟁을 이어갈 수 있었던 것이고 …… 유교 문화권 중에서 한국이 혈연을, 일본이 지연을 중시해 온 사회라는 이론을 받아

하노이 교외에 있는 오래된 절과 절을 지키는 마을 어른.
팔팔한 사람은 도시로 다 빠져 나가고 나이든 노인들만이 마을을 지키고 있다.

전설에 나오는 고대 왕의 초상.
마을 사람들은 개인적, 가족적
또는 마을 차원의 행운과 안녕을
빌러 이곳을 찾는다.

들인다면, 근세사의 방향이 매우 달라서 그렇지 체제적으로 베트남은 오히려 일본에 가까운 모형일 것이라는 생각을 하게 된다.

이 절에 얽힌 전설을 동행한 연구원의 짧은 영어로 들었는데 — 관광업이 아직 발달되어 있지 않아서 팜플렛을 찾아보기 힘들다 — 우리나라 호동 왕자와 낙랑 공주 이야기와 비슷한 맥락에서 만들어진 전설인 듯했다. 이곳은 신비한 활을 가진 왕이 다스리는 평화로운 나라였는데 중국의 한 나라가 침략을 할 생각으로 왕자를 보내 이 나라 공주와 결혼을 하고는 활을 훔쳐가 버렸다고 한다. 그래서 결국 왕이 공주와 왕자를 다 죽이게 되고 백성들도 슬프게 되는 이야기인데 이곳에는 그 왕의 무덤이 있고 죽기 전에 용서를 빌러 온 공주가 변신한 신비한 바위가 모셔져 있다. 정월에는 복을 받으려는 사람들이 줄을 지어 이곳을 찾는다고 했다. 어릴 때 낙랑 공주의 배신에 대해 상당히 분개했던 기억이 난다. 신화와 전설의 연구는 언제나 활발히 이루어질까?

저녁에 수중 인형극을 보러 갔다. 20세기 초반에 어느 독창적인 예술가가 전통 예술을 무대 예술로 살려낸 작품인데 이제 완전히 베트남의 전통 예술로 자리를 굳힌 경우이다. 마치 우리나라 부채춤이 근대에 들어와서 만들어진 것이면서 전통을 대표하는 듯 알려졌듯이. 관객은 거의가 서양 사람들이었고 표는 2,000원인데 내국인에게는 500원을 받았다. 이야기들은 용의 춤, 농사춤, 사자춤, 물놀이하는 아이들, 물소와의 싸움, 보트 경주, 애국적 병사들의 행진, 전통적 악사들, 바닷고기를 잡아먹으려는 여우와 어부의 싸움, 8선녀의 춤 등 동화적인 것이었고 그것은 기술적으로 상당한 수준에 있었다. 근대화 과정을 거치면서 전통은 크게 변형되는데 제3세계의 경우는 자칫하면 관광객을 위시한 외국인들이 즐겁게 보는 예술이 바로 전통 예술로 고착화될 우려가 없지 않다.

실제로 우리나라에서도 60·70년대에 국악에 빠져 있던 사람들은 대개가 서양 사람이었음을 나는 알고 있다.

이른바 '전통 예술'이라는 것이 그곳 주민 생활과의 괴리를 둔 채 관광 자원으로 개발될 때는 특히 그러하다. 80년대 들어서서 국풍, 민족혼, 민중예술 등등의 형태로 우리의 전통적 예술이 여러 우여곡절을 지나면서도 점차 우리 스스로가 즐기는 형태로 재창조되고 있다는 것은 여간 다행스러운 일이 아니다. 하여간 이 수중 인형 극단이 올 봄에 한국에 온다고 했다. 많이들 가 보았으면 한다.

이 인형극을 매주 세 번 공연을 하고 있는 공연장은 호텔에서 상당히 떨어진 곳에 있었는데 처음으로 시클로를 타고 갔다. 역시 내국인보다 두어 배 많은 1,000원씩을 내고 타고 갔다가 돌아왔는데 차라리 내가 자전거를 타는 것이 낫겠다고 생각했다. 남의 신체적 노동력을 이렇게 직접적으로 이용한 적은 별로 없었기 때문일 것이다. 이 자전거 수레도 일이 년 후면 모두 오토바이를 개조한 택시에 몰려 없어지겠지.

전통 예술로 자리를 굳힌 수중 인형극. 실은 근대적 국민 국가의 국민 내지 외국인을 위해 재창출된, '근대화'된 전통이다.

서울 비행장에 내리면 택시 기사들이 불친절하다는 점이 여행객들에 의해 자주 지적되고 있다고 한다. 말이 통하지 않는 곳에서 '기사'들의 역할은 매우 중요하다. 이곳에서도 시클로 기사와 타기 전에 잘 타협을 보아야지 아니면 바가지를 쓰고 만다. 아마도 여행객들을 등쳐 먹는 데 익숙한 사기성 있는 기사들이 재빨리 돈을 모아 오토바이를 사고 성공을 할 거다. 이런 사기성이 자본주의 자체가 안고 있는 속성이라고 한다면 반대할 사람들이 많겠지만 하여간 제3세계적인 경제 발전은 많은 사기꾼들을 양산해 낸다. 특히 외국 자본에 의존할 때 더 많은 사기꾼과 구걸족을 양산해 내는 경향이 있다. 사기꾼을 덜 양산하는 형태의 근대화, 이것이 바로 종속적 발전을 해야 했던 우리 사회가 신경을 써야 했던 방향이 아니었을까? 우리는 이미 늦어 버렸다는 생각에서 나는 그만 과거형을 쓰고 말았다. 베트남은 사기꾼을 덜 만들면서 경제 성장을 이루어 갈 수 있게 되기를 바란다.

2월 12일 여행 다섯쨋날

아침에 늦잠을 잤다. 연구원은 별로 흥미로운 것이 없어서 두 시간에 2불을 주기로 하고 먼저 호치민 모즐렘, 다음에 〈전쟁 박물관〉, 끝으로 기차역을 둘러 호텔로 돌아오기로 했다. 시클로 기사는 20대 중반의 여윈 남자였는데 호치민 묘소는 공교롭게도 또 공휴일이었다.

커다란 레닌 동상이 세워져 있는 공원 맞은편에 〈전쟁 박물관〉이 있었다. 입장료는 500원, 사진을 찍으려면 200원을 더 내라고 했다. 시골에서 국민학교 학생들이 수학여행을 와 있었다. 그들은 미국의 미사일을 폭파시킨 베트남 전투기의 활약상을 적은 푯말 앞에서 무표정하게 선생님 이야기를 듣고 있었다. 그런데 이 박물관은 내가 이틀 전에 본 다른 두 개의 박물관에 비해 아주 흥미로운 박물관이었다. 이 박물관은 무엇인가를 생동감 있게 말하고 있었다. 나는 사진 필름이 떨어져 오후에 다시 이 박물관에 와서 사진도 찍고 더 찬찬히 구경을 하였으며 구엔 칵 비엔 Nguyen Khac Vien이 쓴 《베트남사 VIETNAM : A Long History》라는 역사책과 3인의 프랑스 사진 작가가 낸 사진책 《베트남 VIETNAM》도 샀다. 그 사진책에는 베트남 전쟁의 상징적인 사진 중 하나인 작은 베트콩 소녀가 거대한 체구의 미군 포로를 끌고 가는 사진이 실려 있었다.

무엇보다 흥미로왔던 것은 전쟁 당시를 그림으로 그린 전시장이었다. 네 개의 방에 전시되어 있었는데 판매용이라고 했다. 전쟁 당시의 모습을 생생하게, 여러 가지 화법으로 그려내 주고 있었는데 나는 그 그림들을 통해서 베트남전이 단지 전쟁이 아니라 거대한 사회 운동이었음을 알 수 있었다. 실제로 북쪽에서는 폭격을 당하는 때 외에는 전장터가 된 적은 없었을 터이고 …… 전사들이 피리를 불거나 만도린을 치는 그림, 호치민을 존경하는 눈초리로 바라보는 젊은이의 초상, 부상당한 전사를

시골에서 수학 여행을 온 국민학교 학생들. 그들은 미국 미사일을 폭파시킨 베트남 전투기의 활약상을 적은 푯말 앞에서 무표정하게 선생님의 이야기를 듣고 있다.

위해 젖을 짜는 젊은 아낙, 평화를 기원하는 비둘기와 전사들을 그린 포스터 같은 그림들, 그림 속에는 한결같이 예술을 일상화해 내는 예술가가 드러나 있었다. 장식품이 아닌 삶으로서의 예술의 단면을 여실히 보여 주고 있는 것이다.

〈전쟁 박물관〉에 전시되어 있는 사진. 병사들을 즐겁게 하고 있는 마을 여자들.

전쟁 박물관이 가장 훌륭한 박물관인 나라, 베트남. 내분이 일기 전에 가본 유고슬라비아 자그레브에서도 내가 가장 관심을 가지고 본 훌륭한 박물관은 혁명 박물관이었다. 유고슬라비아는 여러 개의 나라가 합쳐서 된 나라인 만큼 그럴 수밖에 없었겠다고 그냥 지나쳤지만 하노이의 이 박물관을 보니 생각이 좀 달라진다. 결국 근대의 역사는 이렇게 전투적인 피흘림의 역사였던 것이다. 서양의 박물관에는 세계 각곳에서 모아온 승전품들이 가득하듯, 식민지 지배에 시달리다 아직도 그 충격에서 헤어나지 못하고 있는 피식민 나라에서는 저항의 표적인 전투의 기록밖에 달리 전시할 것이 없음이 자연스러운 것 아닌가? 이 박물관은 베트남이 가장 고지식하게 '근대사'를 살아온 나라 중 하나라는 사실을 절감하게 한다. 강력한 제국주의 세력 앞에서 자존을 지키려 했을 경우 당시로서는 목숨을 불사한 전쟁 외의 방법을 생각해 내기란 어려웠을 것이다. 그런 면에서 비굴하게 살아남은 역사를 감추려 덧칠한 박물관보다 떳떳한 전쟁 박물관 하나를 가진 사회가 건강해 보이기도 한다.

드디어 호아 씨를 만났다. 호아 씨는 사회학자이다. 그는 열일곱살 때 평양으로 유학 가서 5년간 살았다. 최근에 사회학을 시작한 그는 연구소에서 전통 문화 보존을 위한 연구를 하고 있다는데 작년에 6개월간 일본에도 다녀왔다. 그곳에 머무르면서 "네? 네" 하는 습관이 들어버린 모양인데 일본은 베트남과 너무 다르다고 했다. 조선이 베트남과 통한다고 말했다. 내가 무엇을 하느냐고 묻길래 문화 비평을 한다면서 이런 저런 이야기를 하니까 그것이 무엇인지 감을 잡지 못하다가 드디어 감을 잡고 이렇게 이야기했다. "문화 비평? 그런 거 우리 안해.

일본에서 공산주의자들이 하는 것 아니? 네? 우리는 민주주의 없으니까 네? 나는 그냥 문화 현장만. 당신은 문화 비평도 하지만 나는 그냥 현장 연구만. 사회학은 부르주아 학문, 네? 이제 시작이야. 베버, 꽁뜨, 뒤르껭 네?"

매우 부드럽고 싹싹한 여성, 우리는 둘이서 레닌 공원을 거닐면서 여러 이야기를 나누었다. 일본에서 한국인들을 만났는데 그 중에는 베트남전에 참전한 사람들도 있었다고 했다. 그런데 그들은 자기를 보면서 베트남에서 사귄 자기 '꽁가이' 생각이 난다는 이야기들을 하더라고 쓸쓸하게 웃었다. 또 일본서 만난 한국 여성은 자기를 무척 무서워했다고 했다. '베트콩' 이라면서 …… 정말이지 우리 교육에서는 '빨갱이' 다음으로 '베트콩'을 무서운 존재로 부각해 오지 않았는가? 나는 그 동안 아무에게도 물어 보지 못했으나 계속 의문으로 남아 있던 것을 물었다. "베트남 사람들은 한국에 대해 나쁜 감정이 없는가? 배상하라는 말 같은 것은 전혀 안하는가?" 하고 물었다. 그는 웃으면서 갑자기 뭔가 생각난 듯이 말했다. "한국 정부는 일본에 배상 배상 배상 하면서 베트남에 배상 안해" 라고 했다. 그러나 그 말 속에는 어떤 억울함이나 원망은 없었다.

〈전쟁 박물관〉에 '전쟁'을 주제로 전시된 미술 작품들. 위 — 부상당한 전사를 위해 젖을 짜는 젊은 아내. 아래 — 전투에 나가는 병사들.

호치민 시에는 한국 군인들이 주둔하면서 생긴 혼혈아들을 위한 직업 학교가 최근에 들어섰다고 했다. 다행스런 일이다. '핏줄'을 하늘처럼 신성시하는 우리나라 사람들인 만큼 이 부분의 책임은 제대로 지겠지. 아니면 정실 부인에게서 난 아이가 아니리 해서 외면을 할텐가? 참 오랫동안 그들을 내팽개쳐 두었지 않았는지. 유교 문화권 운운한다는 것이 부끄러운 일이다. 한국 정부는 국교도 정상화된 지금 아마도 이 문제를 제일 먼저 제대로 해결해야 할 것이다. 그러나 사실상 이것이 핏줄 문제 차원에서 끝날 일인가? 나는 앞에서도 이야기하였지만 경제적 배상의 차원이 아니라 역사적 기록, 또는 기억의 차원에서 두 나라의 관계가 새로와져야 한다고 생각한다.

나는 하노이로 떠나기 전날 친구들과 매주 수요일에

일본 대사관 앞에서 열리는 정신대 관련 시위에서 짧은 연극을 해보면 어떻겠느냐는 이야기를 나누었다. 종군 위안부 문제는 단순히 생존하는 할머니들 100여 명의 경제적 생계 유지비 차원에서 끝낼 일이 아니기 때문이다. 물론 그 할머니들의 삶을 어떤 식으로든 편안하게 해드려야 하고 우리 정부가 그 정도 경제적 지원을 할 만큼의 돈은 있다고 생각한다. 정부가 못한다면 뜻있는 시민들 스스로가 모여 성금을 만들 수도 있다고 생각한다. 그러나 동시에 종군 위안부 문제는 앞으로 이런 일이 다시 일어나지 않도록 〈전쟁과 여성〉 박물관을 만들고 자료를 수집하여 '역사적 기억'을 살려 두려는 '역사적 작업'으로 이어져야 하는 것이다. 종군 위안부 문제와 베트남전 참전의 문제는 여러 면에서 다르다. 그러나 어떤 것도 침묵 속에 묻어 둘 수는 없으며 묻어 두어서도 안된다는 점에서 이 문제는 공통적인 데가 있다.

하노이 사람들은 거의 모두가 장사를 벌이려 한다. 집에 조그만 공간만 있으면 몇 개의 물품을 갖다놓고 구멍 가게를 연다.

베트남 전쟁에 관한 우리의 침묵이 이해가 가지 않는 바도 아니다. 용병을 보냈다고 생각하는 이들에게는 치**욕감뿐일** 것이고 '자유'를 위해 싸웠다고 믿는 이들에게**는** 참으로 해석하기 어려운 사건일 수밖에 없다. 그런 가운데 기업 활동이 활발해지면서 자연스럽게 다시 베트남에 대한 언설이 일기 시작하는데, 그 언설의 주요 단어는 경제붐에 대한 것일 수밖에 없는 것이다. 신문은 주로 베트남을 이야기할 때 경제 전쟁의 차원에서 묘사하고 있다. "어차피 세계는 전쟁중이다. 그러니 이겨야 한다"는 식의 생각을 깔고 있고 베트남은 따라서 아직 전쟁에서 이기지 않았다고 말하고 싶어하는 것도 같다. 실제로 역사에 대해 누가 그렇게 단정적으로 이야기할 수 있을까?

하여간 기억 상실증은 가해자에게 못지않게 피해자에게도 매우 위험하다는 점을 우리는 알아야 할 것이다. 자신이 피해본 것만 생각하고 가해한 것은 잊어버리는 편리한 기억력, 자기 눈에 든 티는 보지 못하고 남의 티만 보는 식의 태도가 우리 사회를 피난민과 사기꾼이 판을 치는 세상으로 남겨 두는 그 무엇이 아닐까?

뒷골목에 즐비한 음식 행상들. 제대로 된 식당의 고객은 대개가 남자들이다.

호아 씨는 아주 맛있는 베트남 저녁 식사를 사주었다. 그곳에 가면 늘 돈이 많은 편인 우리가 돈을 내야 한다고 듣고 갔는데 한사코 자신이 돈을 냈다. 3불이나 하는 거금을 …… 시내를 가로질러 산보를 하면서 그는 사이공에는 부녀 문제가 심각하다고 했다. 매매춘 문제를 말하는 것이다. 함께 사이공 부녀 문제나 '배상 배상' 문제를 연극화해 보자는 이야기를 나누었다. 그 역시 몹시 한국에 오고 싶어 했다. 그는 평양에 있었던 만큼 한국에 오면 많은 것을 연구할 수 있을 것 같다고 했다.

전통춤과 단막극을 공연하는 극장 앞에서 우리는 헤어졌다. 나는 혼자 극장에 들어갔는데 옆에는 불란서 사람들이 앉아 있었다. 극은 봉건 귀족들의 연애 놀음을 주제로 한 풍자극이 많았고 주로 삼각 관계에서 멍청이 노릇을 하는 남자를 보여 주면서 관객을 웃겼다. 춤과 노래보다 베트남 말로 하는 연극이 주를 이루기 때문인지 지난번 수중 인형극 때보다는 국내인이 많았고, 외국인에게는 여전히 더 비싼 입장료를 받는 대신 앞자리를 주었다. 공연 후에 유창한 불어를 하는 악사가 술을 마시자면서 붙잡았다. 하지만 불어를 못하는걸 ……

호텔에 돌아와 잠시 호텔 종업원과 이야기를 나누었다. 매우 영민한 소년이었는데 그는 이렇게 단도 직입적으로 말했다.

"전 가게를 하나 갖는 것이 소원이에요. 호텔에서 일해 봤자 오토바이 한 대 못 사거든요. 요즘은 녹음기를 통해 독학으로 영어 공부를 하고 있죠. 선생님은 사회주의에 문제가 있다고 생각하지 않는가요? 동독과 서독을 보아도 그렇고 중국과 대만, 북한과 한국을 보아도 다 사회주의가 잘되지 못했잖아요? 전 사회주의에 문제가 있다고 생각해요."

이 소년은 아마도 10년 안에 가게를 차리게 될 것이다. 근대화에서 성공할 수 있는 근면성과 영리함, 그리고 강한 의욕과 투지를 이 소년은 가지고 있기 때문이다.

여행 다섯쨋날 밤

내일이면 이곳을 떠난다. 머리 속을 가득 채운 이미지들을 정리해 볼 시간이다. 서울에 가면 금방 많은 것이 빛바랜 사진처럼 사라질 것이므로 …… 오늘 산 사진책과 역사책을 밤늦도록 읽었다. 막연히 알고 있던 많은 것이 분명해졌고 그 동안 품고 있던 몇 가지 의문도 풀리기 시작했다. 우리나라의 유일한 베트남 사학자로 알려져 있는 유인선 교수의 《베트남사》와 미국 해외 공보관 출신 더글라스 파이크가 쓴 《베트남 공산주의 운동사 연구》가 베트남을 이해하는 데 도움을 주었지만 이곳에서 읽는 책은 또 다르다. 책을 읽으면서 우선 베트남이 사회주의 혁명에 성공을 한 것은 상당히 구체적인 사회의 조직 원리와 근대 식민지 역사, 그리고 외부 세계에 대한 끈질긴 저항의 역사가 중요하게 작용을 하였음을 알 수 있었고 이 점을 베트남의 미래와 연결하여 생각해 보았다.

더글라스의 책이나 구엔 칵 비엔이 쓴 《베트남사》를 보면 당시 공산주의자들은 전통적인 민족주의자들에 비해 서양의 책을 읽고 서양에서 실제 공산주의 운동에 참여하면서 보다 보편적이고 구체적인 세계사 인식을 가질 수 있었고 특히 당시 공산주의자들의 운동이 국제적 차원에서 일고 있었던 만큼 공산주의자들은 국제 여론의 차원에서나 전략적인 차원에서 많은 도움을 받을 수 있었던 것을 짐작해 알 수 있다. 광범위한 근거를 가진 조직 체계와 뛰어난 기간 요원 부대의 양성을 통해 이들은 해방 운동을 할 실제적 토대를 마련함과 동시에 국외적으로 광범위한 지원을 받을 수 있었던 것인데 이것은 우리나라 20-30년대 공산주의자들의 논의에서도 엿볼 수 있는 부분이다. 호치민 자신도 말했듯이 제3세계의 공산주의자들이 레닌과 제3인터내셔널을 믿게 된 것은 공산주의 때문이 아니라 애국심 때문이고 당시 상황에서 볼

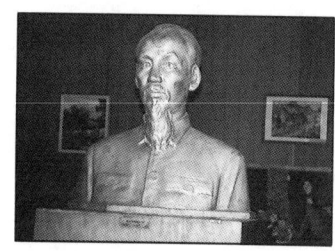

〈전쟁 박물관〉 중앙에 배치되어 있는 호치민 동상.

호치민의 이미지들:
근대 국가의 상징으로서
그가 원하든 원하지 않든 영웅이
되어야만 했고, 그는 신과
같은 존재여야만 했다.

때 식민주의와 제국주의를 비판하고 나선 제3인터내셔널과 연대를 하는 것이 다른 어떤 방식보다 해방을 앞당기는 것으로 판단되었기 때문이다.

우리와 상황이 다른 점이 있다면 우리는 공산주의를 심하게 탄압한 일본의 지배를 받고 있었던 반면, 베트남은 공산주의 운동이 허용된 프랑스 치하에 있었다. 그런 만큼 당시 프랑스 지식인들, 특히 공산주의자들의 적극적 지원을 받고 있었던 셈인데, 식민지 시대에 임화가 일본을 떠나오면서 친구이자 동지였던 일본인 공산주의자에게 국적의 차이에 따른 이해 관계를 들면서 절교 선언을 해야 했던 것과는 달리 베트남의 호치민은 많은 동지들을 빠리에 가지고 있었던 것이다. 프랑스 식민 당국도 우선 민족주의자들을 명확한 적으로 간주하고 탄압하였다고 한다. 반면 공산주의자들은 프랑스 의회내에 자신들의 변호인을 확보하고 있었고 이념이 직접적 적대감이 아니어서 덜 탄압을 받았다고 한다.

내가 보기에 호치민은 뛰어난 조직가였으며, 그보다도 더 중요한 점은 그가 공산주의 이념을 교조주의적으로 받아들이지 않았다는 점이다. 어쩌면 그는 공산주의를 실용주의적으로 받아들일 수 있을 만큼 공산주의를 배태해 낸 서양에서 오래 살았고, 그래서 그 이념을 자신의 사회에 맞게 새롭게 만들어 갈 수 있었을 것이다. 그리고 동시에 서양의 생리와 세계 정세 파악을 제대로 하고 있었던 것이 아닌가 한다. 그는 매우 독립적인 성격이었으며 코민테른을 위해 많은 것을 희생하지 않았다고 한다. 그에게는 민족주의자라는 사실이 공산주의자라는 사실과 모순되지 않았고 공산주의를 민족주의적 이익을 확장하는 매우 효과적인 수단으로 간주하고 있었다고 한다. 그리고 그는 베트남 사회와 인민의 성격을 잘 파악하고 있었다고 한다. 그는 사실상 공산주의적 민족주의자였던 것이다. 나는 그가 서양에서 젊은 시절 그러한 훈련을 받지 않았더라면 전쟁을 그렇게 끈질기게 할 수 있었을까 하는 질문을 던져 보게 된다.

하노이 기행 355

이러한 구체적인 식민지 역사와 그 와중에 출현한 호치민을 중심으로 한 공산주의 운동이 베트남 근대사의 성격을 규정한 것으로 보이지만 역사책을 보면서 나는 또 한 가지 사실을 배웠다. 그것은 베트남 봉건 시대 말기의 역사인데, 그 역사는 우리의 중세 말기와 매우 흡사하면서 또한 다른 것을 알아냈다. 흡사하다는 것은 중국의 변경에 있으면서 중국과의 관계를 조정해 가야 했다는 면과 최근까지 한문을 썼고 과거 제도나 부계 혈통 제도가 있었다는 점이다. 다르다는 것은 우선 눈에 띄는 차이로서, 중국과의 관계가 우리보다 한결 '독자적'이었다는 것이다. 우리의 경우는 이성계가 조선을 세울 때 명나라를 업고 정통성을 확립했으며 그 이후 무력을 포기(?)하고 유교 문화를 누구보다 앞장서서 숭상함으로써 나름대로 중화적 국제 질서 아래서 독자성을 '부여받았다'고 한다면 베트남은 그렇지 않았다.

베트남은 군사적으로 한 나라, 송 나라, 몽고, 그리고 명에 대항해서 중국 세력과 여러 차례 대결하며 우리보다는 적극적으로 치열하게 싸운 역사를 가지고 있다. 중국만이 아니라 그 주위에 있는 사이암, 캄파, 크메르 등과도 심심찮게 전투를 한 경력이 있다. 특히 그들은 1788년 20만의 청 나라 군대가 쳐들어 왔을 때 10만의 군대로 그들을 물리쳤다. 그런데 여기서 주목할 점은 그 군대가 봉건 군주의 군대가 아니라 민중 봉기로 일어나 막 세력을 확장하고 있던 민중 군대였다는 점이다. 그 군대는 떠이썬 운동이라는 대규모의 농민 운동의 결과로 생긴 개혁 정권의 군대였다.

아이들은 거리에서 꽃을 팔아 돈을 벌기도 하고, 할아버지는 놀이 기구를 장만해서 코흘리개들의 돈을 걷어들인다. 공원에서 몸무게를 재는 체중기를 놓고 200동(20원)을 받는 할아버지도 있다.

나는 우리 근대사에서 동학 운동 세력이 잠시나마 세력을 잡고 통치를 한 때가 있었다면 우리의 근대사의 방향은 매우 달라졌을 텐데 하고 상상해 본 적이 있다. 베트남의 경우를 보면서 나는 그 상상을 좀더 구체적으로 발전시켜 볼 수 있게 되었다. 베트남은 민중 봉기가 성공한 경우이며, 또한 우리의 민중 봉기가 외세의 침입에 의해 진압되고 말았다면, 베트남의 경우는 반대로 외세 침

하노이 근교 왕의 무덤에 놀러온 가족이 사진을 찍었다.

입이 오히려 민중적 움직임을 활발하게 하여 성공을 이루게 한 경우이다. 여기에는 베트남의 민중 봉기가 우리보다 좀 일찍 시작되어 아직 왕권이 결탁할 거대한 제국주의 세력이 많지 않았다는 요인도 작용하고 있을 것이고, 당시 베트남 내부 왕조들간의 분열도 민중 봉기가 성공하는 데 긍정적으로 작용했을 것으로 보인다. 하여간 잠시였지만 민란이 거국적으로 성공했다는 면에서 베트남은 우리와 매우 다른 근대사를 가질 수 있게 된 것이며, 나는 베트남의 미래는 그들의 치열한 외적 침입에 대한 방어전과 마을 중심성을 특징으로 삼는 중세사와 불란서에 의해 식민지화된 근대사 못지않게 이 내적 변혁의 기운이 중요한 역할을 하리라 믿는다.

베트남의 '근대화 운동'은 18세기에 이미 시작되었고, 그 운동을 통해 그들은 우리보다 봉건적 질서와 상당한 단절을 이루어 내었던 것이다. 그것은 비록 일시적인 사건이었지만 충분히 공식적 기억으로 역사를 이끌어 갈 수 있는 규모의 사건이었다. 그런 면에서 우리는 엄격한 봉건적 위계 서열 문화와 제대로 단절을 이루어 내는 작업을 펼쳐보진 못했다. 나는 엄격한 위계 서열성이 일사분란한 경제 성장 과업에 일시적으로 긍정적 역할을 하였지만 앞으로는 역으로 우리를 괴롭히는 요인이 될 것을 심히 우려한다.

이외에도 베트남 역사를 보면서 우리나라는 매우 특이하게 고립된 사회였음을 알게 된다. 베트남만 하여도 이웃에 비슷비슷한 규모의 사회들이 있어서 나름대로 국제적 관계가 복잡하게 이루어져 온 데 반해서 우리는 중국과 일본 사이에 끼어서 상당히 특수한 형태로 유아 독존할 수 있는 지리적 조건을 가지고 있었던 것이다. 우리 문화의 고질적 특성이라 할 수 있는 외부 세계에 대한 무관심과 무지도 이런 지리적 요인와 약간의 관련이 있을 것이다. 민중사에 관심이 많은 소장학자들이 베트남사를 연구하지 않는 것도 이런 경향을 반영하는 것 아닌가?

민족 자존을 위해 민족 해방 운동을 끈질기게 펼쳐 온 베트남이 일편 단심으로 추구해 왔던 목표는 드디어 실현되었다. 엄청난 대가를 치르고. 북베트남 성인 남자 17명 중 1명꼴이 남베트남 땅에서 죽어 갔고 공습과 폭격으로 북쪽이 입은 손해는 GNP 17억불이었던 당시에 4억 불이었다고 한다. 이를 "상처뿐인 승리"라고 평가하는 이들이 많다. 그러나 그들의 역사를 보면 이러한 희생은 역사 속에서 계속 살아 새로운 기운으로 작용할 것을 알 수 있다. 그들은 그들 자신의 스타일 대로 일을 추진해 왔기 때문이다. 과거의 역사가 앞으로의 역사의 지평을 열듯, 앞으로의 역사가 과거 역사의 진실을 또한 보여 주는 것이 아닌가? 7천여 명이 죽었고 4만 명이 투옥된 3·1 독립 운동을 실패했다고 말할 수 없듯이, 그리고 그 운동의 기억이 독립을 향한 두어 세대의 역사를 너끈히 지탱했듯이 인간의 역사는 그리 단순한 것이 아니다.

시장 풍경.

저항적 '민족주의' 운동의 체험을 새로운 지역주의와 '작은 국가' 개념, 그리고 이웃 나라 간의 연대를 맺어 가는 바탕으로 삼아갈 수 있다면 베트남은 아시아의 새로운 별로 떠오를 것이다. 그들이 수행해 온 민족 해방 운동 과정이 민주적이고 현실적이며 민중적이었다면 그만큼 그 작업은 쉽게 이루어질 것이며 그런 점에서 우리는 베트남의 미래에 주목한다.

그런데 도대체 국가란 무엇인가? 봉건 시대에는 왕조 간의 세력 다툼에 의해 변경이 그어지고 근대에 들어서서는 서구 열강에 의해 변경이 그어졌는데 지역 주민들은 그 거대한 군사력으로 확보한 권력 구조 아래서 그저 이리 저리 심하게 휘둘려만 온 것이 아닌가? 나는 특히 우리나라의 지배층을 생각하면 아나키스트가 되고 싶어질 때가 많다.

베트남은 일편 단심으로 해방 전쟁을 했지만 우리는 그렇지 않았다. 심정적으로 '일편 단심'을 지극히 사랑하는 민족이지만 실제는 상황에 따라 '부드럽게' 흔들려 온 편이다. 강한 개개인의 생존력으로 버티며, 적당히 혼

여전히 한가한 길거리 풍경.
몇년 지나지 않아 버스가 다니기
시작하면 이런 풍경을 보기는
힘들어질 것이다.

들리며 오다 보니 지금 여기까지 왔는데, 이것을 가지고 대단한 성취라 생각하고 뻐기려 한다면 큰코 다치게 되기가 십상이다. 역사를 보다 총체적인 눈으로 보면 우리는 이제 지금 시작을 하는 셈이다. 우리는 어떤 식으로 통일을 이루어 내야 할까?

북한이 핵무기를 개발했다느니 한반도의 통일은 10년 안에는 꼭 이루어진다느니 여러 가지 말들이 오가고 있다. 통일이 당위론이나 명분론으로 이야기될 때는 이제 지났다는 생각을 하지 않을 수 없다. 당위론을 이야기하기에는 '거대 세력권'이 너무 약해져 버렸고 명분론을 이야기하기에는 그런 것이 먹혀들어갈 국가간 공동체란 것이 형성되어 있지 않은 것이다. 실제로 우리는 그 동안 마치 우리가 부르짖으면서 요구하면 그것을 들어 주는 세계적 공동체가 있는 듯이 어리광을 부리고 있지나 않았는지? 혹시나 아직도 19세기 말에 그랬듯이 우물 안 개구리의 편협한 눈으로 정신없는 속도로 변하고 있는 세상을 내다보고 있지는 않은지?

통일의 작업은 급격하게 변해 가는 세계 체제, 특히 융통성 있는 축적 지향의 시장의 형성이라는 외부적 조건의 변화에 대한 정확한 인식 아래 이루어져야 할 것이다. 동시에 통일은 '근대 국가'라는 단위를 통일시키는 작업에 끝나는 것이 아니라 국가 안에 여러 가지 양상으로 존재하는 분열과 갈등을 풀어 가는 것이어야 한다. 지역간, 남여성간, 학력간, 신분간, 세대간의 갈등을 풀어 가지 못하면서 통일을 이루어 갈 수 있다고 생각하는 것은 오산이다.

지금까지 정당성이 결여된 국가는 '반공'이니 '통일'의 이름 아래 오히려 국내에 반목을 조장해 온 감이 없지 않다. 자체내 여러 유형의 갈등을 풀어 내기보다는 문제를 지연시키고 왜곡시키는 방편으로 '통일'을 이용해 왔다는 것이다. 이제 자기 성찰의 작업을 나름대로 할 여력을 가지게 된 지금, 또한 모처럼 민간 정부가 들어선 지금, 통일의 작업은 우리 자신의 문화적, 사회적 균형과 통합을 이루어 내는 작업임을 다시 한번 분명히 하면서, 아주 새로운 스타일로 추진해 나가야 할 것이다. 통일은 그런 면에서 '기필코 이루어 내야 할, 꿈에 그리는 소원' 이 아니라 우리 스스로를 성숙시키고 살려 내는 '과정' 이어야 한다. 전지구적 위기가 감도는 상황에서, 약소국의 설움을 누구보다 잘 아는 한반도에 살아 온 지역 주민으로서 우리 자신을 살리고 인류를 살려 내는 데 정당한 몫을 담당할 기회여야 한다는 것이다. 새로운 연대를 결성하고 우리를 살려 내는 통일의 '과정'을 통해서 우리는 비로소 제대로 역사와 삶 속에 뿌리를 내려갈 수 있을 것이며, 우리들의 후대는 선대가 역시 스타일을 지켜 가는 민족이었음에 자부심을 느끼게 될 것이다.

거리의 이발관. 시클로 기사들처럼 이발사도 작은 자본으로 시작할 수 있는 직업이다.

2월 13일 돌아오는 날

짐을 꾸리고 아이들에게 줄 대나무로 만든 실로폰과 피리를 샀다. 연구소 차가 시간에 맞추어 와서 엿새 전에 낯설어 하며 온 길을 되돌아간다.

사람이 직접 내는 에너지에 몸을 싣는 일에 익숙해질 즈음 하노이를 떠난다. 에너지원, 결국 근대화는 에너지의 확대 문제와 직결되어 있었던 것 아닌가? 자전거나 타고 다니는 사회에서 사회주의니 자본주의니 하는 토론이 무슨 의미가 있었을지? 많은 근대의 지식인들 — 이른바 시대를 앞서 내다본다는 — 은 유물론을 이야기하면서 너무 유심론적이었고 유심론을 이야기하면서 너무 유물론적이었다. 제3세계 지식인들 사이에서는 이런 분열 양상이 더 심했다. 다시 원론으로 돌아가서 인구와 에너지를 중심으로 한 생산 체계와 인간이 협력하며 만들어 가는 상징적 사회 체제는 각 체제 나름의 원리에 따라, 그러나 서로의 유관성 속에서 분석되어야 했다. 근대적 지식인들은 이래야 한다는 것을 알고는 있었지만 제대로 된 분석을 해내지는 못했다. '총체성'을 부르짖어

온 것은 바로 그것을 그들이 제대로 해내고 있지 못하다는 것을 감지한 불안에서였을 것이다. 그 유관성을 제대로 알아보기에 근대화라는 과정은 너무나 급격히 이루어졌고 한 시대를 사는 사람이 머리에 담아 내기에는 너무나 많은 것들이었다. '비동시적인 것들이 동시적으로 공존하는 근대'에서, 소구루마와 자전거 수레와 자동차와 비행기와 텔레비전과 비디오와 가라오케와 팩스와 복사기와 국제 전산망이 공존하는 베트남은, 60년대 근대화의 기치를 걸고 '경제 비약'을 위해 이륙을 한 이후 아직도 포물선을 긋고 있는 한국과는 분명 다른 모습으로 경제 성장을 이루어갈 것이다. 그리고 그들이 해내는 경제 성장의 스타일은 그들의 다음 세대의 삶의 질을 결정할 것이다. 베트남은 끝없이 돈을 모아야 한다는 욕망을 창출하는 문화를 가지기 시작했다. 이들이 어디쯤에서 다시 자신을 돌아보는 작업을 할까? 사기꾼을 양산하지 않고도 빠른 산업화를 해낼 수 있는 방법을 알아 낼까? 그들의 해방 전쟁의 경험과 사회주의적 실험이 이런 방향 전환에 도움이 될까?

돌아오는 비행기 앞에 꽂힌 《사이공 타임즈》에는 김우중 씨의 말이 인용되어 있었다. "항상 앞으로 전진하라. 절대로 일을 끝냈다고 생각지 말라. 자신이 한 일에 대해 만족하지 말라. 평생을 통해 노력하라." 이 인용문에 이어서 이 문구에 실린 철학을 가지고 노력한 한국의 국민들은 자연 자원도 없고 국내 시장도 없고 자본 축적도 없고 선지 산업국과 같은 경험도 없었음에도 불구하고 아시아의 네 마리 용으로서 급격한 경제 성장을 했다고 쓰고 있었다. 그래, 우리는 죽기 아니면 살기로 해냈는가? 그리고 언제까지 죽기 아니면 살기로 아둥바둥 살 것인가?

옆자리에 미국인 청년이 앉아 있었다. 《베트남과 불교》라는 책을 읽으면서. 그는 미국 뉴욕에서 대학을 다녔는데 입학하자마자부터 3년간 계속 학내 데모를 했다고 했다. 치열하게. 학생 회관을 넓혀라, 환경 문제를 해

내가 묵었던 호텔의 로비.
실내 장식이 상당히 세련되어 있다.
호텔 직원들은 밤늦게까지 손님들과
가라오케를 즐긴다.

결하라 구호를 외치면서 과격하게 운동을 했다고 했다. 그러나 마지막 4학년 때 발을 끊고 책을 보면서 3년을 돌아보았다고 했다. 그리고는 유럽으로 떠나서 2년간 살다가 대만에 영어 가르치는 직장을 얻어 오게 되었는데 그 중간의 한 주일 동안 뉴욕에 들러 친구들을 만나 보았다고 했다. 그는 그들이 행복한지 알고 싶었다고 했으며 친구들은 행복하다고 말했지만 실은 그렇게 행복해 보이지 않았다고 했다.

그는 스승을 찾는 순례자 같은 태도로 말했다. 미국의 중산층은 행복해질 수 없는 것 같다면서 뭔지 모르게 쫓기는 삶을 자신은 살고 싶지 않다고 했다. 특히 그 욕심. 그래서 자신은 아직 한참을 여행할 것인데 그가 여행하는 곳은 사람 사는 것이 느껴지는, 다시 말해서 근대화가 덜된 곳들이다. 나는 대뜸 말했다. "언제까지 '전근대'를 찾아다니며 향수에 젖어 있을 건가? 나이가 들면 무엇을 할텐가?" 그는 여러 곳을 여행하면서 사람들이 왜 살아가며 어떤 것이 행복하게 사는 것인지를 좀 알게 되면 대학에서 가르치고 싶다고 했다. 종교학이나 인류학이나 사회학이나 심리학 그 근처 어디에서 공부를 하겠다고 했다. 그는 미국 문화가 가진 '탐욕'이 자본주의에서 오는 것인지 원래 그 문화가 가진 것인지 알고 싶어 했다. 나는 그것은 자본주의화를 어떤 식으로 하느냐에 따라 달라지는 것 같다고 했고 미국처럼 자본주의 실험이 일사 천리로 이루어진 경우에 터무니 없는 욕망을 불러일으키게 되기도 하고, 한국과 같은 기이한 형태의 급격한 경제 성장이 그런 탐욕을 바탕으로 한 문화를 낳기도 한다고 했다. 결국 대안적인 근대화의 길을 찾아야 하고 그것을 제대로 해낸다면 미국처럼 되지 않을 수도 있다고 했다. 그는 '대안적 근대성'이라는 말을 받아 적고 있었다.

그는 베트남에서 보낸 한 달이 무척 행복했다고 했다. 대략 하루에 5불 정도를 쓰면 된다고 했다. 보통 호텔에 네 명이 한 방에서 자는데 침대 하나에 2－3불 한다고

닭싸움을 구경하고 있는 사람들. 학교 가던 아이들도 잠시 들러서 구경을 한다.

했다. 그래도 지방에 여행갈 때면 허가를 받아야 하는데 돈을 많이 내야 한다고 했다. 그런데 그 허가는 내일 풀린다고 했다. 나는 속으로 한국의 학생들이 이 청년처럼 많은 여행을 하고 특히 베트남을 많이 다녀갔으면 하고 바랐다.

다시 '돈돈'하며 사람들이 정신없이 바쁜 타이완에 돌아가야 한다면서 다음 여행지는 네팔이라고 했다. 나는 "그렇게 여행을 다니는 것도 좋지만 대만에서 산다면 그곳의 환경 운동에 참여할 수도 있을 거다. 인간은 원래 행복하기 위해 태어난 존재는 아니지 않은가?" 하고 말했다. 동양의 선생을 보는 듯한 그의 눈길에 쑥스러워 뒷말은 삼켜 버렸다. "너의 순례가 네가 미국인이기에 가능하다는 사실을 생각해 보았니? 너는 너의 권리를 한껏 즐기고 있지만 의무는 하고 있지 않구나" 하는 말을! 자신 하나 추스리기 힘들어 하는 후기 산업 사회의 젊은이, 마지막 인간적인 어떤 것이 남아 있는 곳에서 그 살아 있는 분위기에나마 오랫동안 젖어 보고 싶어하는 이 채식주의자 순례자에게 이 말은 어쩌면 큰 상처를 입힐 수도 있었을 것이고.

하노이에 벌써 네번째 온다면서 베트남에 여행 오는 것을 자신의 대단한 개성인 것처럼, 또 한편 베트남의 후원자인 것처럼 말하는 뚱뚱한 서양 중년 여성을 보면 약간 심기가 불편해진다. 그는 〈하롱 베이〉 등 작은 바닷가 마을에서 쉬다가 온다고 했다. 그가 보고 즐기는 베트남은 어떤 것일까? 이런 여행자들에 대한 연구도 곧 이루어져야 할 것이다.

홍콩 비행장에서 서울행 비행기를 타기 위해 네 시간을 기다려야 했다. 죽치고 앉아 고스톱을 치는 남자들이 눈에 띄었다. ㄱ 배짱이 반갑기도 하나 금연 지역에서 담배 피우는 배짱은 아무래도 너무 심하다. 서울행 비행기 안에서는 삼성에 근무한다는 중견급 사원과 나란히 앉았다. 그는 여행에 지쳐 있었다. 시차도 그렇고 어제 밤에는 잘 자지 못했다고 했다. 고구려와 발해사에 관심이 많은 그였지만 내게는 그가 무국적의 비즈니스맨으로만 보였다. 근대화는 매우 강력하게 세계 문화를 동질화시켜 버렸고 특히 일에 쫓기는 사람들에게는 더욱 '문화'가 없다. 그는 어떤 면에서 일본 사람과 다르며 홍콩 사람과 다르다고 할 수 있을까? 세계 규모의 자본주의화가 지금과 같은 속도로, 또 경제 중심적으로 이루어져 나간다면, 그리고 그러한 과정에서 주연급인 비즈니스맨들이 역사 의식을 가지지 않고 지금처럼 정신없이 시달리며 일 중독증에서 헤어나지 못한다면, 머지 않아 우리 인류는 지구상에서 사라질 존재가 될 것이 아닌가?

서울 비행장에는 모든 것이 매우 효율적으로 되어 있다. 짐도 금방 나오고 세관 통과도 그렇다. 택시들이 기다리고 있었고 공기가 생각보다 나쁘지 않아서 놀랐다. 비온 후라 그렇다고 했다. 택시 기사 아저씨는 베트남에 갔다 오는 길이라는 내 말을 듣고는 당장 이렇게 말했다. "베트콩 그놈들 혼좀 나야 해. 뭐 안다고 공산주의니 어쩌니, 이제 배고픈 게 어떤 건지 맛좀 보았겠지. 우리나라 청년들이 가서 얼마나 많이 죽었는데 ……" 그렇지, 많이 희생을 당하셨지. "베트남 가서 많이 뺏겨 먹어야 할텐데 뭐 가난해서 뺏겨 먹을 거나 있을까?" 그는 말을 이었다. 누가 여기서 무슨 말을 할 수 있을까? 서울의 겨울은 몹시 추웠다.

며칠 후 신문에 다음과 같은 기사가 났다. "베트남 진출 한국 기업 현지 근로자 파업 충격파 : 호치민 시 '외국 기업 근로 조건 위반 조사하겠다.'" 호치민 시 AP 연합 통신에 의한 이 기사는 호치민 시에 진출한 한국 기업내 베트남 근로자들이 잇단 파업과 시위를 하고 있다는 소식이었다. 6백여 명의 현지 근로자를 고용하고 있는 양국 합작 기업인 한 여행용 가방 생산업체에서 저임금과 강제적인 초과 근무 및 한국인 간부들에 의한 부당한 처우 등에 항의하여 현지 노동자들이 약 3시간 동안 작업을 중단했다고 한다. 이것은 베트남이 5년 전 외국인 투자법을 공포한 이래 최대 규모의 쟁의라고 한다.

또 3월 1일자 신문에는 〈국산 흑백 TV 베트남서 인기〉라는 제목 아래 수입량 25만 대 중 50%가 삼성 제품이며 금성도 전시장을 개설했고 대우도 합작 공장을 추진 중이라고 했다. 베트남이 동남아 국가들 가운데 일본 자본이 본격적으로 진출하지 않은 유일한 나라여서 한국 업체들이 시장 개척에 남다른 정성을 들이고 있다는 해설과 함께.

기업 이윤을 올리기 위해 사장 자리도 국적을 안 따진다는 본격적인 실적 위주의 자본주의 시대로 돌입하고 있는 마당에, 현지 주민들에 대한 이해도 없이 겁없이 회사를 차리고 겁없이 신분 차별, 인종 차별을 하는 일은 없었으면 한다. 그렇게 하다가는 머지 않아 심한 저항을 받을 건 뻔한 이치이며, 특히 베트남인들처럼 민족의 자존을 지키는 면에서는 어느 나라 못지않게 부지런했던 경우, 우리가 당할 수모는 클 것이다. 마침 오늘 신문에 프랑스 농부들이 농작물 수입 협상을 거부하기 위해 〈베트콩식 농민 시위〉를 하기 시작했다는 외신 기사가 생각난다. 앞으로 이 산발적인 베트콩식 전법이 저항 운동의 한 전형적 방식으로 세계적으로 퍼질 것이다.

이 글을 쓰면서도 이 글이 결국 또 하나의 '제국주의'적 이해에 봉사하게 될지도 모른다는 불안감이 마음 한 구석에 자리하고 있다. 뒤늦게 어줍잖은 제국주의 흉내를 내다가 본전도 못 챙기고 말게 되는 일을 사전에 막아야 하겠지만, 우리가 진정으로 추구하는 것은 서로를 잡아먹음으로 기운을 얻는 세계저 자본주의 먹이 사슬의 성격을 변화시키는 점임을 또한 잊지 말아야 할 것이다.

기업과 정부에 바라건대, 다른 나라와 경제 관계를 맺을 때 단순히 그들을 먹이 사슬의 한 지점으로 생각하거나 경제저으로만 교류하려는 일이 없도록 조심하기 바란다. 다국적 기업 시대를 살아 남기 위해 필요한 것은 다른 역사와 문화를 가진 사람들을 이해하는 것이며 그들과 지혜롭게 공존할 수 있는 장기적인 전망일 것이다. 서로를 짓밟지 않고 공존해 갈 줄 아는 지혜, 지구의 삶을 마감하지 않겠다는 혜안과 의지, 그리고 그를 실제로 이루어 내기 위해 필요한 다양성에 대한 존중이 '경제적 상호 협력'의 바탕에 깔려 있어야 한다는 것이다. 다른 나라에 갈 때는 적어도 그들의 역사와 문화에 대한 개론은 꼭 듣고 가기 바라며 현지에서는 그들의 문화를 이해하기 위해 박물관과 공연을 보러 다니거나 시장 구경을 하는 일을 게을리하지 말았으면 한다.

베트남 여행이 3월부터 자유화된다고 한다. 단순한 호기심으로 여행을 할 때에도 사전 지식을 가지고 여행을 떠나기 바라며, 특히 여행객을 받아들일 체제를 채 갖추지 않은 그들에게는 우리들의 사소한 행동도 주민들에게 적잖은 영향력을 미친다는 사실을 잊지 말았으면 한다. 아이들이 돈을 달라고 한다고 기분대로 집어준다거나 엉뚱하게 많은 팁을 주는 것도 그들의 문화를 흐리게 하는 일일 수 있으며 특히 남자들은 여자의 몸을 파는 시장의 고객이 되는 일은 하지 않았으면 한다. 최근까지 우리 자신들이 약소국의 국민으로서 아프게 경험하였던 기억을 쉽게 지워 버리지 않기 바란다. 우리는 다른 어떤 나라 사람들보다도 그들의 입장을 잘 이해할 수 있을 것이며 그런 면에서 진정한 유대를 맺어갈 수 있으면 좋겠다. ■

찾아보기

가나자와 269, 309, 311, 313
가부장적 봉건성 151
가부장적 사슬 273
가부장적 성문화 61
가부장제 29, 61, 236
가부키 314
가온누리 242
가정 274
가족, 가족 제도 42, 43, 52, 166, 170, 171,
  172, 174, 278, 316
가족 공동체 174
가족 이기주의 106, 171
가족주의 171
가족 중심적 332
가족 집단주의 279
강간 61, 65, 285
〈강남이 서야 조국이 산다〉 209
강석경 24
강영희 200, 201
강윤주 209
강홍빈 257, 259
개량주의 149
개발 도상국 339
개발 위수의 사고 263
개성의 세대 200
개성적 몰개성 200
개성화 19
개인 42, 45

개인성, 개체성 54, 56, 168
개인의 원자화 42
개인주의 43, 45, 48, 153, 166, 202, 279
객관성, 객관적 17, 19, 25, 190
거대 이론 257
거대 조직 25
게릴라식 전투 333
경제 결정론 235
결정론 20
결혼 38, 40-44, 46, 47, 48, 53-56, 62, 67,
  76, 271, 278
결혼 제도 42
결혼 중매 사업 271
경제 분석, 경제 체제 259, 312
경제 정의 156
경제 정의 실현을 위한 운동 155, 180
계급 17, 31, 146
계급 문화 116
계급 운동 156
계급 이동 118
계급 재생산 116, 117, 118
계급 투쟁 16
계급화 116
계몽주의 30
〈'계층 문화' 싹이 트는가?〉 209
고노하나마치 소학교 303
고도 기술 사회 268, 289, 290, 294, 297
고도 기술화 290

찾아보기 367

고령화 297
고용 구조 289
공간 229, 231, 244, 247, 252, 261
공간/문화 263
공동체 42, 65, 78, 153, 164, 168, 171, 176, 215, 228, 337
공동체적 공간 31
공동체적 삶 77, 247, 251
공동체적 회복 57
공동체주의적 향수 30, 31
공산주의 144, 146, 354, 355, 364
공산주의 운동 354
공산주의 이데올로기 335
공장 자동화 290, 291
공장제 생산 39
공적 공간, 공적 영역 247, 274
과잉 소비 224
과학 기술 289, 302, 304, 305
과학 기술 정책 143
과학 기술주의 184, 191, 299
과학 기술주의 사회 273, 301
과학 기술주의적 세계관 60
과학 기술주의/전체주의 지배 체제 190
과학적 민족지 251
과학주의 17, 190
관광 사업 271
관광 자원 348
관료적 권위주의 145, 191
관리 기술 사회 236
교또 301
교육 102, 103, 104, 105, 108, 112, 190, 229
교육 개혁 106, 135
교육 개혁 운동 84
교육의 도구화 85
교육 운동, 교육 문화 운동 54, 109, 176
교육 제도 82, 84, 105
교육 행정 100

구세대 196
구조 기능주의 235
구조적 모순 231
권력, 권력성 47, 55, 164, 180, 235, 251
권력 엘리트 328
권력형 언어 30
권위적 언술 17
권위주의 108, 160, 201
권위주의적 199
권위주의적 언술 30
귀족 문화 231
국가 43, 105, 112, 164, 250, 282, 299, 325
국가 민족주의 이념 282
국가적 종교 86
국가적 스포츠 86
국가주의적 대의 명분 193
국립 민족학 연구소 299
국민 국가 시대 280
국민 국가주의 60
국제 일본 문화 연구소 301
국제적 기술 관료 문화 328
국제화 250, 268, 312, 336
군국적 기질, 군국주의 145, 199, 300
군부 독재 국가 153
군사력 60
군사 문화적 투쟁성 152
군사주의/권위주의 199
굿먼, 폴 187, 188
규범론 22
그레이스 백화점 238, 253
그리피스 251
근대 26, 37, 41, 48-49, 53, 55, 57, 237
근대 국가 284, 318, 322, 359
근대 사회 47, 112, 194
근대성 172, 322, 338
근대적 가정 41
근대적 각본 42, 72

근대적 개인성 39
근대적 공공성 174, 176
근대적/도시적 소비 공간 238
근대화 16, 23, 27, 112, 223, 284, 286, 325, 328, 330, 340, 342, 348, 361, 362, 364
근대화 과정 85, 199, 347
근대화 운동 357
기계론적 세계관 20
기능주의적 개체 의식 202
기든스, 안토니 60
기부금 입학제 92
기생 관광 74
기성 세대 184, 191, 193, 216, 230
기술 305
기술과 문화 299, 302
기업 문화 74
긴즈버그, 알렌 188
김동길 209, 212
김민기 195
김성례 23
김성우 250
김우중 361
김응교 209, 214
김일성 346
김종철 82
김진애 257, 259
꽁트 351

〈나인 하프 위크〉 69
남북 분단 322
남북 통일 322
남성 노동력 관리 방식 294
남성 문제 275
남성 문화 74
남성 주도적 시민 운동 277
남성 중심성의 해체 29
남성 중심적 관계 70

낭만적 사랑 39, 40, 41, 42, 43, 46, 47, 49, 51, 52, 54, 340
낯설게 하기 259
〈내가 누구인지 말할 수 있는 자는 누구인가〉 24, 217
내부 소비재 구조 224
내부인의 관점 208
〈내일을 향해서라면〉 106
네트워크 169
노동 143, 146
노동 계급 문화, 노동자 문화 116, 117, 170
노동 계급 운동, 노동 운동 54, 144, 156, 171, 297
노동 시장 296
노동의 여성화 295
노동의 질 289
노동 조합 운동 296
노인 봉양 휴가 297
놀이 225, 226
농경 사회 46
농경적 봉건 사회 112
농민 운동 356
〈누가 바둑돌을 검다고만 잘라 말할 수 있겠는가?〉 209
뉴 키즈 온 더 블록 195, 226

다국적 공간 19
다국적 기업 시대 324, 365
다국적 문화 198
다름 31, 343
다양성, 다양화, 다원화 18, 112, 161
다원적인 중층성 20
다원주의 192
다주 쇼핑 239
단일 민족적 신화 23
단절적 자아 18

찾아보기 369

담론 180
담화 관계 18
대가족 제도 63
대량 생산 25, 324
대서사(grand narrative) 17, 18
대성전 337
대안적 근대 144, 362
대안 학교 102, 132
대중 교육 112
대중 문화 27
대중 사회 192, 242
대중적 사회 운동 145
대학 문화, 대학생 문화 27, 242, 257
대학생 운동 145
대항/대안 문화 188, 254
대항 문화 운동 181, 189, 198
대화적 언어 30
도구적 합리성 25
도꾸가와 시대 315
도덕적 질서, 도덕주의적 표방 가치 191, 228
도시 빈민 운동 144
도시성 249, 264
도시화 63, 144, 315, 340
〈도어즈〉 182, 183
도이모이 335
독립적 문화 도시 311
독자 중심 독서 이론 18
동경 중심 체제 313
동성 연애 47
동숭동 대학로 230
동양적 음양 원리 279
동학 운동 356
뒤라스, 마르그리뜨 326
뒤르껭, 에밀 215, 351
딘, 제임스 184
딜런, 밥 188

떠이썬 운동 356
또 하나의 문화 157, 160, 163, 164, 169, 170

라이히, 찰스 190
레논, 존 242
레닌, 블라디미르 I. 354
〈로데오 2〉 209
로렌스, D. H. 44, 68, 69
로작, 테오도르 189, 190
록뽄기족 230
록 카페 244, 253
료따르, 장 프랑수와 17
루카치, 게오르그 146
르페브르, 앙리 217
린, 에드리안 69
린치, 데이비드 69

마광수 26
마당극 314
마르쿠제, 허버트 75, 188
〈마이 훼어 레이디〉 41
〈마지막 꿈〉 181
맏딸 콤플렉스 161
맑스, 칼 16, 331
맑스주의 24, 99
맑스주의 여성론 150
매춘, 매매춘 문제 61, 353
매판 자본 145
명동 230
명분론 359
명예 남자 157, 273, 275
모권 279
모더니티 25
〈모던 타임즈〉 289
모리슨, 짐 189
모방 심리 231

모범생 콤플렉스 161
모즐렘 346
모택동 346
몰개성의 세대 200
문치주의 체제 315
문학의 전산화 299
문화 164, 180, 190, 229, 234, 235, 236, 250, 254, 261, 312, 351, 365, 366
문화/공간적 분석 259
문화 기술 251, 252,
문화 비평 251, 350
문화 산업 228
문화 운동 189, 190, 195
문화 이론 19
문화의 양식적 혼합 18
문화적 각본 44, 46, 48, 55, 316
문화적 단절 28, 53, 54, 57, 193
문화적 동질화 270, 284
문화적 본질주의 24
문화적 빈곤 135
문화적 상품 231
문화적 자생력 144, 147, 164, 198
문화적 자원 20, 21, 28, 136
문화적 주체 264
문화적 팽창주의 21
문화적 피상성 56
문화적 헤게모니 19
문화/정치 운동 190
문화/정치력 191
문화 정치학 85
물적 토대의 반영물 234
〈물 좀 주소〉 181
물질 만능주의 191
물질적 평등 338
물질화 331
미국 146, 181, 192, 193, 201, 202, 285, 286, 329, 331, 333

〈미국이 있으니까〉 21
《미국 현대사》 185
미디엄 테크 143
미메시스 193, 194, 196
〈미스터 굿바를 찾아서〉 67
미테랑 333
민족 43
민족 민중 운동 21
민족주의 322
민족학 박물관 300, 301
민주 사회 186, 282
민주주의 351
민주화 112
민중 144
민중 군대 356
민중 봉기 356, 357
민중 운동, 민중 운동권 154, 194, 195
민중적 사회 운동 142
밀레트, 케이트 68, 69
밀즈, C. 라이트 187

〈바람과 함께 사라지다〉 41
바에즈, 존 188
박노해 171
박물관 300, 339, 349, 350, 366
박완서 51, 52, 227
박정희 318
반공 이데올로기 144, 155
반권위주의 200
반도덕적인 상대주의 191
반독재, 반제국주의 운동 156
반문화 181, 189, 190
반문화 운동 180, 181, 184, 186, 187, 188, 190, 192, 193, 195, 201, 243
반봉건/신식민주의적 근대화 과정 199
반봉건적 가족 171
반전 운동 187

반프로페셔널리즘 18
배금주의 88, 231
베버, 막스 351
베트남 322, 323, 333, 334, 336, 337, 341, 342, 348, 351, 352, 355, 356, 357, 361, 364, 365
《베트남》 349
《베트남 공산주의 운동사》 354
《베트남과 불교》 361
베트남 문화 332
《베트남사》(구엔 칵 비엔) 349, 354
《베트남사》(유인선) 354
베트남 전쟁 345, 352
베트콩 351, 364
베트콩식 농민 시위 365
변증법 16
보편론, 보편주의 22, 104
보편성 16, 252
보편적 역사 16
보편적 자아 19, 20
보편적 코스모폴리탄 실재 31
복고적 민족주의 227
본질론, 본질주의적 담론 22, 24
봉건 41, 53, 54, 55, 56, 174, 237
봉건 사회 38, 47
봉건성 172
봉건 시대 37, 65, 306, 315
봉건적 72, 153, 264
봉건적 각본 38
봉건적 관계 48
봉건적 관습 56
봉건적 문화 198
봉건적 이분화 65
봉건적인 효 173
봉건제 280
부녀 문제 353
부도심 253

부르주아 사회 44
부르주아 새 계급 40, 41, 42
부문 운동 149
부부권 279
부산 337, 338
《부조리의 성장》 187
부족 사회 62
부채 의식 154
북한 359
불교적 세계관 332
브레히트, 베르톨 146
브룩스, 리차드 67
블랙 파워 185
〈블루 벨벳〉 69
비틀즈 188, 195
빈 둥우리 징후 101
빨갱이 공포증 145

사기성, 사기꾼 348, 352, 36
사랑 38, 40, 41, 45, 46-48, 52-57, 60, 76, 77, 180
사랑의 각본 51, 56
〈사랑이 뭐길래〉 196
사무 자동화 290, 291
사이공 323, 331, 344, 345
사이몬 앤 가펑클 188
사적 영역 55
사적 존재 161
사회 과학 여성 연구소 339
사회 구조 18
사회 심리적 실재 27
사회 운동 54, 142, 144-149, 151, 155, 156, 163, 170-174, 176, 177, 180, 189, 202, 243, 280, 349
사회적 진화 20
사회 정의 143
사회주의 60, 146, 328, 331, 335, 360

사회주의 여성론 150
사회주의자 42
사회주의 체제 42
사회학적 사실 28
사회화 297
산업 사회 46
산업 자본주의 16, 184
산업 자본주의화 42, 60, 112, 198, 252
산업적 엥커 260
산업화 20, 37, 42, 47, 60, 85, 113, 116, 144, 184, 243, 279, 281, 318, 322, 326, 332, 335, 340
살스비, J. 41
3·1 독립 운동 358
상대적 박탈감 222
상대주의 19, 29, 104, 176
상대주의적 방법론 29
상류층 문화 117
상업 자본주의화 60
상업주의 75, 312
상투성 48, 51, 56
상품 가치 75
상품화 65, 69, 76, 77
새마을 운동식 사고 263
새터 257
생명의 시대 319
생산 계급 154
생산 관계 154
생산직 쾌락 77
생산 패러다임 225
생활 세계의 식민화 302
서구적 각본 37, 48, 52, 53, 56
서구적 주체 19
서구 제국주의 251
서구 콤플렉스 160
서구화 345
서머힐 132

〈서울의 우울〉 26
《서 있는 여자》 52
서태지와 아이들 27, 106, 226, 227
선진 자본주의 270, 272, 317, 338
성 17, 31, 38, 40, 43, 44-48, 54-56, 62-68, 71, 72, 75-77, 180, 272
성개방 54
성기 중심의 성 70
성문화 62, 72, 73, 75, 76
성산업 65
성의 물화, 성의 상품화 69, 74
《성의 정치학》 68
성적 희롱 61
성종교 45, 68, 69, 74
성차별 의식 202
성폭력 61, 65, 278, 281
성해방 53, 57, 70, 75, 76
세계 시민적인 감수성 28
세계적 자본주의 먹이 사슬 365
세대간 103, 202
세대 갈등 184
〈섹스, 거짓말 그리고 비디오 테이프〉 66
섹시 신드롬 72
센리큐 306, 307
소더버그, 스티븐 66
소련 335
소모적 쾌락 77
소비 219, 224, 225, 226, 230, 249, 254, 264
소비 공간 229, 242
소비 문화 198
소비 사회 198, 201
소비 산업 242
소비 자본주의 147, 153
소비자 보호 운동 176
소서사 18
소수 민족 288, 336
소외된 중년 남성의 문제 279

찾아보기 373

쇼비니스트 도시 259
술집 문화 74
《숲속의 방》 24
〈슬픈 옥이〉 181
시민 운동 106, 154
시바야마 에미꼬 290, 292, 297
시장의 원리 76, 295
시청료 거부 운동 156
시티 투어(도시 관광) 333
식민주의 18, 252, 355
식민지성 147
식민지적 근대성 144
식민지적 근대화 155, 171, 199
식민지적 사회, 식민지적 상황 163, 226, 334
식민지적 자본주의화 144, 153
식민지적 절충주의 237, 247
식민화 217
신기철 257
신데렐라 64
〈신데렐라〉 41
신데렐라 콤플렉스 72
신민족주의 24
신보수주의 54
신분 의식, 신분제 50, 202
신사회 운동 148, 154, 163
신세대 145, 151, 152, 180, 183, 184, 193, 196, 198, 200, 203, 237, 243, 272, 344
《신세대, 네멋대로 해라》 193
신세대론 196
신세대 문화 183, 244, 253
신식민지적 지배 335
신전통 세대 여성 308
신좌파 186, 187, 188, 243
신촌 230, 234, 237, 238, 242, 243, 245-247, 249, 250, 252, 254-257, 261, 263, 264, 270
신촌 문화 253, 254

신촌 문화 거리 245
〈신촌 문화 연구〉 256
신촌 축제 244, 253
신화 16, 93, 347

아까사까족 230
아누, 장 자끄 326
아오야마족 230
아파두라이, 아룬 19
안영노 198
압구정 공간 231
압구정동 208-210, 212-221, 228, 229, 230, 231
《압구정동에는 비상구가 없다》 220
〈압구정동 24시〉 209, 220
압구정식 스타일 27
압구정족 216, 230
압구정 주민 216, 231
양희은 195
어른 문화 198
업적주의적 95, 184
에로티시즘 69
엘리트주의 263
《ME 혁명과 여성 노동자》 290
엥겔스, 프리드리히 63
여성 143, 157, 271-277, 281, 283, 291, 293, 295
여성 노동 273, 278, 289, 290, 291, 297
《여성들에의 충격》 290
여성 문제 275, 340
여성 반란 276
여성 연대망 277
여성 운동 149, 150, 152, 180, 189, 274, 277, 281, 297
여성의 노동자화 297
여성 이미지 270
여성 해방 150, 156, 157, 275, 281

여성화 296, 297
여피 244
연방제 345
연애 36, 41, 47, 48, 49, 52, 53, 54, 57
연애 결혼 39, 41, 46, 48, 51, 52, 53, 55, 63
연애 지상주의 47
〈연인〉 326
영, 로버트 16
영화 운동 189
〈예술적 음식과 담화〉 306
오끼나와 283-288
오렌지족 196, 343
오민수 209, 213, 215, 228
오오시로 283, 284, 285, 287
오웰, 조지 282
외국어 교육 사업 271
〈욕망의 '해방구' 압구정〉 209
우드 스톡 242
《우리 교육》 107
〈우리는 매일 30센티미터씩 압구정동으로 가는 꿈을 꾸고 있다〉 209
〈우묵배미의 사랑〉 222
운동권 문화 244
운동권 세대 152
위계 서열적 집단성 317
윌리스, 폴 116
유고슬라비아 350
유교 문화 281, 337
유교 문화권 346, 351
유교적 권위주의 332
유기체적 연대감, 유기체적인 전체 215, 217
유럽 공동체(EC) 312, 322, 329
유신 제제석 교육 제도 145
유인선 354
유클리드적 확률론 20
유토피안적 역사 16

육아 휴가 297
《은자의 나라, 한국 2: 문화와 풍속》 251
음식 문화 19
이기성, 이기주의 175, 231
이길홍 126
이념 과잉 시대 208, 228
이농(離農) 64
이데올로기 336
이순원 209, 220
이원론적 원리 279
이원주의 18
이유 없는 반항 185
이유 있는 반항 185, 202, 203
이인화 24, 217
이인효 95
이중 규범, 이중적 기준 61, 72
이중성 53, 56, 171, 174, 186, 202
이태원 230
이희봉 257, 259
인간 관계의 비서열성 332
인구 143
인권 143
인류 보편사 16
인류학 251
인사동 230
인식론적 단절 20
인종, 인종주의 17, 300
인지 지도 252
일류 집착증 126
일본 230, 268-270, 275-277, 279, 281, 283-286, 297, 300, 302, 304, 314, 316-319, 329, 346, 351
일본 선진 연구소(NIRA) 299
일본식 군사 문화 332
일본 여성 269
일본 여성 해방 운동 277, 278
일본 전신 전화국(NTT) 306

일본 전통 문화 308
일본 제일주의 316
일본화 284, 286
일상성 18
일상성의 문화, 일상적 생활 양식 252, 289
《일차원적 인간》 187
입시 위주 교육 83, 84

자그레브 350
자기 문화 중심주의 24
자기 성찰 19, 20, 21, 28, 29, 30, 31
자기 정체성 40
자기 치유 29
자기 혐오 57
자동화 289, 291, 292
자본주의 60, 61, 198, 210, 236, 280, 322, 325, 338, 360
자본주의 사회 41, 42, 45, 60, 75, 76, 327
자본주의 실험 362
자본주의적 계급의 재생산 113
자본주의적 발전 54
자본주의적 실험기 39
자본주의적 원리 225
자본주의적 진행 61
자본주의 체제 42
자본주의화 60, 61, 62, 63, 65, 71, 75, 145, 331, 338
자유주의 54
자유주의적 히피 문화 181
작은 교회 63
작은 국가 개념 358
〈작은 아씨들〉 41
작은 학교 운동 102
〈잠자는 공주〉 49
장인 정신 314, 318
재현의 위기 251
재활력화 운동 180

저개발 335
저질 문화 231
저항 문화 116
저항의 방법 18
저항적 민족주의 운동 358
전교조 102, 103, 109
전근대 362
전기 산업 사회적 단계 299
전문가적 문화 315
전문주의적 전통 314
전설 347
전쟁 박물관 349, 350, 352
전지구적 시민 사회 143
전체주의적 관리 사회 225
전체주의적 테러리즘 18
전태일 144
전통, 전통 문화 31, 56, 311, 312, 347, 348
전통주의적 근본주의자 18
《전환의 시대》 282
절대적 상대주의 29
절대주의 38, 176
정규화 21
정기용 257, 260
정보 과학 기술 282
정보 관리 사회 17
정보화 57, 290, 299, 300, 304
정서 영역 61
정신대 319, 352
정영윤 126
정전(正典)주의 22
정체성 23
정치 운동 156, 195
정치적 민주화 운동 180
정치적 허무주의 232
정치화 40, 185, 191
젖은 낙엽 275, 276
제국주의 16, 18, 24, 191, 355, 365

제국주의적 모방 23
제국주의적 성향 322
제국주의적 속성 252
제국주의적인 존재론 20
제국주의적 향수 23
제국주의적 확장 21
제도 교육 113, 115
제3세계 16, 19, 48, 49, 51, 53, 55, 56, 223, 339, 344, 347
제3세계 주민 20, 49, 50
제3세계적 각본 46
제3세계적 상황 37, 51, 55, 56
제3세계적 혼란 74, 208
제3의 시각 31
제3의 의식 190
제3의 주체 31
제3인터네셔널 354, 355
제1세계 51
조선 시대 63
조직 인간 150
종교 개혁 63
종교성 337
종군 위안부 문제 352
종로 230
죠플린, 쟈니스 188
주관성, 주관주의 28, 39, 251
주민 운동 229
주변 18, 19, 20, 157, 186
주변부의 발견 29
주변성 31, 157, 165
주변인 157, 182
주변화 150
주영규 257
주체성 167, 168
주체적 자아 150
《죽은 시인의 사회》 103
준거 집단 176

중국 333, 334
중국 여성 269
중매 결혼 38, 46, 52, 63
중산층 73
중심 18, 20, 29, 157, 163
중심의 해체 29, 30
중앙 집권적 국가 체계 282
중앙 집권적 전투 333
지능 건물 291
지능 도시 291
지능 학교 291
지방 분권 282, 299, 312
지방 자치 268
지배 문화 185, 189
지역 공동체 282, 312
지역 운동 229
지역주의 358
지역화 250
지연 346
직업병 292
진 오가사와라 82
진화론적 과정 16
〈질투〉 27, 196
집단성 314, 317, 318
집단적 공연 양식 316
집단적 스트레스 74
집단주의 52, 99, 161, 192, 203, 222

차이성 18, 161
채플린 289
처녀성 50, 72, 281
천년 왕국 190
청년 문화 230, 242
청소년 문화 103
체제파 189
초방 255
초현대적 28

총체론 18
총체성 18, 22, 360
최수철 53
최종 심급론 149, 156
〈춘향전〉 47
출산으로서의 성 65, 66, 71, 76
친족적 집단 노동 38

카리스마적인 지도자 191
카프라, 프리초프 31, 282
〈칵테일 파티〉 285
컴퓨터 291, 301, 303
쾌락으로서의 성 64-68, 71, 76, 77
쿠바 335
크리스탈 백화점 239

타일란드 345
타자, 타자성 18, 19
타자화 16, 18, 23, 24, 31, 175
탈구조주의 담론 17
탈근대 17, 27, 28, 38, 237
탈근대적 각본 72
탈근대적 고도 기술 사회 56
탈문화적 상황 19
탈근대적 현상 53
탈산업화 297
탈식민 28
탈식민 담론 17, 18, 19
탈식민주의 18, 21
탈식민화 18, 24, 260
탈정치화 54, 71, 300
토미지 하세가와 112

〈파워 엘리트〉 187
파이크, 더글러스 354
〈파일럿〉 196
파편화 18, 24, 25, 74, 173

파행적 자본주의 25
패권주의적 사회 운동 150, 164
패러다임의 전환 250
팽창주의 317
펑크 244
페미네트 281
페미니스트, 페미니즘 164, 268, 279
페처, 이링 49
편집광적 징후 74
평등 사회 112, 338
푸코, 미셸 39, 43, 45
포르노그라피 문제 281
포스트 모더니즘 17, 20, 22
포스트 모더니티 25
포스트 모던 20, 25, 30, 74, 208, 251
포스트 콜로니얼리즘 17
폭력성 186
폭력의 시대 319
폰다, 제인 187
표준적 이미지, 표준형 270, 274
프라이델, F. 185
프랑스 333, 355, 365
피난민, 피난민 근성 330, 352
피난민적 문화 198
피상성, 피상적 근대성 48, 51, 53, 56, 174
핑크 플로이드 189

하노이 323, 324, 325, 326, 327, 331, 333, 341, 350
하버마스, 위르겐 217, 302
〈하얀 전쟁〉 323
〈하여가〉 142
하위 문화 116
하이테크 143
학생 운동 145
한국 여성 해방 운동 279
한국적 몬드라곤 143

한대수 181, 182, 183, 188, 195
한민족 문화 운동 23
해리스, 마빈 189, 190, 191
해방 전쟁 335, 336, 38
핵가족 39, 40, 41, 46, 48, 52
《핸드 메이즈 테일》 69
〈행복의 나라로〉 181
향락 산업 74
허무주의 29
헤게모니 149
헤겔, 프리드리히 16, 331
〈헤어〉 182
헨드릭스, 지미 188
혁명 박물관 350
혁명적 낭만주의 154
혈연, 혈연주의, 혈통 38, 46, 346
형식적 민주주의 161, 165
헤이든, 톰 187
호치민 346, 349, 354, 356
호치민시 331, 345, 351
홍콩 323, 324, 363
화교 337
확대 가족 38
환경 운동 176, 180, 189
〈황태자의 첫사랑〉 41
회색인 147
획득적 신분 사회 39
획일주의 22, 31, 192, 203, 224
획일주의 언설 201
효 173
후기 산업 사회 42, 43, 54, 66, 71, 136,
    215, 272, 288, 290, 297, 301, 363
후기 자본주의 시대 21, 45, 55, 67
후도피아 306, 313
후도피아 가나자와 309
《휘청거리는 오후》 51
휴머니즘 16

《휴식의 에너지》 283
히로시마 300
히피 181, 182, 183, 193, 243, 244

조혜정

1948년 가을에 부산에서 태어났다.
연세대 사학과를 졸업하고
미국 미주리 대학교와 캘리포니아 대학교(UCLA)에서
문화 인류학으로 석사와 박사 학위를 받았다.
1979년에 귀국하여 줄곧 연세대 사회학과에서 강의해 왔고,
현재 연세대 사회학과 교수로 재직중이다.
학사 논문은 서울 남산의 부락굿을
중심으로 한 민중적 의례에 관한 것이었고,
석사 논문은 뉴욕, 시카고, 로스엔젤레스 등
미국 대도시의 〈하레 크레시나〉 절에서 한 현장 연구를 토대로
1970년대 초반 미국의 반문화 운동에 관하여 썼다.
박사 논문은 제주 해녀 사회에 대한 문화 기술지적 연구로,
이 이후 한국 사회의 가부장제에 관한 연구를 계속해 왔다.
저서로는 《한국의 여성과 남성》(1988, 문학과 지성사),
《탈식민지 시대 지식인의 글 읽기와 삶 읽기 1 — 바로 여기 교실에서》
(1992, 도서출판 또 하나의 문화),
《탈식민지 시대 지식인의 글 읽기와 삶 읽기 2 — 각자 선 자리에서》
(1994, 도서출판 또 하나의 문화)가 있고,
마가렛 미드의 《세 부족 사회에서의 성과 기질》
(1988, 이대 출판부)을 번역했다.
역사와 생활 세계가 만나는 지점에서
문화 분석적인 탐구를 줄곧 해온 셈인데,
힌새는 교육 현장과 대중적 담론의 영역에서
작업을 하고 있다. 최근에는 자신의 연구 작업을
영상화하는 것에도 많은 관심을 쏟고 있다.

> 저자와의
> 협약하에
> 인지생략

탈식민지 시대 지식인의
글 읽기와 삶 읽기 3
하노이에서 신촌까지

초판 발행일	1994년 5월 20일
증보판 발행일	1995년 5월 25일
증보판 12쇄 발행일	2014년 11월 25일
지은이	조혜정
펴낸이	유승희
펴낸곳	도서출판 또하나의문화

121-899 · 서울 마포구 와우산로 174-5 대재빌라 302호
전화 · (02) 324-7486 팩스 · (02) 323-2934
E-mail tomoon@tomoon.com
http://www.tomoon.com

등록번호 ─── 1987년 12월 29일 제9-129호

※ 잘못된 책은 바꾸어 드립니다.
※ 책값은 뒤표지에 있습니다.

ⓒ 조혜정, 1994
ISBN 89-85635-04-2 03330